청화 전기

위대한 스승

청화 전기

위대한 스승

김용출 지음

차례

차례

제5장 사상의 정립과 하화중생 모색(1978~1984)

제6장 태안사 시대와 회상의 형성(1985~1992.9)

제7장 봉정만리 성화미주(1992.10~1998.3)

차례

청화 주요 수행처와 창건·중건 사찰

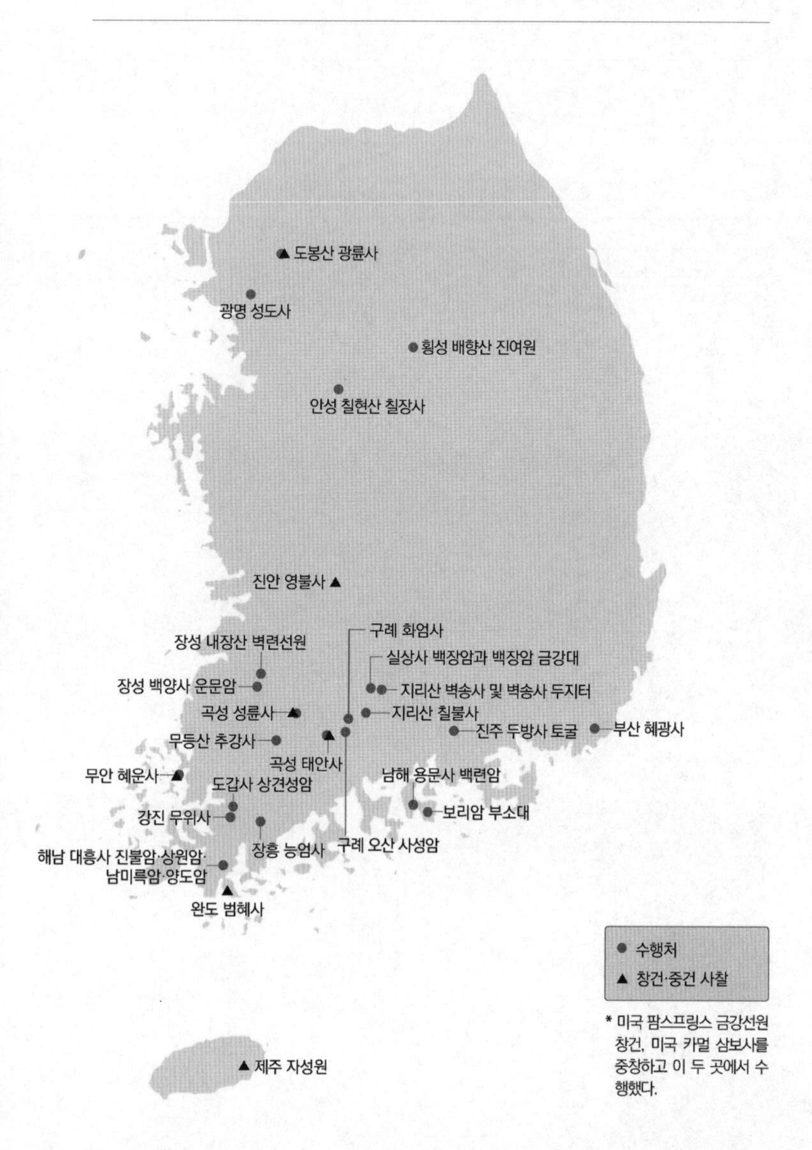

* 미국 팜스프링스 금강선원 창건, 미국 카멀 삼보사를 중창하고 이 두 곳에서 수행했다.

추천사

대종사의 법향(法香) 되새길 길잡이

올해 12월이 되면, 위대한 수행과 정진으로 한평생을 청정하게 살다 가신 청화 대종사의 탄생 100주년을 맞게 됩니다. 아울러 올해가 열반하신 지 20주년이나 됐다는 것 역시 믿기지 않을 정도로 손에 잡힐 듯합니다.

청화 대종사께서는 위대한 수행과 정진으로 치열한 구도의 여정을 사셨습니다. 생전 마지막으로 『육조단경』을 역주하시면서 견성(見性)을 종지(宗旨)로 삼아서 우주 법계가 진여불성(眞如佛性)뿐이라고 말씀하시면서 최상의 지혜인 반야바라밀을 강조하셨습니다. 어느 법문 장소를 가시더라도 "영원한 생명의 실상"의 자리를 온아하고 자애롭게 설법하셨던 모습을 회상해 봅니다.

아울러 한없이 자비로운 미소와 대중 포교에 헌신하신 청화 대종사의 법향(法香)도 되새기게 됩니다. 대종사께서는 격동기에 출가하셔서 치열한 수행과 깨달음을 얻으신 뒤 곡성 태안사에서의 삼년결사를 원만히 회향하며 대중 포교를 본격적으로 선언하셨습니다.

마침 올해 탄생 100주년과 열반 20주기를 맞이해 이렇듯 뜻깊은 책 『청화 전기: 위대한 스승』이 출간된다고 하니 너무도 기쁜 소식입니다. 이번에 출간되는 책은 그동안 나온 어떤 책보다도 한국 불교사 및 현대사 속에서 청화 대종사의 전체 행장과 풍모, 사상이 정확하면서도 구체적으로 담고 있습니다.

먼저 이번 전기에는 속세에 태어나신 것부터 출가, 치열한 구도와 만행, 사상의 형성과 대중 법문, 태안사 및 성륜사에서 하화중생하시는 모습, 6년간 미주 전도에 나서신 일, 마지막 시기와 열반 모습 등 청화 대종사의 일대기를 과장도 없고 축소도 없이 정확하고 구체적으로 그리고 있습니다.

아울러 부처님의 제자로서 마지막까지 하화중생을 위해서 노력하신 대종사께서 행하신 수많은 대중 법문은 물론 각종 저술과 역주서들을 정확하면서도 쉽게 소개하고 있습니다. 이 책만 읽어도 대종사께서 대중을 위해서 설하신 정통 불법 및 원통 불법의 핵심을 여실하게 이해할 수 있을 것으로 사료됩니다.

특히 많은 참고문헌과 무려 800개가 넘는 실로 방대하고 꼼꼼한 주석을 바탕으로 대종사의 행장과 사상에 대한 진실성과 구체성을 담보하고 있다는 점은 가히 모범이 아닐 수 없었습니다. 전기는 무엇보다도 구체성과 함께 진실성이 생명이기 때문입니다.

청화 대종사의 행장과 풍모, 사상을 정확하면서도 생동감 있게 전달하기 위해서 많은 노력을 기울인 청화대종사 문도 스님들과 김용출 작가님에게도 심심한 격려와 감사의 말을 전합니다.

우리는 이제 더 이상 곡성 성륜사나 서울 광륜사에서 청화 대종사를 뵐 수 없습니다. 환한 미소와 하심으로 사부대중을 따뜻하게 제접해 주시던 대종사를 더 이상 만날 수 없습니다. 하지만 대종사의 삶과 사상을 정확하게 담은 책 『청화 전기: 위대한 스승』을 통해서 대종사의 풍모를 조금이라도 느낄 수 있을 것입니다. 이 책을 통해서 청화 대종사를 오랫동안 천천히 만나보시길 기원합니다.

2023년

서울 조계사에서

대한불교조계종 총무원장 진우

추천사

대종사의 사상과 행장 일목요연 정리

바야흐로 우리 시대의 위대한 스승이자 성자이셨던 청화 대종사의 탄생 100주년과 열반 20주년을 맞습니다. 큰스님께 입은 은혜가 하늘같이 넓고 깊었음에도 그 은혜 갚음이 작은 시냇물 같아 안타깝고 한스러운 시간이었고, 그럼에도 큰스님께 입은 은혜가 새삼 고맙고 절절하게 느껴지는 세월이었습니다.

청화 대종사께서는 누구보다도 정통 불법의 재천명을 통해서 불교 내의 과감한 회통과 통섭을 추구하는 원통불교의 중흥을 역설하셨습니다. 원통불교야말로 한국 불교의 전통이자 특성이고, 세계 불교에 기여할 수 있는 한국 불교의 경쟁력이라고 내내 강조하셨습니다.

대종사께서는 원통불교의 중흥을 주창하시면서 정통선을 바탕으로 다양한 수행법의 회통과 공존을 시도하는 한편, 정통선으로서 염불선의 대중화를 주창하셨습니다. 특히 「보리방편문」을 통한 실상염불선을 역설하셨습니다.

아울러 구도를 위해서 평생 동안 치열한 수행과 정진, 엄정한 계율을 준수하셨습니다. 수십 년 동안 하루 한 끼를 먹는 일종식과 자리에 눕지 않는 장좌불와를 이어갔으며, 수십 차례의 토굴 수행을 감행한 위대한 수행자이셨습니다.

특히 대종사께서는 대중 교화를 위해서 마지막 피 한 방울까지 쏟아낸 부처님의 진정한 제자이셨습니다. 진리의 법을 전하기 위해서 일흔이 넘은 나이에 6년간 미국에서 법향을 드러내신 모습은 참으로 큰 감동을 안겨주셨습니다.

정통 불법의 부흥을 통한 원통불교의 중흥 시도, 정통선을 바탕으로 다양한 수행법의 회통과 염불선의 대중화, 청정한 계율과 치열한 구도 정신, 6년간의 미국 성화 …. 청화 대종사께서는 가히 한국 불교와 세계 불교에 지워지지 않을 깊은 영감을 심어주셨던 것입니다.

큰스님 탄신 백주년을 기념하여 김용출 작가님이 『청화 전기: 위대한 스승』을 편찬해 주셨습니다. 긴 시간 동안 방대한 법문과 자료를 다 열람하시고 이토록 정밀하게 한 권의 책으로 큰스님의 행장과 사상을 일목요연하게 엮어주셨습니다. 작가님의 정성과 역량이 진정 놀랍고, 진심으로 감사의 합장을 올리지 않을 수가 없습니다.

특히 대종사가 행한 주요 대중 법문을 찬찬히 살피고 면밀하게 분석해 정통 불법의 재천명을 통한 원통불교의 중흥과 정통선을 바탕으로 다양한 수행법의 회통 및 염불선의 대중화 등 청화 대종사의 핵심 사상을 정확하고 간명하게 보여주는 데 성공하셨습니다.

대종사의 삶과 사상을 어떤 책보다도 정확하게 담고 있는 이 책으로 청화 대종사의 아름다운 법향과 함께 최존 최제일의 실상염불선을 접하셔서 눈 푸른 수행자의 길을 여법하게 가시길 바라 마지않습니다. 이 인연공덕으로 일체중생이 다 함께 일시에 성불하길 기원합니다. 나무아미타불! 나무석가모니불! 나무관세음보살! 나무마하반야바라밀!

불기 2567년 서기 2023년

벽산무주문도회 문장 **용타**(龍陀) 화남(和南)

서장

"나 갈라네, 승가는 화합이네"

(2003.11~현재)

2003년 11월 12일 열반 "대중과 화합 잘 하시게"

묘지의 시신에서 옷을 걷어내서 몸을 가렸다. 외양간에서 송아지 똥을 집어 먹었고, 송아지 똥이 없으면 소똥을 먹었다. 안타 마을 사람들은 나뭇가지를 꺾어서 그의 귓구멍이나 콧구멍을 찔렀다. 침을 뱉는 자도, 오줌을 싸는 이도, 흙을 끼얹는 자도 있었다. 그럼에도 그들에게 감정을 내지 않았다.[1]

그는 고행을 이어갔다. 추위와 굶주림과 고통에 자신의 육신을 내던졌다. 가시덤불 위에 누웠고, 널판자나 쇠못 위에 몸을 얹었으며, 한겨울엔 얼음 위에 앉았다. 마을 주민들에겐 온갖 모욕을 받았다.[2] 모두 지극한 깨달음을 얻기 위해서였다.

6년 동안 고행림에서 고행을 이어갔지만, 고타마는 무상대도를 얻지 못했다. 숲을 빠져 나올 즈음, 실망의 그림자가 깔린 그의 얼굴은 피골이 상접해 있었다. 깨진 조롱박처럼. 오래된 수레처럼. 낙타의 다리처럼.

"… 마치 깨진 조롱박은 제 머리조차 온전할 수 없는 것처럼, 그때의 나 또한 그와 같아서 정수리 위에 부스럼이 생기고 가죽과 살이 떨어져 나갔으니 … 또한 깊은 물속에 별이 나타나는 것처럼, 그때의 내 눈 또한 그와 같았으니 … 마치 낡아서 부서진 오래된 수레처럼, 내 몸 또한 그와 같아서 모두 다 부서져서 마음을 따를 수 없었다. 또한 마치 낙타의 다리처럼, 나의 양쪽 엉덩이도 또한 그와 같았으며, 내가 손으로 배를 어루만지면 곧 등뼈를 만나고 등을 만지면 다시 뱃가죽을 만났으니 … ."[3]

지금으로부터 2500여 년 전, 고타마 싯다르타가 무상대도를 얻지 못한 채 고행림을 빠져나오는 모습은 불교 회화의 소재로 자주 사용됐다. 〈출산석가도(出山釋迦圖)〉다. 깡마르고 메마른 모습과, 몸을 길게 감싼 옷과, 얼굴을 감싼 지저분한 수염과, 가운데가 텅 비고 넝쿨처럼 자란 머리카락과, 먼 곳을 응시하는 듯한 시선. 중국 남송대의 화가 양해가 그린 그림 〈출산석가도〉가 유명하고, 조선의 김홍도도 자신만의 화풍으로 〈출산석가도〉를 그렸다.

청화 역시 1989년 남종화의 거장 아산 조방원에게서 〈출산석가도〉를 기부받은 뒤, 늘 자신이 거처하는 방 벽에 붙여놓고 석가모니 부처의 6년 고행을, 목숨을 내건 그의 구도 정신을 되새기곤 했다. 석가모니의 정신으로, 부처님처럼 살리라.

힘이 들어간 붓이 위에서 아래로 힘차게 내려오다가 서서히 속도가 줄어들더니 멈춰 섰다. 다시 힘이 들어간 붓이 가로로 짧게 그리듯 미묘하게 종이를 터치했다. 붓이 춤을 추듯 움직이기를 몇 차례.

서세동점의 기운이 몰려오던 1844년, 자유를 빼앗기고 제주도에 위리안치 된 추사 김정희는 그림의 윤곽을 한 번 음미한 뒤 다시 붓을 움켜쥐었다. 명치끝을 찌르던 어떤 마음을 종이 위에 그리고 있었다. 사제의 인연을 잊지 않고 이역만리 베이징에서 귀한 책을 두 차례나 구해다가 전해준 제자 이상적의 마음을. 시대의 암흑 속에서 비로소 빛나는 지조와 의리의 마음을. 제목까지 쓰고 난 뒤 인장을 꾹 눌렀다.

소박한 집을 중심으로 뒤쪽에 서 있는 곰솔 두 그루, 앞에 고고하게 서 있는 소나무와 곰솔 각각 한 그루, 텅 빈 여백, 극도의 절제와 생략, 메마른 붓질과 미묘한 농담, 스산하고 싸늘한 분위기, 〈세한도〉라는 제목과 선명하게 찍힌 완당의 인장까지 ….

청화는 암울한 시대에 비로소 빛나는 사제 간의 지조와 의리를 스산하게 그린 김정희의 그림 〈세한도〉 사본도 함께 벽에 붙여놓고 지조와 의리를 떠올렸다. 추위에도 꺾이지 않는 소나무처럼, 시대의 암울에도 스승 금타 선사와의 의리를 지키리라고. 이 시기 그를 시봉한 정륜 스님의 기억이다.

"큰스님께서는 〈세한도〉를 참 좋아하셨습니다. 담백하고 속기가 없는 그림이라며 곁에 두고 아끼셨지요. 그러면서 금타 선사를 흠모하는 이야기를 들려주셨어요. 〈세한도〉에는 무엇보다도 제자의 스승에 대한 은혜 갚음과 연모하는 마음이 간절하고, 그것을 감사히 여기는 스승의 깊은 정이 아름답게 담겨 있다고요."[4]

그는 이미 자신의 육신이 더 이상 버티지 못할 것이라는 것을 잘 알고 있었다. 석가모니 부처와 스승 금타와 이별해야 할 때가 다가왔다는 것도. 영원한 마음의 고향으로 돌아갈 준비를 서둘러야 한다는 것도. 중국 선종의 육조 혜능 대사의 『육조단경』 번역을 끝냈을 무렵, 그는 기력을 거의 소진했다.

2003년 4월, 그는 횡성 배향산의 토굴에 조방원의 그림 〈출산석가도〉와 김정희의 그림 〈세한도〉 사본을 그대로 놔둔 채 옷가지만을 챙겨 나왔다. 상좌들은 오랫동안 그가 주석해 온 곡성 성륜사로 모시려 했지만, 그가 택한 곳은 고향 무안 혜운사였다.

"내 고향이 무안 아닌가. 거기 가서 정리할 게 있네. 기약 없는 이별이니, 지금 헤어지면 언제 다시 만나겠는가."[5]

"큰스님을 혜운사로 모셔 갑니다." 풀벌레들이 소리를 멈추지 않던 어느 늦은 밤, 시자 정륜이 무안 혜운사의 요사채에 얼굴을 드러내며 말했다. 방에 있던 보살이 정륜의 말을 듣고 반가운 표정으로 방밖으로 뛰어나왔다. 문밖에는 몸이 삐쩍 마른 청화가 힘겹게 서 있었다.

그가 혜운사로 돌아오자, 속가의 아내였던 혜공 스님과 무안에서 농사를 짓던 속가의 아들 승조 거사도 달려왔다. 속가의 누이들도 곧 혜운사를 찾아왔다. 어느 날, 점심 공양을 끝낸 그는 가족에게 말했다.

"차를 타고 바람을 쐬러 가자."

승조의 차를 타고 속가 가족들과 함께 나들이를 갔다. 경치가 좋은 곳을 드라이브하고 멋진 찻집을 찾았다. 건강이 악화된 그가 혜운사에 머무는 시간이 늘어나자, 혜공 역시 목포 영주암에서 무안 승조의 집으로 옮겨 머물렀다.

"그래여라?" 6월 13일, 몸이 마르고 창백한 얼굴의 청화는 무안 혜운사에서 승조로부터 혜공의 입적 소식을 전해들은 뒤 말했다. 잠시 뒤 혼자 하는 말처럼 중얼거렸다. "조사 열반인디 …."

승조는 그날도 평소처럼 무안 자신의 집에서 어머니 혜공에게 아침 공양을 차려준 뒤 흰죽이 담긴 보온병을 들고 집을 나섰다. 혜공은 지나가듯 머리가 아프다고 말했지만, 승조는 특별히 마음에 두지 않았다. 혜운사의 청화에게 죽 공양을 올린 뒤 집에 돌아와 보니, 혜공이 평화로운 모습으로 쓰러져 있었다. 남촌댁으로 불린 혜공이 세상을 떠났다.

청화는 예정대로 이틀 뒤 서울 도봉산 광륜사에서 열린 보살수계식에 참석해 마지막 대중 법문을 했다. 혜공의 장례식은 승조가 맡아서 진행했다. 혜공의 3재 때에 혜운사로 돌아온 그는 7재 때까지 머물다가 곡성 성륜사로 돌아갔다.

그 역시 광륜사 보살수계식 직후 건강이 급격히 악화했다. 7월부터 탈진한 모습을 보이기 시작했다. 폐가 수축 작용을 제대로 하지 못하면서 호흡 장애까지 일어났다. 급히 서울대병원으로 옮겼다. 진단 결과 그의 혈중 일산화탄소 수치는 130피피엠 수준. 매우 위험한 상태였다고, 상좌 도일은 전했다.

"의학적 상식으로는 도저히 이해가 되지 않는 수치였습니다. 숨을 쉰다고 해도 뇌사 상태인데, 정신이 평상시와 똑같으시니 놀랄 수밖에 없다는 뜻이지요. 큰스님께서는 우리가 상상할 수 없는 초인적인 정신력으로 살다가셨습니다. 특히 쇠진하신 후부터 열반하실 때까지의 모습을 보고 이것은 정녕 수행의 힘이구나, 하고 생각했지요."[6]

의사의 권유로 서울대병원에 입원했지만, 그는 상좌와 제자들에게 빨리 절로 돌아가자고 재촉했다. 자신이 있어야 할 곳은 병원이 아니라 절이라며.

"어서 절로 돌아가세. 이건 나를 위하는 일이 아니네."

얼마 뒤, 그는 곡성 성륜사로 돌아왔다. 한동안 상태가 조금 좋아지는 듯도 했다. 공양을 끝내고 매일 성륜사와 태안사 주위를 나들이했다. 태안사, 송광사, 주암호, 광주호 …. 이 시기 그는 맑고 아름다운 풍광을 자주 감상했다고, 도일은 전했다.

"큰스님께서는 세간과의 마지막 이별을 작정하신 듯 얼마 동안 성륜사와 태안사 인근을 자주 나들이하셨습니다. 큰스님께서 기운을 차리신 것으로 잘못 생각할 정도였지요."[7]

청화는 이미 마음의 고향으로 돌아가는 길을 준비하고 있었다. 상좌나 제자들을 만날 때마다 자신의 열반 이후 장례를 검소하게 치르라고 누누이 당부하곤 했다.

"올 때도 빈손이었는데, 마지막 가는 길을 호화롭게 할 필요가 없네. 그냥 거적에 말아서 일반 화장터에서 태운 뒤에 뿌려주소. 그렇게 해서 장례 비용이 다소 남으면 불우이웃돕기에 사용해 주소."[8]

특히 마지막 남은 힘을 쏟아부으며 『육조단경』을 번역 중이던 한 해 전 연말에는 자신의 죽음을 예견한 듯 몇몇 제자에게 임종게인 「사세게」를 적어주기도 했다.

此世他世間　　이세상과 저세상에
去來不相關　　오고 감은 상관치 않으나
蒙恩大千界　　은혜 입음은 대천세계만큼 큰데
報恩恨細澗　　은혜 갚음은 작은 시내 같기에 한이 되네

금타 선사와 중국 선종의 초조 달마 대사의 초상화가 그려진 족자가 양옆에 가지런히 내걸린 가운데, 뱃가죽이 등에 붙어서 갈비뼈가 고스란히 드러난 석가모니 부처의 고행상이 가부좌를 하고 내려다보는 곡성 성륜사의 조선당. 열반 사흘 전, 청화는 시봉 중이던 중원에게 말했다. 얼굴에 죄송하다는 표정을 가득 담고서.

"내가 석가모니 부처님보다 더 살았지 않는가. 부처님보다 더 살아서 그것이 참 송구하고 죄송스럽네."

하루 전날, 그는 자신을 찾아온 오랜 제자 태호 스님에게 이제 떠나겠다고, 마음의 고향으로 돌아가겠다고 말했다.

"나, 내일 갈라네. 다비 그런 것 하지 마소. 그냥 그냥 흐르는 강물에 훠이 훠이 뿌려버리소."[9]

마침내 그날 2003년 11월 12일 수요일 저녁 무렵, 그는 성륜사 조선당에서 중원을 조용히 불렀다. 낮에만 해도 사시 공양을 먹고 차담을 나누는 등 특이한 모습을 보이지 않던 그였지만, 이때는 이미 자신의 몸을 제대로 가누지 못하고 있었다.

"나에게 의복을 좀 갖춰주소."

중원은 그가 평소 만행 때마다 입고 다니던 승복을 가져와서 입혔다. 평소 쓰고 다니던 모자도 씌워줬다.

"나 혼자서 10분 정도 앉아 있을라네."

중원은 그의 몸을 부축해 일으킨 뒤 바로 앉혀주었다. 그는 한동안 평소 수행하던 모습으로 앉아 있는 듯했다. 중원은 방에서 나오면서 생각했다. 큰스님이 평소처럼 앉아 계시는구나.[10]

하지만 그게 아니었다. 얼마 뒤, 그의 용태는 확연히 달려져 있었다. 깜짝 놀란 중원은 다급하게 제자 및 상좌들에게 알렸다. 천도재를 지내고 쉬고 있던 도일을 비롯해 상좌와 제자들이 조선당으로 달려왔다. 그가 마지막 숨을 가쁘게 몰아쉬고 있었다. 무릎을 꿇은 도일이 스승을 바라보며 조심스럽게 물었다.

"큰스님, 가시렵니까."

"나, 갈라네."

"큰스님, 앉혀드릴까요."

"알아서 하소."

도일은 이때 낮에는 눕지 않는 장좌불와 수행을 오랫동안 이어온 스승을 한 번쯤 편히 모시고 싶다는 생각이 돌연 들었다.

"큰스님, 그냥 편안하게 가십시오."

숨을 몰아쉬고 있던 그는 눈을 뜨지 않은 채 제자 및 상좌들을 향해서 힘겹게 마지막 말을 남겼다.

"대중과 화합 잘 하고 살아가시게. 승가란 화합이네."[11]

우리 시대의 큰 스승이자 한국 현대 불교의 큰스님 청화가 제자들에게 마지막으로 남긴 말은 화합이었다. 대중과 화합 잘 하라고. 승가는 화합이라고. 그는 성륜사 조선당에서 도일을 비롯한 제자 및 상좌들이 지켜보는 가운데 조용히 눈을 감았다. 2003년 11월 12일 오후 10시 30분. 그의 나이 80세요, 법랍 56세였다.

"큰스님, 생사거래의 진상 다시 일러주소서"

별이 총총하게 빛나던 그날 밤, 곡성 성륜사 범종각의 대종이 크게 울리기 시작했다. 대종 소리가 경내를 넘어서 설령산으로 퍼져나갔다. 청화의 몸이 이 세상을 떠났음을, 그의 마음이 영원의 고향으로 돌아가고 있음을 알리는 종소리였다.

갑작스러운 종소리에 동안거 수행을 위해서 요사채에 머물고 있던 문수행 정해숙 보살도 잠에서 깨어났다. 전교조 위원장 출신의 그는 당시 성륜사 전국 신도회장이었다. 정해숙은 처음에는 새벽 예불을 알리는 소리인 줄 알았다. 불을 켜고 시계를 보니, 밤 11시였다. 새벽 예불을 올리기에는 너무 이른 시간이었다. 웬 종소리일까.

11월 12일 밤, 동안거 도반들 역시 하나둘 각자의 방에서 눈을 비비고 나오기 시작했다. 이때 한 스님이 바쁜 걸음으로 요사채로 다가오면서 소리쳤다.

"큰스님이 열반하셨습니다!"

정해숙을 비롯해 성륜사에 있던 사부 대중이 말없이 방에서 나와서 청화가 생활했던 조선당 방향으로 걸어 올라가기 시작했다. 절의 위쪽에 위치한 조선당은 이미 불이 훤히 켜져 있었다. 주지 도일과 행자들이 조선당에 병풍을 치고 서둘러 분향소를 차리고 있었다. 병풍 뒤에는 청화의 법구를 담은 관이, 병풍 앞에는 그의 영정 사진과 촛대, 향로가 차려졌다.

분향소가 설치되는 사이, 정해숙을 비롯해 대중은 그가 누워 있는 조선당을 향해서 쉼 없이 절을 올렸다. 열반 소식을 전해들은 제자들도 하나둘 속속 성륜사 조선당으로 들어섰다. 조선당에 분향소 설치가 완료되자, 제자들과 동안거를 위해 절에 머물러 있던 재가 불자들은 차례로 삼배를 올리기 시작했다. 대종 소리는 다음 날 새벽 1시까지 울려 퍼졌다. 정해숙의 기억이다.

"새벽 1시 30분, 큰스님의 열반을 확인하고 조선당에서 요사채로 걸어 내려오는 그 순간은 하늘과 땅이 온통 텅 비어 버린 듯한 적막함 그 자체였다."[12]

"큰스님, 제가 잘못한 것을 용서해 주십시오."

다음 날 오전, 머리가 희끗희끗한 여성이 그의 법구가 모셔져 있던 성륜사 조선당 앞에서 엎드려 통곡했다. 그녀는 일어서서 두 손을 모아 절을 한 뒤 다시 엎드려 울기를 반복했다. 그녀가 서럽게 통곡한 이유는 정확히 알 수 없었지만, 그의 법문을 듣고 진리의 길을 가고 있던 대중이었다는 것만은 분명했다.

그가 멀리 서쪽 나라로 떠나는 모습을 봤다는 사람도 있었다. 황금빛 가사를 입고 자비로운 웃음을 머금고 서쪽 나라로 가는 그의 모습이 얼핏 보였다고, 당시 성륜사에서 기도했던 재가 불자 임진이는 회고했다.

"나는 스님이 떠나신 그다음 날 기도 중에, 얼핏 스님께서 황금빛 가사를 입으시고 머리끝까지 황금빛에 쌓여 그 자비스러우신 웃음을 머금으시고 아름다운 석양의 나라로 가시는 모습을 보았다. 얼마 안 있어 스님께서 칼날같이 날이 선 밤색 가사를 깔끔하게 입으시고 가사 자락을 바람에 펄럭이며 함빡 웃으시며 하늘에 서 계신 모습도 뵈었다. 난 스님께서 분명히 부처님이 되셔서 떠나셨구나 하고 믿어진다. 그래서 그때부터 환희불사라는 것을 느끼고 오히려 기뻤다."[13]

조문과 추모가 이어졌다. 조계총림 방장 보성, 고불총림 유나 지선, 원로의원 성수 등 원로 및 대덕 스님과 각 교구본사 전현직 주지 등이 잇따라 성륜사를 찾아와서 조문했다. 조화와 조전도 쇄도했다. 조화들은 성륜사 전각 곳곳에 질서정연하게 놓였다. 서울 광륜사에도 분향소가 마련돼 많은 조문객들이 찾았다.

언론은 그의 열반 소식을 대대적으로 보도하며 "56년 동안 한 끼 공양 수행 한국 불교 대표적 선승",[14] "40여 년간 1일 1식-장좌불와 지리산 등 20여 곳 옮겨 다니며 토굴 생활",[15] "40년 장좌불와 … 염불선 주창한 수행자 사표"[16]라고 극찬을 쏟아냈다.

징~. 천장과 연결된 줄에 걸린 당목이 뒤로 물러섰다가 앞으로 달려들면서 대종에 강하게 부딪치자 웅장한 저음의 종소리가 터져 나왔다. 한 번, 두 번, 세 번 …. 범종각의 대종 소리가 다섯 번 울려 퍼지는 명종의식을 시작으로 청화의 영결식이 열반 닷새째인 11월 16일 오전 성륜사 경내에서 대한불교조계종 원로회의장으로 열렸다.

영결식장 중앙에는 그의 영정사진이 세워졌고, 그 양쪽으론 그의 「오도송」과 「사세게」가 각각 주련으로 내걸려 있었다. 그의 법구 역시 조선당에서 영결식장으로 미리 이운돼 있었다. 정운당과 법성당 아래, 범종각과 해우소 사이에 마련된 임시 영결식장에는 조계종 원로회의 의장 도원, 총무원장 법장, 원로회의 의원과 주요 본말사 주지, 당시 집권 여당인 열린우리당 김근태 의장 등을 비롯해 사람들이 발 디딜 틈이 없을 정도로 가득 들어차 있었다.

영결식은 삼귀의, 『반야심경』 독송, 행장 소개, 영결사, 조사 및 추도사, 헌화 등의 순으로 1시간 10분간 진행됐다. 장례위원장인 원로회의 의장 도원 스님은 영결사에서 "스님의 오심은 본원으로 오신지라 오셔도 오심이 없어 여월인천강이요, 가심은 근원에 합함이라 가셔도 가심이 없어 사파등대해이오나, 생사가 미절한 저희들로는 창황망조할 따름"이라며 "팔십 평생을 선풍진작과 교화포교의 크신 불사는 종도들의 가슴에 길이 남을 것"이라고 추모했다.

총무원장 법장 스님은 이어진 조사에서 "스님께서는 일찍이 백양사 운문암에서 금타 화상의 문하로 출가한 이래, 반백년이 넘게 오로지 수행과 교화에만 헌신해 오신 종문의 큰 스승이었다. 특히 20여 년 전부터 구산선문의 하나인 동리산 태안사에서 감로의 법문을 열고 사부 대중을 제접하셨으니, 이로부터 사마외도는 입이 막히고 미륜중생은 눈을 열게 됐다"며 "실로 큰스님의 법상 아래서 번뇌의 불을 끄고 업장을 닦아낸 자의 수는 동리산의 참나무보다 그 수효가 많았다"고 상찬했다. 이어서 "큰스님을 영결하며 그 어떤 기억보다 단 한 가지의 추억으로 온몸에 훈훈함을 느끼게 된다. 그것은 언제나 한결같았던 큰스님의 겸손하신 모습"이라며 "스님께서는 승속 간에 누구를 만나도 항상 하심하고 겸손히 대했다. 그리하여 처음에는 당황하다가 끝내는 마주하는 이로 하여금 마음으로부터 감복하여 저절로 무릎을 꿇게 했다"고 그의 하심과 겸손을 강조했다.

총무원장은 그러면서 "아직도 큰스님의 자비로운 가르침이 더 필요한 중생들은 갈 바를 몰라 우왕좌왕하고 있다"며 "큰스님께선 마지막 자비를 베푸사 생사거래의 실상이 어떠한 것인지를 다시 한번 일러주시길 간절히 청한다"고 추모했다.

전국선원수좌회 공동대표 현산 스님은 "큰스님을 처음 뵈온 건 40여 년 전 임실 도통암에서 하룻밤을 같이 지낸 적이 있사온데, 일종식하며 밤새 장좌하시고 정진하시던 모습이 엊그제 같은데, 평생을 그 모습 그대로 장좌불와하시고 일종식하며 수행으로 일관된 삶을 사신, 근자에 보기 드문 큰스님"이었다며 "자비롭게 온화한 미소, 만중생을 이익케 하시려는 마음으로 가득 차 있었기에 우바새 우바이들이 항상 구름처럼 많이 모여들었다"[17]고 추도했다.

임창욱 대상그룹 회장은 재가 제자 대표로서 "큰스님께서 이 땅에 남기신 그 공덕과 업적을 후학들이 어찌 잠깐인들 잊을 수 있겠느냐"며 "평소 큰스님을 뵈올 적마다 자비스러운 모습은 저희 제자들뿐만 아니라 산천초목들도 머리를 숙였다"[18]고 추도했다. 김근태 열린우리당 대표 역시 추도사를 통해 청화 스님의 뜻을 계승할 것을 다짐했다.

영결식이 끝나자 영정과 법구는 성륜사 일주문 앞에 임시로 마련된 다비장으로 천천히 이운됐다. 장례를 검소하게 치르라는 그의 말에 따라서 법구를 실은 연화대는 일체의 장엄을 하지 않았다. 많은 사부 대중이 그 뒤를 질서정연하게 따랐다. 다비식이 준비되는 사이, 사부 대중은 연화대를 중심으로 공터나 근처 숲속에 빼곡하게 자리했다.

"큰스님, 불 들어갑니다."

낮 12시 50분, 원로회의 의장 도원과 원로의원 녹원, 몇몇 상좌와 선원대표 등이 불을 붙였다. 불은 곧 연화대에 옮겨 붙었다. 일부 불자가 큰스님을 소리쳐 부르며 울음을 터뜨리는 가운데 사부 대중은 나무아미타불을 염송하기 시작했다. 마이크를 통해 『천수경』 독경이 끝나자 사부 대중은 더 큰 목소리로 나무아미타불을 염송했다.

"나무아미타불! 나무아미타불! 나무아미타불! …"

나무아미타불의 염송 소리가 설령산 자락을 메아리쳤다. 이때 나뭇잎과 풀들은 흔들렸고, 새와 동물들 역시 귀를 쫑긋거렸다. 그의 법구가 회색 연기를 뿜으며 바람과 물과 흙과 불로 돌아가는 사이, 그의 진여본체는 영원한 마음의 고향으로 돌아가고 있었다. 천천히, 아주 천천히.

원통불교의 중흥과 염불선의 대중화

"여러분, 시작입니다! 편안하게 박수 치시고 따라 하세요!"

긴 도포의 가사에 안경을 쓴 비구니 혜강이 두 손을 하늘 위로 올려 마주치면서 객석을 향해서 박수를 유도했다. 곧이어 그의 입에서 익숙한 소리가 터져 나왔다.

"관자재보살 행심반야바라밀다시 조견오온개공 도일체고액 …"

불교 경전 가운데 가장 많이 유통되는 『반야심경』이었다. 그런데 경건한 낭송이 아닌, 속사포처럼 빠른 랩이었다. 고무신을 벗은 채 오른손으로 마이크를 잡은 그는 왼손을 흔들면서 무대 좌우, 위아래로 경쾌하게 뛰어다녔다. 곧 절정을 향해 치달았다. "아제아제 바라아제 바라승아제 모지사바하 …." 『반야심경』 랩에 앞자리에 앉은 비구와 비구니, 뒷자리에 앉거나 서 있던 재가 불자들은 30도를 오르내리던 무더위 속에서도 박수를 치면서 호응했다.

청화가 열반에 든 지 10년이 지난 2014년 7월 17일 오후, 서울 종로구 조계사 대웅전 앞에 마련된 특설무대에선 제1회 '조계종 학인 염불시연대회'가 높은 열기 속에서 진행되고 있었다. 이날 염불 시연 대회에는 해인사와 수덕사, 불국사, 통도사, 운문사 등 전국 승가대학에 재학 중인 개인 및 단체 학인 스님 400여 명이 참여했다. 화두를 참구하는 간화선을 기본 수행법으로 하고 있던 조계종에서 염불선이 대중적인 수행법의 하나로 자리매김하고 있다는 것을 상징적으로 보여주는 장면이었다.

대한불교 조계종은 5년 전인 2009년 3월 종단의 헌법격인 종헌 제110조를 개정해 "수행기관으로 염불원을 둘 수 있다"고 규정했다. 많이 늦었지만, 이는 간화선을 기본 수행법으로 해온 조계종이 염불선을 수행의 한 방법으로 공식 승인하는 의미가 있었다. 종헌 개정에 따라 각급 사찰에서 염불 선원이나 염불 대학원이 설립되기 시작했다.

조계종 교육원은 이에 2011년 5월 승가교육에서 염불 교육을 의무화하는 내용을 담은 '한글염불의례교육에 관한 령'을 입법 예고했다. 주요 내용은 각급 승가 교육기관 책임자와 교육 담당자는 승가대학, 기본 선원 등에서 교육을 받는 예비승과 행자들에게 염불의례

교육을 시행해야 하고, 염불의례에 대한 숙지도 승가고시에 적극 반영한다는 내용이었다. 특히 조계종 교육원 교육부장은 이듬해 10월 집무실에서 기자 브리핑을 갖고 종헌 개정에 따라서 염불과 참법 수행을 수행하는 기관으로 정토원을 신설하고 염불 수행 역시 안거로 인정하기로 했다고 발표했다. 염불 수행 역시 안거 수행 이력으로 포함된 것이다.

간화선만을 사실상 유일한 수행법으로 간주해 온 조계종이 원통불교를 다시 표방하면서 염불선을 비롯해 다양한 수행법에도 문을 열고 대중과 세상으로 성큼 걸어 나가기 시작했다. 한국 불교의 대표 종단인 조계종의 이 같은 변화는 원통불교의 중흥을 강조하면서 염불선을 설파해 온 청화의 땀과 눈물이 있었음은 두말할 필요가 없다. 그의 파격적인 원통불교 사상과 신실한 수행이 고려시대 이래 간화선 중심으로 수행이 이뤄지던 한국 불교의 큰 물줄기를 바꾼 것이다. 그것은 한국 불교사의 일대 사건이었다.

청화는 무엇보다 정통 불법의 부흥을 통해서 불교 내의 과감한 회통과 통섭을 시도하는 원통불교의 중흥을 역설했다. 원통불교야말로 원효와 의상, 대각 의천, 보조 지눌, 태고 보우, 나옹 혜근, 서산 휴정, 사명 유정 등 역대 고승 대덕들이 역설해 온 한국 불교의 대표적인 특성이자 세계 불교에 기여할 수 있는 한국 불교의 경쟁력이라고 강조했다.

왜 원통불교의 중흥이었을까. 다양한 사상과 종교, 문화, 민족이 어우러진 복잡한 현대 사회는 계속되는 분열과 대립, 전쟁, 물질만능주의, 기후와 환경 위기 등으로 심각한 위기를 겪고 있고, 많은 사람들은 현대 사회의 위기를 헤쳐 나갈 수 있는 이념과 사상을 요청하고 있었다. 하지만 한국 불교를 비롯한 세계종교와 사상들은 현대 사회 및 인류의 요청에 제대로 응답하지 못하고 있다는 게 그의 판단이었다.

특히 불교의 경우 "제 대선각자들의 각기 역사적 시대에 있어서 그들 자각 내용의 심천과, 이른바 응병시약하는 대인적인 선교의 묘(妙)에 연유하여 대승과 소승, 현교와 밀교, 권교와 실교, 선종과 교종 등이 발생",[19] 수많은 교단과 분파로 나뉘어 분열과 갈등 양상을 노정하고 있었다. 결국 "범부 중생에겐 팔만사천을 헤아리는 왕양(汪洋)한 불교교리가 지극히 번쇄하고 난해하게 여겨짐은 사실이며, 현대에 이르러 불법의 전모를 달관하지 못하고 추상적으로 어느 일방만을 확집하여 분열 침체하고, 위기에 직면한 현대 사회에 보다 적극적이고 참신한 구제의 소임을 다하지 못하게 된 것"[20]이다.

그는 원통불교 중흥을 위한 구체적인 방법으로 석가모니 부처를 비롯해 마명 대사와 용수 보살 등 대승불교의 주요 조사, 중국 선종의 초조 달마 대사부터 육조 혜능까지 순선 시대 조사들, 원효와 의상, 보조 지눌, 태고 보우 등 한국의 주요 선지식들이 펼쳐온 정통 불법의 부흥을 제시했다. 사성제와 연기법, 팔정도 및 삼학도, 구차제정 등 석가모니의 주요 법문부터 시작해 대승불교 및 순선시대 조사들의 핵심 사상인 우주 만유가 오직 진여불성뿐이라는 존재론과 인식론, 마음이 곧 부처이고 깨달으면 모두 부처라는 진리관, 더 많은 대중을 진리의 길로 이끌기 위한 이행도, 진리를 깨치고 수행하는 이입사행의 선오후수적 수행, 반야바라밀에 입각한 일상삼매와 일행삼매, 정통선을 바탕으로 다양한 수행법의 회통과 염불선의 대중화, 철저한 계율 준수 ….

그는 정통 불법을 바탕으로 불교 내의 다양한 분야와 분파 간의 회통과 통섭을 추구했다. 중국의 돈오주의와 인도의 점수주의 간의 회통과 통섭, 일상삼매와 일행삼매의 정혜쌍수, 여래선과 조사선의 회통 등등. 심지어 불교 내의 회통을 넘어서 기독교와 이슬람교 등 다른 세계종교와의 회통과 대화도 적극적으로 추구하는 통종교를 강조했다. 우주 만유가 진여불성뿐이라는 일원론적이고 범신론적 존재론과 진리관을 바탕으로 제반 종교 및 사상과의 회통을 시도했고, 특히 삼신일불 사상과 기독교의 삼위일체론의 회통을 시도했다.

정통선을 바탕으로 다양한 수행법의 회통과 공존을 추구하는 한편, 이를 바탕으로 염불선의 대중화를 시도한 것도 큰 주목을 끌었다. 즉, 우주 만유는 진여불성뿐이고 마음이 곧 부처라는 반야의 지혜를 여의지 않고 수행한다면 모든 수행법이 선이 될 수 있다며 간화선뿐만 아니라 염불선, 묵조선 등 다양한 수행법의 회통과 공존 가능성을 열었다. 강옥구 시인과의 대담에서 말했다.

"조동종의 선이나 임제종의 선이나 다 훌륭한 선이지요. 그런데 그것만 선이고 다른 것은 선이 아니라고 하면, 불교를 너무나 협소하게 해석하는 법집이 됩니다. 왜 그런가 하면, 선은 바로 불심을 의미하고 불심을 여의지 않는 것이 선이기 때문에, 가령 화두공안을 참구한다고 하더라도 불심을 여의지 않아야 선이 되는 것이지, 상대적인 문제를 의심한다든가 참구한다고 할 때는 마음이 분열돼 참다운 선이 못 됩니다. 조동종 계통의 묵조선에서도 잠자코 비추어본다 하더라도 진여불성 자리, 중도실상의 생명 경계를 분명히 관조해야지, 그저 묵묵히 고목처럼 무념무상으로 가만히 있다고만 할 때는 오히려 망상이 나오기 쉽고 무기에 떨어지기도 하여 진정한 참선이 못 되는 것이지요. 또한 염불을 하더라도 극락세계에만 부처님이 계신다는 생각으로 우리의 마음을 떠나서 마음 밖에 부처를 대상적으로 설정하고 구할 때는 염불선이 못 됩니다. 하지만 내 마음의 자성, 내 마음의 본체가 바로 부처님이고 우주 만유의 실상이 바로 부처님이라고 생각할 때는 바로 염불선이 되는 것입니다. 주문도 마찬가지입니다. 모든 참다운 진언의 경계, 참다운 우주 만유의 본질 자리는 부처인 것이고 내 마음과 더불어 둘이 아니라고 분명히 생각하면서 그 자리를 여의지 않으면 주문을 외운다 하더라도 참선이 됩니다."[21]

결국, 우주 만유는 진여불성뿐이고 마음이 곧 부처라고 보는 반야의 지혜 자리를 떠나지 않고 수행한다면 어떤 수행도 참선이 될 수 있다는 취지였다. 간화선도, 염불선도, 묵조선도, 주문 수행도.

"한마디로 말하면, 화두를 참구하든, 묵조하든, 염불하든, 주문을 외우든, 경을 읽든, 다른 종교의 여러 수행법을 공부하든지 간에, 우리 마음이 본질적인 생명의 실상 자리, 생명의 본질 자리를 안 떠나면 다 선이 된다고 해야 이른바 법집이 아닌 참다운 선의 의미라고 할 수 있습니다."[22]

따라서 우주 만유는 진여불성뿐이고 마음이 곧 부처이기에 마음을 깨치면 모두 부처라는 지혜를 생각마다 여의지 않고서 참선하는 정통선으로서 염불선을 주장할 수 있게 됐다. 그의 열반 당시 언론도 이를 주목했다.

"조계종이 근간으로 삼는 참선 위주의 간화선 외에도 생활 속에서 쉽게 실천할 수 있는 불선으로도 견성할 수 있다고 주장했다."[23] "스님은 공부의 방법에 있어 후학과 재가 불자들에게 염불선이라는 길을 제시해 주었다. 스님이 제창한 수행 방법인 염불선은 투철한 계율과 정혜쌍수를 기본 정신으로 한다. 특히 염불선은 은사 스님인 금타 스님이 창도한 「보리방편문」을 전수받아 이를 법계일심의 한 생명사상으로 승화시킨 수행 방법이다. 염불선은 우리 시대의 많은 지성과 시대사상을 아우르는 한편 새로운 세기를 선도하는 수행 방법으로 부각되고 있다."[24] 언론 보도는 이어졌다. "큰스님의 삶을 더 한층 빛나게 하는 것은 간화선 위주의 편향된 수행 풍토에서 선과 염불을 하나로 회통해 새로이 염불선을 주창했다는 점이다 … 염불선은 선과 대립하지 않고 염불의 틀을 벗어나지 않으면서도 이를 통해 일체 존재가 모두 진여불성이라는 진리의 핵심에 도달토록 이끌었다. 이는 곧 중생들의 근기에 맞는 새로운 수행 체계를 열어 보인 것이며, 무엇인가를 바라는 염불에서 나와 부처가 둘이 아니라는 염불참선법을 몸소 제시했다."[25]

그의 염불선 주장은 화두를 참구하는 간화선만을 사실상 유일한 수행법이라고 여기던 당시의 풍토 속에서 한동안 정당한 평가를 받지 못했다. 오히려 비판과 외도라는 비난을 받기도 했다고, 조은수 서울대 교수는 회고했다.

"청화 선사는 이론적으로 또한 문헌적 증거를 통해 수행법으로서 염불선의 타당성을 차분히 말씀하고 있지만, 당시 선사는 간화선 지상주의의 현실 속에서 대중들에게 시대와 근기에 맞는 수행법으로서 염불선을 제시함으로써 엄청난 비판과 핍박에 시달리셨다."[26]

비록 환한 미소를 잃지 않으면서 진리의 길에서 한 치도 물러서지 않았지만, 그것은 고통과 인내의 시간이었다. 그의 4재를 앞두고 상좌 무상이 낭송한 추도문 '은혜로우신 큰스님'을 음미해 보면 그가 겪었을 생전의 외로움과 간난신고를 유추해 볼 수 있다.

"법의 동지 하나 없이 얼마나 외로우셨습니까. 우산도 없이 온갖 비바람을 다 맞으시고 절벽에 홀로 선 듯한 쓸쓸함이 또 얼마나 스쳐가셨겠습니까. 오직 불법의 정통을 밝히시기 위해 모진 박해와 소외를 다 견뎌내시고 기어이 증명해 내셨습니다. 진실로 염불선이 자성선이요, 불조의 최상승 정통선임을 이제는 만천하가 다 알게 됐습니다."[27]

종단 안팎의 비판과 비난에도, 그는 왜 염불선을 주장했을까. 숱한 가시밭길 속에서도, 그는 왜 염불선을 포기하지 않았을까. 먼저, 그는 염불선만이 옳기 때문이 아니라 염불선은 누구나 쉽게 수행할 수 있는 가장 대중적인 수행법이라고 확신했다. 즉, 일반인이 쉽게 접근하기 어려운 간화선과 달리 염불선은 근기의 차별 없이 누구나 쉽게 할 수 있어서 더 많은 대중이 진리로 나아갈 수 있다고 생각했다. 이는 대승불교의 용수 보살이 「십주비바사론」에서 염불을 이행문이라고 말한 것과 맥락이 닿아 있다.

아울러 염불선은 부처와 부처 되기를 간절히 희구하는 신앙심에 의존하기에 진리에 더 쉽게 다가갈 수 있고, 기독교와 이슬람처럼 신앙심을 강조하는 다른 종교와 회통하고 대화할 수 있는 점도 작용했다. 이중표 전 전남대 교수의 설명이다.

"첫째는 염불이 이행도이기 때문이다. 쉬운 길을 두고 어려운 길을 굳이 고집할 필요는 없다. 둘째는 신앙심이라는 감성에 의존하기 때문이다. 의심하는 이성보다는 믿고 존경하는 감성이 평등불이의 실상에 계합하는 데 적합하다고 본 것이다. 셋째는 신앙심에 의존하는 염불선이 기독교와 같은 타종교와 회통할 수 있다고 생각했기 때문이다."[28]

또한 그는 염불선이 불교사상적으로도 지지를 받아온 수행법이라고 생각했다. 『잡아함경』의 여섯 가지 수념처론과 『증일아함경』의 「광연품」이나 「역품」 등에 염불이 설해져 있을 정도로 초기 불교에서도 중요한 수행법의 하나였고,[29] 대승불교 마명 대사의 「대신기신론」, 용수 보살의 「십주비바사론」[30] 등에서도 이행의 방법으로 염불을 강조했다. 중국 선종의 초조 달마 대사와 4조 도신 대사, 6조 혜능 대사, 정중종의 정중 무상, 수나라의 천태 지의, 당송대의 영명 연수, 원대의 중봉 명본, 명대의 운서 주굉 등도 염불을 통해 대중을 교화했다. 원효가 쉼 없이 아미타불을 생각하는 염불을 통해서 극락왕생할 수 있다고 강조한 것을 비롯해 보조 지눌, 태고 보우, 나옹 혜근, 득통 기화, 서산 휴정, 사명 유정 등 한국의 대표적 선지식들 역시 염불 수행을 지지했다.

정통 불법의 부흥을 통해서 인간론적 신앙관, 선오후수적 정혜쌍수, 화두선과 염불선의 회통, 다른 종교와의 회통과 대화를 주장한 그의 원통불교론은 조계종은 물론 한국 불교를 풍성하게 했고 불교

대중화에도 크게 기여했다는 평가다. "불교 대중화의 공로가 있다"고, 정병조 동국대 명예교수가 분석한 이유다.

"고매한 인물을 어필하기 위해서는 대중화해야 하는데, 간화선 접목이 쉽지 않았습니다. 이에 대해 청화는 일상삼매, 일행삼매의 견지에서 염불선을 강조함으로써 불교를 대중화한 공로가 적지 않습니다."[31]

청화가 이 과정에서 종단 일각의 비판과 오해를 받으면서도 스승 금타 선사에 대한 향심(向心), 의리를 견결하게 지킨 점도 존경받아 마땅하다. 즉, 금타가 제자 청화의 사상 원천이었다면 청화는 스승 금타를 빛나게 한 일각수 제자였다고, 제자 무상은 회고했다.[32]

그는 스승에 대한 향심에서 한발 더 나아가 각자의 마음 바탕에 있는 삼신자성불을 깨닫게 함으로써 정혜쌍수를 가능케 한 「보리방편문」과 수증론인 「해탈16지」, 일진법계의 성상(性相)을 관조한 〈수릉엄삼매도〉 등 금타의 사상을 널리 대중화했을 뿐만 아니라 현대에 맞게 창조적으로 발전시켜서 스승을 더욱 빛나게 했다. 이와 관련, 조은수 서울대 교수는 금타의 저술이 상대적으로 신비적이고 고답적인 반면, 청화의 저술은 교학적 해석을 더하고 대중적이라고 대비했다.

"금타 화상의 진리 표출 방법이 신비적이고 고답적인 반면에, 청화 선사는 『금강심론』에 나타나는 사상 체계를 대중들에게 알리기 위해 그 이론들에 대해서 불교 교학적 해석을 가하고, 또한 「보리방편문」을 대중적 수행법으로 널리 소개함으로써 금타 화상의 사상을 이 시대에 실현하려고 노력했다고 볼 수 있다."[33]

위대한 수행자… 전도에 최선, 미국 포교도

"백척간두에서 한 걸음 더 나아가겠다는 구도 열정으로 자신에게 한 치의 게으름도 용납하지 않았던 치열한 수행자로 익히 알려져 있다 … 하루 한 끼 공양과 최근까지도 손수 빨래를 하는 등 전형적인 수행자로서의 자세를 잃지 않았다. 특히 40여 년의 토굴 생활과 장좌불와 정진, 태안사에서의 3년 묵언 수행은 수행자들의 귀감이 돼 왔다. 이런 스님에게 '장좌불와 수행자', '일종식 납자', '염불선의 실천자' 등 수식어가 단순한 찬양에 그치지 않는다는 것은 새삼 두말할 나위가 없다. 스님은 계율을 지킴에 있어 어느 율사 못지않게 철저했다. 계율로 말미암아 선정이 생기고 선정으로 말미암아 참다운 반야지혜가 생긴다는 평소의 소신에 따른 것이었다."[34]

열반 당시, 언론들은 청화의 치열한 구도 정신과 청정한 계율을 주목했다. 그는 수십 년간 하루 한 끼의 일종식을 하고, 오랫동안 눕지 않는 장좌불와를 이어왔으며, 수십 차례 토굴 수행을 감행한 위대한 수행자였다. 백양사에 주석해 온 지선 스님의 회고다.

"큰스님은 제가 보아온 수많은 수행자들 중에서 가장 치열하고 열심히 수행했던 스님이셨습니다. 하루 한 끼 공양으로 법체를 유지하시며 장좌불와, 묵언으로 참선정진하시어 전형적인 수행자의 모습을 보여주셨지요 …. 큰스님의 자비행은 계급과 신분, 성별을 뛰어넘어, 불교 집안의 어른을 넘어, 우리 시대의 큰 스승으로 기억될 것입니다."[35]

그의 치열한 구도 정신과 청정한 계율 준수는 이미 불교계에서 정평이 나 있었다. 열반 당시 언론 보도를 보면 쉽게 알 수 있다. "청화 스님은 눕지 않고 앉아서 잠을 자며 좌선하는 장좌불와의 수행법을 지켜온 한국의 대표적 선승. 56년간 하루 한 끼 공양을 고수하며 선법 수행 체계에서 독보적 경지를 개척해 왔다."[36] "치열한 구도의 삶으로 존경받던 곡성 성륜사 조실 청화 스님이 12일 오후 10시 30분 입적했다 … 청빈이 몸에 밴 스승의 수행법과 가르침에 따라 하루 한 끼 공양과 좌선 수행을 위한 장좌불와를 평생의 신조로 삼는 등 철저한 참선수행을 실천해 왔다."[37] "스님은 출가 이후 오로지 불법을 바르게 익히고 이를 실천하기 위한 일념으로 정진을 거듭했다. 하루 한 끼 공양으로 법체를 유지하면서 장좌불와, 묵언, 단식 등의 수행 정진으로 불법의 향기를 대중에게 전했다."[38]

대중 교화를 위해 마지막 피 한 방울까지 쏟아낸 그의 모습 역시 석가모니 부처의 제자다운 모습이었다. 마지막까지 전도에 열성이던 그는 석가모니 부처의 분명한 제자였다. 한 사람이라도 더 구제하겠다는, 단 한 명의 중생이라도 깨닫지 못하면 극락정토에 돌아가지 않겠다는 일념으로.

특히 진리의 법을 전하기 위해서 일흔이 넘은 나이에 6년간 이역만리 미국으로 날아가서 세계인들을 향해 법문과 수행을 이어간 것은 놀라운 일이었다. 세계인들에게 한국 불교의 진면목을 보여주기 위해, 진리를 깨치게 하기 위해서 현지에서 삼년결사까지 감행한 것은 한국 불교의 위대한 승리였다. 미국인 루이스 랭커스터(Lewis R. Lancaster) UC 버클리 대학교 명예교수의 평가다.

"20세기를 마감하는 어느 해에 스님께서는 카멀 밸리의 삼보사에 오셨고, 미주 한국 불교가 처음 개창된 역사적인 곳인 삼보사를 중흥시키려고 힘을 쓰셨습니다. 한국으로 돌아가시기 전 몇 년간은 이곳 배닝에 오셔서 다시 삼년 묵언정진에 들어가셨지요. 이제 미국에서 불교의 열기가 뜨거워지면서 어려움을 헤치고 굴하지 않고 이겨나간 그분의 선구자적 정신이 더욱더 우리 마음에 깊이 다가옵니다."[39]

겸손하면서도 쉽고, 자세하면서도 친절하며, 현대적이면서 세련된 그의 법문은 대중 교화의 새로운 모범이 됐다. 그의 법문은 일관되게 우주 만유는 진여불성뿐이고 마음이 곧 부처이기에 마음을 깨치면 모두 부처라는 반야의 지혜와, 반야의 지혜를 한순간도 여의지 않고 수행하고 증명하도록 노력하라는 내용이었다. 그러면서도 다양한 불교 이야기 이외에도 다른 종교의 교리나 사례를 과감히 활용했고, 많은 철학자의 사상을 소개했으며, 최신 과학 이론도 적극적으로 반영했다.

수행과 교화 과정에서 모든 이들에게 보여준 친절하고 인자한 하심 역시 많은 감동을 줬다. 주위 사람들에게 늘 편안한 미소를 보냈고, 말과 언어도 친절하고 따뜻했으며, 행동 역시 사려가 깊었다. 가만히 앉아서 절을 받지 않고 항상 맞절을 했다. 모든 살아 있는 존재에 대한 친절과 배려가 바로 진리의 전부라는 듯, 모든 존재는 일미평등 한 진여불성이고 자성을 깨치면 모두 부처라는 생각을 증명하듯. 열반 당시 언론 보도 내용이다.

"그는 자신을 낮추는 하심의 자세를 보여줬다 … 그는 신도가 찾아와 절을 하면 맞절을 하고, 무릎을 꿇고 앉으면 같이 무릎을 꿇는 겸손한 태도로 일관했다."[40]

정통 불법의 부흥을 통한 원통불교 중흥 시도, 선오후수적 정혜쌍수의 추구, 정통선을 바탕으로 다양한 수행법의 회통과 염불선의 대중화, 스승 금타에 대한 놀라운 향심, 청정한 계율과 치열한 구도 정신, 6년간의 미국 성화 감행 …. 한국 불교사에 지워지지 않을 깊은 영감을 심어주고 마음의 고향으로 돌아간 큰스님 청화. 그의 위대한 여정은 모든 중생을 구하기 위해 이 세상에 첫발을 내딛으면서 시작됐다.

제1장

고해의 바다, 탄생과 젊은 시절

(1923~1946)

1923년 12월 13일 비범한 탄생

백두산에서 두류산으로 내려온 백두대간이 거친 숨을 한 번 쉬고 다시 금강산과 설악산, 오대산을 타고 내려오다가 태백산에서 서쪽으로 꺾어 지리산으로 급하게 내려왔다. 지리산으로 내려가는 중간에 추풍령에서 뻗어나간 노령산맥이 서쪽으로 산세를 누그러뜨려 일으킨 대박산과 무안반도가 만난 곳이 바로 전라도 무안이다. 자주 이는 구름의 남쪽에 위치한 무안 운남은 서쪽으로 바다를 연모해 많은 섬들을 지긋이 바라보고 있었다.

감이 많이 나는 곳이라는 의미로 이른바 감낙골로 불린 무안군 운남면 연리 697번지에 자리한 강대봉(姜大奉)과 박양녀(朴良女) 집에서 한 사내아이가 태어났다. 일제강점기이던 1923년 12월 13일, 불기 2467년, 음력으론 계해년 11월 6일의 일이었다. 2남 3녀 가운데 차남인 아이 이름은 호성(虎成)이었다.

가족과 주위 사람들에 의하면, 호성의 아버지 강대봉은 할아버지 강영수의 4남 2녀 가운데 3남이었다. 농사를 지었던 강대봉은 첫째와 둘째 형이 비교적 이른 나이에 세상을 떠나면서 진주 강씨 집안의 장남 역할을 하게 됐다. 강대봉의 남동생 대길은 일제 홍업회사에 다니다가 나중에 서당 훈장을 했다.

아버지 강대봉은 체격이 당당했고, 위풍이 호탕했다. 무엇보다 키가 크고 체격이 당당했다고, 작은아버지 강대길의 아들인 사촌 동생 강행원은 기억했다.

"어릴 적 한동안 큰아버지 가족과 한집에서 살다가 분가했는데, 큰아버지의 키는 173, 4센티미터 정도였습니다. 당시로 보면 상당히 큰 키였죠. 몸집이나 체격 역시 크고 당당했어요. 중년 이후에는 수염을 하얗게 기르고 다니셨고요."[1]

주부였던 어머니 박양녀는 인자하고 자애로웠다, 마치 관세음보살처럼. 박양녀에 대한 누나의 기억이다.

"어머니는 큰자식을 앞세우고 나서(죽은 뒤), 고생을 하고 많이 아프면서도 강퍅한 삶을 살지 않았습니다. 모든 사람들을 따뜻하게 대접했고, 가림 없이 베풀었어요. 항상 인자한 어머니였지요. 이복동생들이 자신의 어머니보다 제 어머니를 더 따랐으니까요. 어머니의 모습을 보면 제 마음이 천 가닥 만 가닥 쓰리고 아팠지만, 어머니는 정작 가슴 아파하지 않았어요. 우리 어머니는 대자대비한 관세음보살님 같았죠."[2]

박양녀에 대한 사촌 동생 강행원의 기억 역시 비슷했다.

"큰어머니는 굉장히 인자했습니다. 제 어머니보다도 훨씬 더 저를 예뻐하셨죠. 그래서 학교 수업이 끝나면 제 집으로 가는 게 아니라 큰집으로 먼저 가곤 했어요. 엄마가 해질 무렵 데리러 오면, 큰어머니는 말씀하셨죠. 그냥 자고 가게 놔두게, 라고. 큰어머니였지만, 저는 친어머니처럼 좋아했어요."[3]

밀양 박씨인 외가 식구들은 일본 규슈의 나가사키(長崎)에 살고 있었다. 이들 가운데 상당수는 제2차 세계대전이 끝날 무렵 미군이 투하한 원자폭탄에 희생됐다고, 그는 나중에 회고했다.

"제 외가가 일본 나가사키에 집단으로 살았는데, 원자폭탄 세례에 대부분 다 돌아가셨습니다."[4]

호성은 형 범룡과 큰 누나, 두 여동생과 함께 외할아버지 댁에서 큰집 및 작은집 식구들과 함께 모여 살았다. 당시 집은 아홉 칸이나 됐고, 논과 밭도 많았다. 대대로 내려온 가산이 적지 않은 데다가 어머니가 결혼 당시 많은 지참금까지 가져와 상당히 부유한 편이었다.[5]

생명을 귀하게 여긴 모범생

"아니, 어떻게 생명을 그렇게 고달프게 하세요?" 누이들이 어린 꿩의 발을 실로 묶어서 놀고 있었다. 누군가 야생의 꿩 새끼를 잡아서 누이들에게 준 모양이었다. 호성은 화난 표정으로 누이들에게 말했다. "당장 풀어주세요!"[6]

초등학생 호성은 집에서 어린 꿩을 가지고 놀던 누이들에게 어린 생명을 괴롭히거나 죽이면 안 된다고 설득했다. 생명을 아끼고 소중히 여기는 그의 마음은 극진했다. 결국 누이들을 설득해 발목에 묶인 실을 푼 뒤 꿩을 야생으로 돌려보냈다고, 그의 어머니는 강행원에게 들려줬다.

“제가 초등학교 4학년 때쯤 큰어머니에게서 들은 얘기입니다. 제가 무엇을 하나 잡아서 죽이려고 했어요. 행원아, 그러면 못써! 큰어머니는 그러시면서 호성 형이 누이들을 설득해 꿩을 살려준 이야기를 들려주더군요. 아직도 큰어머니의 이야기가 제 귀에 생생합니다.”[7]

일본군이 류탸오후(柳条湖)의 만주철도 폭발 자작극을 통해서 만주를 집어삼키면서 한반도를 둘러싼 국제질서가 혼돈과 대결로 기울기 시작하던 1931년 4월,[8] 호성은 무안군 망운면 목동리에 소재한 망운공립보통학교에 입학했다. 당시 그의 나이 8세.

호성은 운남면 연리 집에서 10킬로미터 이상 떨어진 망운보통학교까지 걸어서, 나중에는 자전거를 타고 등교했다. 망운보통학교는 운남공립심상소학교로, 다시 운남초등학교로 이름이 차례로 바뀌었다.

그는 보통학교 재학 시절 늘 반에서 1등을 놓치지 않을 정도로 공부를 잘했다. 생활 역시 모범적이었다. 어려운 환경의 친구를 배려해 주는 등 인정도 많고 후덕해서 따르는 친구들이 많았다. 지혜롭고 현명해 친구들의 구심점이 됐다고, 동창 배태우는 전했다.[9]

예체능에서도 재능을 보였다. 그는 바닷가에서 하모니카로 슈베르트의 「보리수」를 자주 연주하곤 했다. 아코디언, 피리, 풍금 등도 다룰 줄 알았고, 그림도 제법 그렸으며, 달리기나 유도에도 자질을 보였다고, 배태우는 기억했다.

“큰스님은 모든 면에서 모범생이었고, 다방면에 걸쳐 만능이었습니다. 글과 글씨, 그림 솜씨가 수준을 넘었고, 아코디언과 피리, 풍금 연주도 뛰어났으며, 달리기 등 체육까지 아주 잘했지요."[10]

성격은 내향적이었지만 올곧았다. 부당하고 잘못된 것을 시정하기 위해서 싸움도 마다하지 않았다고, 사촌 동생 강행원은 전했다.

"어릴 때 성격이 매우 곱고 발랐던 것 같습니다. 초등학교 시절 옳은 일을 위해 싸움도 마다하지 않았는데, 자신의 일로는 한 번도 싸워본 적이 없었다고 했어요. 누가 다른 친구를 괴롭히거나 불의하고 평등하지 못한 일을 보면, 그것을 바르게 고치기 위해 싸우기도 했다고 했거든요."[11]

호성은 생각을 깊게 하는 아이이기도 했다. 마을 앞에 펼쳐진 서해 바다를 바라보고 사색하거나 명상에 빠지곤 했다. 함께 살던 이모가 시앗을 들이고 난 뒤 장독대에 쪼그려 앉아 우는 모습을 보고선 거대한 관습과 관계의 그늘 아래에 놓인 인간을, 인간들의 모순을 생각하기도 했다.[12]

젊은 시절 말을 조금 더듬기도 했다. 성격이 다소 급한 편이기도 해서 말을 더듬었다고, 강행원은 전했다.

"스님의 성격은 내향적이면서도 상당히 급한 편이어서 말을 더듬을 때가 많았습니다. 하지만 그것을 후천적인 수행을 통해서 극복하셨어요."[13]

호성은 맑고 고운 심성이나 성격 측면에서 아버지보다는 어머니를 더 많이 닮았다는 말을 들었다. 누나는 동생이 "티 없이 맑은 모습도 그렇고, 한없이 고운 마음도 그렇다"며 "어머니를 많이 닮았다"[14]고 말했다.

간난신고의 일본 유학

재래식 화장실에서 대변을 퍼서 내다버리고 깨끗하게 청소까지 한 뒤, 집 밖으로 나서자 마침 비가 내리고 있었다. 쏟아지는 빗물은 그의 머리와 얼굴을 때린 뒤 주르륵 흘러내렸다. 불현듯 슬프고 서러웠다. 알 수 없는 뜨거운 것이 빗물과 함께 흘러내렸다. 고향은 너무 멀리 있고, 너는 어디에도 갈 데가 없구나.

비가 내리던 어느 날, 호성은 도쿄 시내 한 주택 화장실의 똥을 치운 뒤 내리는 비에 형언할 수 없는 이방인의 서러움을 느끼기도 했다. 사촌 동생 강행원은 청화에게 들은 일본 유학 시절 이야기의 일단을 기억했다.

"저의 승려 시절 초기, 큰스님이 무슨 이야기 끝에 자신의 젊은 시절 일본에서 공부하던 이야기를 조금 들려주셨습니다. 젊은 시절 일본에서 공부하면서 신문 배달도 하고, 화장실의 똥도 치웠다고 하더라고요. 비가 내리던 어느 날 …."[15]

1930년대 중후반부터 세계에 전쟁의 기운이 짙게 깔렸다. 유럽에서는 1933년 총리에 오른 뒤 총선에서 압승하면서 권력을 장악한 히틀러와 나치 독일이 파시즘으로 돌진했다. 1936년 3월 라인란트에 독일군을 진주시키며 베르사유 조약을 무력화했다. 그해 10월 이탈리아와 동맹을 결성했고, 한 달 뒤에는 일본과도 방공협정에 서명하면서 독일-이탈리아-일본 간 추축국 동맹을 결성했다. 1937년 동아시아에선 만주를 집어삼킨 일본 제국이 중국과 전쟁을 시작했다. 7월 7일, 베이징 서남쪽 방향 루거우차오(盧溝橋) 근처에서 야간 훈련 중이던 일본군에 총격이 발생한 뒤 병사 한 명이 사라졌다. 일본군은 이를 핑계로 다음 날 새벽 루거우차오를 수비 중이던 중국군을 공격했고, 이를 구실 삼아서 7월 28일 침략 전쟁을 개시했다.

전쟁의 기운이 고조되던 그해 3월, 망운보통학교를 졸업한 호성은 청운의 꿈을 안고 일본 열도로 향했다. 먼저 기차로 부산까지 간 뒤, 부산에서 관부연락선을 타고 일본 시모노세키로 건너가 그곳에서 다시 기차 편 등을 이용해 도쿄로 들어갔다. 이때 그의 나이 14세.

그가 일본으로 유학을 가게 된 데에는 망운보통학교의 일본인 여교사의 조언과 권유가 있었던 것으로 알려져 있다.[16] 호성을 주의 깊게 지켜본 그녀는 교육 시스템이 완비된 일본 본토에 가서 공부해 보라고 조언하는 한편, 호성의 집에도 찾아가 일본 유학을 권했다. 뛰어난 아이는 넓은 세상에서 키워야 한다고.

호성은 일본 유학을 꿈꾸고 무안군의 일본 유학생 선발 시험에 응시했다. 천자문 학습을 평가하는 시험이었는데, 성적 최우수자 한 명에게 일본에서 공부할 기회를 줬다. 무안군에서 한 명을 뽑는 시험에서 그가 합격했다. 일본 유학의 길이 열린 것이다.

남지심의 소설 『청화 큰스님』[17] 등에 따르면, 호성은 도쿄 중앙역에 도착해 곧바로 일본인 교사가 소개해 준 집을 찾아갔지만, 소개받은 이가 이미 이사를 간 뒤라 예정에 없던 노숙을 해야 했다. 그는 이때 한 조선인을 만났고, 그 사람의 소개로 신문보급소 창고에서 숙식을 하며 신문을 배달했다.

그는 얼마 뒤 헌책방에서 일하게 됐고, 책방 주인의 주선으로 미사키조 간다거리에 있는 야간학교인 대성(大成)중학교를 다니게 됐다. 현재는 대성고등학교이지만, 당시에는 5년 과정의 중학교였다. 그와 관련된 학교 자료는 전쟁으로 모두 소실된 상태다.

호성은 헌책방에 일하면서 플라톤과 칸트, 스피노자, 쇼펜하우어, 니체 등 서양 철학자는 물론 공자, 맹자, 노자 등 동양 철학자의 저서나 관련 서적을 읽었다. 문학도 좋아했다. 특히 러시아의 문호 톨스토이를 좋아했다. 신문에 실린 톨스토이의 사진을 벽에 붙여놓고 바라보곤 했다.

일본에서 홀로 돈을 벌어서 공부해야 했던 그는 신문 배달이나 헌책방 아르바이트뿐만 아니라 재래식 화장실의 변을 치우는 간난신고를 경험했다. 힘겨운 고학 생활을 이어가던 그는 과로와 영양 부족으로 쓰러진 적도 있었다. 도쿄에서 만난 조선인의 도움으로 일시 귀국하기도 했다. 젊은 시절 일본에서 6년을 보냈다고 나중에 여러 차례 밝히기도 했고,[18] 도쿄 대성중학교가 5년 과정이었다는 점을 감안하면, 이때의 귀국은 방학이나 특별한 사정에 의한 일시적 귀국이었을 것으로 추정된다.

이즈음, 그는 무안에서 멀지 않은 항구도시 목포 시내 법원 앞에서 오촌 당숙 강대진이 운영하던 지물포 점원으로 일했다. 강대진은 당시 목포에 극장을 소유할 정도로 잘살았던 것으로 알려져 있다. 이때 그는 문학소녀를 만나서 이야기를 나누기도 했다. 『청화 큰스님』[19]에 따르면, 어느 날 목포 지물포에 톨스토이의 소설책 『전쟁과 평화』를 든 여학생이 찾아왔다. 톨스토이 문학에 매료돼 있던 그는 여학생과 「사람은 무엇으로 사는가」를 비롯해 톨스토이 문학을 매개로 이야기를 나눴다.

호성은 얼마 뒤 다시 일본으로 유학을 떠났다. 이번에도 부산에서 관부연락선을 타고 시모노세키를 경유해 도쿄로 들어갔다. 조선인 유학생들이 하숙하던 일본인 집 옆에 작은 방 하나를 구했다. 아침저녁으로 신문 배달을 했고, 와세다 대학에 재학 중이던 한국인 유학생들과 함께 독서 클럽에도 참여해 사람들을 만나고 다양한 책과 사상을 접했던 것으로 보인다.[20]

특히 이 시기 메이지 대학 청강생 자격으로 대학 강의도 들었다고 한다. 이때 공부했던 과목 가운데 하나가 수사학이었다고, 사촌 동생 강행원은 전했다.

"제가 언젠가 스님에게 '일본에서 무엇을 공부하셨어요?'라고 물어봤습니다. 그랬더니 '수사학을 공부했느니라'라고 대답하시더군요. 당시에는 수사학이 무엇인지 몰랐지만, 수사학을 공부했다는 말은 정확하게 들은 것 같아요."[21]

유학 당시 일본인들에게서 차별과 핍박도 받았던 것으로 추정된다. 그는 차별 대우에 맞서 친구들과 함께 소극적인 저항운동을 벌였다고, 나중에 성륜사 정기법회 법문에서 회고했다.

"저같이 일본 유학도 좀 해보고 한 사람들은 일본에 가서도 식민지 백성이라고 그네들이 굉장히 핍박했단 말입니다. 핍박당하면 당할수록 반일감정이 더 강해지겠지요. 그래서 친구들이랑 같이 모다 항일운동도 하고 했습니다만 …."[22]

다만 언제 어디에서 누구와 어떻게 저항운동을 했는지 등에 대해선 그는 구체적으로 말하지 않았다. 이와 관련, 소설가 남지심은 소설 『청화 큰스님』에 몇 가지 힌트를 담고 있다.

갑작스러운 결혼과 강제징집

어둠이 물러가고 날이 동터오던 1941년 12월 7일 이른 아침, 일본군이 선전포고도 없이 미국 태평양함대 기지인 하와이 진주만을 기습 공격했다. 미 전함 여덟 대가 완파됐고, 전투기 188대가 파괴됐으며, 미국 시민 2400여 명이 숨졌다. 일본군은 같은 날 괌과 웨이크섬, 타이, 영국의 식민지 홍콩과 필리핀, 말라야 등을 일제히 공격하며 야수적 본성을 폭발시켰다. 미국이 곧 대일 선전포고를 하면서 태평양전쟁의 막이 올랐다.

얼마 뒤, 도쿄의 호성에게 전보 한 장이 날아왔다. 고향 무안에서 부모가 보낸 전보로, 어머니가 위독하니 빨리 돌아오라는 내용이었다. 그는 서둘러 귀국했다. 하지만 그 전보는 정국이 급변하는 상황에서 그를 서둘러 귀국시켜 결혼시키기 위한 고육책이었다. 결혼을 하면 일제의 강제징집에서 면제될 수 있다는 소문이 돌고 있었다.

1942년 초, 서둘러 귀국한 호성은 부모의 뜻을 거역하지 못하고 부모가 짝지어 준 동향 성내리 출신의 성삼녀(成三女)와 결혼했다. 당시 그의 나이 19세. 아내는 마을에서 '남촌댁'으로 불렸다.

마지못해 결혼을 했지만 한동안 아내와 동침하지 않았다. 정확한 이유는 알려져 있지 않는데, 주위에선 "그가 결혼 자체를 원하지 않았기 때문일 수도 있고, 아내와 이상이나 목표가 맞지 않았을 수도 있었을 것"[23]이라는 분석도 나왔다. 아내는 나중에 아들 승조를 낳은 뒤 그를 따라 출가해 혜공 스님이 된다.

이듬해 5월, 망운면사무소 직원으로 근무 중이던 형 범룡이 농수로에서 홍수로 불어난 물길에 휩쓸려 숨졌다. 풍채도 좋고 기상도 강했던 형의 당시 나이는 24세였다. 여섯 살배기 아들을 남겨둔 채였다. 젊은 형이 갑작스럽게 죽다니, 도대체 인생이란, 삶이란 무엇이란 말인가. 호성은 형의 죽음으로 인생무상을 절감했고, 이는 나중에 그가 출가를 결심하게 되는 한 원인이 됐을 것이라고, 사촌 동생 강행원은 분석했다.

"형님(강범룡)과 우애도 좋았지만, 어떤 의미에선 형님의 정신세계를 의식할 만큼 존경하고 따랐기에 충격 또한 컸을 것이라고 짐작됩니다. 형의 죽음이 이 세상 온갖 것에 무상을 절감하는 아픔일진대 …."[24]

1944년, 호성은 모교였던 운남소학교(망운보통학교 전신)에서 교사 생활을 시작했다.[25] 이에 앞서 무안군 일로읍에 위치한 농업학교인 일로농업실수학교에 편입해 공부한 그였다. 1937년 개교한 일로농업실수학교는 현재 무안중학교의 전신. 학교에서 농업 실무뿐만 아니라 자신이 좋아한 분야도 공부했다.

그는 학생들을 성실하게 가르쳤다. 도리가 바르고, 사고가 지혜로웠으며, 늘 평안한 모습이었다. 운남소학교에서 함께 교사로 일했던 동창 배태우는 "성냄도 원망도 번민도 없이 늘 평안한 모습을 보여줬다"며 "매사에 저절로 고매한 성품이 나타나 흡사 성자와 같았다"[26]고 그를 기억했다. 특히 한 송이 꽃에도 생명의 기운이 있다며 소중히 할 정도로 생명을 외경했다고, 배태우는 전했다.

"한번은 소풍 길에서 한 학생이 꽃을 꺾자, '한 송이 꽃에도 생명의 기운이 있다. 살아 있는 모든 것을 존중하자'고 일러주셨습니다. 깜짝 놀랐지요. (당시는) 불교에 귀의하기 전인데, 그런 선근을 보이신 모습이 신기하고 아름다웠어요. 큰스님은 그렇게 뭇 생명을 외경했습니다."[27]

호성은 이때 "대박산 한가슴에 넘치는 새 빛 드높은 종소리가 우릴 부른다"로 시작되는 운남소학교 교가를 당시 교장과 함께 작사·작곡했다고, 강행원은 전했다.[28]

운남소학교 교사로 일하고 있던 그는 그해 동창 배태우가 운남소학교 교사로 들어오자 본격적으로 교우 관계를 맺기 시작했다. 배태우는 나중에 그가 망운중학교를 설립해 운영할 때 큰 도움을 주게 된다.

그는 이때에도 문학과 철학, 역사, 자연과학 등에 관심이 많았다. 특히 문학에 깊이 매료돼 작가를 꿈꾸기도 했다. 그는 '시작 노트'에 「작가의 갈 길」이라는 제목의 글을 적기도 했다.

"작가의 존재 방식에 대한 자각이 정립된다면, 실제 면에서 보다 많이 작가를 괴롭히는 형식과 기술의 문제도 자연히 정립되는 것이다. 가장 훌륭한 형태란 주제를 가장 잘 표현할 수 있는 것을 말하는 이상, 어떤 작가의 말대로 제2의 선택(형식의 결정)이 제1의 선택(주제의 결정)을 앞설 수는 없는 것이기 때문이다."[29]

이 시절, 둔전동 예배당을 나가기도 했다. 기독교를 깊이 믿은 건 아니었지만, 성경을 읽거나 기도나 명상을 했다고, 그는 나중에 강옥구 시인과의 대담에서 회고했다.

"저는 기독교를 깊이 연구해 믿은 것은 아니지만, 그래도 바이블을 정성껏 보기도 하고, 제 방에서 기도도 하고, 스스로 명상도 했습니다. 톨스토이와 같은 순수한 진리성으로 기독교를 믿는 분들의 책이 좋아서 읽기도 하는 미숙한 정도였습니다."[30]

중일전쟁에 이어 태평양전쟁까지 일으킨 일제는 군사력을 확보하기 위해 식민지 조선에서도 징병제를 실시하고 조선의 젊은이들을 강제로 전장으로 끌고 갔다. 1945년 봄, 호성은 일제의 강제징집 방침에 따라서 진해 해군훈련소에 입소해야 했다.

적을 향한 살의 가득한 무자비한 훈련, 훈련병에 대한 비인간적인 처우, 식민지 조선 청년에 대한 차별. 진해 해군훈련소에서 4, 5개월가량 고된 군사훈련을 받았다. 모든 존재를 외경했던 그에게 누군가를 죽여야 하는 군사훈련과 비인간적인 처우와 차별 대우는 큰 고통이었다.

그는 이때 고향으로 돌아가면 부모에게 효도하리라고, 살아남는다면 무슨 일이라도 충분히 해낼 수 있으리라고 생각했다고, 나중에 지리산 백장암 동안거 용맹정진 연속 법문에서 회고했다.

"… 왜정 땐 일본군에 징집돼서 고생을 어떻게 했던지, 집에 가면 부모에게 효도도 한없이 지극히 할 수 있고, 어떤 일도 충분히 할 수 있다는 자신이 생긴단 말입니다. 나와 보면, 그렁저렁 돼버립니다만."[31]

군사훈련이 막바지에 이른 1945년 8월 15일, 일제가 패망하면서 그는 전장에 투입되지 않은 채 곧 징병에서 해제됐다.

해방과 광주사범 편입

무더위가 여전히 맹위를 떨치던 어느 날, 무안군 운남면 연리에 위치한 운남초등학교의 교무실 문이 스르르 열렸다. 얼굴은 검게 그을리고 몸이 바짝 마른 한 남자가 성큼성큼 걸어 들어왔다. 일제의 강제징집으로 진해 해군훈련소로 끌려갔다가 살아 돌아온 호성이었다.

그는 교무실 사람들에게 간단히 인사를 한 뒤 자신을 대신해 부모를 보살펴 준 동창 배태우에게 고맙다고 말했다. 이어서 함께 학교 뒷산으로 올라가서 이야기꽃을 피웠다. 평소 말수가 적었던 그는 이때 앞으로 부부 생활을 하겠다는 속내를 밝혔다고, 배태우는 기억했다.

"결혼 후 그때까지 부인과 남같이 지냈는데, 이제는 부부 생활을 해야겠다는 속내도 보였습니다. 큰스님께서 징병당한 이후(부인이) 친정에도 가지 않은 채 말없이 시부모님을 봉양 잘 하고 가사를 돌본 것이 참 고맙다는 것이었지요."[32]

일제 패망으로 해방을 맞은 1945년 8월 하순, 징집에서 해제된 호성은 진해에서 고향 무안으로 돌아왔다. 고향 집에는 아버지와 어머니 모두 살아 있었고, 아내 역시 친정으로 돌아가지 않고 부모를 봉양하고 있었다. 그는 이때부터 아내와 잠자리를 갖기 시작했다.

1946년, 교사 생활을 제대로 하기 위해서 광주사범학교에 편입했다. 이즈음, 동료 교사 배태우 역시 서울 성균관대에서 연수를 시작했다.

"우리 아이를 좀 살려주세요!"

그해 여름, 배태우의 아내가 이질에 걸린 세 살배기 큰딸을 들쳐 업고 그의 집으로 찾아왔다. 그녀는 딸의 모습에 놀라서 제정신이 아니었다. 그는 아내와 대나무 기름을 짜서 한약을 만든 뒤 아이에게 먹였다. 아이를 살리기 위해서 여러 노력을 했다. 하지만 아이를 살릴 수 없었다. 그는 배태우를 대신해 손수 관을 짜고 염을 해서 아이의 장례를 치러줬다. 배태우의 기억이다.

"큰스님께서 손수 염을 하시고 관을 짰습니다. 큰스님께서는 아이가 갖고 놀던 호루라기까지 함께 넣어 묻어주시며 좋은 세상에 가서 잘 살라고 빌어주셨어요. 돌아와 기막힌 사연을 듣고, 나는 너무나 고마웠지요."[33]

1947년, 광주사범학교를 졸업했다. 그는 곧바로 교직에 서지 않고 교직 1급 자격증을 따기 위해서 공부를 했다. 당시에는 경성사범학교를 졸업하면 1급 교사자격증을, 평양사범학교나 대구사범학교를 졸업하면 2급 자격증을, 광주사범학교를 졸업하면 3급 자격증을 받았다.

요동치는 해방 정국 속에서, 그는 적지 않은 고민과 갈등을 했다. 당시 정국은 무능한 미군정과 극심한 좌우 갈등으로 요동쳤다. 해방 직후 수십 명으로 시작한 친목계원의 반수 이상이 해방 정국과 한국전쟁을 거치며 숨졌을 정도로 갈등과 혼란은 극심했다고, 그는 회고했다.

"해방된 뒤에도 좌익, 우익 싸움의 틈바구니에서 저 같은 사람이 겪은 고생은 이루 말할 수가 없습니다. 제 고향에도 제 또래가 이른바 갑계라 하는 계를 두었단 말입니다. 계를 그렇게 묻었는데, 계원 가운데서 6·25 사변 때 반수 이상이 죽었습니다. 좌로 죽고, 우로 죽고, 좌익 우익의 필요 없는 명분 때문에 죽었습니다. 지금 와서 가보면 몇 사람이나 있을 둥 말 둥 합니다. 계를 묻을 땐 한 80명 됐는데 …."[34]

그림 같은 단풍 풍경으로 유명한 쌍계루를 지나서, 부도 밭을 끼고 고갯길을 택해서, 부지런히 걸어 올라갔다. 숨을 몰아쉬며 비자나무가 울창한 고갯길을 4킬로미터쯤 올라가자, 아담한 암자 하나가 모습을 드러냈다. 백양사의 말사 운문암이었다. 예부터 선승들 사이에 '북마하연(금강산 마하연), 남운문'이라고 불린 그곳이었다.

1947년 초, 교사 1급 자격시험을 준비 중이던 호성이 학습 책자와 문학책을 손에 들고서 장성 운문암에 들어서고 있었다. 해는 아직 뉘엿뉘엿 남아 있었지만, 햇볕은 많이 약해져 있었다. 코끼리처럼 생긴 백암산 상왕봉 아래 해발 500미터에 위치해 백암산 계곡이 한눈에 굽어보였다. 멀리 광주의 무등산, 그 왼쪽으로 순천의 조계산과 화순의 모후산, 그 옆으로 광양 백운산 자락이 보였다. 시야는 확 트였지만 마음은 이상하리만치 안온했다.

그가 운문암을 찾아온 것은 무엇보다 교사 1급 자격시험을 차분하게 준비하기 위해서였다. 광주사범학교를 졸업했지만, 더 체계적인 공부를 통해 1급 교사 자격을 받은 뒤에 교단에 서고 싶었다. 아울러 해방 정국 당시의 극심한 이데올로기적 대립을 피하기 위한 원려도 있었을 것이라고, 사촌 동생 강행원은 분석했다.

"큰스님은 이데올로기를 둘러싼 극심한 대립과 갈등이 이어지면서 마을 사람들이나 친구들로부터 시달리고 있었기 때문에 이 같은 대립과 혼란에서 잠시나마 피해 있고자 조용한 운문암을 찾은 측면도 있어 보입니다."[35]

운문암을 소개하고 연결해 준 사람은 이미 절에서 수행 중이던 재종 육촌 동생 강춘원 스님이었다. 강춘원은 그에게 호젓하게 공부하기 좋은 곳이 있다며 운문암을 소개했다. 육촌 동생 강춘원은 머리가 좋았고 영어를 비롯해 언어에도 뛰어나서 나중에 장면이 이끌던 민주당의 선전부장을 지낸 것으로 알려져 있다. 시험공부를 위해 찾은 운문암에는 벼락같은 운명이 젊은 그를 기다리고 있었다.

제2장

출가와 스승 금타, 새로운 출발

(1947~1949)

1947년 발심 출가

"… 내 비록 산하대지의 주인이런만/ 나라와 백성 걱정 마음 더욱 시끄러워/ 백년 삼만 육천 날이/ 승가에 한나절 쉼만 못 하네"[1]

백양사 운문암에서 수행승들과 함께 생활하면서 시험공부를 하던 어느 날, 호성은 법당 안에 붙어 있던 「순치황제 출가시」를 읽게 됐다. 중국 청나라 제3대 황제 순치(順治)가 황제직을 내던지고 홀연히 출가하며 남긴 시였다. 마음 한쪽에서 미묘하게 알 수 없는 균열이 생겨나는 것을 느꼈다. 그 균열은 조금씩 커져갔다.

"자손들은 제 스스로 제 살 복을 타고났으니 자손들을 위한다고 마소 노릇 그만하라 … 세속을 떠나는 일 하기 쉽다 말을 마라, 숙세에 쌓아놓은 선근 없이 되지 않는다 … 왕으로 산 십팔 년 자유라곤 없었다 뫼들에서 크게 싸워 몇 번이나 쉬었던가, 나 이제 그만 두고 산속으로 돌아가니 천만가지 근심 걱정 나하곤 무관하다"[2]

1급 교사자격시험을 준비하기 위해서 장성 운문암에 들어온 그는 첫날부터 오후불식 원칙에 따라 저녁도 먹지 못한 채 곧바로 수행승들과 함께 저녁 예불을 올려야 했다. 새벽 예불과 저녁 예불, 공양만 수행승들의 시간에 맞춰 했고, 나머지 시간에는 혼자 지내며 공부했다. 수행승들과 생활하면서 곧 마음이 차분하고 개운해졌다고, 그는 나중에 백장암 동안거 용맹정진 연속 법문에서 회고했다.

"가만히 며칠 있어보니까, 무슨 사람이 아니라 그림자가 사뿐사뿐 지나가는 형국이란 말입니다. 밥 먹을 때나 걸음 걸을 때나 아무 소리 없이 그림자가 갔다 왔다 하는 것 같단 말입니다. 그런 분위기에서 한 달 지나고 보니까, 마음이 하늘에 뜬 기분이에요. 개운하니 말입니다 … 그 암자는 가서 보니까, 무슨 아름다운 꽃이 하나 없어요. 그래서 맨 처음 갈 때는, 저놈의 중들이 풍류가 없고 아주 무미건조한 사람이라고 생각을 했습니다만, 계속 있어보니까 아주 그렇게 되겠어요. 꽃을 가꾼다는 겨를도 없고 필요도 없고 말입니다. 좋다 궂다 그런 생각을 없애야 되니까, 그렇게 환경이 된단 말입니다."[3]

호성의 마음을 뒤흔든 건 「순치황제 출가시」만이 아니었다. 세속의 인연을 아직 떨쳐내지 못한 그는 인생무상과 진리 탐구를 노래한 신라의 도인 부설(浮雪) 거사의 「사부시」에도 세차게 흔들렸다.

"처자와 권속들이 삼대같이 무성하고/ 금은보화 비단이 언덕만큼 쌓였어도/ 임종에는 독신으로 고혼 되어 가나니/ 생각하면 이 또한 허허 무상하구나"[4]

특히 무엇보다도 금타 선사가 머물던 방의 안벽에 붙어 있던 〈수릉엄삼매도〉가 그의 지적 호기심을 자극했다. 〈수릉엄삼매도〉는 아미타불을 향해서 닦아 올라가는 철학적 도해도였지만, 그는 그 뜻과 의미를 제대로 알지 못했다. 삼매도의 왼쪽과 오른쪽에 적혀 있

首楞嚴三昧圖

又名般若波羅蜜金剛三昧、師子吼三昧、佛性等圖

成身會一千六十一尊位

法性偈三十句中八

一中一切多中一一即一切多即一一微塵中含十方一切塵中亦如是

無量遠劫即一念一念即是無量劫九世十世互相即仍不雜亂隔別成

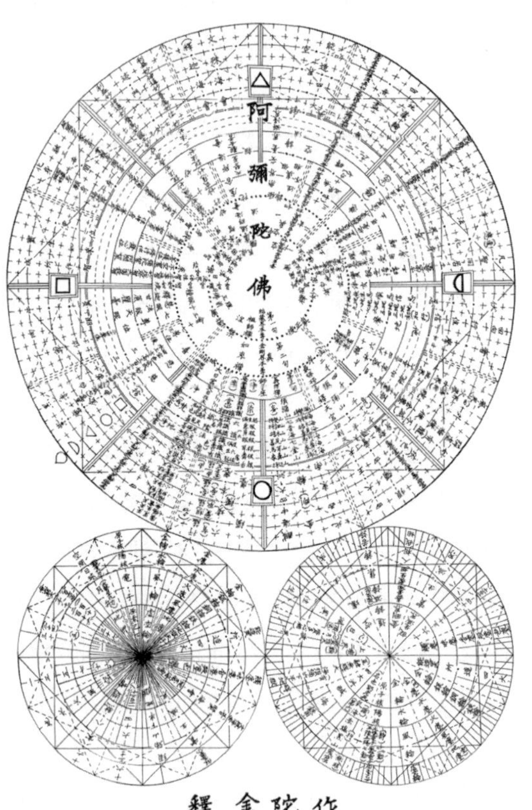

無障礙蓮華三昧頌

歸命本覺心法身常住妙法心蓮臺本來具足三身佛三十七尊住心城

普門塵數諸三昧遠離因果法然具無邊德海本圓滿還我頂禮心諸佛

釋 金陀 作

釋 清華 寫

〈수릉엄삼매도〉

던 글귀 역시 예사롭지 않았다.

"하나에 모두 있고 많은데도 하나 있어/ 하나가 바로 모두요 많은 것 또한 하나이니/ 한 티끌 작은 속에 세상을 머금었고/ 모든 티끌마다 우주가 가득하다/ 한량없는 긴 세월이 바로 한 생각/ 한 생각이 또한 바로 한없는 세월/ 구세와 십세가 서로 한줄기/ 그러나 섞지 않고 따로 나툰다"[5]

신라의 고승 의상이 『화엄경』의 핵심 교의를 담아 지은 게송인 「법성게」 30구 중 제8구가 왼쪽에 쓰여 있었고, 오른쪽에는 「무장애연화 삼매송」이 적혀 있었다.

"본각심의 법신에 귀명하오니/ 묘법의 심연대에 상주하여/ 본래로 삼신불을 구족하고/ 여래의 37존이 심성에 머문다/ 헤아릴 수 없는 많은 삼매로/ 인과법을 멀리 여의어 본래 면목을 갖추니/ 한량없는 덕해는 본래로 원만하여/ 내 마음 오로지 자성의 제불에 정례한다"[6]

청나라 황제 순치의 「순치황제 출가시」, 부설 거사의 「사부시」, 금타 선사의 〈수릉엄삼매도〉를 보면서, 그는 속세에 대한 미련과 출가의 두려움을 떨쳐내고 있었다. 결심을 서서히 굳혀갔다. 장정 500명이 빗장을 열어도 열기 어려운 대문 같은 출가를. 귀의하리라, 거룩한 부처님께. 위대한 가르침에. 훌륭한 스님들께 ….

호성이 운문암에서 출가하려고 하자, 부모를 비롯해 온 집안이 반대했다. 그는 집안의 장남이었을 뿐만 아니라, 결혼한 가장이었다. 그럼에도 물러서지 않았다. 인연은 그가 출가하지 않을 수 없도록 했고, 그의 마음 역시 이미 출가로 기울어 있었다.

무엇이 그를 출가하도록 이끌었을까. 그는 왜 출가를 해야만 했을까. 먼저, 암울한 시대 상황과 비전 없는 미래가 그를 불교로 이끌었다. 일제 식민지배와 제2차 세계대전 속에서 예속의 고통과 강제 동원을 겪었던 한반도는, 해방 이후에도 38선을 기준으로 남과 북에서 미군과 소련군에 의한 군정으로 신음하고 있었다. 특히 남한에선 해방 공간과 미군정의 준비 부족으로 극심한 사상 이념적 분열과 정치 사회적 혼란이 이어지고 있었다. 그 역시 진보적 의식과 불교에 대한 관심 사이에서 갈등하고 있었다. 제자 용타의 설명이다.

"교육의 선각자이셨던 큰스님은 평소에 동양철학에 깊이 심취했고, 진보적 의식을 갖고 계셨습니다. 큰스님은 해방을 그 누구보다 기뻐하셨어요. 하지만 해방 공간에서 민족 간의 좌우 대립을 목격한 큰스님은 상심하셨지요. 이념은 길이 아니었던 것이죠. 깊은 고뇌와 모색은 큰스님에게 출가라는 답을 내주었어요."[7]

세상과 삶에 대한 회의나 허무 의식도 자리하고 있었다. 문학에 심취할수록, 철학을 공부할수록 생각은 강해졌다. 인연과 스스로의 상황으로 출가하지 않을 수 없었다고, 그는 나중에 이남덕 전 이화여대 교수와의 대담에서 밝혔다. "… 인연 상황이 출가를 안 하면 안 되게끔 돼 있었습니다. 삶에 대한 회의도 느낄 때였고, 문학도로서 시도 쓰고 그러면서 많은 생각에 잠겨 있을 때였습니다."[8]

일본에서 유학 생활을 하면서 도쿄 대성중학교 과정을 이수했고, 비록 청강생이었지만 대학 강의도 경험했으며, 광주사범학교에 편입해 졸업하는 등 그의 다양한 학문적 이력과 지적 수준은 불교로 나아갈 사상적 기반으로 작용했던 것으로 분석된다. 출가 당시, 그는 동서양 철학서를 제법 섭렵한 상황이었고, 『법화경』을 비롯한 일부 불교 경전을 읽는 등 불교에 대한 기본적 윤곽도 갖고 있었다고, 그는 강옥구 시인과의 대담에서 회고했다.

"철학을 좋아해 동서양 철학 서적을 이것저것 약간 섭렵했습니다. 동양철학을 보면서 불교 서적을 보지 않았겠습니까? 그래서 불교입문서도 보고, 『법화경』도 보고, 승려가 되기 전에 나름대로 불교의 윤곽은 잡았었습니다."[9]

특히 무엇보다도 평생의 스승이자 위대한 사상가 금타 선사를 만나게 되면서 진리와 올바른 삶에 대한 열망으로 뜨겁게 불타올랐다. 운문암에서 출가하게 된 것은 금타를 알게 된 게 결정적이었다고, 그는 나중에 문정희 시인과의 인터뷰에서 밝혔다.

"절에 가서 공부도 하고 수양도 하려고 마음먹었는데, 워낙 위대한 스승을 만났기 때문에 그냥 미련 없이 다 뿌리치고 출가해 버렸지요."[10]

1947년 2월 6일 이른 아침, 호성은 운문암 뜰에서 검은 머리를 밀었다. 금타를 친견하지 못한 채 금타의 상좌인 법련 정수의 '증명'으로 금타를 은사로, 법련을 계사로 출가했다. 이른바 '위패(位牌) 상좌'였다. 법호는 무주(無住)요, 법명은 청화(淸華). 마침내 청화가 이 세상에 나온 것이다. 이때 그의 나이 24세.

수행의 원형과 운문암 시절

새벽 2시 30분, 잠자리에서 일어나서 자리를 정돈한다. 미리 세숫대야에 떠놓은 물에 수건을 축여서 간단하게 냉수마찰을 한다. 법당 안에 앉기도 하고, 법당 밖에 가지런히 서기도 한다. 법당 안에는 순치 황제의 「출가시」와 부설 거사의 「사부시」가 붙어 있고, 창호지에는 대승계가 붙어 있다.

새벽 3시, 첫 예불을 한다. 예불을 마치면 숙소에 가서 두 시간 새벽 참선을 한다. 죽으로 아침 공양을 해결하고, 간단히 청소를 한 뒤, 다시 두 시간 오전 참선을 한다. 오전 11시 30분쯤 점심 공양을 하고, 이후에는 물 이외에 일체의 음식을 입에 대지 않는다. 오후가 되면 동료 수행승들과 함께 울력을 하거나 탁발을 한다. 울력이나 탁발이 끝나면 경전을 보거나 휴식을 취한다. 결제 때에는 오후 참선을 했다. 저녁에는 다시 저녁 참선을 한다. 참선은 때론 새벽까지 이어지기도 한다.

운문암에서는 새벽 참선을 시작으로 하루 네 번의 참선, 이른바 사분정근(四分精勤)을 중심으로 하루 일과가 이뤄졌다고, 청화는 나중에 이남덕 전 교수와의 대담에서 회고했다.

"일과는 아침엔 두 시 반에 기상을 해요 … 대야에 물을 떠다 놓았다가 일어나면서 수건을 축여 냉수마찰을 하지요. 아침 예불도 법당에 들어가서 하는 게 아니라, 기름도 아깝고 초도 구하기 힘들 때니까 아끼기 위해서 그랬겠지만, 법당 밖에서 드렸습니다. 단지 점심 때 마지 공양만 안에서 드렸습니다. 오후에는 결제 때가 아니면 대

개 작업을 한두 시간 정도 합니다. 나무도 때야 하고 채소밭도 가꿔야 하니까 작업을 하는데, 결제 때는 작업이 전혀 없어요. 보통 때 작업이 너무 많으면 젊은 사람들이 견디기 힘드니까 간식으로 고구마를 쪄서 먹은 적도 있는데, 밤에는 참선만 하지요."[11]

저녁 참선을 할 때에도 가급적 불을 켜지 않았다. 무엇보다도 초가 많지 않았을 뿐만 아니라, 극심한 이념 갈등으로 인해 등불을 켤 수 없었다고, 그는 회고했다.

"한국전쟁 훨씬 전이기 때문에, 산중에는 빨치산이 있어서 국군하고 싸우기도 하고, 참 험악한 때입니다. 깊은 산중이라 먹을 것도 부족하고, 조금만 의심쩍으면 끌려가서 문초를 받기도 하기 때문에, 스님네가 오래 살지 않았습니다. 운문암 가풍은 참선만 시키지, 밤에는 절대로 불을 못 켭니다. 깊은 산중 절에는 초도 없고 석유 호롱불밖에 없었는데, 더러 초가 있을 때는 부처님 앞에만 간단히 잠시간만 밝힙니다. 하루 한 때만 먹기 때문에 사시(오전 9시~11시)에 부처님한테 마지를 올릴 때만 촛불을 좀 켜고, 조석예불은 어두운 법당에서 죽비로 탁탁 치고 예불을 모십니다."[12]

청화는 운문암에서 일흔이 넘은 노스님과 '작은 금타'로 불리던 법련 정수, 예지가 번뜩이는 법수, 반승반속의 '무연 거사'[13]와 함께 참선 중심의 수행을 이어갔다. 몸과 입, 마음의 신구의에서 비롯한 업을 짓지 않기 위해 조심했다고, 그는 나중에 백장암 동안거 용맹정진 연속 법문에서 회고했다.[14]

특히 매년 음력 4월 15일부터 7월 15일까지 하안거 결제를, 10월 15일부터 다음 해 1월 15일까지는 동안거 결제를 이어가면서 참선 수행을 했다. 결제가 시작되면 일주일 동안 팔뚝에 불을 놓고서 연비를 하면서 참회부터 했다고, 그는 나중에 태안사 하계 용맹정진 법문에서 회고했다.

"… 운문암식은 여름이나 겨울이나 3개월 동안 공부할 때는, 먼저 일주일 동안 참회를 시킵니다. 일주일 동안 팔뚝에다 불을 놓고서 연비를 해가지고 참회를 시킵니다. 그런 흉터가 지금도 있습니다만, 일주일 동안 불을 놓고 참회를 시키니까, 처음에는 잘 모르지만, 정말로 자기 살이 타들어 가는데, 그때 느끼는 기분, 처음에는 뜨겁지만 참회의 눈물이 나올 때는 뜨겁지가 않습니다."[15]

죽으로 아침을 간단히 해결한 뒤, 점심 공양 때 식사를 했으며, 오후에는 물 외에는 음식을 입에 대지 않았다. 하루 점심 한 끼, 이른바 일종식이었다. 그는 운문암에서 일종식을 시작한 이래 평생 일종식을 이어가려고 노력했다. 물론 일종식을 원력으로 지향해 왔지만, 가끔 간식을 먹거나 사람들이 접대를 하면 받기도 했다고, 그는 원통불법의 요체 연속 법문에서 고백했다.

"저 같은 사람도 일종식한다고 하지만, 가끔 간식도 하고, 어디 가서 대접한다고 하면 먹기도 합니다. 다만 제 마음의 원칙은 죽을 때까지 일종식한다고 단호히 정해져 있습니다. 일종식을 하면 몸이 훨씬 더 가볍고 공부에도 크게 도움이 됩니다."[16]

눈을 뜬 동안에는 자리에 눕지 않았다. 이른바 장좌불와(長坐不臥)였다. 침구는 요 하나뿐. 평소에는 접어서 좌복으로 삼고, 잘 때만 펴서 침구로 사용했다. 그는 운문암에서 생활한 지 1년쯤부터 장좌불와를 하기 시작했다. 장좌불와는 이후 일종식과 함께 그의 평생의 원력이 됐다고, 나중에 이남덕 전 교수와의 대담에서 회고했다.

"장좌불와를 하는 스님들이 있었어요. 장좌불와를 하면 밤에 전혀 자지 않아요. 처음엔 그분들을 따라서 한번 해봐야겠다고 한 것이, 해보니 할 만하다고 생각한 것입니다. 그래서 나는 평생 장좌불와를 해야겠다고 원력을 세우고 해오고 있는 것입니다."[17]

장좌불와를 평생의 원력으로 삼고 오랫동안 이어갔지만 나이가 칠십 대가 되고 체력이 떨어지면서 1990년대 들어선 상황을 살펴가면서 융통성 있게 해나갔다.[18]

일종식과 장좌불와는 석가모니 부처의 수행법은 아니었다. 다만 석가모니 부처의 제자 가운데 '무병제일'로 알려진 바구라(Vakkula) 존자의 수행에서 유래했다. 바구라는 불교에 귀의한 이후 산속의 초암에서 혼자 일종식과 장좌불와를 하면서도 질병도 없이 백 살이 넘도록 무병장수한 석가모니 부처의 제자로 알려져 있다. 그는 나중에 순선안심탁마법회 법문에서 바구라 존자 이야기를 들려주기도 했다.

"그분은 평생에 한 번도 누운 적이 없었다고 합니다. 이른바 장좌불와라, 항시 앉아서 생활했다고 합니다. 요새 장좌불와하는 사람들을 보면 벽에 기대기도 하고 합니다만, 그분은 한 번도 벽에 기대지도 않고 오로지 앉아서만 지냈다고 합니다 … 장수 제일의 바구라 존자는 음식도 하루 한 끼만 먹었다고 합니다. 그분은 무병 제일이라, 승려가 돼서 140세까지 살면서 한 번도 앓아누운 적이 없었다고 합니다."[19]

하루 네 번 참선 수행을 중심으로 한 일과, 일종식과 장좌불와, 엄정한 계율. 운문암 수행은 석가모니 부처 당시 원시불교의 수행법이었다. 운문암 시절 석가모니 부처 시대의 수행과 규범을 철저히 따르려 노력했다고 기억했다.

"운문암 생활이란 것은 철저히 원시불교, 부처님 당시의 생활을 따랐습니다."[20]

운문암 시절, 청화는 수행자 가운데 가장 최근에 출가해 수행자와 공양주, 부목이라는 1인 3역을 수행하느라 바쁘고 힘들었다. 너무 힘들어서 가끔 운문암을 떠나고 싶다고, 다른 곳에서 공부하고 싶다고 생각할 정도였다.

"공양주도 지내고 부목도 하려니까 너무나 고되기도 해서, 안 되겠구나, 다른 데에 가서 공부를 해야겠구나, 하는 마음이 생겨서 다른 데로 갈려고 마음먹었는데 …."[21]

그때 흔들리는 그의 마음을 붙잡은 것은 〈수릉엄삼매도〉였다. 오묘한 〈수릉엄삼매도〉 때문에 차마 운문암을 떠날 수 없었다고, 그는 나중에 원통불법의 요체 연속 법문에서 말했다.

"운문암의 큰방에 이 〈수중엄삼매도〉가 부착돼 있는데, 불교 입문 정도는 알고서 출가를 했지만, 무엇인지 알 수가 없었습니다. 알 수는 없지만, 과거 숙세의 인연이었던지, 그것이 아주 귀중한 보배처럼 생각되었습니다. 부착한 것을 뗄 수는 없고, 그때는 대중이 다 분산돼 버려서 누구한테 물어볼 수도 없었습니다 … 이 〈수릉엄삼매도〉가 욕심나서 갈 수가 있습니까? 떼어갈 수는 없고, 할 수 없이 아직 행자인지라 작고 누추한 뒷방에서 밤에 호롱불을 켜놓고서, 그것도 밖에 비치면 어른 스님들한테 꾸중을 들으니까, 해진 모포로 창을 가리고서 〈수릉엄삼매도〉를 베꼈습니다 … 저로 해서는 아주 인연 깊은 〈수릉엄삼매도〉 입니다."[22]

그는 나중에 금타가 직접 그린 뒤 복사한 〈수릉엄삼매도〉 세 장을 가지고 운문암을 나올 수 있었다.

청화가 운문암에서 석가모니 부처님 법대로 수행하기 위해서 분투하던 그 시기, 한국 불교계에서도 새로운 변화의 바람이 일어나고 있었다. 1947년 문경 봉암사에서는 청담과 성철 등 젊은 승려들이 석가모니 부처 시대의 불법과 계율에 근거한 선 수행을 목표로 결사에 돌입했다. 비록 한국전쟁으로 중단됐지만, 정통 불법의 부흥과 치열한 수행, 엄정한 계율 회복을 위한 시도였다는 점에서 의미가 적지 않았다. 같은 해 백양사에선 만암 스님이 고불총림을 결성하고 선의 계승 및 교단 재정비를 추진하는 등 독자적인 불교 정화를 시도했다.

위대한 스승 금타

젊은 청화의 운명과 미래를 결정한 것은 그의 스승 금타 선사였다. 그가 운문암에서 출가해 수행을 시작할 무렵, 스승 금타는 이미 일부 제자에게 자신의 법과 계송을 조용히 전하고 있었다. 금타는 비록 한국 불교사에서 제대로 알려져 있지 않았지만, 그의 사상은 독창적이었고 웅대했다. 특히 스물네 살의 푸른 납자 청화에겐 한줄기

빛이었다.

금타는 1898년 5월 19일 고창에서 아버지 김병룡과 어머니 밀양 박씨 사이에 장남으로 태어났다. 본관은 김해, 속명은 영대(寧大)였다. 기골이 장대했던 아버지는 삼 년 전 일본 나가사키에서 일시 귀국해 인천에 체류했다가 작은아버지 손에 이끌려 고창으로 돌아온 뒤 이듬해 만석꾼 박의관의 딸과 결혼했다.

청화가 편찬한 「벽산당 금타 대화상 탑비명」과 법능이 쓴 「벽산약기」[23] 및 『수능엄삼매론』의 「서언」[24] 등에 따르면, 금타는 어릴 때부터 비범했다. 4년제 보통학교를 졸업한 14세 무렵, 그는 어머니와 함께 외가에 갔다. 외할아버지는 그에게 말했다.

"요사이 관에서 전답 토지를 자세히 측량해 등기하라고 하니, 너는 곧바로 측량토록 하라."[25]

"네, 그리하겠습니다."

금타는 평소 외할아버지에게 모른다는 말을 한 적이 없었기에 일단 그리하겠노라고 대답했지만, 토지 측량이란 전문성을 필요로 하는 일이었다. 할아버지 방에서 물러 나온 그는 동갑의 외삼촌을 찾아갔다. 외삼촌이 말했다.

"고창에 일본인이 경영하는 화원농장이 있는데, 그곳에서 측량 기계를 구입했다는 말을 들었어. 우리 집에서 (측량 기계를) 빌려 달라면 빌려줄 것이니, 사람을 한번 보내보자."[26]

곧 일본인이 경영하는 농장에서 측량 기계를 빌려올 수 있었다. 그는 측량 기계에 딸려 있는 사용설명서를 꼼꼼히 읽은 뒤, 다음 날 아침부터 측량을 시작해 2~3일 만에 만석의 전답을 모두 측량할 수 있었다.

만세운동이 한반도를 뒤흔들던 1919년, 그 역시 고창에서 만세운동을 벌이려다가 실패했다. 일본 관헌을 피해서 고창 문수사로 몸을 숨겼다. 문수사는 그의 고모가 공덕주로 추앙받는 절이었다. 그는 이때 문수사에서 우연하게 『금강경』을 보다가 책 속으로 빨려들었다. 석가모니 부처가 제자 수보리와 문답 형식으로 나눈 대화를 정리한 『금강경』에는 우주 만유가 공이라는 것을 깨닫는다면 부처를 바로 볼 것이라는 공(空)사상이 담겨 있었다. 하루 낮과 밤에 걸쳐서 『금강경』을 읽고서 출가를 결심했다. 주지 스님과 함께 산길을 택해서 장성 백양사로 간 뒤, 나중에 조계종 종정이 된 만암에게서 계를 받았다. 법호는 벽산, 법명은 상눌이었다. 당시 그의 나이 21세.

불교전문대학을 졸업한 뒤 26세쯤 과학이나 수학을 비롯한 신학문을 공부해 현대 사회를 제도하겠다는 포부를 갖고 잠시 환속하기도 했다. 이때 결혼해 자식을 두기도 했다.[27]

금타는 불교계에서 3·1 운동을 주도한 만해 한용운 선사를 흠모해 한용운에게 심우장 터의 일부를 기부하기도 했다. 생전 한용운에게서 이야기를 듣고 정리한 김관호의 「심우장 견문기」에 따르면, 그는 한용운이 3년 옥고를 치르고 난 뒤 경성 성북동의 셋방에서 어렵게 생활하고 있다는 이야기를 전해 듣고 초당을 지으려고 준비한 땅 52평을 한용운에게 시주했다. 한용운은 그가 시주한 땅과 대출을 받아서 추가로 매입한 땅을 합쳐 1933년 심우장을 지었다.[28]

서른 살쯤 다시 입산했지만, 한동안 지극한 도를 깨치지 못했다. 그는 오랜 수행에도 득도하지 못하고 있음을 개탄했다. 출가 이후

18년간 '개에게 불성이 없다'는 조주 선사의 무자(無字) 화두를 참구 정진했지만 공부에 진전을 보지 못한 그였다. 일설에 의하면, 금타는 출가 당시 조주의 무자 화두에 대해서 "수은(業)이 금(自性)을 삼켰다"고 대답했지만, 불성실한 답변을 들으면서 수행에 진전을 이루지 못했다고, 법능은 나중에 『수능엄삼매론』의 「서언」에서 전했다.[29]

1936년 겨울, 금타는 동안거 결제를 앞두고 산사의 산신각을 빌려서 21일간 기도하는 한편 다짐도 했다. 다가오는 동안거 결제 동안 석가모니 부처님 법대로 수행하리라.[30] 동안거 결제가 시작될 즈음, 그는 18년간 참구해 온 조주 선사의 무자 화두를 버리고 『금강경』과 『원각경』 두 권만을 가지고 독방에서 용맹정진할 것을 결심했다. 『금강경』의 뜻에 따라서 반야의 지혜를 여의지 않고 마음과 행동을 일치시키면 성상일여(性相一如)의 수도일지니, 『원각경』의 삼정관(三淨觀) 25청정륜법으로 정진하리라.[31]

선정 사흘째, 마침내 그는 「보리방편문」을 얻었다. 마음은 크고 넓고 끝없는 허공 같은 마음세계를 관찰하면서 청정법신인 비로자나불을, 한없이 맑은 물이 충만한 바다와 같은 성품바다를 관찰하면서 원만보신인 노사나불을, 일체중생들을 금빛 성품바다에서 바람없이 금빛 파도가 스스로 뛰노는 거품으로 관찰하면서 천백억 화신인 석가모니불을 ….[32]

「보리방편문」에 의지해 정진을 이어가던 그는 한 달 정도 정진하다가 홀연히 견성 오도했다. 이때가 1936년 12월 30일 새벽 3시 무렵이었다.[33] 특히 견성오도의 선정삼매 속에서 육조 혜능 대사로 추정되는 '홍안백발에 장백수(丈白鬚) 장육노인(丈六老人)'으로부터 이

심전심으로 법을 부촉하고 의발을 전수받았다.[34] 두루마리 금색 바탕의 가운데에 '타(陀)' 자가 들어 있는 것을 보고 자신의 법명도 '금타'로 바꾸었다.[35] 당시 그의 나이 38세. 그는 견성한 이후 다음과 같은 「오도송」을 남겼다.

"연잎 둥글고 뾰족한 모서리가 바로 진실이며/ 바람 불고 비가 뿌리는 일이 허망한 경계 아니로다/ 버들꽃 날리는 곳에 연꽃이 피고/ 송곳 끝과 거울바닥에서 금빛이 빛나도다"[36]

금타는 이후 부안 내소사 월명암에서 한 차례 안거를 한 것을 빼고는 백양사 운문암에서 두문불출하며 보림 정진을 이어갔다. 그는 당시 백양사를 이끌고 있던 스승 만암과, 법과 수행법 등에서 견해 차이를 노정하면서 불편한 관계였다고, 청화는 원통불법의 요체 연속 법문에서 회고했다.

"금타 스님은 개성도 출중한 분이고 소신이 확실한 분이기 때문에, 은사 송만암 스님과는 법에 대한 견해 차이로 약간 불편한 관계였다고 전해지고 있습니다."[37]

심지어 금타는 언젠가 법담 도중 스승 만암의 멱살까지 잡은 것으로 전해졌다. 즉, 만암의 막내 상좌인 서옹은 사형인 금타가 만암의 멱살을 잡는 모습을 보고 못마땅하게 여겼다고, 백양사 출신인 법전 스님이 들려준 이야기를 청화의 유발 제자 배광식은 전했다.[38]

우선, 만암이 중국 선종의 전통을 상대적으로 강조했다면, 금타는 석가모니 부처 당시의 수행 원칙을 더 강조했다고, 청화는 설명했다.

"(금타는 스승인) 송만암 스님의 중국적인 전통을 지키려는 태도와는 많이 달랐습니다. 말하자면, 부처님 당시의 모습을 따라야 한다고 생각하신 거죠. 종교란 진리의 가장 핵심적인 요체를 따르는 것이지, 무슨 종파라든가 어떤 교파를 초월해야 한다고 생각하신 것입니다."[39]

우주 및 물질론을 둘러싼 견해차도 있었다. 즉, 금타가 「우주의 본질과 형량」을 저술하며 불교적 우주론 정립에도 힘을 쏟은 반면, 만암은 그의 우주 및 물질론에 비판적이었던 것으로 보인다.[40]

금타의 운문암 생활은 순수하게 참선 중심으로 이뤄졌다고, 청화는 원통불법의 요체 연속 법문에서 회고했다.

"운문암 생활은 순수하게 참선을 위주로 하여 일체 불공도 사절하고, 식생활은 아침 죽 공양과 점심때 공양하고 철저한 오후불식이었습니다. 일체 경비는 대중 전원 탁발로 충당했습니다."[41]

그는 이때 많은 승려들이 입던 일본식 승복을 버리고 "보조 국사의 장삼과 흡사"한 '특이한 승복'을 입었다. 현재와 비슷한 승복이었다. 현재의 승복이 1962년 정화불사 이후 조계종단의 승복으로 확립됐다는 점에서 탁월한 선견지명이라 하지 않을 수 없다.[42]

일제강점기 말기, '벽산한인'을 자처한 그가 한 약초꾼을 구한 사연도 전해진다. 「법산약기」에 따르면, 어느 봄날 운문암 앞밭에서 대중이 파종을 하고 있었다. 이때 한 약초꾼이 도량에 들어서려다가 쓰러졌다. 대중이 급히 달려가 살펴보니, 약초꾼의 입술은 검게 탔고 입에선 거품이 흘러나왔다. 대중은 약초꾼을 짚신을 삼는 신방으로 옮겨놓은 뒤 금타에게 알렸다.

"미혹한 중생의 소행을 허물치 말라."

그는 쓰러진 약초꾼을 보더니 신장의 소행이라며 신장단에 도착해 말했다. 쓰러졌던 약초꾼은 얼마 뒤 의식을 되찾았다. 약초꾼은 이날 개고기를 먹고 암자에 왔는데, 누군가 머리를 때리는 것같이 정신이 아찔한 뒤 기억을 잃었다고 말했다. 약초꾼은 이후 금타를 생명의 은인이라며 그가 열반할 때까지 한 달에 한 번 찾아와서 인사했다.[43]

금타는 견성 이후 석가모니 부처와 정통 조사들의 법대로 수행했을 뿐만 아니라, 불법의 정수를 시대에 맞게 하나씩 정리해 나갔다. 마음이 곧 부처라는 진리를 깨닫고 이를 생각마다 여의지 않도록 돕는 방편문 「보리방편문」의 제창, 각종 경론의 수증론을 회통해 「해탈 16지」 수행의 위차 정립, 수릉엄삼매의 경계에서 법계를 관조한 〈수릉엄삼매도〉와 「수릉엄삼매도결」의 찬술, 불교 우주론의 현대적 전개, 관음문자의 제창, 세계종교의 회통 …. 한국 근현대 불교사에서 쉽게 찾아보기 어려운 담대한 사상을 전개한 불교 사상가라고 평가하지 않을 수 없다.

철학적 우주론의 규명과 「보리방편문」 저술

"… 우리가 몸담은 세상인 현상계 이대로가 하나의 참진리의 세계로서 일체중생이 한 부처님의 화신이며 개별적 화신이 바로 본래 몸의 부처님임을 망각하고 전도몽상하여 어리석인 사람이 되고 스스로 범부라 이름 하나, 우주 생명에는 성인과 범부가 따로 없다."[44]

세계가 제2차 대전의 포화 속에 신음하고 있던 1942년 6월, 금타는 우주와 물질의 본질과 그 인과적 경위를 규명한 철학적 책자 「우주의 본질과 형량」을 저술했다. 그는 「머리말」에서 현상계 이대로가 부처의 화신이고 우주와 세계가 진여불성의 화신이라는 사실을 깨닫지 못하는 현대인들의 어리석음을 이같이 지적했다. 그러면서 우주의 본질로서 법계성을 강조한 뒤 그 인과적 모습을 규명한 불교적 우주관이 현대 우주론이나 과학문명에 도움이 될 것이라고 발간 취지를 밝혔다.

그는 다만 책자 내용이 "태장계의 수치로써 일률적으로 계산한 숫자"[45]라고 적시, 실제 수학이나 물리학 수치와는 다른 사상적 차원의 우주관과 수치라고 제한했다. 청화는 이에 대해 "경험 과학적인 시도와는 차원을 달리한 순수 직관적인 현묘한 선정을 통한 통찰이기 때문에 내용에 있어서 현행 천문학과 현격한 차이가 있음은 도리어 당연한 일"[46]이라고 부연했다.

일본어로 쓰인 책자 「우주의 본질과 형량」은 서문과 권두 「수묘게」에 이어서 열요(列曜)의 형태와 비량, 지진세계와 지구, 수진세계와 일구(日球), 화진세계와 월요, 풍진세계와 수성, 금진세계와 금성의 여섯 개 장에 걸쳐서 100개 항으로 구성돼 있다.

그는 게송 「수묘게」에 이어서 우주가 형성되는 성겁, 우주 만유가 존재하는 주겁, 만유가 붕괴하는 괴겁, 붕괴한 이후 비어 있는 공겁의 성주괴공의 순으로 계속 윤회한다고 주장했다. 이른바 우주 윤회론. 그러면서 지구 자전 횟수를 바탕으로 성겁 초기에서 공겁 최

후까지 915억 년이 소요된다고 추정했다.[47]

이어서 우주 만유는 순수 에너지 또는 기운으로서 한편으론 분석할 수 없는 '질신(質身)의 궁경'으로서 금진(金塵)에서 비롯한다고 주장했다. 즉, 금진 진체의 질료는 지(地)성이고, 좌선 또는 우선의 동력은 풍(風)성이며, 금진이 왼쪽으로 돌면 수(水)진이 되고, 오른쪽으로 돌면 화(火)진이 된다.[48] 인연에 따라서 금진에서 지수화풍 사대(四大)가 형성되고, 다시 인연에 따라서 물질세계를 구성하게 된다. 결국 금진으로 구성된 삼천대천세계가 한도 끝도 없는 부유하면서 인다라망을 이루고 있다고, 그는 설명했다.[49]

우주가 빅뱅으로 탄생한 뒤 결국 붕괴해 사라지고 다시 시간이 흘러 우주가 생성된다는 그의 우주 윤회론은 아직 현대 물리학이나 우주론에선 규명되지 못했다. 청화는 나중에 「우주의 본질과 형량」을 역주해 단행본으로 펴내면서 「머리말」에서 "금타 화상의 우주론은 어디까지나 불설에 근저를 두었으며, 불교 우주관인 삼천대천세계, 곧 10억 우주에 관한 초유의 체계화"[50]라고 의미를 부여했다. 그러면서 "현대 천문학 또한 아직도 암중모색의 영역을 벗어나지 못한 실정이니, 설사 금타 화상의 천문설이 하나의 가설에 지나지 않는다고 할지라도, 이 너무도 거창하고 합리적인 체계를 어느 뉘라서 감히 부정할 수가 있을 것인가"라고 되묻고 "진지한 구도인의 자세로 숙독 음미한다면, 반드시 귀중한 조도의 자량이 될 것"[51]이라고 전망했다.

특히 금타가 『구사론』 등에 나온 금진 개념과 지수화풍 사대의 형성 원리를 바탕으로 물질세계의 본질과 형성 원리를 설명한 것도 큰 의미가 있다고, 청화는 강조했다. 즉, 금타가 아직 현대 물리학이 풀지 못한 문제, 예를 들면 순수한 에너지에서 어떻게 물질이 나왔는지 등을 철학적으로 규명했다고, 그는 나중에 강옥구 시인과의 대담에서 평가했다.

"광명이 어떻게 해서 지수화풍 사대로 나왔는가 하는 것은 금타 화상께서 비로소 밝혔습니다. 굉장히 중요합니다. 지수화풍 사대라는 것은, 현대 말로 하면, 각 원소나 원자가 아니겠습니까. 그런 것이 어떻게 해서 나왔는가 하는 것을 「우주의 본질과 형량」이라는 저술로 자세히 밝혔습니다. 그러니까 물질이 아닌 순수한 에너지를 극미라고 하는데, 극미의 합성인 금진이 좌편으로 돌면 인력인 자기가 발생해 양성자가 되고, 순수 에너지인 금진이 우편으로 선회하면 척력이 돼서 전자가 된다는 것입니다. 금진이 음양에 따라서 양성자가 되고 전자가 되고, 또 그것들의 결합 여하에 따라서 산소가 되고 수소가 된다고 했습니다."[52]

이와 관련, 『금강심론 주해』를 펴낸 배광식 서울대 명예교수는 "금타 대화상께서 깊은 삼매 가운데 순수 직관으로 통찰한 우주는 불교 우주론에 근거했으면서 또한 그것을 넘어서는 독창적인 금타 우주론"[53]이라고 평가했다. 그러면서 "100항 가운데 1항이라도 인정하면 나머지 전체를 인정할 수밖에 없는데, 그만큼 이론이 일관된 체계로 짜여 있다는 의미"라고 강조하고 "지수화풍이 생성되는 원리를 금진의 운동으로 설명한 것은 금타만의 독창적인 사상이며, 물질 우주론이면서도 정신까지 수치화돼 포괄돼 있는 점 역시 특징"[54]이라고 분석했다.

금타는 1940년 조선총독부 학무국장에게 책자 출간을 신청했지만, 학무국장은 "내가 알 수 없으니 전국 각 대학의 연구 자료로 허가한다"며 일어로 된 책자 50부만을 한정적으로 허가했다. 책은 일본 주요 대학에 약 40부가 발송됐고, 국내에는 경성제국대학과 최남선 등을 비롯해 7~8부가 유통됐다고, 법능은 전했다.[55]

이듬해 겨울, 금타는 마음이 곧 부처라는 진리를 깨닫게 하고 이를 생각마다 여의지 않도록 돕는 신묘한 글 「보리방편문」을 저술했다. 「보리방편문」의 뜻은 '진리를 깨닫는 방편문'이라는 의미다. 그는 글 서두에 "견성오도의 방편"이고 "선정과 지혜를 고루 갖춘 마음을 한 곳에 머물게 하는 묘한 비결"[56]이라고 자평했다.

전체 「보리방편문」은 아미타불, 인원과만, 삼신요별, 오지여래, 묘유현상, 석공관, 색즉시공 공즉시색, 아누보리의 실상해, 오륜성신관 등으로 구성돼 있고, 4년 뒤에는 게송 「금강삼매송」, 「삼륜단공송」이 추가됐다.

다만 제1절 '아미타불'은 「보리방편문」의 핵심 내용으로, 「보리방편문」 자체로 일반에 널리 알려져 있다. 그는 「보리방편문」을 숙독해 이해한 후에 제1절 아미타불만 복사해 좌선하는 벽에 붙여놓고 "관(觀)의 일상삼매로 견성하고 염(念)의 일행삼매로 오도"하라[57]고 당부할 정도로 중요하게 생각했다. 다음은 「보리방편문」의 내용이다.

"마음은 허공과 같을 새 한 조각 구름이나 한 점 그림자도 없이 크

고 넓고 끝없는 허공 같은 마음세계를 관찰하면서 청정법신인 비로자나불을 생각하고,

이러한 허공 같은 마음세계에 해와 달을 초월하는 금색광명을 띤 한없이 맑은 물이 충만한 바다와 같은 성품바다를 관찰하면서 원만보신인 노사나불을 생각하며,

안으로 생각이 일어나고 없어지는 형체 없는 중생과, 밖으로 해와 달과 별과 산과 내와 대지 등 삼라만상의 뜻이 없는 중생과, 사람과 축생과 꿈틀거리는 뜻이 있는 중생 등의 모든 중생들을, 금빛 성품바다에서 바람 없이 금빛 파도가 스스로 뛰노는 거품으로 관찰하면서 천백억 화신인 석가모니불을 생각하고,"[58]

「보리방편문」 전반부를 조금 풀어서 설명하면, 마음의 실체는 맑은 하늘처럼 크고 넓고 청정하고, 특성은 금색 바다처럼 무한하고 원만하며, 그 현상은 인연에 따라서 우주 만유의 모습과 행동으로 나타나고, 이 마음을 인격적으로 본다면, 본체는 청정한 법신 비로자나불로, 성품과 특성은 무한하고 원만한 보신 노사나불로, 현상적 모습은 천백억 화신인 석가모니불로 보고 생각하라는 의미이다.

"다시 저 한량없고 끝없이 맑은 마음세계와, 청정하고 충만한 성품바다와, 물거품 같은 중생들을, 공과 성품과 현상이 본래 다르지 않는 한결같다고 관찰하면서 법신, 보신, 화신의 삼신이 원래 한 부처인 아미타불을 항상 생각하면서,

안팎으로 일어나고 없어지는 모든 현상과 헤아릴 수 없는 중생의

덧없는 행동들을 마음이 만 가지로 굴러가는 아미타불의 일대 행상으로 생각하고 관찰할지니라."[59]

이어지는 「보리방편문」은 맑은 마음세계와 성품 바다와 물거품 같은 우주 만유의 세 가지 측면의 마음을 다시 하나로 합치된 모습으로 보는 한편, 이를 인격적으로 법신과 보신, 화신의 삼신을 하나의 아미타부처로 생각하라고 강조한다. 그러면서 우주 만유의 모든 모습을 바로 마음 따라서 모든 경계가 굴러가는 아미타부처의 일대 행상으로 관찰하라는 당부로 끝맺는다.

「보리방편문」은 마음을 본체와 성품, 현상 세 가지로 나눠서 자세히 규명한 뒤 다시 하나의 전체로 바라보게 하는 한편, 이를 인격적으로 바라보면 아미타불이 된다는 것을 느끼고 사유하게 만든다. 결국 마음이 곧 부처라는 것을 말하고 깨우치게 하는 것이라고, 청화는 원통불법의 요체 연속 법문에서 설명했다.

"「보리방편문」 전 뜻을 한 마디로 하면 심즉시불(心卽是佛)이라, 마음이 바로 부처인 것을 말씀한 것입니다. 마음의 본체는 법신입니다. 더 구체화하면 청정법신 비로자나불, 즉 대일여래나 비로자나불이나 같은 뜻입니다. 마음의 본체에 갖추어 있는 무량공덕이 보신입니다. 마음이 텅 빈 허무한 마음이 아니라 거기에는 자비나 지혜나 무량공덕이 충만해 있는 것입니다. 무량공덕이 원만보신 노사나불입니다. 인연 따라서 일어나는 별이나 은하계 등 우주나 인간이나 일체 존재는 모두가 다 화신입니다. 더 구체적인 이름으로 하도 수가 많고 헤아릴 수 없으니까 천백억화신입니다 … 법신·보신·화신도 원래 셋이 아닌 것입니다. 근본 체성은 법신이고, 근본체의 성공덕인 자비나 지혜 등 무량공덕은 보신이고, 법계연기라, 법계에 갖추어 있는 성공덕이 인연 따라 이뤄지는 일체 존재가 화신입니다. 법신·보신·화신은 셋이 아니기 때문에 삼신일불입니다."[60]

「보리방편문」은 인간의 마음이 바로 부처임을 철저하게 밝혔다는 점에서 자성선으로 분류할 수 있고, 마음을 아미타불로 사유하게 한다는 점에서 수신문이자 타력문이라고 할 수도 있다. 청화는 "「보리방편문」의 실상염불선으로써 정혜균등과 자력 타력 겸수의 염불선을 제창해 이 수법이 바로 성불의 피안에 이르는 첩경"[61]이라고 강조했다.

금타는 제2절 '인원과만'에서 깨달음을 얻기 위한 수행이 원만해야 결과도 만족스럽다며 마음이 곧 부처라는 반야의 지혜를 깨달아 견성하고 반야의 지혜를 잃지 않고 일행삼매로 오도하라고 말했다. 3절 '삼신요별'에선 순수 마음의 법신, 보신, 화신, 삼신을 각각 이해하되 하나로 관찰하라고 강조했고, 4절 '오지여래'에선 불성의 체성을 밀교의 다섯 지혜에 대비해 살펴봤다.

이어서 5절 '묘유현상'에선 텅 비어 있지만 수많은 현상으로 보이는 모든 존재를 분석했고, 6절 '석공관'에선 느끼고 이해하기 어려운 공의 이치를 깨닫기 위해 사용하는 방편으로서 물질을 극한으로 분석해 들어갔다. 즉, 물질과 우주는 혜안으로만 인식할 수 있는 인허(隣虛)에서 비롯해 극미 → 미진 → 금진 → 수진 → 토모진 → 양모진 → 우모진 → 극유진 등의 순으로 형성되고, 역으로 물질을 분석해 들어가면 금진과 미진, 극미, 인허를 거쳐서 최종적으로 공에 이르게 된다고 설명했다. 그러면서 "수행자는 이에 의지해 색이 곧 공이요, 공이 곧 색임을 모두 깨달은 후 「반야바라밀다심경」을 철저하게 수행해 구경 성취함에 편의를 얻으면 다행"[62]이라고 말했다.

아울러 7절 '색즉시공 공즉시색'에선 공의 실상을 일상삼매로 관찰하고, 행의 무상을 일행삼매로 증명하라고 말했고, 8절 '아누보리의 실상해'에선 오직 부처님만이 지닌 최상의, 완전한 지혜인 아누다라삼먁삼보리는 일체종지를 의미한다고 강조했다. 9절 '오륜성신관'에선 여래의 다섯 지혜의 성취를 지수화풍공 오대의 바퀴로 합작한 그림으로 설명했다.

1944년 봄, 금타는 「반야바라밀다심경의 독해」를 저술했다. 『반야바라밀다심경』은 석가모니 부처가 사리불에게 말한 법문으로, 줄여서 『반야심경』이라고 한다. 그는 글에서 『반야심경』을 읽는 열 단계 방법을 제시했다.

먼저 경문을 한 번 읽고(素讀), 다음에는 현토해 음독하며, 세 번째는 훈독하고, 네 번째는 조금 풀이해 뜻을 헤아리며, 다섯 번째는 제2의 현토의 음독과 제4의 해독을 같이 아울러서 읽고, 여섯 번째는 제3의 훈독과 제4의 해독을 합쳐서 읽으며, 일곱 번째는 읽지 않고 뜻만 살피고, 여덟 번째는 모두를 뜻만으로 해석하며, 아홉 번째는 관해로 비추어보고, 열 번째는 묵조해 비춰보라고 권했다. 이어서 원문의 소독, 현토, 현토와 약해 등을 차례로 제시했다.

특히 『반야심경』을 약해한 뒤 먼저 깨닫고 닦는 선오후수와 몸으로 증명하고 마음으로 깨닫는 신증심오(身證心悟)의 원리를 강조했다. 즉, "무릇 마음을 밝혀서 성품을 보고 도를 깨닫는 것"이고 "깨닫기 전 닦음은 어두운 닦음이오, 깨달은 후 닦음은 밝은 닦음"[63]이라면서 깨달은 뒤에 닦아서 몸과 행동으로 증명해야 한다고 강조했다.

수행의 위차 정립과 「수릉엄삼매도(결)」 저술

1944년 여름, 금타는 깨달음 전후에 어떤 과정과 단계를 거쳐서 수행을 해야 하는지, 즉 수행의 위차를 『화엄경』의 보살 십지를 근간으로 해서 여러 경론을 대비하고 회통해 정리한 「해탈 16지」를 저술했다. 그는 글 말미에 "보살 십지를 근간으로 하고 성문 십지, 연각십지, 삼승공 십지, 밀교 십지, 유가 17지, 신·주·행·회향 4의 십위, 오상 성신위, 오인(忍) 13관문, 사가행도 등을 가지로 하여 현교와 밀교를 회통"[64]한 것이라고 밝혔다.

그는 불법승 삼보에 귀의하는 제1지 초삼귀지를 시작으로 신원지, 습인지, 가행지(제1~4지는 범부지)와 금강지, 희락지, 이구지, 발광지, 정진지, 선정지, 현전지, 나한지, 지불지, 보살지, 유여지(제5~15지는 성문과 연각, 보살 수행단계)[65]를 거쳐서 마지막 제16지 무여지에 이른다고 설명했다.[66]

수행의 위차는 보통 사람들이 그 중요성을 제대로 인식하기 어렵지만, 수행을 실제로 하려는 수행자들에게는 어떤 과정과 절차를 거쳐서 수행해야 할지를 알려준다는 점에서 매우 중요하다. 청화는 이 같은 맥락에서 「해탈 16지」에 대해 "무릇 수행의 방법 계제도 모르고 암중모색하는 암증선이나, 또는 실수를 소홀히 하고 경론의 문자만을 섭렵하여 오득연하는 문자선이나, 혹은 미증을 증으로 하고 미오를 오로 하는 야호선의 증상만 등을 물리고, 스스로 법사가 돼 구경 성취할 수 있는 현대 과학 시대에 시기 적응한 돈오점수의 교설"[67]이라며 "『금강심론』의 가장 뛰어난 업적"이라고 극찬했다. 그 자신부터 「해탈 16지」를 읽고 깨달은 뒤 불염오 또는 무염오 수행의 중요성을 다시 한번 절감하고 반성하게 됐다고, 나중에 원통불교의 요체 연속 법문에서 고백했다.[68]

금타는 해방 직후인 이듬해 9월 19일에는 석가모니와 예수, 공자, 소크라테스 네 명 이외에도 다수의 성인이 있다며 『화엄경』의 보살십지를 바탕으로 그들의 위차를 정의한 「호법단 4차 성명서」를 발표했다. 그는 앞서 총무원장을 역임한 내장사의 매곡 스님과 함께 '호법단'을 조직하고 성명을 잇따라 발표했다. 다만, 호법단 성명서를 비롯해 여러 문건이 있었지만 혼란스러운 시기를 거치며 인멸돼 버렸다고, 청화는 안타까워했다.[69]

그는 '호법단장' 명의의 성명서에서 석가모니와 예수, 공자, 소크라테스의 4대 성인설 대신 『화엄경』의 보살 십지를 바탕으로 "노자 7지, 예수와 공자 5지, 마호메트와 소크라테스 4지" 등 불교도가 아닌 이들을 재가보살위에 안배했고, 출가 승려의 경우 "원효와 진묵 8지, 보조와 서산 4지, 일본 공해(空海) 3지"[70] 등으로 위차를 규정했다.

이어서 "동포는 참작하신 후 인습적인 신성적 미신 관념을 타파하시고 정도에 귀의하시기 바란다"고 권했고, "도교 중 『도덕경』을 빼고 다른 것은 간별하며, 대종교와 신도란 화엄신을 신앙의 대상으로 하는 시절까지 정도임을 보류하고 다른 제종교란 모두 비도(非道)임을 성명한다"[71]고 천명했다.

호법단 성명서는 불교도뿐만 아니라 불교 밖의 주요 인물들까지 성인으로 인정하고 그 위차를 구분했다는 점에서 매우 이례적이었다. 정도 및 비도의 구분이나 개별 성인의 위차 평가 등에서 자의적이라는 비판이 제기될 수 있지만,[72] 타 종교의 성자들을 깨날은 자로 인정하면서도 불교의 체계 안에서 회통을 시도했다는 점에서 파격이 아닐 수 없었다. 서로 다른 종교나 종파를 인정하지 않고 오히려 적대하는 현대 사회의 모습과 크게 대비되기 때문이다.

금타는 인생무상을 일깨우면서 깨달음을 위한 정진을 격려한 「권유문」을 작성하기도 했다. 그의 「권유문」은 나중에 월정사 박물관에서 발견된 책자 『증보정음 관음문자』의 마지막에 첨부돼 있었다. 『증보정음 관음문자』는 1949년 발행한 금타의 저술로, 「권유문」은 책을 정독한 사람이 사적으로 첨부한 것으로 짐작됐다. '돌삼계륜회' 명의의 「권유문」은 다음과 같다.

"아들딸이 귀하다 해도 한이 오면 그만이요, 금은칠보 좋다 해도 죽을 적엔 못 가지네, 백 년 동안 모은 재물 하루아침 티끌이요, 잠시간 닦은 마음 천재에 보배로다, 죽어 극락 가려거든 현세극락 건설하소, 지옥극락 따로 없어 믿으면 극락이요 안 믿으면 지옥이다, 불법을 않든가 옆 걸음이 웬일인가, 바로 믿고 바로 행해 부지런히 정진하면 억만년 쌓인 죄도 한 생각에 녹아지고, 대광명주무가보를 상없이 얻어놓으면 신선비결 아니라도 만년이나 불 탄 종자 싹이 능히 날 것이고, 동군조화 안이라도 천추에 마른 나무 꽃이 다시 필 것이라, 이것을 쓰려 하니 내 자신이 부끄럽고, 이것을 생각하니 눈물이 줄기줄기, 이것을 읽자 하니 한숨도 굽이굽이, 이래도 못 행하고 일후에 고(苦) 받을 때 못 들었다 하지 마소."

모든 이들과 존재는 결국 쇠멸하게 되는데, 진리와 불법을 깨닫지 못하면 지옥에서 고생하게 되기에 생전에 부지런히 불법을 공부해 모두 극락에 가자는 취지였다. 머리에 불 끄듯이, 배고플 때 밥 찾듯이.

1946년 봄, 금타는 「수릉엄삼매도결 상편」을 찬했다. 수릉엄삼매는 "일체 번뇌를 모조리 없애는 멸진정을 성취해야 얻을 수 있는 삼매", "불성자리를 조금도 흠절이 없이 훤히 투철하게 깨닫는 삼매"[73]로서 최고의 삼매를 가르킨다. '금강삼매'나 '사자후삼매'로 불렸고, '반야바라밀'을 의미하기도 한다. 「보리방편문」을 마음이 곧 부처라는 진리를 깨닫게 하는 방편으로 지었다면, 「수릉엄삼매도결 상편」은 「보리방편문」을 설명하기 위해서 지었다. 그는 책자 「수릉엄삼매도결 상편」 앞에 "일인전에 일인도"라고 적고 인연에 따라 여러 사람에게 발송했다.[74]

먼저 〈수릉엄삼매도〉를 그렸다. 〈수릉엄삼매도〉는 수릉엄삼매에 들어서 우주의 일진법계 현상을 도해한 만다라로, 가운데 아미타불을 향해 닦아 올라가는 법의 심천 한계를 표시하고 있다. 그 안에는 지수화풍공 오대와 삼계28천도 담겨 있고, 「삼매도」의 왼쪽에는 의상 대사의 「법성게」 30구 중 제8구, 오른쪽에는 「무장애연화 삼매송」이 각각 적혀 있다.

그는 「수릉엄삼매도결 상편」의 모두에서 "본 비결은 마음으로 종지를 삼고, 공으로 체(體)를 삼으며, 성상으로 용(用)을 삼아, 이에 기초하여 그림으로 표시한 〈수릉엄삼매도〉의 경계도를 분명히 깨달아 알게 하기 위한 것"[75]이라고 저술 이유를 밝힌 데 이어, '서분의 명구문'에선 "본편은 〈수릉엄삼매도〉에 구체적으로 예를 들어 보인 부처님의 약간의 명구를 원문 혹은 풀이한 글로써 인용하여 증거로 삼"[76]은 것이라고 설명했다. 즉, 〈수릉엄삼매도〉에 나오는 개념과 용어, 관련 지식을 경전과 저술 등을 통해서 설명 및 증명하고 해설한 글이라는 의미였다.

「수릉엄삼매도결 상편」은 제1장부터 수릉엄부터 시작해 반야바라밀, 사제, 금강삼매, 불성, 삼신과 사토, 본적이문(本迹二門), 십불이문, 법계, 십신, 진여, 인, 56위와 사만성불, 삼계, 수미산, 만다라 등 모두 16개장으로 이뤄졌다. 청화는 나중에 지웅 스님과의 대담에서 "〈수릉엄삼매도〉는 바로 우주 법계의 대총상 만다라"[77]라고 설명한 뒤, 스승 금타가 상편만을 탈고하고 입적한 것을 안타까워했다.[78]

금타는 그해 8월 석가모니 부처의 간략한 일대기를 담은 「석존 일대의 경개」를 저술하기도 했다. 「석존 일대의 경개」는 '룸비니원에서 탄생하심'을 시작으로 '도를 구하사 선림에 입하심', '정각을 대성함', '50년 교화의 행각', '추상' 등 모두 5개 절로 이뤄졌다.

금타의 열반과 영향

1947년 새해가 밝아오자, 금타는 제자들에게 서둘러 법문을 전하기 시작했다. 설날 아침 제자 정수에게 법련당이라고 건당한 뒤, 〈수릉엄삼매도〉 및 「수릉엄삼매도결 상편」과 전법송 「금강삼매송」을 전하면서 견성을 성취한 뒤 「수릉엄삼매도결 하편」을 저술하라고 교지했다고, 법능은 나중에 전했다.[79] 이어서 1월 28일에는 제자 성기를 법능당이라고 건당한 뒤, 「우주의 본질과 형량」과 전법송 「삼륜단공송」을 전하는 한편, 득도를 성취한 뒤에 「우주의 본질과 형량」을 발표해 법을 전하라고 교지했다고, 법능은 전했다.[80] 2월 5일에는 제자 성륜에게 법륜당이라고 건당한 뒤, 자신이 창제한 관음문자를 전하며 전법송으로 「관음자륜송」을 전했다. 그러면서 견성을 성취한 뒤 자신이 편찬해 보관해 오던 「관음옥편」을 재편찬해 시현하라고 교지했다.[81]

금타는 이미 일제강점기에 훈민정음의 뜻과 우주의 도리에 입각해 자신이 창제한 표음, 표의 겸용의 관음문자를 만들었고, 관음문자로 정리한 옥편도 제작했던 것으로 보인다. 한글이 자음과 모음 24자인 데 비해, 관음문자는 자음 11자, 모음 6자의 17자모를 기본으로 한 87자의 자모로 구성돼 있다. 하지만 1942년 10월 조선어학회 사건이 터지자, 자칫 대중 전도에 장해가 될 것을 우려해 「관음옥편」을 소각했다고, 법능은 나중에 『수능엄삼매론』에서 전했다.[82]

주요 제자들에게 법을 전한 금타는 2월 10일 대중이 집단적으로 성자가 되는 '초범입성의 시대'가 될 것이라는 내용을 담은 「현기

(懸記)」를 지었다. 「현기」는 먼 미래에 대한 당위설적 예언으로 유통, 사조, 정치, 합류, 주의, 의무 6개 부문으로 구성돼 있다.

2월 28일에는 자신이 창제한 관음문자의 취지와 원리, 사례를 소개한 책자 「관음문자」를 저술했다. 「관음문자」는 '관음문자 공포 취지문'과 '서', '부화음게 모애음게', '관음자륜', '기수묘게' 등으로 구성돼 있다. 그는 '관음문자 공포 취지문'에서 30년간 연구를 거듭해 표음과 표의를 겸하고 사성을 겸한 훈민정음의 본능을 발휘해 관음문자를 창제했다고 강조했다. 즉 "한문자가 수입 이래 동방 문화 사상에 획기적 사실을 주어 곧 조선문자화한지라 이를 폐지함은 곧 조선 문화의 반감"이라며 "가위 동서 문자를 통일한 자형과 의의를 고구하여 표음, 표의를 쌍구하고, 사성을 겸비한 훈민정음의 본능을 발휘"[83]해 '증보정음 관음문자'를 새로 창제했다는 것이다.

그는 책자 「관음문자」를 조선어학회에도 보냈다. 국어 통일을 선도하는 한편 언어를 통한 "국민의 정신 함양에 상응"하기 위해 검토해 보라는 취지였다. 조선어학회는 한동안 답신을 미루다가 5월 말에야 「운문도장 귀중」 제하의 서신을 보내왔다. 조선어학회는 답신에서 "보내주신 관음문자는 거룩하신 연구의 결정이라 반가이 보관하고 참고하겠사오나, 귀사에서 보내주신 의도를 자세히 알지 못하겠"다며 "혹시 본회에 단순히 일부 기증하시는 것인지, 또한 본 후에 도로 반송하여 달라는 뜻인지, 아무 명시하신 편지가 없사와 궁금하옵기에 몇 자 올리오니, 미안하오나 답장하여 주시기를 앙망"[84]한다고 말했다. 허망한 답변이었다.

그는 7월 조선어학회에 「조선어학회 귀중」 제하의 서신을 다시 보내서 "대중의 요구에 응하여 설혹 한자를 폐지한다 하더라도 오히려 분파적 전 어족의 통일을 선도할 뿐 아니라 더욱더 진전될 여부를 고찰들 하시라"며 조선어학회가 정신문명의 건설에 앞장서 달라고 당부했다. 서신은 현재 남아 있는 금타의 마지막 기록이었다. 「우주의 본질과 형량」과 「보리방편문」, 「해탈 16지」 등 금타의 저술들은 나중에 제자 청화에 의해 『금강심론』으로 묶여서 번역, 출간된다.

1948년 3월 4일, 금타는 대중이 탁발을 나가고, 시봉하던 한두 사람만 남아 있던 낮에 조용히 입적했다.[85] 향년 50세. 금타의 열반은 그날 해질 무렵 공양주 보살 일연에 의해 발견돼 알려졌다고, 강행원은 일연의 증언을 전했다.

아래 절에 머물러 있던 일연은 그날 오후 금타의 먹거리를 챙기기 위해서 운문암에 올라왔다. 평소와 달리 암자나 법당에서 인기척이 전혀 없었다. 밖은 아직 해가 남아 있었지만, 법당 안은 어두워서 잘 보이지 않았다. 부엌에 가서 초에 불을 붙여서 법당 안으로 들어섰다. 금타가 법당 안에서 조용히 좌정해 있었다. 자세히 들여다보니 그대로 열반한 것이었다. 그런데 이상했다. 법당의 벽면은 촛불 연기 같은 것으로 검게 그을려 있었지만, 금타가 좌정한 형상만 그을림이 없었다. 일연은 서둘러 메밥을 지어서 법당에 올려놓고 금타의 열반을 대중에게 알렸다.[86]

탁발을 나갔던 대중은 뒤늦게 금타의 열반 소식을 전해 들었다. 금타의 시신은 경황이 없는 상황에서 사리를 수습하지 못한 채 곧바로 화장 처리됐다고, 청화는 나중에 원통불법의 요체 연속 법문에서 회상했다.

"금타 스님의 진신사리를 채취하기 위해서는 물 항아리를 묻고 장치를 해야 하는데, 전혀 그럴 만한 계제가 되지 못하여, 유감스럽게도 사리는 수습하지 못했으며, 백양사 큰절 스님들 말로는 화장터에서 사흘 동안이나 베 폭 너비의 서기가 하늘로 뻗쳐 있었다고 합니다."[87]

"불교의 정통성을 재차 천명"[88]한 금타는 한국 근현대 불교사에서 독창적이고 담대한 사상을 펼친 위대한 사상가였다. 그는 마음이 곧 부처라는 반야의 진리를 일거에 깨우치게 하는 방편 법문 「보리방편문」을 비롯해 수증의 위차를 보살 십지를 중심으로 대비 회통한 「해탈 16지」, 수릉엄삼매의 오묘한 경계에서 일진법계를 관조한 「수릉엄삼매도(결)」, 불교적 우주론을 정립하고 물질세계의 원리를 규명한 「우주의 본질과 형량」 등 "미증유의 독창적이고 획기적인 정법 체계를 독창적으로 저술"[89]했다.

그는 이 저술들을 통해서 석가모니 부처부터 대승 불교의 주요 조사, 선종의 초조 달마 대사부터 육조 혜능 대사까지 "부처님 정통을 밝히신 가르침",[90] 이른바 정통 불법의 부흥을 강조했다. 그의 저술은 석가모니 부처와 역대 주요 조사들의 법의 정수를 현대에 맞게 정리한 것이라고, 청화는 강조했다.

"금타 스님께서 부처님의 정법을 여법하게 수행하고 여실하게 증득하여 부처님 법의 정수를 시기 상응하게 기록으로 정리했다는 사실에 우리 후학들은 깊은 관심을 가져야 한다고 생각합니다."[91]

특히 금타는 「보리방편문」을 비롯해 유작 『금강심론』을 통해서 무엇보다 육조 혜능 대사의 법을 여법하게 계승했다고, 청화는 나중에 금타 대화상 탑비봉안 회향법회에서 강조하기도 했다.

"그러한 것(참선 수행법의 혼란)을 금타 대화상께서는 육조 혜능 대사의 가르침 그대로 복귀해야 된다, 역설하시면서 『금강심론』에서 재차 역설하신 것인데, 그것도 그냥 말씀으로만 역설하신 것이 아니라, 금타 대화상께서 스스로 실참실구라, 스스로 깊은 삼매에 들어서 통달하셨단 말입니다."[92]

다만, 금타는 한국 불교사에서 희유한 성취를 이뤘음에도 여러 제한과 난관 때문에 당대에는 제대로 알려지지 못했다. 청화는 "지금에 와서 금타 스님같이 위대한 선지식이면서도 제대로 대접을 받지 못한 분은 없다"[93]고 안타까워했다.

금타의 법과 수행법, 행장은 제자 청화에게 결정적인 영향을 미쳤다. 청화는 스승 금타가 각고의 수행으로 터득하고 정립한 각종 견해와 수행법을 바탕으로 정통 불법의 부흥을 통한 원통불교의 중흥, 정통선에 입각한 각종 수행법의 회통과 「보리방편문」을 통한 염불선의 대중화, 불교적 우주론과 현대적인 물질관의 정립 등으로 계승, 발전시켰다. 그가 운문암에서 선뵀던 부처님 법대로 수행하려는 수행 방법 역시 청화에게 깊은 영감을 남겼다. 하루의 새벽과 아침, 오후, 저녁 네 번의 참선 수행, 하루 한 끼만 먹는 일종식, 눈을 뜬 시간에는 눕지 않는 장좌불와, 엄정한 계율의 준수…. 청화는 이후 운문암에서 경험한 원시불교의 수행법을 최대한 이어가려고 노력했다. 금타의 법과 수행법은 청화를 통해서 비로소 세상에 널리 알려지게 됐다는 점에서, 두 사람은 결코 떼려야 뗄 수 없는 관계였다고, 청화의 유발 제자 배광식은 설명했다.

"금타 대화상이 법과 사상의 기본 틀을 제시했다면, 기본 틀을 세세하게 구현해 세상에서 할 수 있게 만든 건 청화 큰스님이었습니다. 금타 대화상과 그의 사상적 기초가 없었다면 오늘의 청화 큰스님이 없었듯이, 마찬가지로 청화 큰스님이 없었다면 지금 우리가 금타 대화상을 이야기하고 있을 가능성은 거의 없겠지요. 염불선만 봐도 금타 대화상이 염불선을 제창했다면, 염불선을 실제 대중적으로 할 수 있도록 다리를 놓은 이는 청화 큰스님이었습니다. 두 사람은 어느 한쪽도 없어선 안 되는 관계였죠."[94]

금타가 열반한 뒤, 그의 수제자 법련이 먼저 금강산 마하연암으로 수행을 떠났다. 법련은 떠나기 직전 사제인 법수와 청화를 불러서 세 사람 가운데 가장 먼저 공부가 된 사람이 스승 금타의 원고 『금강심론』를 정리해 세상에 펴자고 제안했다.

운문암 대중도 차례차례 흩어졌다. 지리산과 백운산 등을 중심으로 빨치산이 무력을 사용해 저항 중이었고 국군 역시 빨치산을 강력하게 토벌하던 격변의 시기였다고, 청화는 나중에 회고했다.[95]

그는 한동안 운문암에서 법수와 함께 수행을 이어갔다. 법수는 당시 『금강경』 영역에 몰두하고 있었다. 법수는 영역이 막히거나 의심이 가면 그에게 묻곤 했다. 1년 뒤, 법수가 무사히 『금강경』 영역을 마쳤다.

1950년 6월, 청화는 법수가 번역을 완료한 『금강경』의 영어판을 출간하고자 출판 원고를 들고 광주로 나왔다. 광주에는 책을 만드는 인쇄소가 많았기 때문이다. 하지만 그는 이때 전혀 예상치 못한 한국전쟁의 급류에 휩쓸리고 만다.

제3장

현대사와 불교 정화의 격류 속에서

(1950~1958)

한국전쟁의 발발

긴장한 얼굴을 한 채 소총을 들고 다니는 군인들, 곳곳에 설치된 바리케이드, 일군의 군인들을 태우고 먼지바람을 일으키며 어디론가 달리는 트럭들, 뭔지 모를 두려움을 달고 수런거리는 사람들. 그날 광주에서 만난 한국전쟁의 얼굴이었다. 그 전쟁은 그와 한국인 모두에게 지울 수 없는 상흔을 남겼다. 모든 전쟁이 그렇듯이.

보슬보슬 비가 내리던 1950년 6월 25일 일요일 새벽, 한반도의 서쪽 옹진반도부터 개성, 동두천, 포천, 춘천, 주문진에 이르기까지 38도선 곳곳에서 강력한 포격이 이뤄진 뒤 북한 인민군이 소련제 탱크를 앞세우고 일제히 남침을 개시했다. 인민군은 오전 9시쯤 개성 방어선을, 오전에는 동두천과 포천을 차례로 함락했다. 인민군은 사흘 만에 서울을 점령하는 등 파죽지세로 남하하고 있었다. 한국전쟁이 일어났다.

전쟁 발발을 모른 채 법수의 『금강경』 영역판을 출간하기 위해서 아침 일찍 운문암을 나섰던 청화는 광주에서 비로소 한국전쟁을 만났다. 전쟁이 터졌다는 것을 알고서 운문암으로 다시 돌아가려고 했지만, 외곽으로 빠져나가는 차량은 이미 끊겨 있었다.

어쩔 수 없었다. 그는 고향 무안을 향해서 걷고 또 걸었다. 저녁 무렵, 무안에 닿을 수 있었다. 무안 운남의 집에는 속가의 아내가 아들 승조와 살고 있었다. 이때 아들 승조를 처음 봤다. 청화의 나이 27세.

인민군에 밀린 국군은 후퇴를 거듭한 끝에 한 달 만에 낙동강까지 후퇴했다. 곧이어 한국전쟁은 그의 고향 무안으로 몰려왔다. 낙동강 전선과 제주도를 제외하고 남한 전역을 장악한 인민군은 무안에 물밀듯이 들이닥쳤고, 인민군 남하에 발맞춰 무안에도 인민위원회가 만들어졌다.

7월 하순, 초등학교 동창 용수가 운남 집으로 청화를 찾아왔다. 팔에 붉은 완장이 채워진 용수는 무안군 인민위원회에서 활동하고 있었다. 그는 친구 용수의 손에 이끌려 마지못해 무안군 인민위원회 사무실로 갔다. 그곳에는 그보다 세 살 많은 초등학교 선배 박태순이 인민위원장으로 앉아 있었다. 박태순은 서울 보성전문학교를 졸업한 뒤 고향에서 독서클럽을 만들어 활동해 왔다. 박태순은 그에게 '무안군 인민위원회 교육장학사'를 맡아달라고 요구했다. 잠시 고민했지만, 살기 위해선 어쩔 수 없었다. 그는 마지못해 인민위원회 교육장학사를 맡았다.

많은 군인들이 전투 속에서 죽어갔다. 하지만 더 많은 민간인들이 전쟁을 배경으로 이데올로기나 사적인 원한과 증오에 의해 목숨을 잃었다. 전쟁은 결코 생명과 인권의 얼굴을 하지 않았다. 인공 시절, 그는 사람이 다른 사람을 때려죽이는 장면을 목격했다고, 나중에 원통불법의 요체 연속 법문에서 회고했다.

"인공 때 사람이 죽는 모습을 많이 보았습니다. 몽둥이로 때려서 산 사람이 그대로 죽는 모습도 보았습니다. 그때에 원망스러운 마음이 얼마나 크겠습니까? 생명이 원래 둘이 아닌 것인데, 죽는 사람들이나 죽임을 당하는 돼지나 소나 '당신을 원망한다, 기어코 보복한다'고 말은 안 할지라도 원한이 죽이는 사람한테 다 배는 것입니다. 그런 원혼들이 틀림없이 보복하겠다는 뜻을 갖는 것입니다. 원망에 사무치는데 보복을 안 하겠습니까."[1]

다만, 그는 가급적 인민위원회에 연루되지 않기 위해서 최선을 다했고, 힘닿는 대로 위험에 빠진 주민과 지인들을 구하려고 노력했다. 실제로 그가 무안군 인민위원회 교육장학사로서 활동한 흔적은 찾을 수 없었다. 그는 흑산도에 갈까 싶어서 인민위원회 선동대에 합류했다가 흑산도도 가보지 못하고 다른 섬들만 돌다가 수복을 맞았다고, 제자이자 소설가 김웅은 나중에 발표한 글에서 전했다.

"군당에 소속돼 있을 때인데, 선전선동대가 섬 지방을 순회차 떠난다기에 흑산도에나 갈까 싶어 합류했더라는 얘기였습니다. 결과적으로는 바랐던 흑산도에는 가보지도 못하고 섬들만 떠돌다가 수복을 맞이했는데 …."[2]

미국 주도의 유엔군과 국군이 9월 15일 인천상륙작전을 성공시키면서 전황은 극적으로 바뀌었다. 유엔군과 국군은 서울을 탈환한 뒤, 북진을 이어가서 압록강 부근까지 진격했다. 인민군이 허겁지겁 북쪽으로 물러가자, 이번에는 인민위원회에 협력했던 많은 사람들이 붙잡혀 죽거나 살기 위해서 피해야 했다. 무안군 인민위원회에서 활동한 동창 용수도 이 과정에서 목숨을 잃었다.

그는 한국전쟁 와중에 이데올로기와 개인적 원한에 의해서 서로 죽고 죽이는 모습을 보고서 인간의 악마성과 부조리함 같은 것을 느꼈다고, 나중에 서울 금륜회 창립법회에서 말했다.

"… 한국전쟁 때 저희 같은 세대는 사람끼리 서로 죽이고 죽는 모습을 많이 봤습니다. 상당히 많이 배운 사람들, 어떤 경우는 남을 가르치는 입장에 있는 분들 역시 별로 죄가 없는 사람을 장작이나 몽둥이로 때려죽이는 것도 보았습니다. 평소에 나쁜 사람이 아니었는데, 상황에 따라서 마음의 동물성이 발동되게끔 환경이 되면 굉장히 나쁜 짓을 많이 합니다."[3]

특별히 눈에 띄는 활동을 하지 않았음에도 무안군 인민위원회 교육장학사 경력은 이후 그를 두고두고 괴롭혔다. 마치 족쇄처럼. 당장 집에서 바닷가까지 40리를 한달음에 달려서 도망가기도 했다고, 그는 나중에 대중 법문에서 기억했다.

"저도 한국전쟁 때 이상한 일이 생겨가지고 쫓겼습니다. 밤인데, 제 집에서 저 바닷가로 나가 배를 타고 도망갈 판인데, 제 집에서 바닷가로 가려면 한 40리나 됩니다. 배가 닿는 곳까지 가는 길에는 언덕도 많이 있고 아주 험준한 데가 많이 있습니다. 평소 같으면 도저히 함부로 가지 못합니다. 그런데 40리 길을 밤에 자빠지고 넘어지며 가도, 어디 상처 하나도 나지 않고 갔습니다. 제가 보기엔 30분 안에 거기까지 가버렸습니다. 그걸 생각할 때에 죽을힘을 다하면 자기도 모르는 가운데 부사의한 힘을 냅니다."[4]

그는 운남의 집 마루 밑 고구마 저장고에 몸을 숨겨야 했다. 고구마 저장고에 숨어 있는 동안, 그는 이데올로기에 대한 환멸이나 죽음에 대한 공포를 넘어서 감관 자체를 끊고 수행을 이어갔다.

얼마 뒤, 그는 아버지의 권유에 따라 운남지서에 자수했다. 아버지는 그사이 돼지를 잡아서 동네잔치를 벌이고 인근 마을까지 돌면서 아들 구명을 요청하는 탄원서를 받아 지서에 제출했다. 아버지의 헌신적인 노력으로, 그는 전쟁의 격류에서 목숨을 건질 수 있었다.

중국 의용군이 그해 11월 말 참전하면서 전황은 또다시 바뀌었다. 압록강 근처까지 진격했던 유엔군과 국군은 의용군에 밀려서 서울 아래까지 후퇴했다가 어렵게 서울을 다시 회복한 뒤, 38도선 부근에서 일진일퇴를 이어갔다. 1951년부터 휴전 논의가 시작됐지만, 포로 문제로 공전을 거듭하다가 1953년 7월 27일에야 휴전협정이 이뤄졌다.

휴전 교섭이 한창이던 어느 날, 청화는 혼자서 운문암을 찾아갔다. 아무도 없었다. 전쟁에 휩싸이면서 헤어졌던 법수도, 무연 거사도 없었다. 절의 모습은 참담했다. 문은 땔감으로 뜯겨져 없어졌고, 전각 역시 불에 타다만 채 흉물스럽게 있었다. 스승 금타가 기거하던 방 안으로 뛰어 들어갔다. 방은 텅 비어 있었다. 벽에 글씨가 쓰여 있었다.

"법련 스님, 법수 스님, 청화 스님, 살아서 만납니다! — 무연 거사"

무연 거사가 마지막까지 운문암을 지키다가 떠나기 직전에 적어 놓은 글임이 분명해 보였다. 그는 다시 걸어서 무안으로 돌아온 뒤,

열흘간 몸져누웠다. 한국전쟁 와중에 금타의 상좌이자 사형 법련이 실종됐다는 것은 나중에야 알려졌다.

망운중학교의 설립

당시 고향 무안 운남에는 초등학교는 있었지만 중학교는 없었다. 교육에 남다른 관심이 있던 청화는 운남에 중학교를 세우기로 마음을 먹었다. 농악대를 구성해 각 마을을 순회하면서 주민을 대상으로 모금 활동을 벌이는 한편, 독지가로부터 도움을 받아서 한식 맞배집 교실 세 칸과 교무실 한 칸의 교사를 지었다.

1952년 5월, 그는 무안군 운남면 연리의 초등학교 옆 공터에 중학교 과정의 운남고등공민학교(망운중학교의 전신)를 세웠다. 당시 그의 나이 29세. 그가 세운 학교는 나중에 사립 망운중학교로 인가가 난다.

그는 새로 세운 중학교에서 이사장과 교장, 교사로 1인 3역을 해내야 했다. 초창기에는 학생이 많지 않았지만, 교사는 혼자뿐이어서 학생들에게 국어와 영어, 수학, 습자, 철학 등 모든 과목을 가르쳤다. 행정 업무도 홀로 처리해야 했다.

망운중학교 교사 시절, 삭발한 그는 승복 대신 검은 두루마기를 입고 학생들을 가르쳤다. 중절모를 즐겨 썼고 자색 구두를 신었다고, 망운중학교 제자이자 소설가 김웅은 글에서 회고했다.[5] 이때 그의 모습은 나중에 김웅의 단편소설 「오리수습」에서 진묵 스님의 모습으로 그려져 있다.

"… 하얀 동정을 단 검은 두루마기 차림에, 자색 구두를 신었으며, 삭발한 머리에는 짙은 회색의 중절모를 깊숙이 눌러썼고, 식기에 밥과 찬을 담아서 보자기에 싼 도시락을 들고 …."[6]

시간이 흐르면서 학생들이 늘어났다. 혼자서 교사 및 행정 업무까지 모두 해내기가 벅찼다. 조력자가 필요했다. 아무리 생각해도 함께 망운초등학교에서 함께 교직을 했던 동창 배태우가 적격이었다.

눈보라가 휘날리던 어느 겨울 저녁, 그는 무안군 청계면 배태우의 집을 예고 없이 찾아갔다. 초등학교 동창 배태우는 혼란한 교육 풍토에 환멸을 느껴서 고향에서 부모와 함께 농사를 짓고 있었다. 반갑게 인사를 나눈 뒤 방 안으로 들어가자는 배태우의 말에 그는 고개를 저었다.

"아닐세. 자네 얼굴만 봤으면 됐네. 어두워지기 전에, 다시 나룻배를 타고 혜운사로 돌아가야 하네."

그는 자신을 전송하기 위해 집을 나선 배태우와 함께 걸었다. 한동안 걸으면서 조심스럽게 말을 꺼냈다.

"배 선생, 중학교를 함께 맡아주셨으면 좋겠는데 …."

그는 망운중학교 사정을 자세히 말하진 않았다. 다소 갑작스러웠지만, 그럼에도 절박한 부탁이라는 것을 친구 배태우가 모를 리 없었다. 배태우는 조심스럽게 대답했다.

"집안에 어른이 계시므로 품신한 뒤에, 내일 중으로 건너가서 가부를 결정하겠네."

그는 결국 배태우와 함께 중학교를 운영할 수 있었다. 배태우가 집으로 돌아가 아버지에게 사정을 얘기했고 허락을 받아냈다. 그는 배태우와 함께 혜운사에서 숙식을 하면서 학교를 운영했다고, 배태우는 회고했다.

"학교를 맡아보니 할 일이 많았습니다. 학생 50여 명에 교직원은 단 두 명. 숙식은 (근처) 혜운사에서 해결하면서 실력 양성, 운영 합리화 등 학교 내실을 기하는 데 역점을 두었지요."[7]

청화는 학교 운영보다는 역시 수행에 좀 더 집중하고 싶었다. 하지만 세상이 그를 가만히 두지 않았다. 학교 운영을 둘러싸고 학사는 물론 재정 등 신경 쓸 일이 너무 많았다. 그는 학교에 어려움이 닥치면 문제를 해결한 뒤 다시 수행을 하러 가곤 했다고, 김웅은 글에서 기억했다.

"재학생들은 물론 운남 사람들에게도 큰스님께서 승려라는 게 항상 아쉬움이었다. 큰스님께서 학교장이나 교사로 계시기보다 수도승 본연의 위치로 되돌아가고 싶어 했기 때문이다. 실제로 그러했다. 교사 진영이라든가 학교 재정이라든가 이만했으면 걱정 없겠다 싶으면 절간으로 들어가셨고, 학교가 폐교 위기에 몰렸다 싶을 때면 산에서 다시 나와 교편을 잡으면서 동분서주해 학교를 본연의 위치에 올려놓곤 하셨다."[8]

첫 불사 혜운사의 창건

유산으로 물려받은 논 1500평과 밭 500평을 팔아서 멀리 바다가 보이는 대박산 자락에 법당을 짓기 시작했다. 아버지 강대봉도 창건 울력에 손수 나서는 등 온 가족이 거들었다. 그도 스스로 일을 했다. 결국 절을 짓느라고 무리해 몸져눕고 말았다.

어머니는 쓰러진 아들을 위해서 닭죽을 끓여 왔다. 중학교를 운영하지만 여전히 수행승이기도 했던 그는, 닭죽을 먹지 않았다. 육식을 금하는 계율을 지키기 위해서였다. "떨어진 기력을 회복하려면 닭죽을 먹어야 하네." 어머니는 그에게 닭죽을 먹으라고 몇 번을 더 권했다. 하지만 그는 끝내 거절했다. 화가 난 어머니는 결국 닭죽을 마당에 팽개치고 부엌에 가서 혼자 엉엉 울었다. "그때 내가 닭죽을 좀 먹는 건데 …." 그는 나중에 "그때 잘못 생각했다"고 말했다고 제자 정조는 전했다.[9]

망운중학교를 설립한 청화는 이듬해 곧바로 혜운사를 짓기 시작했다. 특히 혜운사를 창건하는 과정에서 그는 검찰에 불려가 조사를 받고 벌금을 내야 했다. 한창 절을 짓고 있던 어느 날, 광주지검 목포지청에 출석하라는 통지서가 날아왔다. 무허가 벌목을 했다는 혐의였다. 종친회 동의를 얻은 뒤 문중 산에서 소나무를 베어 썼음에도 무허가로 벌목을 했다고 고발된 것이다.

그는 검찰에 출석해 경위를 설명하고 검사의 질문에 성실히 답변했다. 2주 정도 지나자, 검사는 불교에 관해 그에게 물었고, 그는 아는 만큼 성실하게 답했다. 이야기를 다 듣고 난 검사는 그를 격려했다.

"젊은 스님이 장하십니다. 스님! 제가 절 짓는데 10만 원을 보시하겠으니, 스님은 대신 불법 벌목한 혐의로 벌금 5만 원을 내고 나가십시오."[10]

불법 벌목 혐의로 그를 고발한 사람은 재종 동생이었다. 재종 동생은 일을 돌봐준다는 명분으로 그에게 돈을 요구했지만, 그는 요구를 들어주지 않았다. 이에 앙심을 품은 동생이 그를 검찰에 고발했다. 특히 재종 동생은 절에 시주한 불사대금을 중간에서 가로채기도 했다.

1953년, 우여곡절 끝에 무안 운남의 황토 평야에 우뚝 솟은 해발 84미터의 대박산 자락에 다섯 칸짜리 혜운사가 세워졌다. 세 칸은 법당, 한 칸은 공부방, 한 칸은 부엌이 달린 공양간이었다. 이때 그의 나이 30세였다.

혜운사 창건은 그의 첫 불사였다. 그는 나중에 곡성 성륜사와 완도 범혜사, 미국 금강선원, 제주 자성원, 진안 영불사, 서울 광륜사 등을 창건하고 미국 삼보사와 곡성 태안사 등을 중창했다.

혜운사를 창건한 뒤 몇 해 동안 빚 때문에 고생했다. 절을 지으면서 적지 않은 빚을 지게 됐는데, 돈을 빌려준 사람들이 수시로 학교나 절에 찾아와 돈을 갚으라고 채근했기 때문이다. 그는 그럴 때마다 사람들을 찾아가 손을 벌려야 했다.

어느 추운 겨울날, 백양사 운문암에서 수행할 때 공양주 보살로 일했던 일연 스님과 그의 딸 보영이 외출하고 돌아오는 그를 기다리고 있었다. 일연은 스승 금타를 모시던 남편이 출가해 대용 스님이 되자 몇 년 뒤 남편을 따라서 출가한 경우였다.[11] 보영은 바로 금타의 상좌 대용과 일연 사이에서 태어난, 사형의 딸이었다.

멀리 신작로에서 대박산으로 걸어오는 그의 모습이 보였다. 그날도 가까운 섬 매화도의 지인에게 돈을 빌리러 간 그였다. 그는 자신을 바라보고 있는 보영을 보고 예의 맑은 미소를 지어보였다.

내복도 없는 얇은 승복, 발뒤꿈치가 닳은 고무신, 철사로 묶은 고무신 뒤꿈치 …. 보영의 눈에 먼저 들어온 것은 추위에 언 그의 발뒤꿈치에서 흐르는 피였다. 철사로 묶은 고무신을 신고 외출을 나갔다가 발뒤꿈치에 철사가 스치면서 피를 흘렸다.[12]

이즈음에도 청화는 자신이 갖고 있던 볼펜과 휴대용 칼, 지갑 등을 보영의 손에 자주 쥐어 주었다. 나중에 보영이 커서 출가를 하자 편지를 수십 통이나 써서 수행을 독려하기도 했다. 보영의 기억이다.

"당신(청화)이 사셨는지 그건 몰라도, 지갑이 되었든 볼펜이 되었든 잘 주세요. 큰스님에게 받은 것도 많고요. 조그만 칼 같은 것도 많이 받았어요. 저 혼자 있을 때도 많이 주셔서 …. 여러 사람이 같이 있을 때 주신 것이 아니고, 저를 따로 부르셔서 웃으면서 주시더라구요."[13]

이듬해, 청화는 보성 천마암에서 공부 중이던 도륜을 초청해 혜운사에서 함께 공부하기 시작했다. 보성에서 한약방을 운영하던 집에서 나고 자란 도륜은 왜 사는가와 어떻게 살아야 하는가를 고민하다가 유교와 도교를 비롯해 여러 종교 및 사상을 공부하고 싶어서 암자로 들어온 경우였다. 도륜의 회고다.

"… 보성 천마암에서 공부를 하고 있을 때였습니다. 당시 도반 가운데 무안 출신이 몇 있었는데, 그 인연으로 큰스님께서 세 번 찾아오셨어요. 큰스님은 티 없이 맑은 모습에 다정다감한 인상이었는데, 저더러 같이 공부하자고 말씀하셨어요. 저는 생각할 겨를도 없이 큰스님을 따라 혜운사로 향했습니다."[14]

도륜은 혜운사에서 처음 불교 예불을 경험했다. 이때 청화가 들려준 『반야심경』 법문 가운데 공사상을 담은 '조견오온개공(照見五蘊皆空)' 부분에서 출가할 결심을 하게 됐다고, 도륜은 고백했다.

"큰스님께서는 혜운사에 오신 후로도 예불이나 출가를 권유하지 않으셨습니다. 그냥 편하고 자유롭게 맡겨두었어요. 그렇게 한참이 지난 뒤, 저는 부처님께 예배드리고 싶은 생각이 들었지요. 큰스님께 말씀드리고 예배를 올렸는데, 얼마나 좋았는지 모릅니다. 이때부터 큰스님의 법문을 들었는데, (조견)오온개공을 설명해 주시는 데 이르러, 저는 삭발 출가를 결심했어요. 저는 일구월심으로 부처님 가르침에 열중했지요."[15]

도륜은 무안 혜운사는 물론 해남 두륜산 진불암 등 여러 수행처에서 함께 수행한 청화의 오랜 제자이자 도반 가운데 한 명이었다. 나중에 고창 선운사에서 박한영 스님의 제자 청우 스님을 은사로 정식 출가한 뒤 해남 대흥사 등에서 수행했다. 도륜은 나중에 중풍에 걸린 그의 속가 작은어머니에게 침을 놔주기도 했다. 심지어 젊은 시절, 그는 꿈속에서도 도륜과 함께 수행하는 꿈을 꾸기도 했다고, 나중에 순선안심탁마법회에서 회고했다.

"젊었을 때 한번은 꿈을 꾸었는데, 도륜 스님이라는 도반하고 어디를 가는데, 아주 장엄한 궁전이 나왔어요. 궁전 앞에 문지지가 지키고 있었는데, 문지기가 문 앞을 가로막고 서서 자기가 묻는 말에 답을 못 하면 못 들어간다고 합니다. 그래서 물어보라고 하니까, 저한테 먼저 묻기를, 지옥이 어디 있는가, 하고 묻는 것이었습니다. 평소에 저한테 그런 질문을 했더라면, 당시는 30대도 채 안 된 나이라 선명한 답을 못 했겠지요. 그런데 꿈에서는 아주 명쾌하게 혜안관시지옥공(慧眼觀是地獄空), 이렇게 대답이 나옵니다. 혜안으로 본다고 생각할 때 지옥은 공이다, 평소 같았으면 질문에 그 대답이 나오기가 어려웠을 텐데, 꿈에서는 아주 명쾌하게 대답을 한 것입니다.[16]

그는 혜운사에서도 참선 수행을 열심히 했다. 한 번 참선에 들면 서너 시간씩 이어가곤 했다. 마치 넉넉한 대지처럼, 거대한 산처럼. 그의 말과 행동 역시 고요했다고, 도륜은 당시를 기억했다.

"… 밤에는 인법당에서 면벽한 채 서로 등을 맞대어 용맹 정진했습니다. 한번 앉으면 세 시간 네 시간 요지부동이어서 큰스님을 따라 하느라 애를 먹었어요. 큰스님은 참으로 철저한 수행자였지요. 산란한 마음이라곤 느낄 수가 없었어요. 마음이 이미 고요하니 말과 행동도 또한 고요했지요. 묵묵한 대지 같고 거대한 산 같았습니다."[17]

참선 수행뿐만 아니라 공부에도 열심이었다. 혜운사 인법당에서 밤새워 불교 서적은 물론 동서양 명저를 읽곤 했다고, 소설가 김웅은 나중에 글에서 기억했다.

"추운 겨울 어느 날 새벽이던가, 예불을 모시기 위해 법당에 들어갔는데, 누군가 경상 앞에 웅크리고 있는 모습이 보였습니다. 다가가 보니, 뜻밖에도 큰스님께서 담요를 두르고 앉아서 밤새 두꺼운 불교 서적을 독파하고 계셨어요. 그 후로도 그런 모습은 종종 목격되곤 했는데, 큰스님께선 불교서적뿐만 아니라 동서양의 철학 사상에 관한 서적들까지도 기회가 닿으면 죄다 독파하시곤 했었지요."[18]

아버지 강대봉을 비롯해 가족들은 그가 빨리 성불하기를 희망했다. 심지어 아버지는 아들 청화가 성불하기를 희망하는 한시를 짓기도 했다.

"오칸 초가 법당 안에서는/ 세 분 스님의 경 읽는 소리 들리고/ 오층 돌담은 사흘 걸려 쌓았는데/ 청화 스님은 그 언제 성불할까."[19]

"… 벌이 꽃의 꿀을 모을 때 꽃의 빛과 향기 건드리지 않고 다만 그 맛만 앗아가는 것처럼, 비구가 마을에 들 때도 그러하느니라[20]…."

『법구경』의 게송을 낭송하면서, 그는 이 마을 저 마을로 탁발을 다녔다. 탁발을 하면서 『법구경』 게송을 부르거나 『반야심경』을 외웠다고, 그는 백장암 동안거 용맹정진 연속 법문에서 회고했다.

"저는 탁발 생활을 좀 했습니다. 동냥할 때, 남의 집 들어갈 때, 먼저 탁발이라는 게송을 합니다. 게송을 외운 다음에 『반야심경』도 합니다만 … 탁발을 하러 시골에 가면, 주인이 없는 경우도 있습니다. 농번기 때는 다 나가고 없단 말입니다. 그러면 닭이나 개가 있겠지요. 그래도 우리는 염불을 하고 나옵니다."[21]

일부 주민은 냉소를 보내기도 했지만, 그는 탁발을 망설이지 않았다. 일본에 유학을 다녀오고 사범대학까지 졸업한 엘리트였기에 마을 주민의 기대 역시 그만큼 컸다. 하지만 탁발은 그에게 당장 일용할 양식을 구하는 일이었을 뿐만 아니라, 스스로 겸손을 체화하는 과정이었고, 불교 인연을 쌓거나 깊게 하는 일이기도 했다. 도륜의 기억이다.

"큰스님은 타고나신 바탕이 뛰어난 만큼 고향 사람들의 관심과 기대를 한 몸에 받았습니다. 특히 대학 교육까지 받아 뭇 사람들의 바람은 컸지요. 그럼에도 큰스님께서는 고향에서 탁발을 망설이지 않았어요. 마을 사람들의 냉소도 아랑곳하지 않고, 낮에는 탁발하고 …."[22]

불교 정화의 혼돈 속에서

"일인 중의 생활을 모범해 우리나라 불도에 위반되게 행한 자는, 이후부터는 친일자로 인정받을 수밖에 없으니, 가정 가지고 사는 중들은 다 사찰에서 나가서 살 것이며, 우리 불도를 숭상하는 중들만 정부에서 도로 내주는 전답을 개척하며 지지해 가도록 할 것이니, 이 의도를 다시 깨닫고 시행하기를 지시하는 바이다. 이상."[23]

1954년 5월, 이승만 대통령은 "지시", "이상" 등의 다소 오만해 보이는 표현을 사용해 제1차 불교유시를 발표했다. 불교 교단과 사찰은 독신 비구승이 담당하고 '왜색불교'인 대처승은 사찰 밖으로 물러

가라는 내용이었다. 감리교 신자인 이승만은 이듬해 12월까지 1년 반 사이에 불교유시를 여러 차례 발표했다. 한국 불교는 비구승과 대처승 간 격렬한 대립과 충돌의 소용돌이에 빠져들었다.

일제 잔재 청산과 종풍의 진작, 포교 혁신 등 여러 측면에서 한국 불교는 정화와 개혁이 불가피했다. 일제는 1911년 사찰령을 공포해 조선 총독이 승려들의 활동부터 주지 임명까지 관리하도록 했고, 전국 사찰을 30본산으로 나눠서 통제했다. 절의 주지는 대체로 일본인이거나 결혼한 대처승이 맡고 있었다. 이승만의 불교유시가 외견상 지적한 대목은 바로 이것이었다.

"일인들이 소위 불교라는 것을 한국에 전파해 우리 불교에 하지 않는 모든 일을 행할 적에, 소위 사찰은 도시와 촌락에 섞여 있어서 중들이 가정을 얻어 속인들과 같이 살며 불도를 행해서 온 것인데, 이 불교도 당초에 우리나라에서 배워다가 형식은 우리를 규범하고 생활 제도는 우리와 반대되는 것으로 행해오던 것인데, 이것을 한인들에게 시행하게 만들어서 한국의 고상한 불도를 다 말살시켜 놓은 것이다. 그 결과로 지금 우리나라 승도들이라는 사람들은 중인지 속인인지 다 혼돈되고 있으므로, 우리나라 불교라는 것은 거의 다 유명무실로 되고 있는 이때에 …."[24]

이승만의 불교유시가 있기 전에 불교계 내부에서도 이미 일제 식민지 잔재 청산을 위한 승려들의 자정 및 정화 운동이 있었다. 우선, 청담과 성철 등은 문경 봉암사 결사를 진행했고 만암 스님은 송광사에서 총림을 결성해 선풍을 진작하는 등 내부 개혁 운동이 있었다. 아울러 일제 식민지 잔재를 청산하자며 공개적이고 직접적으로 대처승을 겨냥하는 흐름 역시 있었다. 수좌 이대의는 1952년 농지개혁으로 인한 사찰 경제의 위축, 수좌들의 생존 문제에 따라 통도사와 불국사 등 18개 사찰을 비구 수행 사찰로 양도할 것을 촉구하기도 했다.

한국 불교가 더 현명하고 전략적이었다면, 불교 정화 운동을 극심하게 대립하지 않고 현명하게 풀어갈 수도 있었다. 당시 사찰과 종단 주도권을 쥐고 있던 대처승들 역시 시대가 변했고 일제 잔재 청산이라는 대의에 공감하고 있었기 때문이다. 대처승 측은 승려 구성을 수행단과 교화단으로 이원화하고 송광사와 해인사를 비롯해 48개 주요 사찰을 비구승에게 할애하고 나머지 사찰들도 추후 시간을 두고 조계종으로 전환하기로 계획하고 있었다.

하지만 이승만의 대처승 축출 유시가 나오자, 비구승과 대처승 간의 대립과 갈등은 실력대결 양상으로 급격히 비화했다. 비구승 측은 전국비구승대회와 전국승려대회 등을 열면서 실력 행사를 통해 각 사찰에서 대처승을 축출하고 비구승 중심으로 종단을 구성했다. 대처승 측 역시 지지 않고 소송을 제기해 법정 공방으로 옮아갔다. 급기야 1958년 백양사에서 비구승과 대처승 간의 집단 난투극에 이어서, 1960년엔 비구승 400여 명이 대법원 청사에 난입해 일부 비구승이 할복을 시도하기도 했다. 1962년 비구승과 대처승 양측이 어렵게 합의해 종헌 제정과 통합종단 대한불교조계종이 발족하는 듯했지만, 종회 구성의 형평성 문제가 불거지면서 대처승들이 이탈해 이듬해 태고종을 조직하면서 끝내 분열했다.

불교 정화 운동은 불교 내의 식민지 잔재를 몰아내고 불교계의 정풍과 쇄신의 계기가 됐지만, 한편으론 극심한 대립과 갈등으로 한국 불교 위상을 실추시켰고, 태고종과 분열돼 분파성도 노정하게 됐다는 비판 역시 존재한다. 비구승과 대처승 간의 대결이 격화한 배경에는 발췌 개헌을 통해서 권력을 연장한 이승만 정권이 국민 관심을 돌리기 위해서 불교를 제물로 삼았다는 분석도 있다.[25]

천성적으로 갈등하고 싸우는 모습을 싫어한 청화는 불교 정화를 둘러싸고 계속된 불교계 내부의 갈등과 이전투구에 크게 실망했다. 종단 주도권과 더 많은 사찰을 차지하기 위한 세몰이식 이전투구로 치닫는 모습은, 부처님 법이나 정통 불법의 부흥을 통해서 원통불교로 나아가는 것이 진정한 개혁이라고 본 그의 입장과는 거리가 멀었다. 이는 "세몰이식 사찰 점거 대신 수행 정화"를 주장한 성철 스님의 입장과도 궤를 같이하는 것이었다.[26] 한국 불교가 본령을 잃고 끝없는 대립과 이전투구로 내달리는 현실이 창피했고 고통스러웠다고, 그는 나중에 팜스프링스 삼년결사 회향법회 법문에서 회고했다.

"해방돼선 대처와 비구로 서로 머리끄덩이를 붙잡고 싸우고 때리고 그런 판에, 일반 불자님들이 불교에 귀의하고 싶어도 귀의하겠습니까. 저도 몇 번이나 승복을 벗어버리려고 마음을 먹었습니다. 어떻게 창피하던지 말입니다."[27]

비구와 대처 간의 갈등과 충돌이 이어지자, 그는 불교 수행을 아예 그만두겠다며 절 밖으로 뛰쳐나가기도 했다고, 원통불법의 요체 연속 법문에서 고백했다.

"불교계에 처음 들어와 보니 다투고 싸우길래 그만두어야겠다 고 도로 튀어나갔던 것인데, 다행히도 금타 스님 법문을 보고 나니까 부처님의 가르침이 정말로 기독교나 무슨 종교나 다 수용하는 대화합의 진리구나, 통감하고 다시 들어와 나름대로 정진하고 있습니다."[28]

이때 그가 잠시 찾아간 곳은 원불교 절이었다. 원불교 절에 가서 묵조선을 한철 공부했다고, 나중에 백장암 동안거 용맹정진 연속 법문에서 회고했다.

"저는 대처승과 비구가 싸우는 것이 하도 보기 싫어서 원불교를 가봤어요. 거기에서 한철을 지냈습니다. 가서 보니까, 그 사람들은 참선법으로 묵조선을 하지요. 화두나 문제 없이 그냥 앉아서 묵묵부답하니 무념무상으로 앉아 있단 말입니다. 그분들은 자기들이 하는 참선이 아니면 성불할 수 없다는 것이요 헛짓하고 있다고 합니다."[29]

비구와 대처 간의 끝없는 대결과 충돌이나 원불교 절에서 한철 묵조선을 경험한 것 등은 결과적으로 그의 원통불교 사상 형성에 적지 않은 영향을 미쳤다. 불교 내 종파 간 교리의 회통뿐만 아니라 수행방법 간의 회통 역시 필요하다는 것을 절절하게 깨달았다. 하나의 수행법만을 고집하는 것은 "두꺼비 같은 옹졸한 마음"[30]의 법집이었기 때문이다. 그는 원불교 경험을 거론하면서 묵조선 역시 정통 선법이라고, 칠장사 용맹정진 연속 소참 법문에서 강조했다.

"원불교에 가서 보면, 저도 거기에서 한철을 공부했습니다만, 아무 문제가 없이 아랫배 단전에다 힘주고서 공부를 합니다. 그러면 원래 부처인지라 결국은 부처가 될 거라고 합니다. 이것도 역시 각

도인들이 한 선법입니다."[31]

그는 불교 정화를 둘러싸고 비구승과 대처승 간의 끝없는 갈등과 충돌을 목도하면서 원통불교 중흥의 필요성을 절감했다. 애정 어린 대화 속에서 작은 차이를 지양하고, 그 대신 유사성이나 공통성을 확인하고 회통을 추구하는 원통불교를.

"중학교가 틀을 갖추기 시작했으니 학교 운영은 이제 저에게 맡기시고, 스님은 본격적으로 불도를 닦으십시오."

어느 날, 중학교 운영을 함께해 온 친구 배태우가 청화에게 더 늦기 전에 본격적으로 수행에 나서라고 권했다. 속가의 아내도 거들었다. 혜운사를 지으며 빌린 돈은 자신이 장사를 해서라도 모두 갚겠으니 마을을 떠나서 수행하시라고. 현실의 짐을 대신 지겠다는 친구와 속가의 보살.

더 이상 구도의 길을 지체할 수 없었다. 그가 구도의 길에 나선 뒤, 친구 배태우는 자신의 집에서 보리쌀 열 가마를 가져와 학교 운영에 보탰고, 남촌댁은 아들 승조를 키우면서 10년간 비단 장사를 비롯해 행상을 하면서 고리채 빚을 갚아나갔다.[32]

1959년, 그는 무안 혜운사를 떠났다. 운문암에서 출가한 뒤 12년 만이었다. 마침내 목숨을 건 구도 만행에 본격적으로 나서게 된다. 진리를 반드시 깨치리라. 번뇌를 다 끊어내리라. 대중을 모두 건지리라. 불도를 꼭 이루리라.

제4장

치열한 구도와 만행

(1959~1977)

1959년 겨울 두륜산 양도암으로

두륜봉과 가련봉을 중심으로 고계봉, 노승봉, 도솔봉 등 기암 봉우리들이 산 정상을 에워싸고 있어서 마치 머리에 왕관을 쓴 듯하다 하여 이름 붙여진 해남의 진산 두륜산. 산 정상에 서면 해남의 넓은 평야와, 그 평야에 맞닿아 있는 바다와, 다시 그 바다와 연해 있는 하늘이 빚어내는 풍광이 들어온다. 날이 좋을 때면 멀리 제주도까지 보이기도 한다.

두륜산에는 조계종 제22교구 본사 대흥사가 자리하고 있다. '신라 불교가 경주를 중심으로 빛났고, 고려 불교가 송광사로 피어났다면, 조선 불교는 대흥사에서 일어났다'는 말이 있을 만큼, 대흥사는 한국 불교사에서 의미가 큰 명찰. 426년 신라 승려 정관(淨觀)이 창건했다는 설과 544년 아도 화상이 창건했다는 설이 있다. 조선 중기 이후 선교양종 통불교의 본산으로 서산 대사를 비롯해 초의 선사까지 13명의 대종사와 13명의 대강사 등 많은 선승과 교학승을 배출했다.

두륜산에 대흥사만 있는 것은 아니다. 대흥사를 중심으로 일지암과 진불암, 남미륵암, 상원암 등 크고 작은 암자 10여 개가 산자락 곳곳에 웅거하고 있다. 도솔봉의 남쪽 자락에는 작은 암자 양도암도 있다. 양도암은 진성각 스님에 의해 창건된 암자로, 현재는 대한불교태고종 소속.

1959년 겨울, 청화는 제자 도륜과 함께 두륜산 도솔봉에 위치한 양도암으로 들어갔다. 당시 양도암에는 사람이 살고 있지 않았다. 주변 산세와 잘 어울리는 양도암에 들어서자 정면의 월송마을 쪽으로 펼쳐진 넓은 들판이 한눈에 들어왔다. 이때 그의 나이 36세였다.

두륜산 양도암에 들어오기 전, 그는 자신이 출가하고 한때 수행했던 백양사 운문암을 먼저 찾았다. 절집도 옛 모습을 회복하고 좋아하던 법련과 법수 스님을 다시 만날 수 있으리라는 희망을 안고서. 하지만 운문암은 여전히 썰렁했고, 법련과 법수의 행방 역시 알 길이 없었다. 이어서 무안 혜운사에서 멀지 않은 압해도의 성령사로 향했다. 소년이 노를 젓는 배를 타고 섬으로 들어갔다. 절을 깨끗하게 청소하고 여름 한철 수행을 한 뒤, 다음에 올 사람을 위해서 장작을 모아놓고 성령사를 떠나온 그였다.

청화와 도륜 두 사람은 양도암을 깨끗이 청소한 뒤 암자 이름을 진홍사로 개칭하고 곧바로 안거 수행에 들어갔다. 하루 네 번의 참선 수행을 중심으로, 아침에는 죽을 먹고 점심에만 밥을 먹은 뒤 오후에는 물 이외의 일체 음식을 입에 대지 않는 일종식을 했다. 안거 중에는 말을 하지 않는 묵언과 낮 동안 눕지 않는 장좌불와도 함께 했다. 가급적 절 밖으로 나가지도 않았다. 그는 겨울 한철 안거 수행을 마친 뒤 이듬해 양도암을 떠났다.

청화의 구도 여정은 1959년 본격적으로 시작돼 1985년 곡성 태안사 조실로 주석할 때까지 26년간 이뤄졌다. 전국 제방 선원과 토굴에서 이뤄진 그의 수행은 그야말로 목숨을 건 수행이었다. 그와 인연이 있는 수행정진 도량은 다음과 같다.

무안 혜운사, 장성 백양사 운문암과 내장산 벽련선원, 해남 두륜산 양도암과 진불암, 상원암, 남미륵암, 제주 자성원, 장흥 기억산 능엄사, 강진 무위사, 영암 월출산 도갑사 상견성암, 광주 무등산 추강사, 남원 실상사 백장암과 백장암 금강대, 지리산 벽송사 및 벽송사 두지터, 칠불사, 구례 오산 사성암, 곡성 동리산 태안사 및 설산 성륜사, 남해 용문사 백련암과 보리암 부소대, 진주 월아산 두방사 토굴, 부산 혜광사, 횡성 배향산 진여원, 안성 칠현산 칠장사, 광명 성도사, 서울 불광동 무주암 및 도봉산 광륜사, 미국 카멀 삼보사 및 팜스프링스 금강선원….

진불암 수행과 초의의 『선문사변만어』

"다행히도 가사를 입는 몸이 되어서/ 천지에 한가로운 사문이 되었도다/ 인연 있어 머물다 인연 다하면 떠나가나니/ 맑은 바람 부는 대로 흘러가는 흰 구름처럼"[1]

인연의 바람에 걸리지 않는 수행자의 탁 트인 마음을 노래한 게송 「영득한인송」이 방벽에 적혀 있었다. 그는 진불암 방벽에 일본 다

이치 소케이(大智祖継) 선사의 게송을 붙여놓은 채 수행했다고, 나중에 원통불법의 요체 연속 법문에서 전했다.[2]

1960년, 양도암에서 나온 청화가 도륜과 함께 찾은 곳은 양도암에서 멀지 않는 두륜산 대흥사의 사내 암자 진불암이었다. 진불암은 대흥사에서 두륜봉의 계곡 길을 따라 1.2킬로미터 정도 오르면 나타난다. 당시에는 숯 굽는 사람들이 나간 뒤 비어 있는 상태였다.

진불암에서 청정한 수행을 이어가자, 각처의 수행승들이 하나둘 진불암으로 모여들더니 순식간에 일고여덟 명으로 불어났다. 먼저 1950년대 중반 오대산 월정사에서 출가한 금산 스님이 합류했다. 금산은 이후 청화와 오랫동안 인연을 이어갔고, 특히 그가 나중에 태안사 주지를 하도록 도운 것으로 알려졌다. 나중에 법륜종의 종정이 된 정각 스님도 이즈음 합류했다.

"절에서 스님이 되어 공부를 하고 싶습니다."

어느 날 밤, 중학생인 사촌 동생 강행원이 몇 시간을 헤맨 끝에 진불암을 찾아와 꾸벅 절을 했다. 강행원은 가정 형편이 여의치 않아서 차라리 출가하자고 마음을 먹은 상태였다.

"스님은 아무나 하는 것이 아니다."

그는 조용하면서도 단호하게 말했다. 그래도 강행원은 물러서지 않았다. 출가해 스님이 되고 싶다고 거듭 졸랐다.

"그러면, 절에 왔으니까 며칠 쉬었다가 가라."

나중에 화가가 된 강행원은 한동안 진불암에서 내려가지 않았다. 얼마 뒤 정각, 도륜 두 사람은 강행원을 조용히 부른 뒤, 각자 승복 바지와 저고리를 벗어줬다. 중학교 2학년 때이던 1960년대 초, 강행

원은 엉겁결에 승복을 입게 됐다.[3]

망운중학교 제자로 나중에 소설가가 된 김웅도 진불암에서 그를 은사로 출가했다. 청화는 김웅에게 금장이라는 법명을 줬다. 김웅은 한동안 그를 시봉했다.[4] 김웅과 함께 역시 망운중학교 제자 출신인 혜산 스님도 출가했다. 혜산은 교직에 섰다가 나중에 가평 반야사 주지가 됐다. 청화는 가평 반야사 증명법회 법문에서 혜산과의 인연을 회고했다.

"여기 주지 혜산 스님은 저하곤 굉장히 인연이 깊은 스님입니다. 고향도 같고, 아버지 때도 같은 친구였습니다. 저도 혜산 스님 아버지한테 사랑도 받고, 혜산 스님도 제 아버지한테 사랑받고 … 제가 고향에 세운 중학교에서 선생을 했고, 혜산 스님은 거기서 배웠습니다. 저보다 훨씬 나이가 적어서 대학 나온 뒤에 저한테 들어와서 제 상좌로 승려가 됐습니다. 장시간 고등학교 선생으로 계시다가 다시 승려가 되셨습니다."[5]

그는 진불암에서 다른 수행자들과 각자 방을 쓰면서 새벽, 오전, 오후, 저녁 네 차례 참선을 중심으로 하루 일과를 보냈다. 수행자들은 사분정근과 함께 묵언과 일종식을 하면서 정통 불법의 회복을 시도했다고, 금산은 나중에 회고했다.

"한 방에 앉아서 정진을 하지 않고, 방을 따로 쓰면서 각자의 방에서 정진을 했다. 하루 일종식을 하기로 하고 정진을 시작했는데, 나는 처음 해봐서 그런지 배가 고파서 잠도 잘 오지 않았다. 잠이 오지 않으니 밤새 앉아 정진할 수밖에 없었다. 아침에 죽을 끓여 하루 한 끼를 먹고, 담요 한 장 가지고 겨울을 났다. 그래도 아침에 죽을 끓이면서 아궁이에 불을 넣어놓으면 하루 종일 방은 따뜻해서 옷을 얇게 입고 앉아 있어도 추운 줄은 몰랐다."[6]

청화는 이때 한 끼의 식사보다 참선에 더 힘을 쏟았다고, 오랫동안 공양주로 봉사해 온 정신안 강봉례 보살은 기억했다.

"큰스님은 잡수시는 것도 주무시는 것도 없이 공부만 하셨습니다. 밥을 하루에 한 끼씩 잡수시더라도 한 달에 쌀 한 말은 들 텐데, 한 달, 두 달이 가도 쌀이 줄지 않았어요. 많이 울고 왔지요. 그나마 다행히 쌀 미숫가루는 드셔서, 그것만 부지런히 해다 드렸습니다. 하도 훌륭하고 완벽한 분이라 뭐라 말할 수 없지만, 목숨을 바칠 각오로 참선을 하셨어요. 도인은 아무나 되는 것이 아니더라고요."[7]

미리 준비한 미숫가루나 둥굴레 가루를 물에 풀어서 먹으면서 버티는 경우가 적지 않았다고, 그는 강 시인과의 대담에서 전했다.

"보리 미숫가루만 먹고 3개월간 지내기도 했습니다. 그때는 제가 30대라서 미숫가루를 물에 타서 먹어야 배도 차고 먹은 것같이 돼요. 하루에 한 컵씩 먹고 3개월 동안 지내기도 하고, 어떤 때는 둥굴레 가루만 먹고 3개월 동안 지내기도 하고…."[8]

청화 일행은 석가모니 부처님 법대로 수행하기 위해 노력했다. 자연히 시민들이 쉽게 진불암에 다가오지 못할 정도로 청정한 수행이 이어졌다고, 금산은 기억했다.

"당시 호남비료에 파견 나와 있던 독일인들이 진불암까지 왔지만, 분위기가 하도 엄숙해 가까이 오지 못하고 멀리서 겉만 보고 간 적이 있습니다."[9]

특히, 청화의 모습은 저절로 환희심이 일어날 수밖에 없는 전형적인 수행자 모습이었다고, 강봉례 보살은 기억했다.

"큰스님이 대흥사 진불암에서 여덟 분의 스님과 함께 정진하시는데, 그 모습만 뵈어도 모두들 신심이 절로 일었습니다. 어느 날, 대흥사 주지 스님이 청화 스님에게 대흥사를 맡아달라고 했습니다. 스님은 그날 밤 뒷산을 넘어 토굴로 들어가 버리셨습니다."[10]

당시 대흥사 주지는 대처승 박영희 스님이었다. 청화는 불교 정화의 와중에 박영희 주지로부터 대흥사를 맡아달라는 부탁을 받았지만, 제안을 곧바로 거부했다는 취지였다.[11] 박영희는 젊은 시절에는 의병 운동에 참여했고 3·1 운동에도 참여한 뒤, 만주 신흥무관학교에 가서 공부하는 등 독립운동을 펼쳤다. 하지만 일제강점기 막바지엔 전쟁 기부금을 내거나 일본군의 무운장구를 기원하는 등 친일반민족 행위를 한 것으로 밝혀졌다.[12]

수행자들이 늘어나면서 에피소드도 적지 않았다. 당시 진불암에 시계가 없어서 너무 일찍 일어나 도량석과 예불을 하는 해프닝도 있었다고, 금산은 기억했다.

"어느 날 깜빡 잠이 들었다가 일어났는데, 도량석을 할 시간이 넘어 있었다. 도량석을 맡고 있었던 나는 아, 내가 늦었구나, 하고 목탁을 찾아 들고 밖으로 나갔다. 그런데 도량석을 마치고 법당에 들어가 예불을 다 마치도록 아무도 기척을 하지 않았다. 피곤해서 못 나왔나 보구나, 하고 방으로 들어와 좌복 위에 앉아 정진하고 있으려니, 아무리 앉아 있어도 날이 샐 기미가 보이지 않았다. 그때였다. 청화 스님의 맑은 도량석 소리가 들리지 않는가. 아뿔싸! 내가 시간을 잘못 알고 너무 빨리 도량석과 예불을 해버린 것이었다. 들어오는 시주 하나 없이 가난하게 살던 시절이었으니, 시계 하나 변변한 게 없어서 일어났던, 지금도 미소가 피어오르는 잊을 수 없는 추억이다."[13]

그는 늘 절을 깨끗하게 갈고 닦았다. 절터의 화기를 누르기 위해서 한반도 모양의 연못도 만들었다.[14] 스스로 질통이나 등짐을 메는 허드렛일도 마다하지 않았다. 짐을 나르는 속도도 빨랐다. 마치 "천년이라도 살 것처럼, 허름한 도량 구석구석을 치우고 손질해 청정한 도량을 만들어냈다"[15]고, 금산은 전했다. 정진을 이어가는 동안 진불암은 도량으로서 모습을 확실하게 갖춰갔다.

자비행도 멈추지 않았다. 그는 귀신으로 인해 병이 생긴 한 스님을 치료하기 위해 구병시식(救病施食)을 베풀어주기도 했다. 구병시식을 위해서 무려 40리를 걸어서 재 음식을 준비했다는 이야기는 아직도 유명하다. "어느 날, 갑자기 절을 찾아온 낯선 스님을 위해 손수 40리 거리인 해남까지 내려가 제물을 준비해 와서 제사의식 가운데 절차가 제일 복잡하다고 하는 구병시식을 베풀어주었을 정도였다."[16]

진불암 시절, 청화는 책을 빌려 보기 위해서 가끔 대흥사 주지 박영희 스님의 사저를 찾기도 했다. 대학을 졸업한 박영희의 서재에는 동서고금의 철학서와 불교 서적이 많았다.[17] 이때 그는 박영희의 권유로 초의 선사의 문집 『선문사변만어』를 읽게 됐다. 다도의 중흥조로 알려져 있는 초의 의순 선사는 대흥사 제13대 대종사[18]로, 원통불교를 지향한 선승이었다. 특히 당대의 학자인 추사 김정희나 다산 정약용과 교류하며 유학이나 도교 등 당대의 여러 지식을 섭렵한 인물이었다.

『선문사변만어』는 초의가 당시 화엄종주로 불리던 백파 긍선이 주창한 삼종선 이론을 논박하고 선을 보는 바른 관점을 확립하기 위해 저술한 책이었다. 백파는 『선문수경』에서 선을 조사선과 여래선, 의리선 3종선으로 나눠서 설명한 뒤, "자리를 나누어 앉은 것에 담겨 있는 살(殺)은 오로지 살만 있을 뿐 활(活)이 없으므로 여래선이라 하고, 꽃을 들어 보인 것에 담겨 있는 활은 살도 겸비하고 있으므로 기틀(機)과 활용(用)을 모두 갖추고 있어 조사선"이라며 조사선이 여래선보다 우위라고 주장했다.

초의는 선을 인명으로 분류하면 조사선과 여래선이고, 법명으로 분류하면 격외선과 의리선으로 나눌 수 있다는 사변(四辨)의 논리를 폈다. 그러면서 석가모니 부처가 격을 갖추어서 밖으로 나타낸 것이 여래선이라면, 조사들이 경전 등 언어로 표현할 수 없는 비밀스러운 가르침이 조사선이라고 정의한 뒤, "살과 활, 기틀과 활용, 비춤과 작용 등은 본체와 작용이라는 틀과 함께 그 명칭이 다를 뿐"이라며 두 선 사이에 차등이나 우열을 논하는 건 옳지 않다고 반박했다. 아울러 교를 통해 선을 이해하고자 하는 것이므로 선과 교는 다른 것이 아니고(不二), 유(有)와 떨어지지 않는 공이라야 진공(眞空)이고 공(空)과 떨어지지 않는 유라야 묘유(妙有)라면서 진공묘유 개념을 정립하려 했다.

그는 초의의 『선문사변만어』가 석가모니 부처의 여래선과 역대 선종 조사들의 조사선을 사변의 논리로, 선과 교 역시 선교불이의 논리로 회통을 시도했다고 높이 평가했다.

"초의 선사 문집 가운데에서 『선문사변만어』는 굉장히 중요한 책입니다 … 제가 생각할 때는 이조 불교사에서 서산대사의 『선가귀감』 다음으로 그렇게 좋은 책은 처음 봤습니다. 『선문사변만어』가 그렇게 좋은 책입니다."[19]

그는 『선문사변만어』를 번역하기 위해 박영희에게서 책을 얻어 오랫동안 보관했지만, 여러 사정으로 끝내 번역하지는 못했다. 나중에 『선문사변만어』를 번역하지 못한 것을 안타깝게 생각했다.

"제가 그때 번역을 하려고 주지 스님께 사정을 해서 원고를 가져다가 지금도 간직하고 있는데, 그런저런 사정으로 번역을 못해서 지금도 아쉽게 생각하고 있습니다만 …."[20]

청화가 진불암에서 도반 및 제자들과 부처님 방식대로 수행을 이어가던 무렵, 한국 사회는 격변을 맞고 있었다. 1960년 4·19 혁명이 발발해 이승만 대통령이 하야했고, 민주당 정권이 들어섰다. 하지만 이듬해 박정희를 비롯한 일군의 정치군인들이 5·16 쿠데타를 일으켰다. 쿠데타에 성공한 박정희 군부는 1962년 '불교 재산관리법'을 제정해 각 종단 및 전국 사찰을 정부에 등록하도록 강제했다.

이즈음, 미륵신앙을 이용해 수많은 신도들의 금품을 갈취하고 여성들을 성폭행한 용화교(龍華敎) 사건이 터져 사회적으로 큰 충격을 주기도 했다. 교주 서백일은 미륵이 언젠가 강림해 용화수 아래에서 용화 세계를 열 것이라며 용화교를 창시했다. 1955년 김제 모악산에 용화사를 세우고 신도를 규합한 그는 교리를 빙자해 신도들로부터 금품을 갈취했고, "안 보이는 마음은 부처에게 맡기고 육신은 내게 맡겨야 한다"며 수많은 여신도들을 성폭행했다.

1962년 용화사에서 여성 두 명이 탈출해 서백일의 불법과 비리를 경찰에 고소하면서 사건의 실체가 알려지기 시작했다. 서백일은 구속돼 유죄판결을 받았지만, 이후에도 계속 범죄를 저지르다가 4년 뒤 젊은 신도에 의해 피살됐다. 서백일이 숨지면서 용화교는 급격히 쇠락했다.

일제강점기인 1937년에도 용화교 사건과 비슷한 백백교(白白敎) 사건이 있었다. 백백교의 교주 전용해 역시 자신이 만든 주문을 외우면 무병장수한다며 많은 신도들에게 금품을 갈취했고 여성들을 성폭행했다. 특히 불만을 가진 신도를 잔인하게 살해하기도 했다. 결국 1937년 일제 경찰이 수사가 나서자 도망갔다가 시체로 발견됐다. 그가 죽은 뒤, 양평 일대에서 300여 구의 시신이 발견돼 충격을 줬다.

이와 관련, 청화는 교주가 음욕을 떼지 못한 것도 비극의 주요한 원인이었다며 지적하고 수행자들은 계율을 지켜서 음욕을 극복해야 한다고, 나중에 강조했다.

"우리가 재주가 있어 도사처럼 무엇을 좀 알고 어느 정도 삼매에 든다 해도, 색계 이상의 선정에 못 들어가면 욕계정에선 결국 음탕한 마음을 아직 못 여윈 단계라 결국 마도에 떨어지고 만단 말입니다. 재주가 있고 영리한 부류들은 마왕도에서 대중을 이끌고 사이비 교주가 되는 것입니다. 가까운 근래에 백백교라든가 또는 용화교 교주가 있지 않습니까? 얼굴도 잘나고, 똑똑하고, 정력도 강하고, 그러니까 어느 정도 삼매에 들고 아는 말도 도인과 같이 하겠지요. 그러나 음욕을 못 떼었으니까, 나중에는 이상한 짓을 하다가 결국에는 매장당하고 말았습니다."[21]

불교 정화의 격류도 막바지로 향했다. 결국 비구승 중심의 조계종에서 대처승들이 대거 일탈해 태고종으로 분열했다. 조계종은 대처승이 장악한 사찰을 본격 접수했다.

1962년, 스승 금타의 사제이자 나중에 종정이 된 서옹 스님이 새롭게 대흥사 주지로 부임해 왔다. 청화는 서옹에게 정중하게 삼배를 올린 뒤 조용히 진불암을 떠났다. 함께 정진했던 도반들 역시 뿔뿔이 흩어졌다. 젊은 혜산과 김웅은 복학하기 위해서 광주로 떠났다.[22]

그가 진불암을 조용히 떠난 것은 출가문중의 사숙 서옹이 대흥사에 내려온 상황에서 더 이상 부담이 돼선 안 된다고 판단했기 때문이다. 수행자가 한 곳에서 오래 머물면 자연스럽게 생기는 집착을 피하기 위한 원려도 있었을 것이다. 아울러 불교 교리를 좀 더 체계적으로 공부하고 싶다는 열망도.

미련 없이 진불암을 떠나서 다시 만행에 나섰다. 주위 사람들에게 자주 선물했던 일본 무자쿠 도추(無着道忠) 선사의 「쇼우소린(小叢林)청규」 게송처럼. 게송은 일본 시고쿠의 전통사찰순례 오헨로(お遍路)에 사용되는 삿갓에 새겨지곤 하는데, 한때 그의 「오도송」으로 잘못 알려지기도 했다.

"미혹한 까닭에 삼계가 성이나/ 깨달으니 시방이 공하네/ 본래 동서가 없나니/ 어느 곳에 남북이 있으리오"[23]

광주 추강사 시절

대흥사 진불암을 떠나온 청화는 도서관에서 공부하기 위해 광주 임동에 조그만 방을 하나 얻었다. 마치 절에 있는 것처럼 새벽에 일어나 예불과 참선을 한 뒤, 죽을 먹고 도서관으로 향했다.

1963년, 그는 전남대 철학과에 복학한 제자 김웅의 자취방을 갔다가 함께 자취 중이던 김웅의 대학 친구, 즉 나중에 그의 상좌가 되는 용타를 만났다. 용타는 오래전부터 친구 김웅에게서 청화 이야기를 들어온 터였다. 마치 염불처럼.

시내 가까운 곳에 수행도 하고 공부도 할 수 있는 절이 하나 있었으면. 그는 이날 만남에서 우연히 이 같은 희망을 피력했고, 용타는 이를 자신의 지도교수였던 정종구에게 전했다. 정 교수는 사업가 조응원을 만나보라고 제안했다. 광주극장 부사장이던 조응원이 조선대부속고교 옆에 별장을 하나 가지고 있었는데, 그 별장을 활용하면 좋겠다는 생각이었다.

며칠 후, 광주 학동 조선대부속고교 옆에 위치한 조응원의 별장에 청화와 용타, 정 교수가 나타났다. 별장은 네 칸 기와집이었다. 조응원은 일행을 반갑게 맞았다. 조응원은 이야기를 시작한 지 5분도 되지 않아서 자신의 별장을 기부하겠다고 약속했다. 이날 조응원을 만나고 돌아온 청화의 얼굴에는 화색이 돌았다고, 소설가 김웅은 나중에 발표한 글에서 떠올렸다.

"얘기가 잘 된 모양이로군요?"

김웅이 묻자, 그는 편안한 목소리로 대답했다.

"잘되었네. 수일 내로 공사를 시작하기로 했으니까 뜻대로 된 셈일세."[24]

그는 절 이름을 시주자인 조응원의 호를 따서 추강사(秋江寺)라고 지었다. 추강사에도 한반도 지형의 연못을 만들었다.

가을, 청화가 머물고 있던 임동 처소에 용타가 찾아왔다. 용타는 자신이 '색즉시공(色卽是空)'에 빠져든 경위와 자신이 이해한 내용을 이야기했다. 우연히 『반야심경』의 색즉시공에 열병을 앓듯 빠져들었고 여러 책을 읽거나 공부하면서 그 의미를 탐구해 가면서 흥분했던 용타였다. 그는 용타의 이야기가 끝나자 차분하게 말했다.

"그것은 증오(證悟)가 아니고 해오(解悟)입니다."

그의 말을 듣는 순간, 용타는 자신의 안에 가득 차 있던 열기가 쫙 빠져나가는 느낌이 들었다. 기분은 좋지 않았지만, 몸과 마음이 편안해졌다. 용타의 기운을 쏙 빼놓은 그는 말을 이었다.

"그러나 한국에서 색즉시공을 그 정도로 요해한 사람이 몇 명이나 되는지 모르겠습니다."

전혀 형편없는 건 아닌 모양이로구나. 용타의 기분은 다시 좋아졌다. 용타의 마음을 휘어잡은 그는 10여 분간 사선정과 사공정, 멸진정으로 이어지는 석가모니 부처 시대의 수행 위차인 구차제정을 설명해 줬다. 용타는 그의 설명을 듣고서 비로소 궁극의 깨달음으로 가는 길이 보이기 시작했다. 용타는 이듬해 여름 추강사에서 청화를 은사로 출가했다고, 인터뷰에서 말했다.

"15분짜리 법문이 저의 미래를 결정해 버렸습니다. 명득정으로

부터 시작해 마지막 멸진정까지 이르는 위차였고, 멸진정에 들어가면 삼명육통이 열린다고 설명했죠. 이것이 궁극의 길이구나. 그 15분으로 해서 철석같은 신념이 만들어졌어요."[25]

청화는 추강사에서 용타와 원명 스님과 윤산(강행원), 법성 거사와 함께 안거 수행에 들었다. 제자들에게 수행을 게을리 하지 말라고 수시로 독려했다. 사촌 동생 강행원을 부른 뒤 수행에 더 매진하라고 말하기도 했다. 강행원은 낮에는 스님으로, 밤에는 학생으로 생활하면서 한편으론 붓글씨와 그림을 공부하고 있었다.

"수행자가 부처님 공부를 우선으로 해야지, 이렇게 붓글씨나 그림으로만 시간을 많이 보내면 안 되네. 사람으로 태어나서 한생이 참으로 허망하고 짧지 않는가. 출가자가 기필코 성취해야 할 목적은 도를 통하는 일인데, 촌각의 시간을 허비할 수 없네."[26]

하지만 그는 강행원과 추강사 후불탱화 작업을 함께한 뒤부터는 사촌 동생의 서예와 그림 공부를 적극 지지하고 지원했다. 나중엔 용돈까지 쥐어 주면서 그림 공부를 후원했다.

어려운 추강사 시절에도 그의 자비행은 멈추지 않았다. 어느 날, 추강사를 찾아온 객승이 잠시 머물다가 절을 떠나려고 했다. 챙겨줄 여비가 없던 그는 쌀통에 남은 한 되 정도 되는 쌀을 싹싹 쓸어서 객승의 자루에 담아줬다.

"이것 가지고 돈으로 바꿔서 거마비로 쓰소."

"아니 큰스님, 지금 우리가 내일 아침에 먹을 것도 없는데, 그걸 줘버리면 어떻게 합니까?"

객승이 떠나자, 제자 한 명이 불평을 털어놨다. 그는 미안한 듯 부드럽게 말했다.

"내일 아침 것은 내일 아침 것이고, 우선 급한 것은 그 사람 용돈을 좀 줘야 될 것 아닌가. 호주머니에 돈도 없으니까 그거라도 줘야지."

놀랍게도 그날 오후, 쌀 한 말이 추강사로 들어왔다. 그는 어려운 절 살림에도 찾아오는 객승에게 무엇이라도 꼭 손에 쥐어주곤 했다고, 용타는 인터뷰에서 전했다.[27]

그는 스스로 계율을 엄정하게 지켜나갔다. 아울러 제자들 역시 계율을 지키라고 강조했다. 어느 날, 상좌 가운데 한 명이 저녁에 몰래 외출을 하고 계를 어겼다. 그는 이 사실을 알고 상좌를 불러서 야단친 끝에 쫓아냈다. 상좌는 짐을 싸서 떠나면서 한 장의 편지를 남겼다.

"은사 스님은 바다와 같은 존재인데, 스님이 우리 같은 중생을 받아주지 않으면 우리는 어디로 가야 합니까."

상좌의 편지를 읽고 나자, 그는 쥐구멍이라도 들어가고픈 심정이었다. 그는 이때 자신에게는 더 엄격한 대신, 다른 사람에겐 더 너그러워지자고 생각했다.[28]

청화는 이즈음 광주여고 근처에 위치한 동광사에서 지도법사로 몇 개월 활동하기도 했다. 이 무렵 보름간 단식을 한 이후 말이 잘 나왔다고, 그는 나중에 태안사 「보리방편문」 법문에서 회고했다.

"저도 40대에 광주 동광사 지도법사로 몇 개월간 다닌 적이 있습니다. 그때 보름 동안 단식을 했습니다. 일주일에 두 번씩 가서 법문을 했습니다만, 법문을 가려고 하면 옆에서 만류를 한단 말입니다. 보름 동안 단식하고 가서 쓰러져 버리면 어쩔 거냐고 합니다. 제가 평소에 말더듬이 있습니다만, 보름 동안 단식하고 나서는 제 평생에 말 한 번 처음으로 잘 해보았습니다. 한 번도 말이 더듬지 않고서 잘 나온단 말입니다."[29]

1963년 12월, 속가 어머니 박양녀가 별세했다. 향년 68세. 어머니 박양녀는 그의 삶을 온화하게 이끌어준 자비의 화신, 생명의 고향이었다. 이듬해인 11월에는 아버지 강대봉마저 세상을 떠났다. 향년 72세.

추강사가 절의 모습을 갖춰가자, 그는 절을 제자들에게 맡긴 뒤 다시 훌훌 떠났다. 이번에는 지리산으로 향했다. 그는 이후에도 잠깐씩 추강사에 들르곤 했다. 안타깝게도 추강사는 1970년대 후반 조선대 의대 시설지구에 편입되면서 역사 속으로 사라졌다. 절 건물만 무등산 약사사로 옮겨졌다.

지리산 백장암 및 벽송사 두지터 수행

"스님, 이렇게 밥을 드시지 않고 며칠이나 견디십니까."

해맑은 얼굴의 법성 거사가 주위에 아무도 없는 것을 확인한 뒤 천진난만한 표정으로 물어왔다. 법성은 2년 전 추강사에서 머리를 깎은, 당시 열일곱 살밖에 되지 않은 어린 제자였다.

"밥을 먹어야만 사는 것은 아니네. 우주의 에너지를 끌어 쓰면 되지." 며칠째 단식 중이었던 그는 너무나 진지하게 묻는 법성의 얼굴을 물끄러미 한 번 본 뒤 대답했다. 밥을 먹지 않고 한 일주일 간다고 덧붙였다. "그 이상을 하면 사대육신에 무리가 오네."[30]

1964년, 청화는 지리산 자락인 남원시 산내면에 자리한 실상사 백장암 선방에서 법성 거사와 함께 수선 안거했다. 지리산 반야봉과 천왕봉을 바라보는 백장암은 구산선문 중 제일 먼저 형성된 실상선문 실상사의 부속 선방으로, 백장 회해 선사의 「백장청규」[31]를 본받아 세운 절이었다. 그는 이후로도 백장암과 인연을 오래 이어갔다. 특히 1984년 1월 동안거 용맹정진 기간 7일간의 연속 법문을 통해서 자신의 사상 전모를 드러내기도 했다.

백장암에서도 먹는 것을 최소화하고 눈을 뜬 뒤에는 눕지 않았다. 일종식과 장좌불와 등 가급적 석가모니 부처 시대의 방식으로 수행하려고 노력했다. 이때 압해도로 가는 나루터에서 배를 끌던 청년을 제자로 맞기도 했다. 용성이었다.

겨울이 다가오자, 백장암에서 한철 안거 수행을 했던 그는 아무런 준비 없이 백장암에서 1킬로미터쯤 떨어진 가파른 절벽 쪽으로 향했다. 곧이어 참나무 굴피로 지붕을 엮어서 사방 일곱 자 크기의 토굴을 지었다. 방과 부엌이 하나뿐인 백장암 굴피 토굴이었다. 밤에는 절벽 아래 골짜기로 흐르는 물소리가 잘 들렸다고, 김웅은 나중에 글에서 회고했다.

"토굴은 실상사의 말사인 백장암 근처에 있었다. 가파른 절벽 위에 세운 집이었는데, 방 한 칸에 부엌은 아궁이가 불이나 겨우 지필만큼 좁았다 … 굴피집 토굴에서 잠자리에 들 때면 절벽 아래 골짜기로 흐르는 물소리가 귀 밑 아련히 먼 곳으로부터 들려오는 것만 같아서, 마치 신선이라도 된 듯 구름 위 어디 하늘나라쯤에 누워 있는 것 마냥 황홀했던 기억이 새롭다."[32]

준비 없이 토굴 생활을 시작하는 바람에 당장 겨울을 나기 위한 장작도 넉넉하게 준비하지 못했다. 겨울에는 하루 대여섯 개의 장작을 불로 때야 했지만, 겨우 하루 세 개비만 때면서 한철을 보냈다고, 그는 나중에 광주청년불자회 특별법회 법문에서 회고했다.

"추운 겨울에 따뜻하게 하려면 장작이 하루에 여남은 개비는 들어가야 합니다. 그런데 나무 준비를 충분히 안 했습니다. 장작을 절약하기 위해 하루에 세 개비씩 땠습니다."[33]

특히 토굴 지붕을 촘촘하게 올리지 못한 게 문제였다. 어느 날 갑자기 내린 비가 지붕 아래로 흘러내리면서 방바닥이 흥건해졌다. 어쩔 수 없이 방바닥에 나무토막을 놓은 뒤 그 위에 앉아서 빗물을 퍼내야 했다. 준비 부족이 생활에 가한 응징이었다.

"마침 그해 비가 억수로 쏟아져 빗물이 새 들어와도 우산이 없어서 막을 길이 없었습니다. 방바닥에 물이 흥건해져서 할 수 없이 나무토막을 놓고 그 위에 앉아서 빗물을 퍼내면서 지냈습니다."[34]

백장암 토굴에서도 일종식을 이어갔다. 일종식은 매우 간소했다. 밥을 먹더라도 반찬으로 깨와 소금을 볶아 섞은 것이나 김 가루를 간장으로 버무려 먹었다고, 그는 나중에 강옥구 시인과의 대담에서 기억했다.

"제가 먹는 것은 낮에 한때인데, 아궁이에 불을 땔 때는 밥을 해서 먹기도 하고, 반찬은 깨와 소금을 볶아 섞은 것이나 김 가루를 간장으로 버무린 것이 고작이었습니다. 산중 생활에 김치 같은 것을 누가 갖다주어도 오래 놔두면 그냥 쉬어버리고, 며칠 먹으면 없어져 버리니까 못 먹는 때가 보통이었지요. 단무지 같은 것도 누가 가끔 갖다주기도 하고, 조금씩 얻어다 먹기도 하고 그랬습니다."[35]

토굴에서 일종식은 대체로 생식을 했다. 쌀을 솥에 삶지 않고 찬물에 불려서 먹기도 했다. 그래서 가끔 설사도 하고 고생을 했다고, 그는 나중에 회고했다.

"생식도 콩가루나 깻가루를 섞어서 하는 것이 아니라 쌀만 담가 그냥 먹었습니다. 찬물에다 쌀만 담가서 먹었으니, 소화가 잘될 수가 있겠습니까. 설사도 하고 여간한 고통을 겪었습니다."[36]

생쌀을 불려서 먹는 경우 깨끗한 물이 필요했다. 백장암 토굴 시절에는 추위에 물이 얼어서 얼음을 불에 녹여서 쌀을 불리거나 마셨다고, 그는 법문에서 말했다.

"지리산 쪽이기 때문에 이곳보다 훨씬 추운 지방이라 계곡 물이 전부 얼어붙어 버렸습니다. 생식을 하므로 따스운 물은 필요 없지만, 찬물마저 얼어붙어서 물을 구할 수가 없었습니다. 얼음을 깨고서 양재기에다 얼음을 넣고 불을 때서 녹여서 물을 좀 마셨습니다."[37]

참선 수행을 우선시하면서 식사는 자연스럽게 후순위가 됐다. 일종식은 건강과 영양적 측면에서 비참했다고, 그는 나중에 대담에서 고백했다.

"제 토굴 생활이라는 것은, 표현하자면 비참한 생활이었지요. 어떤 때는 내 몸뚱이를 너무나 학대하지 않는가 하여 몸에 대해 가엽게 생각을 하기도 했습니다만, 역시 저에게 유익했다고 생각이 됩니다."[38]

이후 토굴 생활 내내 일종식을 했다. 토굴 안거 수행 때뿐만 아니라, 평생 일종식을 이어가려고 노력했다. 그가 일종식 원칙을 지키려고 하는 데에는 몇 가지 이유가 있었다. 우선 여러 끼의 식사를 하는 것 자체가 번거로웠다. 준비와 식사에 시간과 노고를 최소화하는 대신, 수행에 더 집중하고 싶었다. 아울러 일종식을 하면 몸이 가벼워져서 수행에 더 효과적인 측면도 있었다. 더구나 일종식이 석가모니 부처님 시대의 수행법에 더 가깝다고 생각했기 때문이다. 그는 토굴에서 안거 수행하는 동안 일종식이 편하고 좋았다고, 나중에 강옥구 시인과의 대담에서 말했다.

"하루에 한 끼만 먹으면 그렇게 편해요. 토굴 생활을 하다 보니까, 혼자 여러 끼니 해 먹기도 귀찮고, 하루 한 끼만 먹으면 몸이 굉장히 가볍습니다. 몸이 가볍다는 것은 그만큼 피 순환이 잘된다는 것이고, 피 순환이 왕성하니까 병균이 범하지 못하겠지요. 삼세 부처님은 하루 한 끼니예요. 승가 생활에서 아침에 배고플 때는 죽을 먹어도 무방하다고 돼 있습니다. 그러나 원칙은 일종식이지요. 저도 역시 원칙을 지켰으나, 어디에 초청되면 애써 대접하는데 안 먹으면 미안스러우니까 더러 먹기도 했습니다.[39]

토굴에서 안거 수행을 하는 동안 대체로 묵언 수행을 해왔다. 현실적으로 토굴을 찾아오는 사람이 거의 없는 데다가 수행의 원칙이 묵언이었기 때문이다.

"거의 다 묵언이지요. 토굴 생활이라는 것이 혼자니까 저절로 묵언이 되지요. 4년 동안 오로지 묵언을 지키고 나오기도 했고, 어떤 때는 1년 만에 나오기도 했습니다. 오로지 묵언이라고는 할 수 없습니다만, 거의 묵언이었습니다. 저같이 묵언 많이 한 사람도 드물겠지요. 그러나 그것이 좋다고만 볼 수는 없는 것이고, 또한 토굴이라고 해서 흙을 파놓고 그 속에 들어가 있는 것이 아니라 조그만 움막 같은 집에서 사는 것을 토굴 생활이라고 합니다. 철저히 검소하게 지냈습니다."[40]

짓궂던 사람들이 떠오르면 자신도 모르게 미워하는 마음이 일었다. 잘해준 이들이 떠오르면 고맙게 느껴졌고 보고 싶은 마음마저 일었다. 감정의 파도가 예고도 없이 끊임없이 이리저리 마음을 휩쓸고 다녔다. 다른 한편에는 욕망도 스멀스멀 피어올라왔다.

보란 듯 무얼 좀 해야 하는 거 아니야. 마음 한가운데에서 감정이 이렇게 들끓고 욕망도 쉼 없이 피어나는데, 무아라니. 도대체 내가 없다니. 무아를 실감할 수 없는데, 어떻게 공(空)이 진리가 될 수 있다는 말인가.

백장암 토굴에서 안거 수행을 할 때, 그는 공의 도리, 특히 무아를 느끼고 체득하기가 쉽지 않아서 고심했다고, 나중에 광주청년불자회 특별법회 법문에서 고백했다.

"무아라 하는, 내가 없다, 하는 소식이 잘 실감이 안 간단 말입니다. 그러한 가운데서도 미운 사람 밉고, 고운 사람 곱단 말입니다. 나한테 좋게 한 사람은 분명히 보고도 싶고, 나한테 짓궂게 군 사람들은 밉단 말입니다. 내가 보란 듯 무얼 좀 해야 하겠구나. 그런 관념을 떨쳐버릴 수가 없단 말입니다. 이것저것 다 버리고 목숨까지 다 바치겠다는 각오로 들어갔지만, 나라는 관념을 떨치기가 쉽지가 않았습니다. 그때까지만 하더라도, 모두가 비었다는 『금강경』도 수백 번 읽기도 했고, 『반야심경』이야 중 돼서 12년 되었으니 몇천 번은 읽었겠지요. 그래도 제법공 도리가 와닿지가 않는단 말입니다."[41]

붓을 집어 들었다. 토굴의 벽에다 없을 무(無), 나 아(我)의 무아를 써 내려갔다. 한 번, 두 번, 세 번 …. 빌 공(空) 자를 쓰기도 했다. 쓰고 또 썼다. 벽이 검어질 정도로, 미친 듯이. 제법공과 무아를 체득하기 위해 백장암 토굴의 사방 벽에다 무아와 공 글자를 수천 번 썼다고, 그는 나중에 백장암 동안거 용맹정진 연속 법문에서 회고했다.[42]

"겨울에 혼자 토굴에 있는데, 이놈의 '나'라는 것이 분명히 있는데, 어째서 무아인가, 어떻게 해도 무아, 내가 없다는 것이 납득이 안 된다 말입니다. 머리를 제 아무리 찢어봐도 결국은 납득이 안 되거든요. 그때 사방 벽에다 무아, 공을 수천 번을 썼습니다. 이놈의 '나'가 하도 떨어지지 않으니까 말입니다."[43]

이듬해 여름, 백장암 토굴을 나온 청화는 지리산 칠선계곡 북쪽에 자리한 벽송사로 안거를 옮겼다. 벽송사는 조계종 12교구 본사 해인사의 말사로, 한국전쟁 때 소실된 뒤 1960년 중건됐다. 이에 앞서 광주 추강사로 가서 원명 스님과 윤산, 법성, 승안 행자의 사미, 사미니계를 준 뒤 기념사진을 찍기도 했다.[44]

그는 벽송사에서 다른 수행승들과 함께 여름 한철을 보냈다. 겨울이 다가오자, 다시 벽송사에서 지리산 쪽으로 3킬로미터쯤 더 올라가 칠선계곡 두지터 산정으로 향했다. 해발 600미터가 넘는 두지터 산정의 옛 암자 자리에 대나무와 억새풀로 임시 처소를 만들었다.

겨울 내내 두지터 산정의 초암에서 안거 수행을 이어갔다. 새벽 예불과 참선, 오전 참선, 오후 참선, 저녁 예불과 참선 등 참선 중심의 수행을 이어갔다. 차가운 방이나 두지터 부도탑 옆에서 가부좌를 튼 뒤 선정에 잠기기도 했다. 추위에 얼굴이 검푸르다 못해 새카맣게 변하기를 몇 차례.

일종식을 이어가면서 간식은 먹지 않았다. 식사는 쌀을 불려서 생식을 했다. 추운 겨울인데도 불을 자주 때지 않았다. 눈을 뜨면 눕지 않는 장좌불와도 이어갔다. 특히 잠을 자야 할 저녁 시간이 되면 함께하는 대중과 자리에 누웠다가 사람들이 잠들면 다시 일어나 조용히 수행을 이어가곤 했다.

어느 날, 순천 선암사에서 출가한 제자 보영이 두지터 초암을 찾아왔다. 급히 물어야 할 일이 있었다. 이때 그의 눈이 마치 헤드라이트처럼 반짝반짝 빛났다고, 보영은 당시를 회고했다.

"그때 뵌 스님의 눈빛은 마치 헤드라이트 같았습니다. 푸르스름해 가지고 빛을 내는데, 정말 바로 뵈올 수가 없었어요. 감히 곁에 갈 수 없을 정도로 강렬한 빛이 몸에서 쏟아지는데, 겁이 날 정도였죠. 수행에 의해서 빛나는 스님 앞에서 저는 마치 지옥중생인 듯 느껴졌던 기억이 납니다."[45]

보영은 이미 십대에 어머니 일연 스님의 손에 이끌려 선암사에서 사미니계를 받고 출가한 뒤였다. 선암사에서 행자 시절을 보내다가 나중에는 일연 스님이 있는 화순 정광사에서 수행을 이어가게 된다.

가끔 두지터 산정에 사는 화전민을 만나기도 했다. 특히 초암 밑

움집에서 사는 임씨 노인이 그를 자주 찾아왔다. 임 씨는 아내와 함께 봄부터 가을까지 움집에 머물면서 산나물도 뜯고 약초도 캐다가 겨울이면 아랫마을로 내려갔다. 어느 날, 그는 임씨 노인으로부터 아들에게 대학 공부가 아닌 참선을 가르쳐주려 한다는 말을 듣고 깜짝 놀랐다고, 나중에 백장암 동안거 용맹정진 연속 법문에서 회고했다.

"… 임 처사라는 분이 있었는데, 산이 하도 깊으니까 애들을 교육을 시킬 수가 없단 말입니다. 초등학교도 몇십 리 밖에 있어서 어떻게 가르치겠습니까. 저도 그이가 지어놓은 조그마한 암자 토굴에 가서 있었는데, 그때 한번 궁금해서 물었단 말입니다. 처사님, 대관절 애들을 앞으로 어떻게 가르치실 겁니까. 저는 자식을 낳았으니까, 깊이 생각을 않고 물었단 말입니다. 마땅히 초등학교든 고등학교든 가르쳐야 할 것 아닌가, 하는 관념을 두고 말했던 것입니다. 그런데 그이 말씀이 그래요. 참다운 마음으로 나무아미타불 한 번 부르는 공덕이 대학교 나오는 것보다는 더 낫다고 하거든요. 자신이 없이 허투루 하는 말이 아니라 분명히 자신이 차서 말씀을 합니다. 그 말을 듣고서 물은 제가 무서울 정도였습니다."[46]

살이 거의 붙어 있지 않는 듯한 얼굴, 그럼에도 맑고 온화하고 편안한 표정, 뱃가죽이 안으로 들어간 상체 …. 동안거 수행을 거치면서 그의 모습은 점점 석가모니 부처의 고행상처럼 변해갔다. 심지어 자신의 몸을 지탱하기 위해서 좌복을 배에 대고 끈으로 묶어야 했다. 동안거 해제 며칠 뒤에는 이도 쑥 빠져버렸다. 이를 거의 사용하지 않은 데다가 영양 섭취도 좋지 않은 탓이었다. 당시 벽송사 두지터에서 함께 생활했던 제자 성본의 기억이다.

"해제를 하고 며칠이 지나니, 큰스님의 이가 그냥 쑥 빠졌습니다. 이를 쓰지 않고 영양 섭취가 안 돼 그냥 빠져버린 것입니다. 그때 큰스님의 모습은 마치 부처님 고행상 같았습니다. 저는 큰스님이 꼭 부처님처럼 보였습니다. 큰스님께서는 배가 등에 붙을 정도로 되자, 좌복을 배에 대고 끈으로 몸에 묶었습니다. 몸을 지탱하기 위한 것이었습니다. 절대 벽에 기대지도 않고 눕지도 않으시니 그렇게라도 하신 것입니다."[47]

겨울에 내린 눈이 아직 녹지 않았던 해제일 저녁, 학교에서 학생들을 가르치던 제자 용타와 속가의 보살이 두지터 산정을 찾아왔다. 청화는 두지터 산정 초암 아래의 움집에서 성본과 용타, 보살을 함께 만났다. 용타와 보살은 공양으로 사용하라며 국수와 미역 등을 건넸다. 그는 보살에게 날이 늦었으니 움집에서 하룻밤 자고 가라고 말했다.

다음 날 아침, 용타와 보살은 일찍 산을 내려갔다. 그런데 1킬로미터가 넘는 굽이굽이 산길이 이미 모두 청소가 돼 있었다. 청화가 밤새 눈길을 쓸어놓은 것이었다. 가지런히 정리된 길을 걸으며, 용타와 보살은 형언할 수 없는 감동을 받았다.

청화는 점심 공양으로 국수를 삶아 먹었다. 제자 용타의 정성을 생각해 숟가락을 들었지만, 국수를 먹는 둥 마는 둥 했다. 공양을 하고 나서 밖으로 나서려다가 쓰러졌다. 제자 성본이 급히 그를 일으켜 세웠다. 필담으로 성본에게 말했다.

"괜찮네. 미역과 국수에 있던 염분 때문에 갑자기 눈이 보이지 않는 것 같네. 조금 있으면 괜찮아질 것이니 광주에 가세."[48]

청화는 성본과 함께 잠깐 광주에 다녀오기 위해서 지리산을 내려갔다. 마침 계곡의 물이 보이자, 동안거 동안 제대로 씻지 못한 두 사람은 물속으로 들어갔다. 두 사람이 몸을 씻고 있는데, 바람이 불어왔다. 이때 성본의 승복 바지가 바람에 날아가 버렸다. 난감한 상황이었다. 청화는 자신의 바지를 뜯기 시작했다. 그의 바지는 얇은 여름 바지를 두 개로 덧댄 겹바지였다. 그는 뜯은 바지 하나를 성본에게 건넸다. 두 사람은 여름 승복 바지를 입고 산을 내려갈 수 있었다.[49]

진불암 및 백장암 토굴, 벽송사 두지터 초암 안거 수행 등을 거치면서 그는 문리가 크게 익어갔다. 스스로 마흔 살쯤 돼서 깨달음과 수행의 갈래가 잡히고 문리가 익어가기 시작했다고, 그는 나중에 순선안심탁마법회에서 두 차례나 회고했다.

"저 같은 사람도 스무 살이 좀 넘어서 승려가 되었지만, 이래저래 고생고생하고 한 15년 남짓 지나서 40이 되니까 비로소 좀 갈래가 잡혔습니다. 여기 가서 묻기도 하고, 저기 가서 묻기도 하고, 토굴에서 혼자 지내기도 하고, 고생고생하고 난 뒤에야 불경을 봐도 조금씩 그때야 문리가 익어집니다."[50]

"저 같은 경우도 승려가 돼서 줄곧 참선만 했고 참선에 가히 미쳤다고 하는 사람인데도, 역시 한 40이 넘어서니까 비로소 조금 트이는 것 같았습니다."[51]

곡성 태안사 주지

섬진강과 보성강이 합류하는 압록 유원지에서 보성강을 끼고 국도 18번을 달리다가 태안교에서 다리를 건넌다. 다시 6킬로미터 정도 달리면 한국 불교 구산선문 가운데 하나인 동리산문 본산지 태안사가 나타난다.

동리산 자락에 자리 잡은 태안사는 통일신라시대인 742년 세 명의 승려에 의해 창건된 것으로 알려져 있다. 동리산파를 개창한 혜철 국사가 머물면서 유명해졌다. 혜철은 정중 무상, 마조 도일, 서당 지장으로 이어지는 중국 선종의 정통 법맥을 이은 선사로, 동리산문의 개조였다. 태안사는 고려 태조 때 윤다(允多)가 40여 개 동 100칸 이상의 당우를 짓고 대사찰을 이루면서 동리산파 중심 사찰이 됐다. 송광사와 화엄사, 쌍계사 등 전라도 사찰 대부분을 말사로 거느렸을 정도로 큰 사찰이었다. 하지만 쇠퇴를 거듭하다가 한국전쟁 때 전각 대부분이 파괴된 뒤 겨우 명맥만 유지되고 있었다.

1966년, 청화는 화엄사 주지의 요청으로 당시 대처승이 운영 중이던 태안사 주지를 맡게 됐다. 이때 그의 나이 43세. 그가 태안사 주지를 맡게 된 것은 진불암에서 함께 수행했던 금산이 구례 화엄사 주지로 부임하면서 그에게 중책을 맡겼기 때문이었다고, 김웅은 나중에 발표한 글에서 밝혔다.

"금산 대화상께서는 (조계종) 감찰원을 거쳐서 구례 화엄사 주지로 부임했는데, 청화 큰스님께서 화엄사의 말사인 태안사 주지로 발령받게 된 것도 금산 대화상의 역할에 기인한 일이라고 들은 바 있습니다."[52]

당시 화엄사 주지 금산이 화엄사의 여러 말사 가운데 하나를 맡아 보시라고 그에게 권유함에 따라서 태안사 주지로 오게 됐다고, 영상 설법집을 제작하면서 청화와 여러 차례 만났던 언론인이자 무상 선사 연구가 최석환도 전했다.

"… 화엄사에 있을 때, 당시 주지가 말사 중 어디든 선택하라고 해서 태안사의 설터가 아늑하여 선택했나고 했다."[53]

"다 같이 사십시다. 어디 대처가 따로 있고 비구가 따로 있습니까. 동서와 남북이 따로 없듯이 불법 아래에서 함께 갑시다."[54]

그는 새로운 비구승이 주지로 오는 것을 우려하던 태안사 대처승과 관계자들에게 절을 비구와 대처 간에 통합적으로 운영하겠다고 밝혔다. 기존 대처승을 절의 총무로 맡겼다고, 강행원은 기억했다. 절을 화합적으로 이끌면서도 청정하게 이끌려고 노력했다.

절 살림은 어려웠다. 그는 대중과 함께 풋고추 썰어 넣은 간장을 꽁보리밥 점심에 넣어 비벼 먹었다.

그가 주지로서 처음 태안사에 들어갔을 때, 절은 거의 폐사와 다름이 없었다. 그래서 수행승들이 안거 기간에도 작업을 해야 했다고, 김웅은 기억했다.

"대웅전은 단청도 아니 한 채로였는데, 불상과 함께 봉서암에서 옮겨 온 건물의 뼈대에다 낡고 썩은 부분들을 새 목재로 바꿔서 세워놓은 게 전부였다. 큰스님을 뒤따라 태안사에 온 도반들은 여름 안거 결제에도 오후 때에는 작업을 해야만 했다.[55]

대웅전을 완성하는 등 태안사 가람을 정돈했다. 대웅전 재건을 위해서 계곡 건너편에 봉서암 건물을 옮겨 지었다. 사부 대중이 매일 노동을 했다. 스스로 지게를 지는 등 법당 중건에 앞장섰다고, 강행원은 기억했다.

"스님께서는 법당 중건에 앞장서서 손수 지게를 지시고 강도 높은 중노동을 하셨는데, 힘을 보태지 않을 사람이 없었습니다. 그때 스님의 고향 제자 김웅 선생과 필자 등을 비롯해 일고여덟 명의 제자들이 노역에 동참했어요."[56]

그해 여름, 태안사 내의 암자 성기암에서 사분정근을 하던 제자 보영이 암자에서 내려와 청화와 마주 앉았다. 며칠간의 단식과 정진 때문이었는지, 그녀의 얼굴은 핼쑥해 보였다.

단식기도를 하고 싶다고 찾아온 보영은 물만 마시는 단식을 하면서 새벽 예불 뒤 두 시간, 아침 공양 뒤 두 시간, 점심 공양 뒤 두 시간, 저녁 예불 뒤 두 시간씩 하루 네 번 수행하는 사분정근 수행을 했다. 그러다가 어느 날 힘들어서 더는 못 하겠다는 생각이 불현듯 들었다.

"큰스님, 저 그만할랍니다."[57]

그는 안거 수행이 끝나거나 광주에 나올 일이 있으면 보영이 있는 화순 정광사를 들르곤 했다. 그는 법문을 손수 적어서 보영에게 설명을 해주며 정진을 격려하고 당부하곤 했다. 인생이 많이 남은 줄 아는가, 그렇지 않아요. 한 생 안 태어난 셈치고 부처님 공부하다가 죽읍시다![58] 제자 보영에게 조용하게 말했던 그였다.

"사람이 한 번 한다고 했으면 해야지, 태안사 대중들이 스님의 기도 소리를 다 듣고 있는데, 중간에 그만두면 되겠는가."

보영은 그의 말을 듣고 두말없이 다시 성기암으로 올라갔다. 법당 안으로 들어간 뒤 기도를 했다. "나무아미타불 관세음보살!" 알 수 없는 힘이 솟아나는 것 같았다. 보영은 무사히 21일 단식기도를 끝마칠 수 있었다.

이 무렵, 나주의 직업훈련센터 호마네움(Hohmaneum)에서 학생들을 가르치고 있던 용타의 앞에 그가 갑자기 나타났다. 진불암에서 출가한 용타는 대학을 졸업하고 그의 허락을 받아서 교편을 잡고 있었다. 용타는 갑자기 등장한 스승의 모습에 깜짝 놀랐다.

"이거 〈출산석가도〉네. 자네가 지니고 있으소."

그는 자신이 보관 중이던 그림 〈출산석가도〉를 제자에게 주고 돌아갔다. 〈출산석가도〉는 그가 아끼던 보물 1호였다. 용타는 자신의 방에 스승에게 받은 〈출산석가도〉를 걸어두고 보면서 마음을 다스렸다.

"당시 왠지 마음이 좋지 않고 답답한 상태였습니다. 제가 이러이러해서 답답합니다, 라고 카운슬링한 것도 아니고 그냥 혼자 답답한 상태에 있었는데, 스님이 딱 나타나시더라고요. 그림 때문에 그랬는지 큰 스님이 나타나서 그랬는지, 답답했던 기분이 싹 걷혀버렸어요. 마치 답답한 것을 해결해 주려고 스승이 나타난 것처럼 돼버렸죠."[59]

용타는 한동안 〈출산석가도〉를 벽에 붙여놓고 마음을 다스리다가 청화에게 다시 돌려줬다. 〈출산석가도〉는 또 다른 제자인 여진에게 한 차례 갔다가 다시 그에게 돌아왔다. 시간이 흘러 그림이 낡자, 그는 나중에 화가인 아신 조방원에게 〈출산석가도〉를 그려달라고 부탁하게 된다.

첫 태안사 주지는 아직 그에게 인연이 아니었던 것일까. 어느 날, 그는 대중 법문을 했다가 한 대중에게서 곤혹스러운 질문을 받았다. 지옥 중생은 어떻게 지옥에서 나올 수 있느냐는 물음이었다. 그는 질문에 대답을 하지 못해서 곤혹스러웠다고, 나중에 태안사 동안거 소참 법문에서 고백했다.

"한 40대에 어느 법회에 나가서 서투른 이야기를 좀 했습니다. 그때 공부를 하신 분이, 지옥에 한번 떨어진 지옥 중생들에게는 스승도 없고 할 것인데 영원히 지옥에서 빠져 나오지 못해서 그곳에만 있겠습니다, 이렇게 질문을 한단 말입니다. 제가 그때 답변을 못해서 창피를 당했습니다."[60]

그는 시기를 특정하지 않고 40대 때라고 두리뭉실하게 말했지만, 대중 법문일 가능성이 크다는 점에서 태안사 주지 시절이었을 것으로 추정된다.

아울러 계율을 너무 엄정하고 철저하게 지키려다가 실수를 저지르기도 했다. 한번은 잘못을 범한 학인이 절을 떠나는 일이 있었다. 학인은 담배를 피웠고 이 때문에 동료 학인들끼리 싸움이 벌어졌다. 학인은 홧김에 식칼을 들고 상대편을 위협했다. 그가 나서서 학인을 말렸지만, 학인은 흥분 상태로 그에게조차 반항하려 했다. 학인은 뒤늦게 자신의 잘못을 깨닫고 그를 찾아와 용서를 빌었다.

"도저히 용서할 수가 없네."

그는 학인의 참회를 받아들이지 않았다. 몇 시간 뒤, 학인이 다시 찾아와 잘못을 빌었지만, 받아들이지 않았다. 학인이 세 번째 참회를 하러 왔지만, 끝내 받아들이지 않았다. 학인은 그 후 승복을 벗고 환속했다.

당시 학인의 참회를 받아들이지 않은 일은 두고두고 그에게 아픔으로 남았다. 그는 22년의 세월이 흐른 뒤인 1988년 태안사 성도절 법문에서 『범망경』의 중금계 열 개 가운데 제9 진심불수회계(瞋心不受悔戒)를 소개하면서 당시의 실수를 고백했다. "나만 청정하다는 상을 내서" 학인의 참회를 받지 않은 것이었다고, 그는 참회했다.

"… 저번에도 한 번 와서 만났습니다. 그 사람의 참회를 만일 제가 그때 받아들였더라면, 공부해서 위대한 성자가 됐을지도 모르는 것인데 … 부처님 계율의 항목을 잘 모르고서 그때 참회를 받지 못한 것을 지금도 가끔 뉘우치게 됩니다. 우리는 어떠한 죄를 범했다 하더라도, 비록 세간 법은 그 사람의 허물을 용서하지 못한다 하더라도, 우리 출세간법은 마땅히 용서를 해야 하는 것입니다."[61]

한번은 성본을 비롯해 제자들이 몰래 섬진강가에서 고기를 잡은 뒤 폐가에서 끓여 먹기 위해서 솥단지에 넣으려 했다. 이때 그가 폐가로 홀연히 나타나서 소리를 질렀다.

"자네들, 지금 뭘 하는가!"

제자와 행자들은 혼비백산해서 그 자리에서 도망쳤다. 이 일로 상당수 행자들이 절에 돌아오지 않았다. 제자 성본은 그날 밤 10시가 넘어서야 조용히 절로 돌아왔다. 그는 이 일 역시 가슴속에 묻어두고 아파했다고, 성본은 전했다.

"몇 년 후 스님이 신도들한테 법문을 하시는 중에 이런 말씀을 하시더군요. 생명을 가지고 있는 한, 사람은 배고픈 고통이 가장 큰 법입니다. 자식들이 혹 배가 고파서 잘못을 저지르는 일이 있거든, 그

잘못을 탓하지 말고 따뜻하게 감싸 안아주십시오. 그건 다른 사람들한테도 마찬가집니다. 배가 고파서 저지른 잘못을 용서하지 못하면, 용서하지 못하는 사람의 과오가 더 큰 법입니다."[62]

태안사 주지로서 모범적인 선방을 만들고 싶었다. 하지만 마음대로 잘되지 않았다. 스스로 역량이 부족한 데다가 시절 인연도 닿지 않았다고, 그는 나중에 강옥구 시인과의 대담에서 분석했다.

"40대에는 모범적인 선방을 만들어서 사람을 길러도 보려고 토굴에서 나와보았지만, 그것이 잘 안 되었습니다. 제 역량이 부족도 하고, 인연이 아직 성숙되지 않아서였겠지요."[63]

대웅전이 완공되고 태안사가 절의 틀을 갖춰가자, 그는 미련 없이 태안사를 떠났다. 다시 구도와 만행에 나섰다. 토굴로 향했다. 그가 토굴에서 나와 다시 사부 대중 앞에 서게 된 것은 육십을 넘어선 1980년대였다.

구례 사성암 수행과 오도

"생사의 일이 가장 큰 일인데/ 덧없는 세월은 속히 지나가니/ 짧은 시간이라도 아깝게 여겨/ 삼가 방심하고 게으르지 말라"[64]

지리산과 섬진강을 한눈에 품고 소금강이라고 불릴 만큼 아름다운 풍경을 펼쳐 보여주는 해발 531미터의 구례 오산 정상부 암벽에 위치한 사성암 입구에 게송 「근고청중(謹告淸衆)」이 내걸렸다.[65]

1967년 10월, 곡성 태안사를 떠난 청화는 구례의 오산 사성암으로 향했다. 사성암은 544년 백제의 연기 조사에 의해 건립된 것으로 알려져 있다. 원래 오산암이었는데, 원효와 의상, 도선, 진각 네 명의 선사가 수행한 곳이라고 하여 사성암으로 불렸다.

그는 사성암을 30년 넘게 관리해 온 암주 보살에게 방세를 줘서 아랫마을로 내려보낸 뒤, 제자 용성 및 태안사에서 출가했다가 나중에 환속한 정철수 씨와 함께 삼동 한철을 수행했다. 게송 「근고청중」을 내걸고 수행청규로 삼았다.

그해 겨울, 암주 보살이 홑옷을 입고 있을 그의 건강이 걱정돼 이불을 들고서 사성암에 올라왔다. 암자가 가까워오자 어디에선가 물 붓는 소리가 들리는 것이 아닌가. 무슨 소리일까. 소리의 정체는 곧 드러났다. 청화가 바위틈에서 나오는 샘물을 받아서 천천히 머리에 붓고 있었다. 아니, 이 추운 날에 …. 혼비백산이 된 암주 보살은 서둘러 이불을 내려놓고 산을 내려갔다. 독하신 어른, 천하에 강하신 어른, 30년을 이 암자를 지키고 살았어도, 저렇게 한겨울 찬물을 부으며 공부하시는 스님은 처음 뵙는구나.[66]

한 걸음 한 걸음 옮기며 산을 내려가는 암주 보살의 눈에는 뜨거운 눈물이 흘러내렸다. 이어서 목젖 언저리에서 울음이 터져 나왔다. 울음은 작게 시작했다가 점점 커져갔다. 구례 사성암에서 함께 수행한 정철수 씨의 기억을, 강행원은 다음과 같이 전했다.

"큰스님께서는 바위 웅덩이에 고인 얼음장을 깬 샘물을 바가지로 떠서 아주 천천히 머리 위에서 부으셨다. 물에 옷이 다 젖으면 젖은 옷을 벗어 쥐어짜서 다시 입고, 그대로 방에 들어와 장좌불와를 이어가셨다. 큰스님은 남에게 불편을 주지 않으려고 자는 시간을 틈타 자정이면 이를 반복하셨다. 방에 불을 지펴드리면 스님께서는 추워야 오히려 좋다며 수좌 방에 더 때라고 사양하셨다. 모른 척하고 지켜보았지만, 영생이고 뭐고 그토록 어려운 고행은 차마 지켜보기 힘든 사생결단이었다."[67]

구례 사성암에서 동안거 용맹정진을 하던 중이던 1968년 1월 초,[68] 그는 활연히 우주 만유가 모두 부처뿐이고 마음이 곧 부처라는 반야의 지혜를 깨쳤다. 마치 벽을 깨부수고 나오듯. 그는 이때 "하늘의 북이 그윽하게 스스로 울리고 텅 빈 밝음이 지혜와 자비의 마음의 달을 비춘다"는 「오도송」을 남겼다.

暴雪鰲山頭　　폭설이 오산 머리에 내리고
回龍蟾津流　　용처럼 구비 돌아 섬진강이 흐르네
天鼓幽自鳴　　하늘 북 그윽하게 스스로 울리니
虛明照心月　　텅 빈 밝음은 마음 달을 비추네

"청화 자네 왔는가, 청화 왔는가."

그는 사성암 법당에서 선정삼매에 빠졌다가 스승 금타를 만났다. 비록 흐릿하지만, 비몽사몽의 삼매 중에 스승은 싱글벙글 웃으며 기뻐하는 것 같았다. 그는 삼매 중에 기뻐하는 금타를 다시 만났다고 안거 결제를 위해 사성암을 찾은 제자에게 털어놨다고, 보영은 전했다.

"큰스님이 법당에 계시더라고요. 사성암에서도 한 번도 자리에 누운 적이 없다고 하시더라고요… 비몽사몽간에 금타 대화상이 그렇게 기뻐하시더래요. (금타 대화상이) 벙글벙글 웃으시며, 청화 왔는가 청화 왔는가, 하며 기뻐하셨다고 하더라구요."[69]

그는 이때 "성자의 세계로 들어가는 밝은 지혜의 대답을 가장 확실하게 얻으셨던 것으로 짐작된다"고, 강행원은 분석했다.

"큰스님께서 해가 바뀌어 정진을 회향하고 사성암을 떠날 때처럼 가벼운 발길은 없었다고 회고하시며, 부정할 것이 하나도 없이 이 세상 그대로 다 극락이라고 하셨습니다. 심지어는 기름 냄새가 펄펄 나는 비포장도로를 달리는 낡은 버스의 터덜거리는 소리까지도 천상 음악소리와도 둘이 아니었다고 하셨어요."[70]

남해 부소대 및 진주 두방사 수행

1968년 여름, 구례 사성암에서 반야의 지혜를 깨친 청화는 보림수행을 위해서 남해로 향했다. 제자 용성과 함께 호구산 용문사 백련암으로 들어갔다. 뒤로는 호구산과 앞으로는 남해 바다 앵강만이 바라보이는 백련암은 용문사의 산내 암자였다. 백련암은 3·1 운동에 민족대표 33인 가운데 한 명으로 참여한 용성 스님과 종정을 역임한 성철 등 많은 선승들이 수행했던 암자였다.

용문사 백련암에서 보림수행을 마치고 다시 남해 금산 보리암의 부소대 토굴로 향했다. 부소대는 거대한 둥근 모양의 바위로, 작은 암자 부소암을 감싸고 있다. 금산 자락과 남해 바다의 모습이 장관.

특히 만조로 출렁이는 바닷물에 하얀 달빛이 부서지는 밤경치가 아름답다. 중국 진시황의 아들 부소가 이곳에 숨어 살았다는 전설이 내려온다.

그해 겨울, 청화는 누명을 쓰고 구치소에서 3개월을 보냈다. 가까운 권속이 광주 추강사의 불상과 범종을 빼돌리는 사건이 발생했고, 신도들이 신고하면서 경찰이 수사에 나섰다. 권속이 경찰에게 청화가 시켜서 한 일이라고 진술하면서, 그 역시 경찰에 소환돼 조사를 받게 됐다. 불상과 함께 사라진 범종이 강진의 절에서 몰래 가져온 장물이었기에 추강사 사람들이 당시 그를 적극적으로 석명할 수 없었다고, 사촌 동생 강행원은 50여 년 만에 당시의 진실을 고백했다.

"사라진 범종은 애초에 큰스님의 뜻과 상관없이 법성 거사와 제가 어느 날 밤 강진의 한 절에 있던 종을 몰래 들고 나와서 추강사에 갖다놓은 것이었습니다. 애초에 장물이어서 저나 법성 거사를 비롯해 추강사 사람들이 큰스님의 억울함을 적극적으로 해명할 수 없었지요."[71]

그는 경찰 조사에서 자신의 혐의를 적극적으로 석명하지 않고 묵언했고, 결국 시내 구치소에서 갇혀 지내게 됐다고, 제자 대주는 전했다.

"큰스님과 인척이던 사무장이 불전을 빼돌렸습니다. 이것이 알려져 신도들이 사무장을 경찰에 신고했어요. 그 사무장은 큰스님이 시켜서 한 일이라고 모함을 했어요. 큰스님도 경찰서에 소환돼 조사를 받았습니다. 사실대로 말하면 사무장은 구속될 것이고 그 식솔도 한순간에 가장을 잃을까 봐, 큰스님께서는 당신이 한 일이라고 했답니다. 그래서 큰스님께서 몇 개월 수감 생활을 하셨다고 해요."[72]

3개월 동안 구치소에서 생활하는 동안, 그는 함께 수감돼 있던 많은 사형수들을 만났다.[73] 이때 만난 사형수들은 대체로 순진했다고, 그는 나중에 원통불법의 요체 연속 법문에서 회고했다.

"저는 업장으로 유치장에서 3개월 동안 살았습니다만, 그때 사형수들을 많이 만났습니다. 제가 승려니까, 저한테 위로를 받으려고 말을 많이 걸어옵니다. 사형수들같이 순진한 사람들을 별로 못 보았습니다. 저런 사람들이 어떻게 사람을 죽였을까? 원래 부처니까 순진할 수밖에는 없겠지요. 사형선고를 받았으니까 자기에 대한 체념을 해버리기에 죽을 때는 어떠한 사람이나 다 선량해집니다."[74]

비록 자신이 저지른 일은 아니었지만, 출가한 몸으로 수감자의 신세가 되었다는 사실에 자책감이 몰려왔다. 구치소 안에서 하루 종일 관음기도를 했다. 하루 종일 관세음보살을 염하길 일주일쯤 되었을 때, 관세음보살이 구치소의 천정에서 내려오시는 게 보였다. 그는 곧 무혐의로 풀려났다.

이듬해, 구치소에서 나온 그는 진주 월아산 기슭에 위치한 두방사 뒤의 정상 부근에다 움막을 짓고 겨울 한철을 보냈다.

어느 날, 두방사 위 움막으로 스님 한 사람이 찾아왔다. 오랫동안 『법화경』을 공부해 온 비구니 배묘찬 스님이었다. 묘찬은 그에게 자신이 번역한 『법화경』을 감수해 달라고 부탁했다. 그는 청을 받아들여서 『법화경』 감수에 전념했다.[75] 묘찬과의 인연은 부산 혜광사 수행으로 연결된다.

1970년 5월, 두방사 움막에서 겨울 한철을 보낸 청화는 장흥군 기억산에 능엄사(현재의 금선사)를 창건했다. 2000석 부자로 알려진 이석철 거사가 기부한 터에 제자 도륜과 성오, 성본과 함께 탁발 모연해 절을 지었다. 묘찬 스님이 빻아서 보내준 둥굴레 뿌리로 하안거를 버텼다. 이듬해 봄, 능엄사 불사를 마친 그는 성본을 데리고 표표히 능엄사를 떠났다.

빈 절이 있고 올 의향이 있으면 주선하겠다는 말을 묘찬 스님에게 듣고 부산 혜광사로 향했다. 한동안 해운대 옆에 위치한 혜광사에서 수행했다. 혜광사는 묘찬이 탄허 스님을 모시기 위해 창건한 절이었다.

1971년, 그는 혜광사에서도 참선 위주로 수행하면서 여진 및 도웅을 비롯해 인연이 닿는 승속을 대상으로 소참 법문을 했다.

어느 날, 제자 용성이 혜광사를 찾아왔다. 용성은 검정고시를 치러서라도 대학에 가고 싶다고 말했다. 그는 용성에게 책을 사 줬다. 용성은 1년 동안 중졸 및 고졸 검정고시를 차례로 통과한 뒤 서울대 철학과에 합격했다. 그는 돌아오는 길에 헌책방에 들러 일본의 불교학자이자 정토종 승려 모치즈키 신코(望月信亨)가 편찬한 『모치즈키불교대사전(望月佛教大辭典)』을 구입했다. 이후 『모치즈키불교대사전』을 일곱 번 독파한다. 그해 봄, 그는 박정희와 김대중이 맞붙은 대통령 선거 투표를 위해 장흥 능엄사를 잠시 찾았다.

『금강심론』 원고 입수와 조방원과의 교류

어느 무더운 날, 안거 수행 중이던 강진 무위사에 '무연 거사'의 아들이 찾아왔다. 무연 거사의 아들은 청화에게 자신의 집 광목자루에 한국전쟁 와중에 사라진 것으로 알려진 금타 선사의 유고가 있다고 알려왔다. 무연 거사가 죽기 전 자신의 머리맡에 있던 자루를 가리키며 저 자루를 법련, 법수, 청화 스님한테 꼭 전해드리라고 말했다는 것이다. 그는 무연 거사의 아들을 통해서 금타의 유고를 전해 받은 뒤 유고 앞에서 삼배를 올렸다.

강진 무위사 시절인 1976년 여름, 청화는 한국전쟁 와중에 사라졌던 스승 금타 선사의 유고를 입수했다. 부산 혜광사를 떠나서 무안 혜운사를 들른 뒤 부처님 오신 날에 맞춰서 강진 무위사에 온 그였다. 월출산의 강진군 성전면에 자리한 무위사는 617년 원효 대사에 의해 관음사라는 이름으로 창건됐다. 현재는 조계종 22교구 본사 대흥사의 말사. 그는 무위사에 오자마자 곧 하안거 수행을 시작했다.

그는 금타의 유고 원고를 입수함으로써 전법제자(법련 정수, 법능 성기, 법륜 성륜) 대신해 금타의 법을 세상에 널리 전할 수 있게 된다. 청화 스스로 밝히지 않아서 금타의 유고 입수 경위는 분명하게 드러나진 않았다.

이와 관련, 청화가 보영의 어머니 일연 스님이 보관해 오던 금타의 유고를 인수 받아서 『금강심론』으로 편찬했다고, 혜산은 그의 사후 김영동 전 조선대 교수에게 밝혔다.[76] 혜산은 그의 망운중학교 제자이자 청화를 은사로 출가했을 뿐만 아니라 오랫동안 그와 인연을 이어왔다는 점에서 혜산의 증언은 사실일 가능성이 높아 보인다. 만약 혜산의 증언이 사실이라면, 무연 거사는 보영의 아버지이자 일연 스님의 남편인 대용 스님이고, 금타의 유고 행방을 알려준 그의 아들은 선명 스님이 된다.

금타의 공양주 보살인 일연은 금타가 열반한 뒤 그의 짐을 챙겼지만, 금타의 짐 속에 있는 글들이 『금강심론』의 원고이거나 그것이 중요한 것이었는지 몰랐다고, 백장암 시절 일연과 활발하게 교류했던 강행원은 전했다.

"일연은 금타 선사가 서책에 붓으로 쓴 글이나 원고 등 금타 선사의 짐을 챙겨서 보관했다고 말했습니다. 지금 생각해 보면, 금타 선사의 짐 속에 있던 글들이 바로 『금강심론』의 원고였지요. 하지만 당시 일연은 그 글들이 무슨 내용인지, 그렇게 중요한 것인지 전혀 몰랐고 관심 역시 없었어요. 나중에야 금타 선사의 유고가 청화 큰스님에게 알려지고 전해지면서 『금강심론』의 존재가 세상에 알려지게 된 것이죠."[77]

일연은 왜 금타의 유고를 청화에게 알리고 전하게 됐을까. 금타의 만상좌 법련은 이미 한국전쟁 과정에서 행방불명이 됐고, 법수 역시 당시 연락이 닿지 않았으며, 금타의 아들이자 제자 법능은 당시에는 환속한 상태였다. 일연은 당시 치열하게 구도를 이어가던 청화가 가장 금타의 법을 잘 이어갈 수 있을 것이라고 판단했을 가능성이 높다고, 강행원은 분석했다.[78]

언젠가 금타의 속가 아들이자 제자인 법능이 금타의 유고를 찾기 위해서 일연을 찾아갔지만 일연은 "분실됐다"며 금타의 유고를 전해주지 않았다고, 법능은 나중에 지적했다.[79] 법능이 일연을 찾아간 정확한 시기나, 일연이 '분실됐다'고 대답한 배경 등도 아직 정확히 밝혀지지 않았다. 법능은 청화보다 한참 뒤인 1987년에야 금타의 『금강심론』을 편집 주해한 『수능엄삼매론』(능현선원)을 펴내게 된다.[80]

강진 무위사 시절, 그는 나이가 세 살 적은 동향 출신의 남종화가 아산 조방원(趙邦元)과 교류하기 시작했다. 조방원은 한국 수묵산수의 대가였다. 남농 허건 문하에서 그림을 배웠고, 1955년 제4회 국전에서 문교부장관상을 비롯해 3회 연속 특선을 하며 작품 활동을 본격화했다. 남농 허건에게서 수묵산수를 배웠지만, 나중에는 자신만의 독창적이고 장중한 산수화풍을 이룩했다는 평을 받았다. 잔잔하고 은근한 호남 남화의 일반적인 화풍과 달리, 필획의 강약과 먹의 농담 변화를 분명하게 줬고, 수묵을 위주로 하되 필요한 부분엔 과감하게 원색을 사용했다.

그는 자신보다 세 살 아래의 조방원을 알게 된 이래 늘 그의 작품세계에 존경을 표시했다. 조방원 역시 그를 친견할 때에는 일주일 전부터 술 담배를 끊고 고기도 먹지 않는 등 예의를 지켰다. 조방원은 그에게 그림 〈출산석가도〉를 그려주고, 나중에 성륜사의 부지 11만 평도 기증해 대중 교화에 큰 도움을 준다.

"요즘 날로 녹음이 짙어가는데, 그동안 건강한 몸으로 군무에 충실한지 궁금하구나. 나는 이곳 부산 혜광사에 초파일 부처님 성탄절을 지내고, 바로 무안 혜운사에 가서 모두를 만나봤는데, 한결같이 무고하더라."[81]

속가의 보살에게서 아들 승조가 군에 입대했다는 연락을 받았다. 강진 무위사 시절 전후, 그는 군에 들어간 아들 승조에게 편지를 보냈다.

"일체 만사가 다 인연 따라 만나지고 헤어지는 것이니, 너는 부디 지나간 일들에 아예 고민하지 말고, 언제나 명랑하고 장부답게 대범하게 살아가기 바란다. 부처님의 대자비대 아래 네 몸 더욱 건강하기를 빌고, 총총 이만 줄인다."[82]

아들 승조에게서 답장을 받은 그는 다시 편지를 보냈다. 봉사를 받는 삶이 아닌, 봉사를 하는 삶에 대해 이야기했다.

"너는 천만다행히도 여러 유능하고 성실한 전우들과 생활하고 있으니, 고난에 충만한 군복무가 그렇게 각박하지만은 않을 것으로 짐작되며, 네 인격 형성에도 커다란 도움이 될 것을 기대하여 마지않는다. 승조야! 우리 인생이란 자기가 남의 봉사를 받는 것이 아니라 자기를 남에게 봉사하는 데 의의가 있을 것이며, 그 자기를 봉사하는 정도가 절실하면 할수록 인생의 가치도 더욱 빛나는 것이 아니겠느냐."[83]

제자 보영에게도 편지를 자주 보냈다. 그는 20여 년간 편지 수십 통을 주고받으며 보영의 수행을 독려했다.

"그동안 보영 스님 안녕하시고, 서도원에도 나가시게 됐다 하시니, 부디 모처럼의 기회에 여념 없이 정진하시기 바랍니다. 현재 산승의 생활과 생리적 상황은, 지극히 안정되고 평온하오며 삼매수습에 아무런 장애도 없고 불편도 없사옵기에 아무쪼록 방념하시기 바랍니다. 서도나 묵도나 음악 등은 영생을 지향하는 지난한 길에서 고독한 자기를 가누고 지키기 위한 준비자량이란 한계를 명심하시고, 불타의 이념을 체득하고 증명하고 전도하는 일의 일의적인 사명을 다만 찰나라도 소홀히 마시기 바랍니다 … 보영 스님이 산승을 가장 위하시는 길은 스님 스스로 가장 계율 청정한 관음화신이 되시는 길밖에 없습니다. 그것은 산승이 자나 깨나 기원하는 사무친 비원이기 때문입니다."[84]

이어지는 안거 수행과 번역 불사

청화는 스승 금타의 유고를 입수한 이래 여름과 겨울 안거 수행을 이어가면서 유고의 역주 작업을 병행했다. 역주 작업은 가급적 조용한 곳에서 진행했다.

1973년 4월, 그는 서울 불광동에 있는 지인의 별장을 '무주암'이라고 이름 짓고 안거했고, 9월에는 광명시 원광명마을의 도덕산 끝자락에 위치한 작은 절 성도사에 안거했다. 무주암과 성도사에 안거하면서 일본어로 된 금타의 저술 「우주의 본질과 형량」을 시작으로 『금강심론』 역주 작업을 이어갔다. 아울러 『정토삼부경』도 번역하기 시작했다.

이듬해 9월, 그는 성도사에서 일주일에 걸쳐서 〈수릉엄삼매도〉 필사본을 새로 만들었다. 이때 마침 제자 용타가 찾아왔다. 그가 필사본을 만들 때, 용타는 필사 성공을 위한 기도를 올렸다.

"제가 성도사에 머물기 전에 큰스님께서 〈수릉엄삼매도〉가 낡아서 새롭게 〈수릉엄삼매도〉 필사본을 만드셨습니다. 큰스님은 손수 컴퍼스도 돌려서 선을 긋고 그림을 그리고 쓰고 하면서 일주일간 작업했지요. 저는 일주일간 목탁을 두드리며 기도를 했고요. 한 점 한 획도 틀리지 않고 필사되도록 해달라고요."[85]

10월, 〈수릉엄삼매도〉 필사본을 완성한 그는 해남 두륜산 진불암으로 내려가서 동안거 수행을 이어갔다. 진불암으로 가기 직전, 무안 혜운사에 들러서 속가의 보살 남촌댁에게 윤회를 벗어나기 위해 마음을 닦는 공부를 하라며 출가를 조언하기도 했다. 속가 보살은 40대 후반의 나이에 혜공이라는 법명으로 출가했다.

1975년 6월, 진불암에서 동안거 결제를 마친 청화는 구례 오산 사성암으로 가서 하안거 수행을 하면서 역주 작업을 이어갔다. 9월에는 광주 추강사로 옮겨서 동안거를 했다.

1976년 여름, 해남 두륜산 상원암에서 하안거 수행을 했다. 두륜산의 산내 암자인 상원암은 진불암에서 두륜봉 방향으로 400미터 정도 더 올라가면 나타난다. 그는 상원암을 세 차례에 걸쳐 보수했고, 한반도 모형의 연못도 만들어 잉어를 길렀다.

수행에 집중하기 위해서 암자로 연결된 등산로를 폐쇄하기도 했다. 아이러니하게 시간이 흐르면서 그는 그림자만 봐도 반가울 정도로 사람이 그리웠다고, 제자 광전은 당시 그의 심경을 전했다.

"큰스님께서는 사람을 피하려고 등산로를 폐쇄하고 정진을 하셨다고 합니다. 하지만 시간이 지나면서 멀리 사람 그림자만 봐도 반가웠다고 합니다. 큰스님께서는 사람을 피해 깊은 산에 들어가 지냈지만 아이러니하게도 가장 그리운 것이 사람이었다고 고백하기도 하셨습니다."[86]

그는 상원암에서 쌀가루와 설탕을 물에 타서 죽처럼 먹으며 수행을 이어갔다. 나중에 제자 김웅이 암자에 오자 준비된 식량을 모두 넘기고 바랑 하나만 메고 다른 곳으로 떠났다고, 김웅은 나중에 발표한 글에서 떠올렸다.

"큰스님께서 토굴을 떠나실 때 남겨두고 간 식량은 쌀가루와 설탕과 콩 등 제법 많았고, 침구와 경상도 하나 갖춰져 있었습니다. 큰스님께서 일러주신 대로 쌀가루와 설탕을 그릇에 퍼 담아 수저로 섞고 뒤꼍에 있는 우물물을 떠다 붓고 휘휘 저어서 죽같이 만들어 먹었지요."[87]

그해 11월, 상원암 근처의 양도암으로 옮겨서 동안거를 했다. 그가 본격적인 구도 만행에 나설 때 첫 수행처로 삼은 곳이기도 했다. 이 무렵, 그는 보영에게 편지를 써서 구도에 전념하자고 거듭 당부했다. 보영에겐 "진정 관세음보살을 한사코 염념상속하시다가 까무라치시고, 그래서 관세음보살과 일체가 되시기를 피가 마르도록 간절히 바라고 있다"며 자신 역시 "명춘에 어설픈 변명이 나오지 않도록 최선을 다하겠다"[88]고 다짐했다.

1978년 여름, 상원암에서 하안거 수행을 이어갔다. 상원암은 2년 전 그가 안거 수행을 한 암자로, 한반도 모양의 연못을 만든 곳이기도 했다.

상원암 하안거가 끝나자마자, 그는 광명 성도사에 가서 『금강심론』과 『정토삼부경』 번역 작업을 마무리했다. 그는 이때 용타에게 출판사에 원고를 전달하도록 했고, 출판사에서 온 교정지를 보면서 함께 교정을 했다. 그와 용타는 무려 아홉 번이나 교정을 본 끝에 책을 출간했다.[89]

이 시기, 그는 만나는 사람마다 부처님처럼 대했다. 제자 용타가 주지로 있던 함양 용추사에 가서 공양주 보살에게 큰절을 하기도 했다.

"정진 대중 모두가 참여한 새벽 예불이 끝나는 순간, 청화 스님이 가사를 수한 상태 그대로 공양주 보살 앞으로 다가갔습니다. 큰절을 했어요. 어려운 절 살림에 이렇게 열심히 살아줘서 고맙다, 며 손을 잡아줬고요. 갑작스러운 절에 공양주 보살은 연방 고개를 숙일 수밖에 없었지요."[90]

용타는 에피소드를 전하면서 "큰스님에게 모든 사람은 다 부처님이었다. 만나는 사람을 항상 부처님 대하듯 하셨다"[91]고 말했다.

치열한 구도와 만행이 이어지면서 청화 주변에 도반이나 상좌들이 조금씩 형성되기 시작했다. 다만, 태안사 시절만큼 본격적인 회상은 아니었다. 구도와 만행 시기, 그의 도반이나 상좌, 재가 불자 그룹은 다음과 같다. 도륜, 금산, 월성, 혜산, 용타, 성본, 도웅, 원명, 도일, 정주, 정귀, 정각, 성훈, 여진, 보영, 조방원, 김웅, 강행원, 법성, 정철수….

제5장

사상의 정립과 하화중생의 모색

(1978~1984)

상견성암 삼년결사와 『금강심론』·『정토삼부경』의 번역 출간

깎아지른 듯한 기암과 절벽이 우뚝 솟은 월출산, 돌산 월출산의 서남쪽 자락에 아늑하게 자리 잡은 도갑사, 마치 제비집처럼 매달린 도갑사의 암자 상견성암. 그곳에서 주위로 천천히 눈길을 돌리자 그림 같은 풍광이 아스라이 펼쳐진다. 크고 작은 산들이 겹겹이 접히고, 달이 기어오르는 듯한 산등성이 위로 청포 같은 푸른 하늘이 ….

1978년 11월, 청화는 영암 월출산의 상견성암에서 스스로 삼년결사를 다짐하고 안거 수행에 돌입했다. 상견성암 삼년결사 수행은 공식적으로 확인된 그의 삼년결사 가운데 처음이다.[1] 다만, 상견성암 삼년결사는 대중들과 함께하는 삼년결사가 아니라 혼자 또는 소수의 도반만 함께한 삼년결사였다.[2] 이때 그의 나이 만 55세였다.

오래전부터 치열하고 고준하게 정진을 이어온 그는 왜 혼자서 삼년결사에 나선 것일까. 철저한 불염오 수행을 통해서 다시 한번 진리를 새기고 증명하는 한편, 공부에 좀 더 박차를 가하기 위해서 스스로 문을 걸어 잠근 것이었다고, 제자 무상은 회고했다.

"큰스님의 상견성암 삼년결사는 사람들과의 접촉을 최소화하기 위해서 문을 걸어 잠근 측면도 있는 것 같습니다. 큰스님은 안거 수행과 상관없이, 결제 해제도 없이, 평생 일종식을 해왔고, 오랫동안 장좌불와를 해왔어요. 어떻게 보면 평생이 결사 중이었지요."[3]

상견성암에서도 하루 네 번 참선하는 사분정근을 중심으로, 하루 한 끼만 먹는 일종식과, 낮 동안에는 눕지 않는 장좌불와와, 수행 중에는 말을 하지 않는 묵언정진을 이어갔다. 특히 눈 뜬 시간에 눕지 않는 장좌불와를 위해서 자신의 허리를 기둥에 꽁꽁 묶고 참선 수행했다고, 월출산 수행 당시를 지켜본 정신안 강봉례는 전했다.[4]

일종식은 주로 물에 불린 생쌀과 솔잎을 먹었다. 미숫가루나 둥글레를 비롯한 생식가루로 해결하기도 했다. 시간도 아끼고 공부에도 더 집중하기 위해서 가급적 소박하게 식사를 했다고, 해인주 보살 김안순은 기억했다.

"큰스님은 상견성암에 계실 때도 무엇을 통 드시지 않으셨다. 냄비에 밥을 하다 보면 까딱 실수로 태우기 쉽고 그러면 쌀 아까워, 씻기 사나워 고약스럽다고 하셨다. 거기에 금쪽같은 공부 시간이 흐트러진다는 것이다. 큰스님은 물에 불린 생쌀하고 솔잎을 드셨다. 그러다 그만 치아가 다 못 쓰게 돼버렸다고 그러시더라. 그 말씀을 듣자마자 바로 미숫가루를 해가지고 갔는데 기척이 없었다. 서운한 마음으로 서 있는데, 땔나무를 지고 내려오시더라. 육십이 가까운 큰스님의 모습을 보니 왈칵 눈물이 나왔다. 그 와중에도 큰스님께서 얼른 보따리를 받아서 그대로 부처님 앞에다 놓고 기도를 해주시더라. 공양도 안 드시고 … 울면서 산에서 내려왔다."[5]

오랫동안 수행처에서 공양주 보살로 활동한 강봉례도 그가 미숫가루를 비롯해 생식가루 한 되로 석 달을 버텼다고 말했다. 즉, 처음 생식가루 세 되를 가지고 정진을 시작했지만, 100일 뒤에 올라가 확인해 보니 두 되가 아직 그대로 남아 있었다고 기억했다.[6]

상견성암에서 삼년결사 중이던 이듬해 5월, 청화는 스승 금타가 집필한 원고를 정리하고 역주해 단행본『금강심론』으로 묶어 출간했다. 그는 금타의 저술을 네 개의 편으로 구분했다. 제1편에는「반야바라밀다심경의 독해」와「보리방편문」,「관음문자」,「석존 일대기의 경개」,「호법단의 4차 성명서」,「현기」,「만덕송과 십여시」를 담았다. 제2편은「해탈16지」, 제3편은「수릉엄삼매도결 상편」, 제4편은 이미 단행본으로 출간된 적이 있는「우주의 본질과 형량」을 각각 실었다.

그는「머리말」에서 "금타 화상은 일찍이 10여 년의 좌선을 실행해 본분 자성의 실상을 밝게 꿰뚫어 깨닫고, 석가모니 부처님 이후 가장 소상히 형이상적 경계를 밝혔으며, 또한 그 실상을 깨닫는 방법과 단계를 실증과학과 대비하여 체계화하는 등 형이상하를 넘어서서 종합한 점에 이르러서는 참으로 문화사상 회유하고 훌륭한 업적이라 하지 않을 수 없을 것"[7]이라고 금타의 성취를 평가했다. 그러면서 금타의 저술이나 찬술들은 "주로 스스로 깨달은 진여연기의 경계를 간결하게 제시한 압축된 문장일 뿐 아니라, 종교와 철학과 과학을 원만하게 망라한 뛰어난 저술",[8] "한결같이 금강삼매에 입각한 금구서술"[9]이라고 평가했다.

특히 "금타 화상은 원효, 보조, 서산 대사 등 모든 위대한 선각자들이 한결같이 앞장서 이끌고 선양한바, 한국 불교의 정통인 통불교의 제창에 그칠 뿐만 아니라 바른 법을 보호하고 지키는 의미의 호법단을 조직하여, 종교 일반의 일원화를 도모한 웅대한 뜻은 참으로 종교 중흥의 여명을 밝히는 찬란하고 상서로운 빛이 아닐 수 없다"[10] 고 원통불교의 정신과 다른 종교와의 회통 시도를 높게 평가했다.

「일러두기」에선 『금강심론』 주요 장절의 내용이나 특징, 의미 등을 간략하게 소개했다. 특히 「반야바라밀다심경의 독해」는 "먼저 제법개공의 이치를 역설해 선오후수의 정견을 천명"[11]했다고 평가했고, 「보리방편문」의 '아미타불'에 대해선 "「보리방편문」의 실상염불선으로써 정혜균지와 자력타력 겸수의 염불선을 제창"한 것[12]이라고 분석했다.

『금강심론』의 역주 출간은 무엇보다 스승 금타의 모든 저술을 처음으로 세상에 본격적으로 소개, 그의 사상에 대한 체계적인 검토와 연구의 계기를 제공했다는 점에서 의미가 있었다. 당시 한국 불교와 학계에선 금타의 저술이나 사상은 물론 금타라는 인물 자체를 거의 알지 못하는 실정이었다. 따라서 저술 전체 출간은 금타의 사상과 삶을 새롭게 인식하고 접근할 가능성을 열어주는 것이었다.

실제 『금강심론』의 출간 직후, 해인사의 일타와 대각사의 광덕, 김대은 스님 등은 『금강심론』을 역주해 출간한 청화에게 격찬의 편지를 보내왔다. 광덕은 "(금타의) 법문이 혁혁무비함에 감격"[13]했다고 적었고, 김대은은 1980년 편지에서 「우주의 본질과 형량」을 거론한 뒤 "다른 불서보다 색다른 저술이라 더욱 감명이 깊었다. 금타 스님은 과연 오도자요, 과학자이시라 고금에 뛰어나신 분"이라며 "서문으로부터 내용을 일독하고 기재(奇哉)를 연호했다"[14]고 적었다.

아울러 『금강심론』을 출간함으로써 청화 자신도 사상적 기반이나 토대를 분명하게 갖출 수 있게 됐다. 즉, 스승 금타의 저술과 사상을 바탕으로 정통 불법의 부흥을 통한 원통불교의 중흥이나, 정통선을 중심으로 다양한 수행법의 회통과 염불선의 대중화, 수행과 증명의 위차, 불교적 우주론과 물질관 등을 체계화할 수 있게 됐다.

1980년, 그는 정토신앙의 주요 경전인 『정토삼부경』도 번역 출간했다. 『정토삼부경』은 장엄한 이상향이자 마음의 고향인 극락세계와 그 세계를 관장하는 아미타불을 기리는 대표적인 세 경전 『무량수경』과 『관무량수경』, 『아미타경』을 가리킨다.

먼저, '대경'으로 불리기도 하는 『무량수경』은 석가모니 부처가 왕사성의 기사굴산(영취산)에 있을 때 아미타불의 극락세계에 관한 공덕과 장엄을 이야기한 경전이다. 『무량수경』에 따르면, 아미타불은 일찍이 법장보살이었을 때 세운 서원 48개를 세자재왕 부처에게 아뢰었다. 특히 법장보살의 18번째 서원은 아미타불을 열 번만 간절히 불러도 극락왕생하지 못한다면 자신은 부처가 되지 않겠다는 것으로, 아미타불을 열 번만 간절히 부르면 모두 극락왕생할 것이라는 취지다.

"제가 부처가 될 적에 시방세계의 중생들이 저의 나라에 태어나고자 신심과 환희심을 내어 제 이름(아미타불)을 다만 열 번만 불러도 제 나라에 태어날 수 없다면, 저는 차라리 부처가 되지 않겠나이다."[15]

법장보살은 영겁의 세월 동안 온갖 수행을 거듭한 끝에 마침내 서원을 성취해 아미타불이 돼서 극락세계를 세울 수 있었다고, 『무량수경』은 전했다.

'관경'으로 불리는 『관무량수경』은 석가모니 부처가 제바달다의 사주로 아자세 태자에 의해 옥에 갇힌 왕사성 왕비의 요청으로 극락세계에 왕생할 수 있는 16관 수행법을 설한 경전이다. 부처의 형상을 관조하고 생각하면서 악업을 없애면 마침내 염불삼매를 얻게 된다며 관법을 하나하나 이야기한다. 해를 생각하는 일상관, 물을 생각하는 수상관, 땅을 생각하는 지상관, 연화대를 생각하는 화좌관, 형상을 생각하는 상관 …. 부처를 간절히 생각하는 이 마음으로 부처를 이루고(是心作佛), 이 마음이 바로 부처(是心是佛)라고.

"… 모든 부처님은 바로 온 세계인 법계를 몸으로 하는 것이니, 일체 중생의 마음속에 들어 계시느니라. 그러므로 그대들의 마음에 부처님을 생각하면 그 마음이 바로 부처님의 32상과 80수형호인 것이니라. 그래서 이 마음으로 부처님을 이루고 또한 이 마음이 바로 부처님이니라. 모든 부처님의 위없는 바른 지혜는 마음에서 생기는 것이니, 마땅히 일심으로 생각을 골똘히 하여 저 아미타불과 그 지혜 공덕인 여래, 응공, 정변지를 깊이 관조해야 하느니라."[16]

'소경'으로 불리는 『아미타경』은 석가모니 부처가 사위국의 기원정사에서 사리불에게 설한 법문이다. 석가모니는 사리불에게 극락세계의 공덕 장엄을 이야기한 뒤 극락세계에 왕생하는 길을 설한다.

"… 하루나 이틀이나, 혹은 사흘, 나흘, 닷새, 엿새 혹은 이레 동안을 두고 한결같은 마음으로 아미타불의 명호를 외우거나 부르는 마음이 흐트러지지 않으면, 그 사람이 수명이 다할 때, 아미타불께서 여러 성인 대중들과 함께 그 사람 앞에 나투시느니라. 그래서 그는 끝내 마음이 뒤바뀌지 않고, 바로 아미타불의 극락세계에 왕생하게 되느니라."[17]

청화가 『정토삼부경』의 역주에 나선 것은 당시 일부 스님이나 조계종 일각에서 『정토삼부경』의 내용을 한갓 동화 같은 이야기라고 폄하하는 분위기 때문이었다고, 제자 무상은 역주 배경을 설명했다.

"큰스님께서 어느 날 한 스님이 신문 칼럼에 『정토삼부경』을 동화 같은 이야기라고 쓴 것을 읽게 됐습니다. 『정토삼부경』 역시 석가모니 부처님의 말씀을 여실하게 전한 법문인데, 동화 같은 얘기라고 말하니 기가 막히셨던 것이죠. 이래선 안 되겠다 싶어서 『정토삼부경』을 번역하신 것입니다."[18]

그는 『정토삼부경』 번역을 마치고 나서 「머리말」을 썼다. 「머리말」에서 아미타불은 참다운 실상 세계이자 중생의 본래면목, 자성이고 모든 부처의 대명사라면서 아미타불을 향한 염불의 의미를 강조했다.

"우주 스스로가 그대로 신비 부사의한 부처님이요, 우주에는 언제나 모든 중생을 구제하는 부처님의 서원이 충만해 있기 때문에, 우리들이 아미타불이나 관세음보살을 생각하고 외우며 부르는 것은, 그것이 바로 부처님과 상통하고 부처님의 가호를 입게 되는 깊은 인연이 되지 않을 수 없습니다. 진정한 자아로 돌아가는 성불의 계기가 되고, 또한 극락세계에 태어나는 결정적인 선근이 되는 것이며, 여기에 부처님으로부터 베풀어지는 타력과 자기 수행의 자력이 아울러 감응하는 깊은 의의가 있습니다."[19]

그러면서 아미타불과 극락세계의 실상을 생각마다 여의지 않고 한마음으로 생각하며 그 이름을 외우고 부르면 실상염불, 염불선이 된다며 염불선이야말로 중생들이 스스로 부처임을 깨치면서 부처가 되는 안온한 성불의 첩경이라고 강조했다.

"염불선은 불성에 들어맞는 천연 자연한 수행법이기 때문에 모든 수행법을 종합 포섭했으며, 종파를 초월한 가장 보편적인 행법일 뿐 아니라, 바야흐로 분열의 역사적 위기에 직면한 불안한 현세대에 가장 알맞은 시기 상응한 안락 법문이 아닐 수 없습니다."[20]

더구나 염불선은 불교사적으로도 지지를 받아온 수행법이라고 역설했다. 즉, 인도 마명 대사의 「기신론」, 용수 보살의 「십주비바사론」, 「지도론」, 세친의 「정토론」 등에서 이행의 수행법으로 염불을 강조해 왔고, 중국 선종의 초조 달마 대사와 4조 도신, 6조 혜능 대사를 이어서 천태 지의와 영명 연수, 연지 선사 등도 염불을 창도해 대중 교화에 나섰으며, 한국 불교에선 원효와 자장, 의상, 대각 의천, 보조 지눌, 태고 보우, 나옹 혜근, 득통 기화, 서산 휴정, 사명 유정 역시 염불을 역설했다고 설명했다.[21]

결국 본래 자성인 아미타불을 염원하는 염불선을 통해서 현대 사회의 불안과 혼란을 극복하고 진정한 자아 회복과 평화를 이룩할 수 있다며 이를 위해서 『정토삼부경』을 편역하게 됐다고 소개했다.

"이제, 소용돌이치는 현대 문명의 폭류 속에서 비록 우리들의 착잡한 인연이 성불의 대도를 직행할 수는 없다고 할지라도, 우리 중생이 필경 돌아가야 할 고향인 극락세계와 본래 자성인 아미타불을 염원하는 보편적인 인생관과 그에 따른 성실한 수행은 한사코 계속돼야만 합니다 … 또한, 그러한 염불 생활은 현대인의 불안의식과 사회적 혼란을 극복하는 데도 다시없는 청량제가 될 것임을 확신하는 바입니다. 그래서 그것은 잃어버린 진아의 회복과 분열된 조국의 광복과 인류의 영원한 평화와 복지를 위한 근원적인 최상의 길이기도 합니다. 여기에 산승이 미흡함을 무릅쓰고 『정토삼부경』을 번역하는 간절한 비원이 있습니다."[22]

그는 극락세계와 아미타불을 중심으로 한 정토사상을 염불선의 교리적 기반으로 주목하는 한편,[23] 극락정토와 아미타불을 어떤 외부에 존재하는 별도의 세계나 존재라기보다는 마음속의 세계와 존재로, 한마음으로 생각했다. 즉, 염불선을 단순히 외부의 극락왕생을 염원하는 신앙으로 보지 않고 부처를 생각하는 마음이 곧 부처라는 것을 깨치고 구하는 성불의 길로 이해할 근거를 발견한 것이라고, 이중표 전 전남대 교수는 분석했다.

"청화는 염불을 단순히 극락왕생을 염원하는 신앙으로 보지 않고 성불의 길로 이해했고, 그 근거를 『관무량수경』에서 발견한 것이다 … 청화는 분열과 투쟁의 역사적 위기에 직면한 현대인을 구원할 원리를 『정토삼부경』, 특히 『관무량수경』에서 발견하고, 스승 금타의 「보리방편문」이 그 구체적인 실천법이라는 것을 확신하고서 하산한다."[24]

"청화 스님, 내 얼굴 좀 봐."

1990년대 초 어느 날, 대표적 선승이자 송광사 방장을 지낸 구산의 도반이자 역시 선승인 월인(月印)이 상좌와 함께 청화의 수행처로 찾아와 손가락으로 자신의 얼굴을 가리키며 말했다. 그가 월인의 얼굴을 보니 정말 푸근하게 보였다. 서릿발처럼 쌀쌀했던 이전의 모습은 온데간데없이 사라져 있었다.

"스님, 얼굴이 대저 참 좋습니다."

"내가 지금 이전과 달리 푸근하게 보이잖아? 다 청화 스님 덕택이야."

"제 덕은, 무슨 제 덕이겠습니까?"

"내가 지금 염불을 해."

아니 이게 무슨 소리인가. 오래전 그가 염불 수행을 한다고 못마땅해 하던 월인이 아니었던가.

그러니까 구례 사성암에서 1960년대 후반 수행하던 청화는 근처 함양 토굴에서 수행 중이던 월인과 교유를 시작했다. 월인이 먼저 꿀과 함께 학인 몇 사람을 보냈고, 청화는 학인들을 친절하게 대접했다. 이후 설탕과 과자를 사 들고 월인이 있던 함양 토굴을 방문했다. 두 사람은 그날 밤 토굴에서 함께 보내며 공부 이야기를 했다. 그가 염불선을 한다고 말하자, 화두 참구를 하던 월인은 못마땅해했다. "아이고, 청화 스님이 화두를 했으면 진작 깨달아 버렸을 것인데 …." 그는 빙그레 웃으며 답했다. "제가 업장이 무거워서 그럽니다."[25]

염불 수행을 못마땅하게 생각했던 월인은 1992년 청화가 번역한

『정토삼부경』을 본 뒤 염불선 수행을 시작했다. 이를 통해서 자신의 마음속 극락정토와 아미타불을 일심으로 염불하면 부처 자리에 안주할 수 있다는 것을 깨달았다. 부처를 생각하는 이 마음이 곧 부처이고, 그 아미타불을 간절히 생각하면 모두 극락에 가는구나. 화두 참구를 한다고 은근히 뽐냈던 자신의 과거가 후회됐다. 이렇게 가기 쉬운 길이 있었다니…. 왜 진즉 내가 이 길을 가지 못하고 이제야 알게 됐나.[26]

월인은 염불선으로 바꾼 뒤 수행이 잘돼 얼굴도 푸근하게 바뀌었고 지금은 주위 사람들에게 염불선을 하라고 자주 권하고 있다고 말했다고, 청화는 나중에 제주 가정집 소참 법문에서 전했다.[27]『정토삼부경』을 읽고 염불선을 통해서 수행에 큰 진전이 있다는 대표적 사례였다.

청화는 원통불교의 중흥을 주장하고 정통선을 기반으로 다양한 수행법의 회통을 시도한 금타의『금강심론』을 편역한 데 이어, 정토사상을 바탕으로 염불선의 기반이 되는『정토삼부경』까지 번역하면서 자신의 사상적 토대를 단단하게 다질 수 있었다. 그야말로 두 손에『금강심론』과『정토삼부경』을 들고서 세상 속으로 뚜벅뚜벅 걸어 나오게 된다. 이후『약사경』,『육조단경』등을 차례로 역주 출간하면서 사상적 기반을 더욱 공고히 하게 된다.

화두를 참구하는 간화선만을 사실상 유일한 수행법으로 인정하던 당시 종단 분위기에서『정토삼부경』의 번역 출간을 통해서 염불선을 공개 천명한 것은 실로 파격이 아닐 수 없었다. 조은수 서울대 교수는『정토삼부경』 역주 출간에 대해 "선종 일변도로 자력 신앙이 가장 높은 경지의 수행법이라고 인식되던 당시 불교계에서 정토 사상을 전면으로 내세워 자신의 사상적 입장을 드러낸 것"[28]이라며 "당시 선 수행을 가장 고도의 수행 형태로서 규정하고 타력적인 수행법을 폄하하던 한국 불교계의 풍토에선 이례적인 일"[29]이라고 평가했다.

그의 주장과 진의는 사찰과 선방 수행자들에게 제대로 전해지거나 받아들여지지 않았다. 이해관계는 빨리 오는 주인이고, 진실은 늦게 오는 손님. 도리어 조계종단 일각에서는 외도라는 비판까지 나왔다.

"… 간화선에 길들여진 수좌 스님들에게는 전혀 인정을 받지 못했다. 청화 큰스님께서 인격이 훌륭하고 고매하시고 40년간 토굴에서 장좌불와 하셨다고 했지만, 구참 스님들은 토굴중이라 가볍게 여기고 외도라고 하셨다 … 성철 스님께서 당대에 주름을 잡고 청화 스님의 염불선을 외도라고 못 박으니 어중이떠중이들이 뭣도 모르고 염불선은 외도다, 라고 앵무새 노릇을 해댔다."[30]

심지어 그 자신조차 종단 내부의 비판적인 시각이나 분위기를 접하기도 했다. 그 실망과 좌절이 오죽했을까. 그는 "관법 외도한다"는 말을 여러 번 들었다고, 나중에 원통불법의 요체 연속 법문에서 토로했다.

"어느 행법에 치우친 사람들은 관법이 외도라고 합니다. 저는 관법만 좋아하는 사람도 아닙니다만, 애는 퍽 쓰는데 관법 외도한다는 말을 여러 번 들었습니다."[31]

청화는 마음이 곧 부처라는 지혜를 여의지 않으면서 자신의 마음을 관조하고 부처를 간절히 생각하는 정통선으로서 염불선을 주장해 왔다며, 석가모니 부처를 비롯해 마명 대사와 용수 보살, 달마 대사, 4조 도신 대사, 6조 혜능 대사들의 수행법인 관법을 외도라고 비판하는 것이야말로 한국 불교의 법집이자 미숙한 점이라고 반박했다.

"관법을 관법 외도라고 폄하는 사람들도 있습니다만, 부처님의 모든 수행법도 관법이요, 6조 스님까지 한결같이 관법인데, 관법이 외도일 수는 없습니다. 그런 것이 지금 한국 불교의 미숙한 풍토입니다. 통탄할 일입니다. 우리는 그런 법집, 불경에도 의지하지 않고 자기 주관적으로 아무렇게나 국집하는 법집을 떠나야 합니다. 『아함경』이나 『금강경』이나 『화엄경』이나 다 관법이 아닌 것이 있습니까? 관조하는 수행법 속에 모든 수행법이 다 포함돼 있습니다."[32]

그는 강조했다.

"사선정을 외도선이라 폄하는 분도 있는데, 그것은 근본선 도리를 이해하지 못하기 때문입니다 … 사선정이란 삼승성자가 공수하는, 누구나 함께 닦아야 하는 근본선입니다."[33]

돈점 논쟁의 불씨와 『약사경』 번역

"교가에서는 신해행증의 원칙하에 해오에서 시발하여 삼현십성의 제위를 경력 수행해 종극인 증오, 즉 묘각에 점입(漸入)한다. 그러나 선문의 오(悟)인 견성은 현증원통한 구경각이므로 분증과 해오를 부정하고 삼현십성을 초월하여 무여열반의 무심지인 증오에 직입(直入)함을 철칙으로 하니, 이것이 선문에서 고창하는 일초직입여래지(一超直入如來地)이다. 따라서 제성의 분증도 미세 지해(知解)에 속하여 견성이 아니다."[34]

당시 조계종 종정이던 성철은 『선문정로』를 통해서 교종에서는 지견인 해오에서 점수해 구경각인 증오에 이른다고 보는 반면, 선문에선 해오와 분증을 부정하고 곧바로 구경각의 견성으로 돈오하는 것으로 본다고 구분했다. 그러면서 구경각의 견성으로 곧바로 돈오하는 것이야말로 선문의 철칙이라며, 해오와 분증을 바탕으로 한 점수를 절대로 배제해야 한다고 주장했다.

"그뿐만 아니라 추호의 지해가 잔류하여도 증오치 못하고 일체의 지견해회가 철저 탕진돼야 견성하게 되므로, 분증과 해오를 수도상의 일대장애, 즉 해애라 하여 절대 배제하는 바이다. 이것이 선교의 상반된 입장이며 선문의 특징인 동시에 명맥이니, 옥석을 혼동하여 후학을 의혹케 하면 불조의 혜명을 단절하는 중대과오를 범하게 된다."[35]

청화가 월출산 상견성암에서 지리산 백장암으로 수행처를 옮겨 치열한 구도를 이어가고 있을 무렵, 불교계에선 한국 현대 불교사 최대 논쟁 가운데 하나로 꼽히는 돈점 논쟁의 불씨가 피어오르고 있었다. 성철은 1981년 『선문정로』를 출간하고 정통선은 돈오점수가 아닌 돈오돈수라며 돈오점수는 불교 선종의 이설이기에 돈오점수를 믿으면 지해 종도로 추락하게 된다고 주장했다. 그러면서 돈오점수를 주장하고 전파해 온 신회와 종밀은 물론 한국 불교의 대표적 선지식으로 꼽혀온 보조 지눌을 지해 종도라고 비판했다.

"무릇 이설 중의 일례는 돈오점수이다. 선문의 돈오점수 원조는 하택이며, 규봉이 계승하고, 보조가 역설한 바이다. 하지만 돈오점수의 대종인 보조도, 돈오점수를 상술한 그의 『절요』 벽두에서 '하택은 지해 종사이니, 조계의 적자가 아니다'고 단언했다. 이는 보조의 독단이 아니요, 6조가 수기하고, 총림이 공인한 바이다. 따라서 돈오점수 사상을 신봉하는 자는 전부 지해 종도이다. 원래 지해는 정법을 장애하는 최대의 금기이므로, 선문의 정안조사들은 이를 통렬히 배척했다. 선문에서 지해 종도라 하면 이는 납승의 생명을 상실한 것이니, 돈오점수 사상은 이렇게 가공한 결과를 초래한다."[36]

그러면서 비판의 화살을 지눌에게 돌렸다.

"보조는 규봉의 해오사상을 지해라고 비판하면서도 『절요』, 『원돈성불론』 등에서 해오사상을 연연하여 버리지 못하고 항상 이를 고취했다. 그러니 보조는 만년에 원돈해오가 선문이 아님을 분명히 했으나, 시종 원돈사상을 고수했으니, 보조는 선문의 표적인 직지단전의 본분종사가 아니요, 그 사상의 주체는 화엄선이다."[37]

성철의 돈오점수 및 지눌 비판은 한국의 원통불교 전통이 지눌에 의지하는 측면이 큰 데다가, 『화엄경』과 『법화경』을 비롯한 많은 대승경론이 대체로 돈오점수 사상을 함축하고 있다는 점에서 일대 논쟁과 파란을 예고한 것이었다. 성철의 지눌 비판은 이미 1967년 『백일법문』이나 1976년 『한국 불교의 법맥』에서 시작했고, 『선문정로』에서 체계화됐다.

결국 성철의 돈오점수 및 지눌 비판은 시간이 흐르면서 보조 지눌의 법맥을 강조하는 그룹의 반발과 논쟁을 초래했다. 지눌의 법맥을 강조해 온 송광사와 지지자들은 1987년 연구원을 세운 뒤 1989년 『보조전서』를 간행했고, 1990년에는 국제학술회의를 개최해 돈오점수와 돈오돈수를 검토했다. 『선문정로』 출간 이후 10년 만에 성철의 비판에 대한 학문적 검토를 시도했다. 성철의 지지자들 역시 1987년 백련불교문화재단과 1996년 성철선사상연구원을 만든 뒤 성철의 법어집과 선어록을 간행하는 한편 성철의 돈오돈수 사상을 이론적으로 뒷받침하는 학술대회를 개최해 왔다.

불교계뿐만 아니라 한국 사회 역시 전환기를 맞아 요동치고 있었다. 1979년 10월 26일, 군사쿠데타를 일으킨 뒤 20년 가까이 철권통치를 이어온 독재자 박정희가 측근 김재규 중앙정보부장의 총탄을 맞고 숨졌다. 박정희를 추종했던 전두환을 비롯한 신군부는 12월 12일 쿠데타를 일으켰다. 전두환 신군부는 1980년 봄 서울과 광주를 비롯해 전국에서 민주화 요구가 끓어오르자, 그해 5월 계엄령을 확대하면서 광주 시민들을 총칼로 진압했다. 광주 시민들이 굴하지 않고 맞서면서 엄청난 피해가 발생했다.

신군부는 그해 10월 27일 한국 불교에도 가혹한 폭력을 가했다. 불교 정화를 명분으로 군인과 경찰 3만여 명을 동원해 전국 사찰 및 암자 5731곳을 일제히 수색해 스님 및 불자 153명을 강제 연행했다. 사흘 뒤에도 1776명을 추가로 검거해 폭행과 고문을 가했다. 이른바 '10·27 법난'이었다.

한국 사회와 불교계 안팎에서 회오리바람이 불던 1981년 봄, 청화는 상견성암 삼년결사를 마치고 지친 몸을 이끌고 지리산 백장암으로 발길을 돌렸다. 백장암은 몇 해 전부터 제자 성본이 주지를 하고 있던 곳이었다.

성본은 백장암에 온 스승에게 자신이 2년 전 백장암의 금강대 부근에 만든 토굴 이야기를 꺼냈다. 속가 형과 함께 한 달여 지게를 지고 가파른 경사를 오르락내리락하면서 어렵게 지었다는. 성본의 말에 그의 눈이 반짝거렸다.

"가보세."

성본과 함께 금강대 토굴을 찾았다. 금강대 토굴은 백장암에서 서룡산 가는 능선에서 보이는 범바위 바로 옆에 있었다. 토굴을 한 바퀴 둘러본 그는 이곳에서 한철을 지내겠다고 말했다.

그는 백장암 금강대 토굴에서 미숫가루로 일종식을 하면서 참선 정진을 이어갔다. 특히 낮에는 『약사경』을 번역하고 밤에는 참선정진했다고, 성본은 기억했다.[38]

밤하늘에 음악이 흘렀다. 바람은 속삭였고, 달은 춤을 췄다. 구도와 수행에서 진전이 이어지자 토굴에서 홀로 수행 정진하는 삶이 즐거웠다. 이즈음 감사한 마음에 자주 눈물까지 쏟았다고, 그는 찾아온 박병섭 거사에게 말하기도 했다.

"바람이 있고, 달이 있습니다. 하늘에서는 신묘한 음악이 흐르고 있습니다. 그 이상의 행복이 어디 있겠습니까? 공부하다 보면 감사한 마음이 끝이 없어서 계속해 눈물이 납니다. 그래서 수건 두 개를 곁에 걸어놓고 공부하고 있습니다."[39]

낮에는 중생의 질병과 빈궁, 무명의 고질을 치유하겠다는 약사유리광여래 부처의 서원과 공덕을 밝힌 『약사경』을 번역했다. 『약사경』은 석가모니 부처가 비사리국의 광엄성 악음수 아래에서 많은 사부 대중이 모인 가운데 문수보살에게 약사유리광여래가 보살도를 닦을 때 세운 대원과 공덕 등을 설한 경전이다.

『약사경』에 따르면, 7불 여래 가운데 자신이 깨달을 때 광명이 우주 만유를 비추고 모든 중생 역시 깨닫길 첫 번째로 서원한 약사유리광여래는 12가지 서원 가운데 여섯 번째로 모든 중생들이 온갖 병고에서 해방되기를 서원했다.

"여섯째 큰 서원은 내가 다음 세상에 보리를 증득할 때, 만약 많은 중생이 갖가지 불구가 돼 추악하고, 어리석고 눈멀고 말 못하거나, 또는 앉은뱅이, 곱사등이, 문둥이, 미치광이 같은 갖은 병고에 시달리다가도, 나의 이름을 듣고 진실한 마음으로 부르고 생각한다면, 누구나 단정한 몸을 얻고 모든 병이 소멸되기를 원한 것이요."[40]

석가모니 부처는 약사유리광여래가 탐욕, 삿된 소견, 고뇌, 악연에서 해탈하도록 하고, 극락세계와 천상에 태어나게 하며, 병고, 소멸 등의 위신력을 가진다며 7불 여래에 대해 정성으로 기도하면 많은 공덕이 있다고 말했다.

"… 그의 소원에 따라서, 긴 수명을 원했다면 장수하게 되고, 재물을 구했다면 부자가 되고, 벼슬을 구했다면 벼슬을 얻고, 아들딸을 구했다면 자식을 얻어 일체 모두가 원한 대로 이뤄지느니라."[41]

청화는 "모든 중생들의 번뇌와 병고를 구제하고 불은의 만에 일이라도 보답하고자" 『약사경』을 번역했다[42]고 동기와 배경을 밝혔다. 그는 『약사경』의 「머리말」에서 "고해 중생의 병고와 빈궁, 재난을 구제하여 성불의 길로 나아가게 함을 서원하신 부처님은 약사여래 부처님"이지만 "실제로는 진여불성인 동일한 법신 부처님의 중생구제의 화도에 따른 부사의한 선교방편의 행상"[43]이라고 말했다. 그러면서 "현대 산업사회는 여러 방면으로 위기와 재난이 도사리고 있으며, 온갖 공해와 질병과 화난은 무상한 인생고해의 불안과 공포를 한결 심각하게 하고 있다"며 "특별히 중생의 모든 병고와 재난의 구제를 위주로 근본 서원으로 발원하신 약사여래 부처님의 거룩하신 비원에, 새삼 찬탄과 감사의 합장을 올리지 않을 수 없다"[44]고 강조했다.

그가 번역 대본으로 사용한 것은 당나라 의정이 한문으로 번역한 『약사유리광칠불공덕경』. 원래 『약사경』의 한문 번역은 문단 구분이 없었지만, 그는 편의상 장절을 구분해 번역했고, 어려운 용어의 경우 책 끝에 가나다순으로 용어 해설을 덧붙였다. 약사여래 기도를 모시는 방법에 대해선 "칠불 여래 7위의 불상을 조성하기가 어려울 경우에는 약사여래 부처님의 화상 일곱 장을 복제하여 액자로 모시고, 불상에 사리를 모시는 데에도 진신 사리를 구하기 어려우니, 법신 사리를 대신하되, 법신 사리 곧 법신게를 써서 각기 부처님 화상의 액자마다에 넣어서 모셔도 좋을 것"[45]이라고 조언했다.

"… 천여 년 동안 거듭된 재난으로 말미암아 장엄했던 옛 가람은 폐허가 되고, 다만 석탑과 석등만이 조연히 황량한 성역을 지키며 제법무상한 회고의 감회를 자아내게 합니다. 외따로 위치한 선당만을 산승 등이 가까스로 중수하여 10여 명의 수도승이 호젓이 수행정진하고 있는 소외된 실정이오니, 이번 백장암의 복구는 한갓 수도 성지를 보존하는 불가의 입장에서뿐 아니라, 전통문화 계승의 국가적 당위에서도 결코 간과할 수 없는 시급한 과제가 아닐 수 없습니다."[46]

이듬해 1월, 『약사경』 번역을 마친 청화는 동안거 수행을 하면서 지리산 백장암을 제대로 된 선불도량으로 만들기 위해서 제자 성본과 함께 발 벗고 나섰다. 백장암의 「불사모연문」을 썼다.

"이제 산승 등이 비록 무력하오나, 미성을 다하여 이 청한 유수한 성역의 옛 가람을 복구하고, 다시금 엄정한 계율청규와 선지를 쌍수하는 선불도량을 이룩하여, 정신문화의 창달에 이바지하고자 지심으로 발원하는 바입니다. 아무쪼록 유연 제현께서 수희 동참하시어 성불도생의 승연을 지으시기를 간절히 바라 마지않습니다."[47]

다른 무엇보다도 석가모니 부처님 법대로 수행하는 그의 치열한 구도 정신이야말로 백장암의 선풍 진작에 큰 도움이 됐을 것이다. 이 시절 그의 치열한 구도 정신을 엿볼 수 있는 이야기가 있다.

"큰스님, 얼마만큼 부처님을 그리워해야 합니까?"

백장암에서 수행 중이던 즈음, 그가 참선을 잠시 멈추고 쉬는 시간에 재가 불자 박병섭 거사가 다가와서 물었다.

"옆에 있는 사람들로부터 저 사람 미쳤다는 소리를 들을 정도가 돼야 합니다."

그는 싫은 내색을 하지 않고 친근하게 답했다. 거사와의 질의응답은 한동안 이어졌다.

"염불을 권하시는 이유를 말씀해 주십시오."

"염불은 제일 하기 쉬우면서도 공덕 또한 많습니다. 무엇보다 더 빨리 초승할 수가 있습니다."[48]

주위 사람들에게서 모두 미쳤다는 소리가 나올 만큼 수행해야 한다는 그의 치열한 구도 정신과 성본의 노력이 더해지면서 백장암은 서서히 본래 모습을 되찾아 갔다. 깨끗하게 정리된 암자, 청정하면서도 엄숙한 기운, 말쑥해 보이는 선승들 …. 한 언론은 당시 그가 수행 중이던 백장암의 모습을 이같이 묘사했다.

"대나무 숲을 헤치고 나무토막을 이어 만든 층계를 오르면, 깨끗하게 단장된 암자의 분위기를 무겁게 유도한다. 엄숙한 도량, 말쑥한 10여 명의 선객 스님들 …."[49]

첫 언론 인터뷰 "정통 불법의 부흥을!"

"정통 불법의 중흥이란 명제 아래, 그 실천요강으로서 첫째, 다양한 교법을 회통한 통불교의 선양, 둘째, 엄정한 계율의 준수, 셋째, 염불선의 제창, 넷째, 구(俱)해탈의 증득, 다섯째, 위법망구의 전법도생 등을 들 수 있겠습니다."[50]

언론과 처음 인터뷰에 나선 청화의 일성은 원통불교의 중흥과 엄정한 계율의 준수, 염불선의 제창 등을 통한 정통 불법의 부흥이었다. 그는 1983년 1월 지리산 실상사 백장암에서 ≪전북신문≫ 문치상 문화부장과 인터뷰를 했다. 그의 첫 언론 인터뷰였다.[51] 이때 그의 나이 60세. 대담은 1월 10일 자 ≪전북신문≫에 "가장 바람직한 얼굴"이라는 제목으로 실렸다. 자신의 사상적 큰 틀과 구조, 입장을 분명하게 보여주면서도 이를 바탕으로 다양한 질문에 자유자재로 답하는 모습이 인상적이다.

그는 이날 인터뷰에서 "과연 어떤 얼굴로 살아가는 것이 번뇌와 갈등을 극복하는 길인가"라는 물음에 "각박하고도 복잡한 산업 사회"에서 자신의 본질을 제대로 모른다면 "바람직한 바른 얼굴로 살아나갈 수가 없다"고 전제한 뒤, 현대 사회의 바람직한 얼굴상으로 진리를 깨달아 두려움을 없애주고 평안한 행복을 가져다주는 "무외시(無畏施)의 얼굴", 곧 부처의 얼굴을 제시했다.

"무외시란 중생들의 모든 두려움을 없애주고 평온한 행복을 안겨주며 자기 생명마저도 아낌없이 베푸는 보시를 의미합니다 … 인간의 본질이 영원한 생명과 지혜와 자비 등 무한한 가능성을 원만히 갖춘 부처라고 파악할 때, 구겨져 있던 얼굴은 자연히 펴지고 말 것입니다. 따라서 가장 바람직한 얼굴이란 부처의 대자대비한 얼굴이며, 또한 우리 인간 각자의 진정한 자아의 얼굴이기도 합니다."[52]

현대 사회의 물질만능주의나 배금주의 풍토에 대한 대안을 묻는 질문에는 "인간의 제한된 시야에 비치는 물질이란 다만 부처의 현상에 지나지 않는다"며 우주 만유에 대해 근본적이고 철학적인 성찰을 통해서 "동체대비의 윤리 확립"을 강조했다.

"양파의 껍질을 벗기다 보면 결국 알맹이는 아무것도 없이 텅 비어 있듯, 과학자들은 모든 물질을 원자, 소립자 등으로 분석해 나가면서 물질의 근원은 텅 빈 허무라고들 말을 합니다. 하지만 사실은 텅 빈 것 같으면서도 신비한 광명이 충만해 있는 영원한 광명의 바다가 무한 전개돼 있는 것입니다 … 비단 인간의 본질만이 부처가 아니라 우주에 존재하는 일체 만유의 본질 또한 한결같이 부처이기 때문에, 우리 인간을 비롯한 일체 만유는 찬란하고 무량무변한 부처의 바다 위에 이뤄진 파도나 거품과도 같은 것입니다."[53]

그러면서 "신비한 광명이란 곧, 무한한 힘, 무한한 지혜, 무한한 자비 등 무한의 가능성을 지닌 부처의 성품을 의미한다"며 부처의 성품을 상락아정(常樂我淨)의 열반사덕으로 풀이했다.[54]

그는 "인간성의 구조는 어떻게 되는가"라는 물음에 대해선 불교의 십법계를 중심으로 인간성의 구조를 풀어냈다. 즉, 잔인하고 고통스러운 '지옥'에서 시작해 배고픔 속에서 고통받는 귀신 세계인 '아귀', 동물의 세계인 '축생'(이상 삼악도), 다투기 좋아하는 '아수라', 사바세계인 '인간', 안락하기만 한 '천상'(이상 삼선도), 부처의 진리를 깨달은 '성문', 인과법칙과 인연법까지 터득한 '연각', 중생과 더불어 불심을 깨닫는 '보살', 마지막 '부처'(이상 사성법계)로 올라가는 십법계를 설명한 뒤, 모든 중생은 "십법계의 가능성을 모두 마음에 지니고 있기에 그 수행 여하에 따라 지옥으로 떨어질 수도 있고 최상의 부처가 될 수 있다"고 강조했다. 마음이 곧 부처이기에 마음을 깨치면 부처라는 얘기다.

"인간의 현재 마음은 비록 옹졸하고 너절한 번뇌로 들끓고 있다고 하더라도, 인간성의 저변은 시작도 끝도 없이 무시무종하고 무량무변한 무한성을 지니고 있습니다 … 인간이 해야 할 가장 시급하고 중대한 일은, 우리 마음속에 들어 있는 지옥 같은 악독한 마음, 탐욕만 부리는 아귀 같은 마음, 바보처럼 어리석은 축생 같은 마음 등은 될 수 있는 한 억제하고 정화하고 제거해 가면서 마음속에 공존해 있는 가장 건설적이고 긍정적이며 모든 지혜공덕을 원만히 갖춘, 영생하는 마음인 부처를 개발하고 빛내는 것이 인간의 가장 고귀한 사명이 아닐 수 없습니다."[55]

부처와 같은 인격을 이루기 위한 구체적이고 체계적인 방법론을 제시해 달라는 주문에는 팔정도와 삼학도, 육바라밀을 제시하고 보시와 지계, 인욕, 정진, 선정, 지혜의 육바라밀을 중심으로 설명했다. 그러면서 육바라밀을 실천하기 어렵다면 우주 만유와 마음이 곧 부처이고 마음을 깨치면 모두 부처라는 지혜를 여의지 않고 자신 속의 부처를 간절히 생각하는 염불선을 제안했다.

"한없이 바쁜 현대 생활 속에서 쫓겨 사는 인간이 이 육도를 제대로 실천하기란 어려울 것입니다만, 최소한 나와 우주 만유의 본질이 부처라는 것을 분명히 믿고 그 부처의 무한한 공덕을 매양 생각하면서 그 부처의 이름인 아미타불이나 관세음보살이나 하나님 등을 지성으로 외우면서 생활한다면, 우리의 불안한 번뇌는 점점 사라지고 안온하고 황홀한 행복감 가운데 날로 바른 얼굴인 부처와 가까워지게 될 것입니다."[56]

마지막으로 "현재 불교계의 침체상을 극복하기 위한 구상을 말해 달라"는 물음에 그는 "(한국) 불교가 침체 부진한 근본적인 요인은 정통 불법의 신행과 증득을 등한히 한 데서 오는 필연적인 추세로서, 유능한 불교 지도자의 빈곤을 초래하게 되고 교단의 불화와 국민 불신을 사기에 이르렀다"[57]며 석가모니 부처와 정통 조사들의 법을 믿고 수행하는 정통 불법의 부흥을 주장했다.

그러면서 정통 불법의 부흥을 위한 구체적인 실천요강으로 원통불교의 선양, 엄정한 계율의 준수, 염불선의 제창, 해오와 증오 구해탈의 증득, 위법망구의 전법도생 다섯 가지를 제시했다. 특히 구해탈의 증득과 관련해선 "구해탈은 지혜해탈과 선정해탈로서, 지혜해탈은 번뇌를 끊고 참다운 지혜를 얻음을 말하고, 선정해탈이란 멸진정이라고 하는 깊은 삼매에 들어 번뇌의 종자마저 모조리 끊고 일체사리에 통달하여 이른바 생사를 해탈하는 성자의 자재로운 지혜를 의미한다"고 덧붙였다.

"정통 불법의 실천에 의해서만 비로소 인간 의식의 본질인 불성을 계발해 진정한 의식 개혁을 이룩할 수가 있고, 철저하고 원만하고 진리를 깨달은 이가 바로 성자요, 부처입니다. 수행 정진하여 깨달은 성자의 수가 늘어나고 부처가 되려는 중생의 수가 많아질 때, 우리 인류는 비로소 몽매에 그리는 지상극락의 여명을 맞이하게 될 것입니다."[58]

첫 언론 인터뷰는 지면 제한으로 그의 사상 전모를 다 드러내 보이는 데에는 한계가 있었지만, 그럼에도 사상적 큰 틀을 잘 보여준다는 점에서 의미가 적지 않다. 우주 만유가 부처뿐이고 마음이 곧 부처라며 마음을 깨치면 모두 부처라는 지혜관과 진리관, 석가모니 부처의 법대로 믿고 수행하는 정통 불법의 부흥을 통한 원통불교의 중흥, 정통선을 중심으로 각종 수행법의 회통과 염불선의 대중화 …. 미세한 변화가 없었던 것은 아니지만, 그럼에도 그의 전체 사상의 틀이나 입장은 이후에도 일관되게 유지된다. 한국 사회와 불교를 향한 청화의 일성인 '정통 불법의 부흥'에 대한 청화사상연구회장 박선자 경상대 명예교수의 설명이다.

"한국 불교에서 많은 종파가 생겨나고 여기에 종파성이 가미되면서 석가모니 부처님의 정통 불법이 그냥 전수되지 못하는 경향이 있었습니다. 큰스님은 이러한 상황에서 석가모니 부처님의 법을 흠집 없이 그대로 전수해야 한다고 생각하고 정통 불법의 부흥, 정통 불법의 재천명을 주창하셨지요. 실제로 석가모니 부처님의 정통 불법을 제대로 전수하기 위해서 노력했고요. 특히 각종 종파로 분열하기 전 석가모니 부처님의 진리 전파에 중점을 두고 있던 중국 선종의 초조 달마 대사부터 육조 혜능 대사까지 순선 시대의 정통 불법, 정통 수행법인 정통선을 강조하신 것이죠."[59]

그해 겨울, 청화는 지리산 백장암을 떠나서 해남 대흥사의 산내 암자인 남미륵암에서 안거 수행했다. 노승봉 아래 울창한 숲속에 자리 잡은 남미륵암은 방마다 두어 명 정도 누울 수 있는 조그만 상하방으로 구성돼 있었다.

그는 이 시기에도 일종식과 장좌불와를 이어가면서 밥 먹는 시간도 아까워할 만큼 수행에만 매달렸다. 특히 기름기 있는 음식을 먹지 않았다. 정신안 강봉례 보살 등[60]에 따르면, 강봉례 보살이 어느 날 한 재가 불자와 함께 그가 수행 중인 남미륵암을 찾았다. 그는 한참 뒤에야 토굴에서 나와서 얼굴을 비쳤다. 보살은 미리 준비해 간 반찬과 들기름 등을 건네려 하자, 그는 받지 않았다.

"수행자의 몸에 기름이 들어오면 도인이 못 됩니다. 이것을 큰절에 갖다 드리면, 내가 먹은 것보다 더 공이 되겠습니다."

완곡한 거부였다. 그러면서 밥을 해 먹으면 시간을 많이 쓰게 되고 번거로워서 쌀을 불려 생식을 하고 미숫가루를 타서 먹는다고 당시 생활의 일부를 말했다.

심지어 한겨울에도 장작을 아껴가며 차디찬 방에서 수행했다. 제자 보영 등[61]에 따르면, 보영은 어느 날 남미륵암을 찾아왔다가 그의 양쪽 귀에 얼음이 들어 있는 것을 발견했다.

"아니 큰스님, 귀에 그것이 무엇입니까?"

"얼음이군요. 날씨가 추워서 그런가 봅니다."

보영은 그의 대답을 듣고 부엌과 창고 쪽으로 나가봤다. 그곳에는 칼로 자른 듯 반듯한 장작들이 차곡차곡 쌓여 있었다.

"이렇게 장작이 많은데…. 추우면 불을 지피셔야죠, 스님."

"춥고 배고파야 도심(道心)이 생긴다는 말이 있잖습니까. 방이 따뜻하면 긴장이 풀려요. 손님이 오면 지필 땔감도 부족하고 …."

긴장을 풀지 않고 수행의 마음을 유지하기 위해서, 다음 수행자를 위해서 장작을 아껴 땠다는 설명이었다. 보영은 순간 눈물이 왈칵 솟았다. '그래, 저분은 생명을 걸고 깨달음을 구하고 있구나. 그런데, 나는 지금 어떻게 살고 있는가.' 내심 열심히 정진하고 있다고 생각한 보영은 자신이 한없이 부끄러웠다.

첫 대중 법문, 백장암 만등불사 법문

"지금 여러 불자님들 손에는 무량광불(無量光佛)이라고 쓰인 쪽지가 있습니다 … 만등불사는 비록 만 등이라 하는 수치로 표현되었지만,

이것은 만등에 국한되지 않습니다. 만 등, 백만 등, 또는 무진 등. 끝도 가도 없는, 한없는 등불을 켜서 무량불토에 가는, 우리 스스로 무량광불이 되고, 천지우주가 모두 다 무량광명토가 되기를 기구하는 데 만등불사의 참뜻이 있습니다."[62]

긴장한 듯, 다소 경직되고 상기된 목소리였다. 그럼에도 만등불사의 의미를 무량광불의 개념을 바탕으로 법문을 풀어갔다. 이야기는 중생들이 번뇌 때문에 무량광불을 보지 못하고 있다며 진여불성의 의미와 그 공덕, 성불하는 수행법, 마음이 곧 부처이고 깨치면 모두 부처라는 지혜의 자리를 여의지 않는 염불선 수행으로 차츰차츰 나아갔다.

청화는 1983년 10월 22일 지리산 백장암에서 무량광불이라고 쓰인 쪽지를 든 많은 불자들이 참석한 가운데 열린 만등불사 축하법회에서 「무량광불과 바른 신앙」 제하로 법문을 했다. 비록 이전에 여러 차례 대중 법문을 한 것이 분명하지만, 현재까지 보존된 법문 자료 가운데 가장 오래된 그의 법문이었다. 2년 뒤에 태안사 조실로서 본격적으로 대중 앞에 선다는 점에서, 사실상 그의 초전법륜이라고 부를 수도 있겠다.

그는 우선 불교에서는 진리를 광명이나 빛으로 상징적으로 표현하는데, 광명 가운데 가장 근원적인 광명, 본바탕인 광명이 바로 무량광불이라며 진리의 등불을 켜서 스스로 무량광불이 되고 우주 역시 광명토가 되기를 희망하는 데 만등불사의 의미가 있다고 설명했다. 다만, 중생들은 "탐욕심을 부리고, 노여워하며, 어리석은 마음을 품고, 아만심을 내며, 참다운 법을 곧이곧대로 믿지 않고 의심을 내"

는 탐(貪), 진(瞋), 치(痴), 만(慢), 의(疑)심 때문에 자신의 불성, 무량광불을 보지 못한다며 우주 만유를 모두 부처 하나로 보는 바른 신앙을 가져야 한다고 강조했다.

"인간성의 본질인 동시에 바로 우주 만유의 본바탕이 부처님입니다. 인간들은 각 현상은 보지만, 일체존재의 본성은 못 봅니다. 본성을 본 분들 말씀으로 해서 인간성의 본바탕, 인간성의 본질, 우주 만유의 본질이 바로 부처님입니다. 부처님을 물리적인 표현으로 말씀할 때 무량광명입니다 … 우주의 본바탕을 인격적으로 표현하면 부처님입니다. 조금 더 어렵게 말하면, 법신 부처님입니다. 철학적으로 표현하면 진여, 여래, 또는 제일의제, 법성, 불성입니다. 물리적 표현을 한다고 할 때는 무량광이라, 한도 끝도 없는 광명이란 말입니다."[63]

그는 "우리의 본질, 본바탕인 불성이나 우주 만유의 본질인 진여불성은 무량 무한의 모든 지혜공덕을 다 갖추고 있"다며 대표적으로 상락아정의 공덕을 갖추고 있다고 설명했다. 이어서 모든 인간들에게 이미 갖춰져 있는 진여불성은 바로 우주 만유의 근본 성품과 결코 다르지 않은 하나라면서 마음이 곧 부처이기에 자신의 진여불성을 깨쳐서 부처가 돼야 한다고 강조했다. 자성불 및 자성선 사상을 분명히 했다.

"현상적인 사람도 비록 잘난 사람 못난 사람, 또는 다른 동물인 개나 소나 돼지나, 돌멩이나 산이나 내나 하늘에 있는 별이나 천지만유가 천차만별로 차이가 있다 하더라도, 그 본성이 부처 불성인 점에서는 똑같습니다. 원융무애합니다. 상은 천차만별이나, 불성은 똑같습니다."[64]

그는 현대 사회에서 진여불성을 빠르고 효과적으로 깨닫기 위한 수행법으로 화두 참구나 묵조선, 염불선 등 다양한 수행법이 있다면서도 우주 만유가 진여불성뿐이고 마음이 곧 부처라는 생각을 여의지 않아야 한다고 강조했다. 특히 "염불을 수행하는 사람은, 사람 가운데에서 가장 향기롭고 고귀한 꽃(念佛修行者 人中芬陀利華)"이라는 『관무량수경』 구절을 거론하면서 순간 찰나에도 진여불성을 여의지 않는 염불선을 강조했다. 우주 만유가 진여불성뿐이고 마음이 곧 부처라는 반야의 지혜를 바탕으로 간화선과 염불선, 묵조선 등 다양한 수행법의 회통을 시도한 것이다.

"비록 '이 뭐고'(화두 참구)를 한다 하더라도, 진여불성을 분명히 의미한다면 그때는 염불입니다 … 진여불성을 분명히 부여한다고 하면 '이 뭐고'로 하나 '무자'로 하나, 똑같은 염불인 것입니다. 이와 같이 우리 마음이 순간 찰나도 진여불성에서 안 떠나는 마음 자세, 이것이 염불입니다. 이렇게 하면 염불인 동시에 참선입니다."[65]

그는 우주 만유가 진여불성뿐이고 마음이 곧 부처라는 생각을 여의지 않으면서 아미타불을 간절히 생각하는 염불선 수행을 염불 화두라고 부르며, 이는 석가모니 부처부터 시작해 선종의 달마 대사부터 육조 혜능 대사 등 정통 조사, 원효와 의상, 보조 지눌, 서산 휴정 등 한국의 선지식까지 면면히 내려오는 정통 수행법이라고 강조했다.

"부처님께서 모든 경전에서 말씀하셨고, 부처님 뒤의 많은 도인들, 한국의 원효, 의상, 자장, 고려 때의 보조 국사, 진각 국사, 대각

국사, 태고 스님, 나옹 화상, 조선 때의 무학 대사, 득통 대사, 서산 대사, 진묵 대사, 사명당, 현대에는 연담, 범해 그런 스님들이 여출일구로 모두가 찬탄하고 참구한 화두가 염불 화두입니다."[66]

백장암 만등불사 법문 한 달 뒤인 11월 20일, 청화는 광주 원각사에서 백일기도 입제 법문을 했다. 원각사는 광주 금남로 번화가에 위치한 송광사의 광주 포교당이었다. 원각사 백일기도 입제 법문 역시 구체적인 표현이나 예시는 조금 다르지만, 반야의 지혜관이나 원통불교의 중흥, 정통선을 통한 각종 수행법의 회통 및 염불선의 대중화 등 핵심 내용이나 방식은 백장암의 만등불사 법문과 크게 다르지 않았다.

그는 먼저 석가모니 부처 당시에도 96종의 외도가 있었을 정도로 주의와 주장, 교파가 많았다며 어떤 수행법을 택해야 할지 혼란스러워하는 작금의 안타까운 현실을 꼬집었다.

"성불을 하려면 화두를 의심해야 한다, 꼭 염불을 해야 한다, 주문을 외워야 한다, 티베트의 밀교 등은 옴마니반메훔만이 꼭 성불의 길이다, 딴것은 저차원의 것이다, 우리 한국 조계종도 화두를 의심해야만 참선이다, 딴것은 참선도 아니다, 염불이나 그런 것은 저 하근 중생이나 하는 것이다, 이렇게 혼돈 무궤합니다."[67]

그러면서 우주 만유가 모두 진여불성뿐이며 이를 인격적으로 보면 부처뿐이라면서 부처 이름이 수없이 많지만 결국 모두 하나의 부처라고 봐야 바른 견해, 바른 신앙이라고 강조했다. 즉, "부처님의 이름이 많이 있고, 자칫하면 우리가 따로따로 병립해 다신교 모양으로 믿게 되는 염려가 있습니다만, 그러한 것은 방편일 뿐이고, 부처님은 한 분"[68]이라고 강조했다.

그는 불법의 정수는 참선이라고 강조한 뒤, 화두 참구나 주문, 염불 등 다양한 수행법 가운데 특정 하나의 수행법만이 참선이 된다는 주장은 법집으로, 정견에서 일탈하는 것이라고 지적했다.

"(화두) 참구를 하려면 스님한테 가서 무슨 문제를 의심하라는 화두를 타야 할 것인데, 그런 기회는 없고, 뭔지를 의심해서 삼는 것들은 마음이 불안하고 별로 마음이 닿지도 않고, 기도 오시면 관세음보살도 해야 하는데, 그것은 선이 아니라 하고 … 이런 것은 우리 불교가 부처님의 참다운 정견에서 일탈돼 버린 한 가지 견해입니다. 불교는 그와 같이 좁은 것이 아닙니다. 대도무문이라, 큰 도는 문이 한 군데만 있지 않습니다 … 뱅뱅 돌아서 꼭 무슨 옴마니반메훔만 해야 하고, 화두만 의심해야 하고 그래야만 들어가는 문이 아닙니다."[69]

그러면서 우주 만유가 부처뿐이고 마음이 곧 부처라는 지혜의 자리를 여의지 않으면 염불을 하든 화두를 참구하든 주문을 외든 모두 참선이 될 수 있다고 거듭 강조했다. 우주 만유가 부처뿐이고 마음이 곧 부처라는 지혜를 생각마다 여의지 않는 정통선의 개념을 통해서 각종 수행법의 회통을 거듭 시도했다.

"화두를 의심해야만이 참선이라고 하는 분들도 역시 아무리 '이 뭣고'를 몇십 년을 한다고 하더라도 그 사람 마음이 불심을 떠나버리면 참선이 못 됩니다. 관세음보살을 맨날 외운다 하더라도 관세음보살을 외우는 그 마음 자세가 불심을 안 여의면 바로 참선입니다. 그러면 염불과 참선이 둘이 아니란 말입니다 … 일체가 부처인 것을, 나나 누구나 바로 그대로 부처인 것을 먼저 깨닫고서, 부처 가운데 일체종지를 일체공덕과 지혜와 자비를 믿고서 말입니다. 이렇게 해서 염불을 하나 참구를 하나 주문을 하나 그때는 다 선입니다."[70]

특히 자신의 마음 밖에 떨어져 있는 대상적 부처를 구할 게 아니라 자신의 마음이 곧 부처라는 것을 깨닫고 간절히 자신의 마음속 그 부처를 믿어야 성불이 된다며 자성불, 자성선 사상을 각별히 당부했다.

"나무아미타불을 부른다고 하더라도 아미타불은 저기 멀리 계신다, 이렇게 생각하는 것은 참선이 못 됩니다. 그때는 마치 기독교인들이 하나님을 저만치 멀리 구하는 신앙하고도 똑같습니다 … 불교가 될 수 있을 때는, 부처님이라 하는 것은 우주에 언제나 어디에나 계시는 것이고, 나의 본질이 부처님이고, 단지 내가 못 닦아서 부처님을 모른단 말입니다. 도인들은 본바탕의 부처님이라는 것을 아는 분들이고, 우리는 못 닦아서 미처 모를 뿐이란 말입니다."[71]

그는 보조 지눌의 어록을 인용[72]하면서 먼저 이치적으로 우주 만유가 모두 부처뿐이고 마음이 곧 부처라는 지혜를 깨달았다고 하더라도 과거 전생과 금생의 번뇌와 업장을 녹이기 위해서 불염오 수행을 이어가야 한다고 강조했다.

"비록 우리 자성이 부처이고 본래가 부처라 한다 할지라도, 우리는 과거 전생에 지은 무량의 번뇌, 금생에 지은 잘못 듣고 잘못 생각하고 잘못해 온 번뇌, 이것이 쌓여놔서 우리가 정령 조심해서 정진도 하고 염불도 하고 참선해야만 녹아집니다. 우리 잠재의식은 과거

번뇌나 금생 번뇌나 꽉 차 있습니다. 불교말로 해서 훈습이 딱 돼 있습니다. 그놈을 녹여야 합니다."[73]

특히 성철이 『선문정로』 등을 통해서 돈오돈수만이 옳다고 주장한 것을 계기로 일기 시작한 돈점 논쟁과 관련, 정통선을 바탕으로 회통을 시도했다. 즉, 정통선의 개념에서 파악해야지, 말과 표현에 매달려 시비를 가릴 일이 아니라는 취지다.

"영혼적인 진리를 내다보는 사람들은 별로 말이 없는 것입니다. 현상만 보고 근본 본질을 모르는 사람들, 물결만 보고 물의 본질을 모르는 사람들, 그분들은 자꾸만 시야비야합니다. 그래서 시비에 걸립니다. 돈오만 있고 점수가 없다, 또는 점수만 있고 돈오만 없다, 그런 말도 하고 별말 다 합니다. 그러나 근본을 본 사람들은 그런 말이 필요가 없습니다. 본체에 따라서 불심에 따라서 행동하고 그때그때 방편만 세울 뿐입니다.[74]

첫 대중 법문인 백장암 만등불사 법문과 비교적 초기의 원각사 백일기도 입제 법문은 청화가 이후 행하게 되는 각종 대중 법문의 주요한 특성을 잘 보여준다는 평가다. 우선, 우주 만유는 모두 진여불성뿐이고 마음이 곧 부처라며 마음을 깨치면 곧 부처라는 반야의 지혜, 진리관을 견지했다. 시기와 장소, 대상이나 상황 등에 맞게 탄력적으로 시작하고 끝을 맺지만, 그의 대중 법문은 늘 마음이 곧 부처이기에 자신의 마음을 깨치면 모두 부처가 될 수 있다는 반야의 지혜를 강조해 왔다.

또 첫 대중 법문임에도 그가 평생토록 강조한 정통 불법의 부흥을 통한 원통불법의 중흥, 석가모니 부처와 순선 시대의 정통 조사들의 정통선을 바탕으로 각종 수행법의 회통과 염불선의 대중화, 엄정한 계율 준수라는 사상을 고스란히 담았다. 이후에도 원통불교만이 복잡다단한 현대 사회의 위기를 극복하고 사람들을 진리의 길로 인도할 수 있다고 강조했고, 석가모니 부처와 정통 조사들에 의해 확립된 정통선을 바탕으로 화두와 염불, 묵조 등 각종 수행법의 회통을 시도했다.

아울러 석가모니 부처부터 대승불교의 마명 대사와 용수용수 보살, 중국 선종의 초조 달마 대사부터 6조 혜능 대사, 원효와 의상, 보조 지눌, 태고 보우 등 한국의 주요 선지식까지 정통 조사들의 주요 법문과 행장, 에피소드를 적극 활용해 친절하고 대중적인 법문을 했다. 이 같은 모습은 이후에도 이어졌다. 그는 독창적인 자신의 주장보다는 석가모니 부처와 정통 조사들의 법문을 진솔하게 전달하려 했다고, 나중에 금타 대화상 열반재일 법문에서 회고했다.

"제가 이곳저곳 다니면서 한 말씀은 모두가 다 부처님말씀을 좀 외워가지고서 옮긴 것이지, 제가 독창적으로 한 말씀은 한 말씀도 없습니다. 다만 저는 부처님 말씀을 조금도 흠절이 없이 그대로 옮겨야 되겠다, 그런 마음은 가졌습니다. 제 말씀에 무슨 가치가 있다고 생각하면 그것은 부처님이나 각 성자들이 갖춘 것이지 제 가치는 아무것도 없습니다."[75]

첫 언론 인터뷰, 첫 대중 법문을 통해서 청화가 마침내 대중 앞에서 진리의 법을 펼쳐 보이기 시작했다. 이때 그의 나이 60세. 1947년 출가 이후 무려 35년 만이었고, 1959년 해남 두륜산 양도암에서 시작된 치열한 구도 만행 이후 24년 만이었다. 확실하게 닦은 뒤 비로소 전법에 나선 모습이었다고, 유발 제자 배광식은 분석했다.

"많은 스님들이 젊은 시절부터 수행과 전법을 동시에 하곤 합니다. 그러다 보면 선방에 앉아 있으면 전법을 해야 되겠다는 생각이 들고, 전법을 하다 보면 수행을 더 해야 되겠다는 생각이 들지요. 혼란스럽게 왔다 갔다 하는 경우가 많아요. 하지만 큰스님의 경우 오랫동안 철저하게 수행을 마친 뒤에, 사상과 수행, 행장 모두 충분히 익힌 뒤에 비로소 전법에 나오신 것입니다."[76]

베일 벗은 사상, 백장암 연속 법문

"본래시불, 원래 부처니까, 원무번뇌라, 원래 번뇌가 없고, 무루지성본자구족이라, 일체공덕과 지혜를 원래 갖추고 있단 말입니다. 따라서 시심시불 시심작불(是心是佛 是心作佛)이라, 이 마음 바로 부처고 이 마음으로 부처를 이룬단 말입니다. 비록 우리가 번뇌에 갇혀서 지금 미처 못 깨닫고 있다 하더라도 이 정도를 느끼고 닦아야 참선입니다."[77]

자신을 바라보는 비구와 비구니, 재가 불자 등 40여 명의 사부 대중을 차분히 바라보면서 우주 만유가 모두 부처뿐이고 마음이 곧 부처라며 마음을 깨쳐서 부처가 되는 자리가 바로 참선이라고 강조하고 있었다.

"비록 내가 지금 미혹해서 한 번뇌도 못 끊고 닦는다 하더라도, 먼저 내가 부처다, 부처가 딱 된 자리에서 닦아나가야 비로소 참선이라고 합니다. 어려운 말로 하면, 선시불심이요, 즉 선은 바로 부처의 마음이요, 교시불어라, 교는 부처님의 말씀이란 말입니다."[78]

청화는 1984년 1월 3일 지리산 백장암에서 동안거 용맹정진에 돌입한 사부 대중에게 연속 법문을 했다. 이날부터 1월 9일까지 7일 동안 연속으로 법문했다. 그간 대중 법문이나 인터뷰에서 부분적으로 보여준 청화 사상의 전모가 마침내 드러나는 순간이었다.

그는 동안거 용맹정진 첫날인 1월 3일 "만약 마음이 무엇인가를 알아서 도를 닦으면 적게 들여도 쉽게 이뤄질 것이요, 마음이 무엇인가를 알지 못하고 도를 닦으면 헛수고만 하고 이익이 없다"[79]는 달마 대사의 「관심론」 구절이나, "밖으로 모든 인연을 쉬고 안으로 헐떡거림이 없어서 마음이 장벽 같아야 도에 들어갈 수 있다"[80]는 「혈맥론」 구절을 예로 들면서 참선이야말로 "불도의 바른 문", "성불의 가장 가까운 지름길", "부처의 마음"이라고 강조했다.

중생들은 '나'라는 것에 집착하는 아집과 세상 만물에 집착하는 법집에 사로잡혀 자신의 마음을 제대로 보고 깨치지 못한다며 『반야심경』[81]과 12인연법, 오정심관을 비롯해 석가모니 부처와 『금강경』[82]을 비롯한 대승불교의 경전, 중국 선종의 주요 조사들의 법문을 들려주면서 공사상을 설명했다.[83] 이어서 화두 참구, 염불, 주문, 관법 등 특정 수행법만을 진리에 이르는 유일한 길이라고 고집하는 법집이 어떻게 발생하는지 예시하면서 법집을 경계해야 한다고 강조했다.

"화두를 든 사람들은 화두를 들고 있으면 원래 부처인지라 그때는 마음이 개운해지고 번뇌도 녹아지고 합니다. 그렇게 되면 몸도 개운하고 마음도 시원해지니까, 아! 참 공부는 그야말로 화두만 해야 쓰겠구나, 이렇게 선호합니다. 애쓰고 염불하는 사람들은 염불만 하고 있으면 부처한테서 이끌어가는 힘이 있고 우리 마음도 부처한테로 가고 싶은 힘이 있기 때문에 염불을 자꾸만 하면 역시 마음도 맑아지고 몸도 가볍단 말입니다. 그러면 그 사람들은 이제 염불만이 옳구나, 또 주문하는 사람들은 역시 주문도 부처님 공부인지라 애쓰고 주문을 하고 있으면 마음도 개운하고 몸도 시원하단 말입니다. 그러면 아! 참 공부라는 것은 주문만이 옳구나, 주문만이 옳다는 사람들은 요새 옴마니반메훔 진각종, 그런 종파를 세우겠지요. 화엄종은 일진법계라, 일체 우주가 하나의 법계구나, 이와 같이 하고 관법을 주로 하는 사람들은 해보니까 역시 마음도 개운하고 몸도 시원하니까, 이것만이 옳구나, 이렇게 해서 또 화엄종을 세운단 말입니다 … 그야말로 천지우주가 바로 보면 다 부처인 것인데, 어떻게 무슨 억하심정으로 한 가지만 옳고 한 가지는 법이 아니겠습니까."[84]

그러면서 우주 만유가 모두 부처뿐이고 마음이 곧 부처라는 지혜의 자리를 떠나지 않는다면 "주문이나 화두나 염불이나 어떠한 문으로 가나 결국은 끄트머리는 다 부처가 되고 만다"[85]고 주장했다. 즉, 반야의 지혜에 입각한 정통선을 바탕으로 화두 참구와 염불, 주문, 관법 등의 각종 수행법의 회통을 시도했다.

"본래 부처요, 본래 일체 만상이 즉공이라, 다 비어 있다, 이것만 딱 느끼시면 됩니다. 이것만 느끼면 '똥 마른 막대기'라 하나 옴마니반메훔이라 하나 다 무방합니다. 하지만 내가 원래 부처고 나한테는 원래 일체공덕이 갖춰져 있고 또는 내 몸이나 내 마음이나 일체 만유는 공이다, 이것을 분명히 못 느끼고 아무리 '이 뭣고' 하고 아무리 아미타불을 해도 그때는 별로 공덕이 크지 않습니다. 그때는 참선이 아닙니다."[86]

둘째 날, 청화는 전날에 이어 우주 만유가 모두 부처뿐이고 마음이 곧 부처라는 지혜를 여의지 않고 참선하라고 거듭 강조했다. 먼저 인간 세계와 우주 만유를 바라보고 이해하는 방법으로 중생과 범부는 안락한 것으로 보고, 성문과 연각승은 고통으로 이해하며, 보살은 공으로 보고, 부처는 공으로 보면서도 다만 공이 아니라 일체 공덕이 다 들어가 있는 진공묘유의 진여불성이라고 이해하는 4인관세론을 설명했다.

"공은 공이더라도 다만 공, 즉 단공이 아닙니다. 다만 공 같으면 허무가 돼버리지요. 공즉색이라, 공의 내용이 바로 색입니다. 색의 본질, 본바탕은 공입니다. 공을 깨달은 색은 다만 색이 아니라 묘색입니다. 즉, 말하자면 묘유입니다."[87]

한발 더 나아가 공은 진공묘유의 진여불성이고 순수한 생명인 진여불성을 인격화하면 부처가 된다며 결국 우주 만유가 모두 부처뿐이라고 강조했다.

"공의 내용은 무엇인가, 그것은 불성이지요. 불성은 생명인지라 인격화시키면 그때는 부처님입니다. 부처님의 대명사가 아미타불이고 관세음보살입니다."[88]

그는 자신을 포함해 일체 만유를 공으로 보되, 다만 공이 아니라 일체 공덕을 다 갖춘 진공묘유의 진여불성이자 부처임을 깨닫고 느껴야 참선이 된다고 거듭 강조했다. 마치 고양이가 쥐를 잡듯이. 아울러 화두를 하든 염불을 하든 묵조를 하든 우주 만유가 부처임을 깨닫고 느끼면서 이 생각을 놓치지 않고 수행하는 일행삼매가 돼야 한다고 강조했다. 마치 암탉이 계란을 품듯. 그물의 목을 잡고 투망을 던지듯.

"바로 보면 두두물물이 모두가 다 부처인 것을 알게 되는 것입니다. 그놈을 깨달아 모두가 다 부처인 것을, 모두가 공인 것을 안 다음에는 그 생각을 놓지 않고 계속해서 밀고 나가야 하는 것입니다. 그것이 소위 일행삼매죠. 마치 암탉이 계란을 품어서 병아리를 낳게 하듯, 공을 고이 간직해서 공을 놓치지 않도록 해야만, 보임 수행이 돼서 번뇌의 종자가 녹는단 말입니다."[89]

그는 셋째 날 석가모니 부처의 전생 가운데 상사리 비구가 머리가 봉두난발이 돼서 새가 날아와 집을 지을 정도로 참선에 몰입한 이야기를 예로 들려주면서 참선 방법을 설명했다. 참선은 우주 만유가 진여불성뿐이고 마음이 곧 부처라고 먼저 믿고, 다음으로 용맹심이 있어야 한다고 강조했다.

"참선은 먼저 믿음이 첫째가 돼야 합니다. 믿음 다음에는 이 옳은 것을 위해서 내 생명을 바쳐야겠다는 용맹심이 있어야 합니다."[90]

넷째 날, 청화는 참선하는 데 피해야 할 것으로 방법을 제대로 모르고 닦는 암증선, 말만 앞세우고 실제로 거의 닦지 않는 문자선, 못 깨닫고도 깨달았다고 하는 야호선 세 가지 사선을 피해야 한다고 말했다. 특히 자신이 하는 방식만 옳다고 고집하는 두꺼비 같은 하나선 역시 피해야 한다며 특정 수행법만이 옳다고 고집하는 법집을 극복하고 원통불교를 지향해 나가야 한다고 거듭 역설했다.

"하나밖에 모르는 미련한 마음이 자꾸만 커지다 보면, 내 생각만이 옳다는 것입니다. 과거 조계종을 봐도 역시 자기가 생각한 방식이 옳다고 고집하면 남이 생각하는 것은 못 받아준단 말입니다. 그렇게 싸우고 더러는 죽이고 하지요 … 화두를 드는 사람은 화두 외에는 참선이 아니라고 합니다. 양편(묵조선과 화두선)이 다 부처님 말씀이고 양편이 다 도인의 말씀인데 말입니다. 양편에서 분명히 다 도인들이 났습니다. 헌데도 자기들이 하는 방법이 아니면 참선도 뭣도 아니고 성불할 수도 없다고 합니다. 인간들은 미련해서 두꺼비 같은 옹졸한 마음을 가지고 있으므로 우리는 지금 그것을 타파해야 합니다. 타파하지 않으면 불교는 못 살아납니다."[91]

그는 참선이 되기 위해선 '나'나 자아가 있다고 생각하는 아상(我相), 사람 또는 개인이 있다고 생각하는 인상(人相), 중생이 있다고 생각하는 중생상(衆生相), 영혼이 있다고 생각하는 수자상(壽者相)의 사상(四相)을 떠나서 우주 만유가 모두 진여불성뿐이고 마음이 곧 부처라는 것을 깨닫고 느껴야 한다며 설령 '나'라는 아상을 떼어내지 못했다고 하더라도 우주 만유가 부처뿐이라는 것을 먼저 믿어야 한다고 거듭 강조했다.

그러면서 먼저 이론적으로 우주 만유가 모두 부처뿐이고 마음이 곧 부처라는 지혜를 깨닫고(일상삼매), 이를 생각마다 여의지 않고 자신의 몸과 계행으로 증명(일행삼매)해야 한다고 강조했다. 즉 깨닫지 못하면 참선이 되지 못하고, 증오를 하지 못하면 무량공덕이 발휘되지 못한다고 지적했다.

"증오를 해야만 부처한테 있는 무량공덕이 참으로 발휘가 되는 것입니다. 해오만 했을 때는, 말뿐인 것이지, 부처님 힘을 못 씁니다. 지금 우리 한국 불교는 이상한 풍조에서 신통은 외도나 한다, 정도는 신통이 필요 없다, 이런 말을 함부로 합니다만, 이는 진실이 아닌 것입니다. 부처님의 불성 가운데 일체공덕이 다 있는지라, 모든 신통이 원래 있는지라, 바로만 닦으면, 우리가 증오만 하면, 해오를 안 거치고 증오만 해도, 신통이 절로 나옵니다."[92]

특히 증오를 하기 위해서 마음이 곧 부처(일상삼매)라는 생각을 생각마다 여의지 않아야 한다(일행삼매)며 일행삼매를 하기 위해서 염불이나 화두 참구, 묵조를 하는 것이라고 설명했다.[93]

그는 다섯째 날 먼저 몸으로 움직이는 것을 삼가고 입으로 말하지 않으며 생각으로 헤아리지 않는 신·구·의 삼함(三緘)이 잘돼야 마음이 안정되고 하나가 돼간다며, 자성의 부처를 구하는 마음을 흐트러뜨리지 않고 삼매에 들어야 한다고 강조했다. 나무토막같이, 고목같이.

특히 해오를 했더라도 신행으로 증오를 하지 못하면 간혜지가 돼 부처의 공덕이나 신통을 제대로 다 발휘하지 못한다며 과거 무수생 동안 쌓인 습기와 근본 번뇌 종자를 제거하기 위해서는 깨달은 자리에서 생각과 수행을 이어가는 보임 수행을 해야 한다고 강조했다. 하지만 현재 한국 불교는 보임 수행이 제대로 되지 못하거나 증오가 강조되지 못하면서 침체한 측면도 있다고 지적했다.

"지금 우리나라에서 불교가 침체한 것도 무엇인가 하면, 도인들이 말씀하는 주의를 우리가 못 알아서 못 보아서 그래요. 서산 대사나 보조 국사나 다 그렇게 말씀하셨지만, 그것이 쉽지 않아서 못 한단 말입니다. 고수 같이 빨리 아는 척하고 싶고, 남한테 대우는 받고 싶고, 큰스님이란 말 듣고는 싶고 말입니다. 오랫동안 숨어서 공부를 못 한단 말입니다. 부처의 힘을 못 낸단 말입니다."[94]

그는 인도의 참선은 점차로 닦아가서 나중에 깨닫는 점수주의인 반면, 중국의 참선은 먼저 문뜩 깨달아버리는 돈오주의라고 구분한 뒤, 인도와 중국 수행법의 장점을 모두 겸해야 한다고 말했다. 그러면서 먼저 깨닫고 신행으로 닦는 선오후수의 방법으로 인도와 중국 참선 방법의 회통을 시도했다.

"우리가 지금 와서 좋다 궂다 할 수가 없습니다. 우리는 양쪽 다 취해야 합니다. 중국의 문뜩 깨달아 버린다는 것도 좋지만, 문득 깨달아버린 뒤에는 보임 수행이라, 오로지 닦아야 하는 경향은 없습니다. 물론 마조 스님이나 백장 스님이나 그러한 위대한 분들은 다 했습니다만, 대부분 재주 있고 경망한 사람들은 빠딱하면 다 돼버렸다고 나중에는 닦지 않습니다. 인도는 그런 것이 없었지요. 참선은 중국에 와서 돈오주의라, 돈오주의를 우리가 채택을 하되, 인도의 오로지 닦는 점수주의를 겸해야 합니다 … 인도 법과 중국 법을 합해야 합니다. 중국 법이야 선이 발전된, 문득 깨달아버리는 주의로 먼저 택해야겠지요. 하지만 역시 인도 법대로 바보같이 오래 잠겨 있는 점수주의를 채택한다는 말입니다. 그렇게 해야만 불법이 빛납니다."[95]

여섯째 날, 청화는 참선이야말로 "불교 최상의 정수", "인류 문화의 가장 우수한 형태", "제일 위대한 명상"이라면서 중국 선종의 3조 승찬의 『신심명』 가운데 "지극한 도는 어렵지 않아서 오로지 가리고 선택하는 것을 꺼릴 뿐이고, 미워하고 좋아하는 마음만 버리면 툭 터져 명백해진다"[96]는 구절이나 당나라 시인 소동파가 상총 스님과 법거량을 한 뒤 폭포 앞에서 자신과 우주 실상이 결코 둘이 아니라 하나임을 깨닫고 읊은 한시 「계성산색(溪聲山色)」[97]을 소개했다.

그러면서 우주 만유를 하나의 것으로 환원하지 않는 일반적 명상과 달리, 참선이란 "먼저 천지우주를 다 부숴서 딱 하나의 것으로, 타성일편이라, 만들어놓은 뒤에 닦는다"며 "내가 부처구나, 우주가 부처뿐이구나, 이와 같이 우주의 본바탕이 부처임을 알고서 닦는 길을 알고 가는 것"[98]이라고 거듭 역설했다. 마음이 곧 부처라는 하나의 상으로 보는 일상삼매와, 일상삼매를 끊어지지 않고 이어가는 일행삼매가 합쳐져야 한다고 했다.[99]

참선 성공의 3요소인 대신심과 대의심, 대분심 가운데 "마음을 쉬고 또 쉬면 쇠나무에서 꽃이 핀다"[100]는 『벽암록』 속의 임제 선사 말을 인용하면서 우주 만유가 부처뿐이고 마음이 곧 부처임을 믿고 깨닫는 대신심을 우선 강조했다.

"우리가 봐서 내가 부처이고 저 사람이 부처인지를 모르는 것이지, 부처가 보면 못된 그대로가 부처인 것입니다. 이것을 억지로 우리가 믿어야 합니다. 참말이니까 말입니다. 억지로 믿고서 부처 같은 그 마음, 일체가 조금도 흠축이 없고 조금도 빈틈이 없는 부처구나, 이 마음을 염념상속 한없이 연결시켜야 합니다. 그것이 참선입니다."[101]

현대는 위기의 시대이자 불안한 시대이기에 마음의 불안을 해소해 줘야 하지만, 한국 불교가 사람들의 마음을 편안하게 해주지 못하고 있다고 진단했다. 그러면서 한국 불교가 이제는 안심법문으로 나가야 하고, 안심법문이 되기 위해선 갈앙하고 신앙하는 마음이 절실하다고 힘주어 말했다.

"지금은 불안한 때입니다. 불안한 때에는 우리 마음이 그야말로 안심입명이 필요합니다. 하지만 지성적으로만 진리를 구해선 마음이 안심입명을 얻기는 어려운 것입니다. 이런 때는 역시 부처님을 갈앙흠모라, 부처님을 간절히 그리워하고 흠모하는 마음이 필요합니다 … 지금은 위기일 때고 동시에 불안한 때인데, 이런 때는 먼저 우리 마음의 불안의식을 해소해야 합니다. 그래야만 마음이 안온하고 안심입명이 이루어질 수 있는 것인데, 우리 신앙의 대상에 어떤 그리움이나 흠모나 간절히 구함이 없이는 그렇게 못 되는 것입니다."[102]

청화는 용맹정진 마지막 날인 1월 9일 참선의 요체는 먼저 진리를 믿고 깨닫고서 닦는 선오후수라면서 지금 범부라고 하더라도 범부의 지혜를 뛰어넘어 우주 만유가 모두 부처뿐이고 마음이 곧 부처라는 것을 믿고서 참선해야 한다고 주장했다.

"참선이라 하는 것은 비록 내가 지금 범부의 지위에 있다 하더라도 범부를 훌쩍 뛰어넘어서, 단박에 뛰어넘어서 공을 깨달아버리고서 불성, 그놈을 딱 추켜들어야 참선을 할 수 있다고 보는 것입니다."[103]

특히 한국 불교가 진리와 부처에 대해 너무 이성적으로만 깨우치려 하는 반면 신앙적으로 흠모하고 그리워하는 마음, 감성이 부족해 신앙심과 환희심이 부족하다고 지적했다. 따라서 지성적으로 깨달으면서도 동시에 감성적으로 부처를 흠모하고 그리워해야 "참다운 신앙이고 참다운 의지"가 될 수 있다고 강조했다.

"지금 현하 불교는, 다 그렇지는 않지만, 너무나 지성적으로만 믿어서 감성적으로 우리가 흠모하는, 그리워하는 마음이 부족합니다. 저는 어디 가서나 역설합니다만, 그리워하는 그 마음, 부처님을 자기 생명 이상으로 생각하는 그 마음, 다시 바꿔 말하면 그리운 임으로 해서 자기 마음에 부처님이 딱 자리를 잡아야 합니다. 그래야 신앙심도 후퇴가 없고 환희심이 나는 것이지 …."[104]

그는 그러면서 우주 만유가 오직 부처뿐이고 마음이 곧 부처라는 지혜를 지속시키는 공부 가운데 염불 참선이 가장 닦기 쉽고 해탈하기 쉽다고 말했다.[105]

청화는 백장암 동안거 용맹정진 연속 법문을 통해서 자신의 사상적 전모를 구체적으로 드러내 보였다. 마음이 곧 부처이고 마음을 깨치면 모두 부처라는 반야의 지혜관, 정통 불법의 부흥을 통한 원통불교의 중흥, 석가모니 부처와 정통 조사들이 행한 정통선을 바탕으로 각종 수행법의 회통과 염불선의 대중화, 엄정한 계율의 준수 …. 특히 선오후수를 통한 인도 불교의 점수주의와 중국 불교의 돈오주의 간의 회통, 정통선을 바탕으로 한 화두 참구와 염불, 묵조의 수행법 간의 회통 등 다양한 측면의 원통불교 가능성을 보여줬다.

그는 이후 백장암에서 동안거 해제 법문(2월 16일)과 금타 선사 열반재일 법문(2월 25일), 사미수계식 법문(4월 5일)을 이어갔다. 그해 7월에는 스님과 재가 불자들이 함께 참여한 하안거 용맹정진에서 이틀간 다섯 차례에 걸쳐 참선 수행법을 설하기도 했다. 탑산사 주지 성초 스님의 기억이다.

"1984년 큰스님을 모시고 백장암에서 3박 4일을 용맹정진한 적이 있다. 눕지도 않고 자지도 않고 참선에 전념하는데, 재가 불자 입장에서 힘들었지만, 한편으론 감사했고 너무나 기뻤다. 용맹정진이 끝나는 날, 거사계 오계를 수계하는데, 나도 모르게 참회의 눈물을 쏟았다. 저절로 나오는데, 평생을 흘린 눈물보다도 훨씬 많았다. 큰스님의 법은이었다. 이미 나고 죽는 생사의 바다를 건너 계신 큰스님의 대자대비하신 제도였다."[106]

안성 칠장사의 포효와 『정통선의 향훈』

"현대란 사회는 그냥 그렇저렁 공부할 때가 아닙니다. 굉장히 복잡한 학문도 여러 가지로 많이 있고 지식의 범람 가운데 있어놔서, 이런 시대에는 가장 합리적이고 보편적인 행법을 취해야 한단 말입니다."[107]

청화는 1985년 1월 21일[108] 안성 칠장사 금강선원에서 열린 성도재일 용맹정진 소참 법문에서 현대 사회에선 합리적이고 보편적인 수행법을 선택해야 한다며 특정한 수행법만을 고집하는 불교계의 법집을 경계했다.

"공만으로 보는 것이 옳다, 또는 화두만 의심하는 것이 옳다, 해서 어떤 특정한 것으로만 고집하는 방식으로 해서는 잘 안 통합니다. 지금 천주교 신부들이 초빙해 간 우리 스님네들이 참선법을 어떻게 지도하는지를 저는 잘 모르겠습니다만, 만일 어떠한 특정한 하나의 방법만 고집스럽게 지도한다고 하면 문제가 큽니다. 참선의 본질과는 십만 팔천 리나 어긋나고 만 것이기 때문입니다."[109]

월요일부터 시작된 칠장사 성도재일 용맹정진 소참 법문은 하루도 거르지 않고 8일간 이어졌다. 칠장사 용맹정진 연속 소참 법문은 주로 선 수행법 중심으로 한 데다가 스님만을 대상으로 한 것이 아닌 사부 대중을 대상으로 했다는 특징이 있었다.[110]

몇 개월 전 안성 칠장사에 주석한 이래 화순 정광사 중창중수 대법회 법문, 무등산 기원정사 준공식 법문, 백장암 조선당 낙성식 및 동안거 결제 법문, 무등산 기원정사 진신사리 친견법회 법문, 전남대 거사림 창립 기원정사 법회 법문 등 과거의 인연을 잊지 않고 대중 법문을 이어온 그였다.

그는 한 해 전 봄, 지리산 백장암을 떠나서 안성 칠현산에 자리한 칠장사로 옮겨와 수행 정진을 이어왔다. 칠장사는 신라 고승 자장율사가 창건한 뒤, 고려 시대 혜소 국사가 크게 중창한 것으로 알려져 있다. 현재는 조계종 제2교구 용주사의 말사다.

그가 칠장사에 '정중당'이라는 편액을 붙이고 주석하자, 상좌 무상을 비롯해 많은 수선 납자들과 나중에 회보 ≪금륜≫을 발행하는 데 앞장선 권수형을 비롯해 많은 재가 불자들이 몰려왔다. 절은 낡고 퇴락한 상태였다. 그는 일부 전각을 중수하는 불사를 단행했다. 사부 대중의 우려와 달리 불사는 의외로 순조롭게 진행됐다고, 강행원은 기억했다.

"상상할 수 없었던 큰 금액이 소요되는 대작 불사였습니다. 제자들은 벽촌 산간의 신도도 없는 폐허 직전의 절에서 (불사가) 엄두가 나질 않았어요. 웬일인지 무일푼으로 시작한 이 거대한 불사에 동참하는 이들이 인산인해를 이루어 원만히 회향되기에 이르렀지요."[111]

칠장사 성도재일 용맹정진 첫째 날 소참 법문에서, 그는 "서원을 세우면 몸과 마음이 안락해진다"는 『법화경』의 구절을 거론한 뒤 참선을 통해서 성불하기 위해선 우선 『대무량수경』의 48원이나 『약사경』의 12대원, 『심지관경』의 사홍서원 등을 압축한 '상구보리 하화중생', '자타일시성불'이라는 가장 큰 소원, 본원(本願)을 잘 세워야 한다고 강조했다.

"… 마흔여덟 서원 또는 열두 서원 또는 네 가지 큰 서원, 이런 것을 다 몰아서 한 말로 풀이하면 '무상불도를 성취하고 무량중생을 제도한다'는 것입니다. 이것이 우주의 목적의식입니다 … 참선은 무상불도를 성취하는, 즉 우주의 목적의식이자 우리 중생의 가장 높은 서원, 제일 거룩한 원을 성취하고자 하는 가장 가까운 길이요, 가장 확실한 길인 것입니다."[112]

참선 수행을 제대로 하기 위해선 우주 만유는 모두 진여불성뿐이고 마음이 곧 부처라는 실상관, 진리관을 견지해야 한다며 『금강경』과 『반야심경』의 공사상, 천태 지의 선사의 공·가·중의 중도로 보는 실상관, 진공묘유한 진여불성의 중도실상을 다시 인격화해 법신과 보신, 화신, 이것을 하나로 종합한 아미타불로 보는 실상관을 믿고 깨달아야 한다고 역설했다.

"우주의 실상은 진공인 동시에 바로 묘유입니다. 공인 동시에 가요, 공도 아니고 가도 아니기 때문에 중도입니다. 법신만도 아니고 보신만도 아니기 때문에 그야말로 참 아미타불인 것입니다 … 내 몸뚱이나 내 마음이나 천지우주 생명이나 모두가 다 진공묘유구나, 『반야심경』식으로 하면 색즉시공이구나, 조금 더 변증법적으로 말하면 공가중이구나, 여기다가 생명을 부여하면 법신·보신·화신 아미타불이구나, 이렇게 납득하는 것이 우주 만유의 본질 실상을 알고 들어가는 것이 됩니다. 그 자리를 딱 짚어야 합니다."[113]

그는 이치적으로 믿고 참선을 통해서 진리를 깨달았다고 하더라도 업장의 습기가 과거와 금생에 켜켜이 쌓여 있기에 불염오 수행을 통해서 꾸준히 닦아내야 한다고 선오후수를 거듭 강조했다. 이 과정에서 우주 만유와 마음을 하나의 실상, 부처상으로 보는 일상삼매와, 이 생각을 생각 생각마다 끊이지 않는 일행삼매를 강조했다.

칠장사 성도재일 용맹정진 소참 법문 둘째 날, 그는 선의 개념과 선의 십종 공덕, 외도선과 범부선, 소승선, 대승선, 최상승선 등 다섯 가지 선의 종류를 설명한 뒤 최상승선을 지향하면서 참선을 해야 한다고 강조했다. 선의 구체적인 방법으론 참구적인 화두선과 의지적인 묵조선, 염불선 세 가지가 있다며 각 방법을 대비했다. 즉, 화두선은 지적으로 참구하기 좋아하거나 선방에서 참선하는 사람들에게 적합하지만 일반 대중이 하기엔 조금 어려울 수 있고, 묵조선의 경우 의지가 강하거나 특수한 사람에겐 적합하지만 일반인이 하기 쉽지 않고 쉽게 싫증날 수 있다고 대비한 뒤, 지와 정과 의를 조화적으로 구하는 염불선이 대중적으로 제일 좋은 방법이라고 설명했다.

"염불선은 어떤 때나 할 수가 있고, 누구나 하기 쉽고, 제일 좋은 방법입니다. 그래서 부처님께서 가장 말씀을 많이 하셨습니다. 부처님 경전 가운데 200부 이상에서 염불을 말씀하셨던 것입니다. 어느 선법으로 하더라도 이미 힘을 얻은 분들은 좋지요. 하지만 아직 그런 선으로 해서 힘을 얻지 못한 분들은 염불선을 하시는 것이 가장 합당합니다."[114]

참선의 자세에 대해선 일상삼매와 일행삼매로 구분해 설명했다. "마치 고양이가 쥐를 잡을 때 한눈팔지 않고 쥐를 노려보듯" 마음을 중도실상, 부처에 두는 일상삼매를 하고, 일상삼매를 "어미 닭이 계란을 품듯" 생각마다 이어가는 일행삼매를 해야 한다고 권했다.

특히 염불선의 경우 부처를 마음 밖에서 구하거나 극락세계를 자기 밖에서 구하지 말고 "자기 마음이 바로 부처, 동시에 우주가 바로 부처라고 생각"[115]하는 자성염불을 하라고 강조한 뒤 염불의 열 가지 이익을 설명했다.

그는 석가모니 부처의 제자 목건련이 수행자의 근기에 따라 부정관법과 수식관법으로 제자들을 깨우친 일화를 이야기하면서 정법에 맞는 행법과 함께 수행하는 사람의 근기와 적성에 맞는 행법의 선택이 중요하다고 강조하는 한편, 실천하는 행(行)과 이해하고 깨닫는 해(解)가 함께 가는 행해상응(行解相應)을 강조했다.

"책도 많이 보고 연구를 많이 했지만 별로 닦음이 없는 분들은 체험이 부족해서 역시 바르게 못 느낍니다. 불교라는 것이 마음을 닦아가는 공부라서 마음을 닦지 않으면 교리를 많이 알아도 분간을 못

합니다 … 행만 많이 하고 닦기는 많이 했지만, 교리는 별로 모르는 경우에, 물론 우리가 닦아서 부처님 지위에 뛰어 올라가면 모르지만, 부처님 지위에 올라가려면 쉽지 않은 것입니다."[116]

이어서 칭명염불과 관상(像)염불, 관상(想)염불, 실상염불 네 가지 염불을 살펴본 뒤 마음과 우주 만유를 진공묘유한 실상, 부처로 관조하는 실상 염불이야말로 염불선이 될 수 있다고 설명했다.

"부처님의 이름을 외우되 우리 마음이 부처님의 진리를 안 떠나야만 실상염불이 되는 것이고, 바로 염불선이라는 것입니다 … 실상염불이 어려운 것은 사실이나, 염불선이 되려면, 자기가 부처님의 실상, 곧 진리를 상상하면서 해야 염불선이 됩니다 … 그냥 쉽게 '내 몸의 본질도 역시 부처고, 산이나 내나 천지우주가 모두가 다 부처 아님이 없다, 부처뿐이구나' 이렇게 생각하면서 하는 염불이면 실상염불이 되는 것이요, 또한 동시에 염불선이 됩니다."[117]

넷째 날, 청화는 "사람의 몸이란 잠시간 이뤄졌다가 꺼지는 하나의 물거품이나 구름에 불과한 것이요, 몇십 년 지나가면 똑같은 모양은 어디에도 없는데, 보통은 허깨비 같은 모양만 집착하고서 거기에다 충실을 기한다"[118]며 지옥, 축생, 아귀, 아수라, 인간, 천상, 성문, 연각, 보살, 부처로 이어지는 십법계를 설명했다. 그러면서 몸이나 의식이 현상적으로 특정한 법계에 머물러 있다고 하더라도 그 본체는 마음이자 부처라면서 결국 마음이 곧 부처라고 거듭 역설했다.

"우리는 비록 사람일망정 우리 마음의 본바탕, 본성은 역시 부처입니다. 지옥 같은 마음, 사람 같은 마음들이 단지 요소로만 거기에 조금씩 묻어 있을 뿐입니다. 그것도 역시 본바탕, 본 저변은 부처라는 말입니다. 겉에 뜬 초점에서만 지옥이고, 지옥 같은 인연 따라서 되니까 지옥 같은 마음이 생기는 것이고, 인연 따라 업에 따라서 사람 같은 모양으로 태어나서 사람 같은 마음을 쓰는 것이지, 이 마음도 역시 저변에는 모두가 부처뿐이라는 말입니다. 심즉시불(心卽是佛)이라, 이 마음 바로 부처입니다. 그러기에 회광반조(回光返照)라, 이 마음 돌이켜서 저변만 보면 그때는 우리가 부처가 되고 만단 말입니다."[119]

청화는 다섯째 날 사람이 우주 만유의 진공묘유한 불성을 보지 못하는 것은 번뇌 때문이라며 탐진치 삼독의 근본 번뇌와, 삼독에 만심, 의심을 더한 오둔사와, 오둔사에 다시 신견, 변견, 사견, 견취견, 계금취견의 오리사를 더한 십번뇌(십사)와, 육근과 육경과 육식의 18번뇌에 이기, 미기를 곱한 36번뇌와, 36번뇌에 과거, 현재, 미래 3세를 곱한 108번뇌 등 성불을 방해하는 다양한 번뇌를 설명했다. 그러면서 오리사는 견성오도할 때 쉽게 끊을 수 있는 반면 탐진치만의 오둔사는 쉽게 끊기 어렵기 때문에 견성오도한 뒤에도 상당 기간 불염오 수행해야 한다고 강조했다.

"탐심이나 진심이나 치심, 아만심이나 의심 번뇌의 거추장스러운 것은 끊어버린다고 하더라고 그 뿌리, 번뇌의 종자는 잘 못 끊어버립니다. 우리가 도통한 뒤에도 오랫동안 닦아서 끊어야 하는 것입니다 … 오둔사는 번뇌를 끊기가 하도 어려우니까 견도할 때 당시나 또는 성불하기까지 사뭇 애쓰고 끊어야 하지만, 내 몸이라는 신견, 내 몸이 항상 있다든가 끊어졌다든가 하는 변견, 인과를 믿지 않는 삿된 견해, 견취견, 계금취견은 이치에 관한 번뇌이기 때문에 견도

위에서 돈단이라, 견성오도할 때 문득 다 끊어버린단 말입니다."[120]

그는 참선이란 마음을 배우고 닦는 증상심학이라며 마음의 특성은 본래 없지만 갖가지 헤아리고 집착하고(변계소집성), 다른 것에 의지해 일어나서 허깨비 같은 가짜로 존재하며(의타기성), 다양한 공덕을 통해서 진공묘유하게 존재한다(원성실성)는 유식삼성(唯識三性)으로, 마음 구성에 대해선 안, 이, 비, 설, 신식 5식에 이어 6식 의식, 7식 말라식(망견), 8식 아뢰야식(장식), 9식 아마라식(백정식), 10식 건율타야식(불심)의 십식(十識)으로 각각 설명했다. 그러면서 마음이 곧 부처지만 마음을 단지 이론적이고 원리적으로만이 아니라 신앙적이고 생명의 원리로, 즉 아미타불을 비롯해 구체적인 부처님으로 신앙해야 한다고 말했다.

"… 하나의 원리로만 구하면 바싹 말라서 납득이 잘 안 되는 것이고 무미건조합니다. 생명이기 때문에 역시 흠모, 추구하는 감성으로 구해야 합니다. 어떤 종교나 고등 종교, 즉 가장 고도한 문화 종교는 모두가 다 신앙의 대상을 생명으로 구합니다. 기독교는 오! 하나님, 천도교는 한울님, 이슬람교는 알라신 모두가 다 생명으로 구합니다 … 따라서 우리 신앙의 대상을 생명으로 구하는 것이 우리 수행법의 가장 중추인 것이고, 기타 방법은 하나의 개별적인 특수에 불과합니다."[121]

여섯째 날, 그는 탐·진·치·만·의심, 아집과 법집에 얽매인 소아를 떠나는 동시에 인연 따라 이뤄진 현재의 자신인 가아의 본질, 본바탕인 진아(대아, 무아)를 깨달아야 한다며 왜 무아인지를 설명했다. 즉, 인아는 지수화풍 사대와 색수상행식 오온(五蘊)의 가화합에 불과해 변하지 않는 몸이 없고, 일체 법 역시 인연 따라 이뤄진 인연생으로서 무상하다는 취지였다.

"내 몸이라 하는 것은 각 원소가 잠시간 화합해 있는 것입니다. 과거에 우리가 지은 업력을 핵으로 해가지고 무수한 인연이 모여서 각 원소가 되고 이렇게 조직된 세포가 몸이라는 말입니다 … 몸은 잠시도 항시 그대로 있는 몸이 아닙니다. 순간순간 변화돼 갑니다. 세포라 하는 것은 어느 순간도 신진대사를 하지 않는 것이 없습니다.[122] 일 초 전의 자기 몸과 일 초 후의 자기 몸이 똑같지가 않은 것입니다. 단지, 우리 중생이 느끼지 못할 뿐이지, 결국은 어떤 것이나 존재하는 것은 순간순간 변질돼 갑니다. 어느 공간 속에 항상 존재하는 나라는 것은 결국은 없는 것입니다. 우리 중생은 그것을 못 보니까 있다고 고집하는 것입니다. 내 몸은 그와 같이 지수화풍 사대 각 원소가 잠시간 업 따라서 이루어져 있지만, 그것도 역시 항시 있는 것이 아니라 어느 순간도 그대로 있지가 않은 것입니다. 항상 하나로 있는 내 몸은 없단 말입니다."[123]

청화는 일곱째 날 소참 법문을 두 차례로 나눠서 했다. 먼저 중생들은 자신의 업장에 따라 긴 시간에 걸쳐 지옥과 축생, 아귀, 아수라, 인간, 천상 육도(六道)를 윤회할 뿐만 아니라 마음먹기에 따라서 마음속 육도 역시 윤회하고 있다며 육도윤회를 벗어나는 것이 해탈이요, 열반이며, 불성을 찾아가는 길이라고 강조했다.

그러면서 해탈과 열반, 불성의 공덕을 상락아정의 열반 사덕으로 설명하고, 해탈과 불성의 지혜에 대해선 모든 법을 관조해 아는 묘

관찰지(미타여래), 모든 법의 평등한 자리인 평등성지(불공여래), 만법을 아는 대원경지(아촉여래), 모든 것을 다 할 수 있는 성소작지(보생여래), 법계의 모든 지혜를 다 포함하는 법계체성지(대일여래)의 오지여래(五智如來)로 설명했다.

그는 석가모니 부처가 대중에게 공과 무아를 깨닫게 하기 위해 직접 석공관을 말했다며 용수의 「십주비바사론」과 세친의 「아비달마구사론」, 스승 금타의 우주석공관 등을 바탕으로 불교의 석공관을 자세히 설명하기도 했다.[124]

이어진 법문에서 우주 만유는 부처뿐이고 마음이 곧 부처라고 믿고 아는 '혜해탈'과 참선과 염불 등으로 과거와 현재의 습기를 녹여서 부처가 되는 '정해탈'을 함께하는 구(俱)해탈을 통해서 진정한 해탈에 이를 수 있다고 강조했다. 그러면서 자량위-가행위-통달위(견지)-수습위-구경위(불지)의 『유식론』 유식오위나 사선정-사공정-멸진정의 구차제정 등의 수행 단계가 있다고 설명했다.

석가모니 부처의 성도재일인 1월 28일 오전, 청화는 용맹정진을 끝내고 성도절 법문에서 인간이 영생의 자리, 죽지 않는 행복을 알게 된 것은 2500여 년 전 석가모니 부처의 참다운 깨달음에서 비롯된 것이라며 계율을 엄정하게 지키고, 선정을 닦고, 참다운 지혜를 깨닫는 계, 정, 혜 삼학도를 통해 성불해야 한다고 강조했다.

"삼학도가 오로지 성불의 길로 가는 탄탄대로요, 무상대도인데도, 그런 큰길로 안 가고서 자꾸만 좁은 길로 가려고 합니다. 계율을 지키지 않고, 삼매 선정을 닦지 않고, 우주 만유를 하나로 볼 수 있는 안목도 갖지 않고서는 성불의 길은 없습니다."[125]

특히 "계율로 말미암아 삼매라 하는 고요가 깃들고, 그런 고요로 말미암아 참다운 지혜가 나온다(因戒生定 因定生慧)"며 엄정한 계율 준수를 거듭 강조하면서 계율을 무시하고서 삼매에 들려는 작금의 풍토를 비판하기도 했다.

"근래에 와서 서방 사회의 풍조가 만연함에 따라 계율을 무시하고 삼매에 들려고 하는 사람들이 있습니다. 도인이라 자처하는 사람도 역시 계율을 무시하는 분도 있습니다. 이러한 것은 부처님의 탄탄대로, 무상대도를 옆길로 빗나가는 행위입니다."[126]

청화는 8일 동안 이뤄진 칠장사 성도재일 용맹정진 연속 소참 법문을 통해서 선의 개념과 십종 공덕부터 시작해 선의 종류와 방법, 염불선의 종류와 염불 십종 이익, 유식 삼성과 십식, 해탈과 열반에 이르기까지 참선의 바른길을 집중적으로 설파했다. 이를 통해 우주 만유가 진여불성뿐이고 마음이 곧 부처라는 진리관, 정통선을 바탕으로 다양한 수행법의 회통과 염불선의 대중화, 정통 불법의 부흥을 통해 원통불교의 중흥이라는 자신의 사상을 거듭 확인했다. 특히 마음이 곧 부처라는 반야의 지혜를 여의지 않고 수행하는 정통선을 통해서 염불과 화두 참구, 묵조 수행 등 다양한 수행법의 회통을 시도한 것은 모든 중생을 구제하려 했던 석가모니 부처나 중국 선종의 달마 대사, 한국의 원효 대사와 맥이 닿아 있다는 게 제자 용타의 평가다.

"스스로에게 혹독하리만큼 철저했던 큰스님은 사상적으로 원효 성사에 닿아 있습니다. 큰스님의 사상은 원효 성사의 화쟁 사상과 맥을 같이하는 통불교이기 때문입니다. 그것은 불법은 대해라는 말의 온전한 실현이었습니다. 큰스님의 원통불교 사상은 한국 불교의 바다로 자리하고 있습니다. 일체를 다 받아들이나 넘치지 않는 큰스님의 불교 사상은 정통 불법을 공부하는 모든 불자에게 푸른 희망과 환희의 물결로 다가서고 있습니다."[127]

그의 칠장사 성도재일 용맹정진 연속 소참 법문은 몇 년 뒤 벽산문도회에 의해서 『정통선의 향훈』으로 출간됐다. 책은 2012년 제자 혜용에 의해서 개정 간행됐다.

청화는 한 해 전 백장암 용맹정진 연속 법문에 이어, 칠장사 성도재일 용맹정진 연속 소참 법문을 통해서 자신의 사상 전모를 분명하게 드러낼 수 있었다. 칠장사에서 동안거 수행을 마친 뒤 곡성 태안사로 가서 본격적인 대중 교화에 나서게 된다는 점에서, 청화의 전설은 안성 칠장사에서 피어나기 시작했다고, 강행원은 의미를 부여했다.

"스님의 법력은 아마 칠장사부터 피어나기 시작한 것이라고 생각합니다. 법력이 열리니, 백천 강물이 바다로 흘러들 듯, 지혜로운 분의 말씀을 따르려는 무수한 사부 대중이 구름처럼 모여드는 것을 보았어요. 여기서부터 승속을 막론하고 대중 설법을 오픈하게 되십니다."[128]

제6장

태안사 시대와 회상의 형성

(1985~1992.9)

1985년 태안사 조실 부임

"석가모니라고 하는 한 인간의 탄생에 그치지가 않습니다 … 지금으로부터 2529년 전, 석가모니 부처님이 탄생함으로 해서 우리가 인간의 본질이나 우주의 본바탕을 알게 되었습니다. 국가적으로 보나 또는 세계적으로 봐서 여러 기념일이나 행사가 있습니다만, 오늘같이 경하스러운 날은 없습니다. 제일 소중한 날, 우리 생명을 바로 아는 날, 우리 갈 길을 바로 깨닫는 날, 그날이 바로 오늘입니다."[1]

따스한 햇살이 비추던 1985년 5월 27일 오전, 곡성 동리산 자락에 위치한 태안사에서 차분하면서도 다정한 목소리가 울려 퍼지고 있었다. 청화가 부처님 오신 날을 맞아서 절에 운집한 사부 대중에게 법문을 하고 있었다.

"석가모니는 우주에 항시 있는, 자기 바탕인 동시에 우주의 본바탕인 불성을 깨달은 분입니다. 중생은 석가모니와 똑같이 불성이 다 갖춰져 있건만 불성을 미처 못 깨달은 분입니다. 따라서 우리 중생은 미처 못 깨달은 부처고, 석가모니 같은 도인들은 깨달은 부처입니다. 다만 발견하고 못 했다는 차이뿐인 것이지, 본바탕은 똑같습니다."[2]

이날 그의 법문은 석가모니 부처의 이야기에서 시작해 우주 만유는 부처뿐이고 마음이 곧 부처라는 진리관을 거친 뒤, 법회 참가자 모두 부처가 될 수 있다며 자신의 불성을 깨쳐서 모두 부처가 되라는 당부로 이어졌다. 그가 태안사 조실로 온 뒤에 행한 첫 대중 법문이었다.

부처님 오신 날 직전인 그해 5월, 청화는 태안사 주지 및 태안사 금강선원 조실로 부임했다. 이때 그의 나이 62세. 이후 10년간 태안사에 주석하면서 각종 결사와 수행 정진을 통해서 절의 선풍을 크게 드높이게 된다.

"큰스님, 태안사로 다시 옮기면 어떨까요?"

안성 칠장사에서 주석하고 있던 몇 개월 전, 제자 성본이 그에게 말했다. 태안사는 이미 20년 전 주지를 잠시 한 적이 있던 절이었다. 그리 크지 않은 칠장사에 많은 대중이 몰려들면서 점점 감당하기 어려워지고 있었다. 그 역시 좀 더 큰 절이 필요하다고 생각하던 참이었다.

"쉽게 될지 모르겠네."

"제가 한번 알아보겠습니다."

그가 태안사로 다시 돌아가기 위해선 태안사는 물론 교구 본사인 화엄사의 주지까지 모두 동의해야 가능한 일이었다. 왜냐하면 태안사는 조계종 제19교구 본사 화엄사의 말사로, 당시 화엄사에서 임명한 주지가 있었기 때문이다. 성본은 화엄사에서 정진했던 인연을 바탕으로 사람들을 찾아다니며 사정을 알리고 부탁을 이어갔다. 화엄사 주지 종원 스님부터 시작해 주요 소임을 맡고 있는 스님, 화엄사 어른들까지. 심지어 종원의 서울 속가 형의 집을 찾아가기도 했다고, 성본은 회고했다.

"종원 스님이 일 때문에 서울에 가면 속가의 형님 집에 머물곤 하셨는데, 그 형님 집을 수소문해 거기까지 찾아가서 설명을 했습니다. 나중에 종원 스님이 '여기를 어떻게 알고 왔어? 열정이 참 대단하네'라며 긍정적인 신호를 주시더라고요."[3]

제자 성본을 비롯해 여러 사람의 도움으로 곡성 태안사로 내려온 그는 태안사가 바른 진리관을 바탕으로 계율을 엄정하게 지키며 수행하는 청정 수행 도량이 되기를 희망했다. 이를 위해 종무소에 '가장 청정한 도량, 가장 엄정한 계율, 초인적인 용맹정진'이라는 휘호를 써서 내걸었다. 그는 태안사에 주석하는 내내 청정한 수행과 엄정한 계율을 도량 신조로 견지했다고, 제자 용타는 회고했다.

"큰스님은 일관된 도량 신조를 견지하셨습니다. 가장 청정한 도량, 가장 엄정한 계율, 초인적인 용맹정진의 휘호를 손수 쓰셔서 도량에 내거셨지요. 큰스님 수행 도량의 사부 대중은 이 3대 신조를 기준으로 정진했기에 세상의 귀감이 되는 수행 공동체를 이룰 수 있었습니다."[4]

태안사의 개울 너머에 작고 소박한 토굴을 마련한 그는 스스로 계율을 엄정히 지키고 치열하게 수행했다. 대중과 똑같이 새벽 3시 예불을 했고, 이후 2시간 정도 참선을 했다. 해가 뜬 뒤인 오전 8시부터 다시 입선해 오전 10시 방선을 했다. 점심 공양을 한 뒤 오후 2시부터 4시까지 다시 좌선을 했고, 저녁 예불 뒤 다시 좌선을 했다. 스스로 토굴의 불을 때고, 방 청소를 했으며, 빨래 역시 해결했다.[5]

절에서 생활하는 사람들이 밝고 친절하게 사부 대중을 맞고 소통하기를 희망했다. 이를 위해 종무소에 따뜻한 표정과 애정 어린 말을 뜻하는 '화안애어(和顔愛語)'라는 글을 내걸었다. 따뜻한 표정과 애정 어린 말을 통해 절을 찾는 사람을 편안하게 맞이하고 감화시키자는 취지였다.

공양주 보살 최선심을 비롯해 절 사람들에게도 대중에게 항상 부드럽고 친절하게 대하라고 당부했다. 태안사 조실로 주석한 이래 열반할 때까지 그의 공양을 담당했던 최선심은 이후 절을 찾는 대중을 늘 친절하고 웃는 얼굴로 대했다.

스스로도 모든 사람, 생명에게 겸손하고 친절하고 성의를 갖고 대하려고 노력했다. 마치 부처님을 대하듯. 그는 대중에게서 인사를 받을 때면 가만히 앉아 있지 않고 늘 함께 맞절을 하곤 했다. 하루는 대중에게 맞절을 하는 그의 모습을 보고 제자 성전이 물었다.

"큰스님, 왜 가만히 앉아서 절을 받지 않으십니까?"

"수행자에게 겸손을 빼면 무엇이 남겠는가."[6]

그의 일화를 전한 성전은 "제 가슴을 꽝 때리는 말씀이었다"며 "당신은 낮추시지만 모든 생명을 부처님으로 대해주신 큰스님의 그 모습을 조금이라도 닮고 싶다"고 회고했다.

청화는 주지 및 조실로서 태안사를 청정 수행 도량으로 다져가는 한편, 대중 교화에도 본격적으로 나섰다. 조실로 주석하기 전에 화순 정광사 타종식 겸 수계식, 광주 선덕사 보살계 수계식 법문을 했던 그는 태안사에서 부처님 오신 날 법문을 시작으로 대중 법문을 이어갔다. 서울 신도 대중공양 법문, 기원정사의 방생 순례단 법문, 서울 조계사 신도 대중공양 법문, 태안사 방문 적십자 소년평화순례단 법문, 진주 안동신도 대중공양 법문 ….

하안거 기간 중이던 6월 30일 태안사 정기법회를 열고 법문을 했다. 주지와 조실로서 태안사 정기법회의 첫 법문이었다. 정기법회는 태안사의 사부 대중이 참여하는 정기법회로, 대중과 직접 접촉할 수 있는 장이었다. 매월 첫째 주 일요일 정기법회를 열고 사부 대중에게 법문을 했다.

안거 기간 중 대중이 참여하는 용맹정진에도 함께 참여하며 법문을 했다. 하계 용맹정진이 시작된 7월 31일부터 5일간 하루 한 시간씩 '참선은 무엇이며 어떻게 합니까'라는 주제로 법문을 했다.

엄정한 진리관에 기반해 정통 불법의 부흥과 원통불교의 중흥을 전면에 내건 법문은 물론 그의 청정한 수행과 행장은 수많은 사람들에게 큰 감동과 영감을 주었다. 많은 수선납자는 물론 수많은 대중이 감로와 같은 그의 법문을 듣기 위해서, 그의 청정한 수행과 행장을 보기 위해서 구름처럼 곡성 태안사로 몰려들었다. 그는 태안사에서 비로소 일대 회상을 이루면서 조직적 기반을 마련하게 된다.

그의 대중 교화는 태안사 시절부터 본격화해 2003년 열반할 때까지 18년간 쉼 없이 이어졌다. 1947년 출가를 기준으로 하면 38년 동안 수행정진한 뒤, 본격적인 만행과 구도에 나선 1959년을 기준으로 하면 26년 동안 수행정진한 뒤 대중 교화였다. 수행정진 시간(38년 기준)이 대중 교화의 그것보다 2배 이상 긴 셈이었다.

태안사 삼년결사

"우리 중생은 마음이 흐려서 마음 바닥인 자성을 볼 수가 없습니다. 흐린 마음을, 흐린 탁심을 정화시키는 데 각 종교의 사명이 있습니다. 다른 종교나 우리 불교라 하더라도 역시 다른 법들은 보통은 다 좌로 돌아가고 우회하고 빙빙 돌아서 가는 길이 있습니다만, 참선 공부는 바로 직통으로 마음 바닥, 모든 진리의 바닥을 통달하는 공부입니다."[7]

날이 쌀쌀해진 1985년 11월 26일 오전, 곡성 태안사 금강선원에서 삼년결사를 시작한 스님 20여 명과 인연 따라 모인 재가 불자들이 지켜보는 가운데 청화가 삼년결사 입제 법문을 하고 있었다. 그는 법문에서 『경덕 전등록』의 청원 유신 선사의 '산은 산이요, 물은 물(山是山 水是水)' 공안 및 '뱀과 노끈, 삼의 사승마(蛇繩麻)' 화두 이야기를 하면서 우주 만유가 부처뿐이고 마음이 곧 부처라는 중도실상의 지혜를 열어 보이고 중생들을 깨닫게 하는 것이야말로 석가모니 부처의 일대사인연이었다고 강조했다.

"오직 실상 지혜, 허망 지혜와 가상을 떠난 실상 지혜를 우리 중생한테 개시오입(開示悟入)이라, 열고, 보이고, 깨닫게 하고, 거기에 들게 하는 것이 부처님께서 출현하신 일대사인연입니다. 그러나 이런 길은 쉽지가 않습니다."[8]

비록 바른 견해를 깨닫고 느낀다고 하더라도 일체종지를 발휘하기 위해선 전생과 금생에 쌓인 번뇌를 모두 녹이고 끊어야 한다며 삼년결사 같은 별시 수행을 통해서 지속적으로 근본 번뇌를 녹여내야 한다고 강조했다.

"비록 바른 견해는 순간에 할 수 있다 하더라도 우리 근본 번뇌, 잠재의식에 박혀 있는 훈습된 번뇌는 오랫동안 시일을 두고 녹이고 끊고 해야 합니다. 마치 연뿌리가 빨리 끊어지지 않듯이 말입니다. 이런 데서 별시 수행이 있습니다."[9]

특히 암증선을 하다가 방불한 죄로 무간지옥에 떨어진 사선 비구의 사례를 들려주면서 암증선, 문자선, 야호선 같은 잘못된 선을 피하고 『육조단경』 등이 제시한 정통 수행법인 마음이 곧 부처라는 반야바라밀에 입각한 일상삼매와 일행삼매 수행을 이어가야 오래된 번뇌, 습기를 녹일 수 있다고 거듭 강조했다.

"간혜지를 떠나서 참다운 해탈, 인과를 떠나고 시공을 떠나서 참다운 실상 지혜를 증하기 위해서 우리가 공부한단 말입니다. 별시 공부라, 사흘이고, 일주일이고 기도를 모시는 것이고, 한 달이고 몇 달이고 참선하는 것이고, 삼년결사의 의의가 있습니다 … 일상삼매를 조금도 쉬지 않고 염념상속으로 이어가는 공부, 일상삼매를 빈틈없이 순수하니 공부해 나가는 공부가 일행삼매입니다. 이렇게 해야만 비로소 우리의 구생기번뇌라, 생과 더불어서 우리 마음에 잠재의식에 박혀 있는 훈습된 번뇌를 뽑아서 참다운 우리가 부처가 된단 말입니다."[10]

삼년결사라는 별시 수행 동안 우주 만유가 모두 부처뿐이고 마음이 곧 부처라는 일상삼매를 분명히 깨닫고, 이 일상삼매를 생각마다 끊이지 않는 일행삼매를 통해서 부처가 되라고 당부한 것이었다.

그를 회주로 한 태안사 삼년결사가 막이 올랐다. 오랜 도반 금산을 비롯해 정조, 정귀, 도원, 안성, 성주, 동철, 의정, 평중, 항조, 도호, 혜진, 정훈, 도연, 법인, 무상, 진문, 장우, 왕인, 덕진, 정주, 지안, 용주, 보경, 여훈, 범휴 등 스님 20여 명이 참여했다. 참가자들은 이날부터 1988년 봄까지 3년 동안 안거를 비롯한 각종 별시 수행을 하게 된다.

청화와 수행자들은 「삼년결사 발원문」에서 "오늘 여기에 함께 참여해 피로 모여진 우리들 아름다운 진리의 도반들은, 결사 기간 중에 몸과 마음을 아끼지 않는 가행정진으로 한사코 금강삼매를 얻어 아뇩다라삼먁삼보리를 성취하고 진리를 위해서 몸을 돌보지 않고, 위로는 부처님 은혜를 갚고, 아래로는 널리 중생을 제도함을 지심으로 서원"[11]한다고 결의했다.

"3년 동안 아프지 않고 어떠한 장애도 없이 대중 스님들의 뒷바라지를 해드리기를 기원합니다."[12]

삼년결사가 시작되자, 청화는 태안사 금강선원의 조실과 삼년결사의 회주로서 참여한 스님 모두 무탈하게 삼년결사를 마칠 수 있도록 뒷바라지를 충실히 할 것을 서원했다고, 나중에 광주금륜회 삼년결사 해제기념 회향법회에서 털어놨다.

"내가 몇 년 동안 아프지 않아야 쓰겠구나, 제가 묵언을 3년 지키기로 맹세했습니다. 3년 동안 제가 감기도 들지 않았습니다. 이번 삼년결사 동안 사부 대중의 힘으로 제가 나기는 났습니다만, 제 스스로도 아프지 않아야 쓰겠구나, 내가 아프면 삼년결사가 깨지겠구나, 부처님이시여, 부사의한 가피를 드리우셔서 제가 3년 동안 아프지 않고 대중을 뒷바라지하게 해주십시오, (하고) 제가 간절히 소원했습니다. 대체 아프지 않았습니다."[13]

자신 역시 한 사람의 수행자로서 다른 참여자들과 마찬가지로 스스로 옷을 빨았고, 군불을 때서 방을 대폈다. 일상생활 자체를 하나의 선으로 이해하고 실천하려 했다. 제자 성본도 도왔다. 성본은 태안사 성기암에서 거주하면서 잡무를 도맡아 처리하는 등 삼년결사가 무사히 성료할 수 있도록 뒤에서 도왔다.[14]

결사 기간에도 법문과 기고, 인터뷰 등의 대중 교화를 멈추지 않았다. 동안거가 끝난 직후 소참 법문을 시작으로 스승 금타의 열반재일 법문, 탁발일 소참 법문, 삼년결사 소참 법문, 동안거 결제 법어, ≪강천회보≫ 기고,[15] 가행정진 입제 및 회향법어, 조계사 수선회 법문, 부처님 오신 날을 앞두고 언론 인터뷰, 태안사 정기법회 법문, 태안사 하안거 결제법어, 석가모니 부처님 성도절 법문 ….

결사에 참여한 스님들의 하루 일과는 새벽 2시 30분쯤 일어나 3시 새벽 예불을 한 뒤 두 시간 좌선하는 것으로 시작했다. 오전 5시 30분 죽으로 공양을 한 뒤 8시부터 다시 입선해 오전 10시쯤 방선을 했다. 이어 점심 공양을 한 뒤 오후 2시부터 4시까지 다시 좌선을 했다. 저녁 예불 후 오후 6시부터 취침 전까지 다시 좌선을 했다. 삼년결사에 참여한 스님들은 3년 동안 하루 10시간 이상 수행 정진을 이어갔다고, 그는 나중에 ≪전남일보≫ 최하림 편집부국장과 인터뷰

에서 전했다.[16]

삼년결사가 진행되는 동안 참가자 가운데 상당수는 좋은 소식을 보기도 했지만, 일부는 의심이 가득 들어차 참선 중에 상기가 돼 주저앉기도 했다고, 그는 나중에 순선안심탁마법회에서 회고했다.

"법랍도 많은 어떤 스님이 태안사에서 삼년결사를 할 땐데, 정진을 하면서 항시 머리를 만지며 안절부절못하더니 한 시간 후면 곧 죽을 것처럼 괴로워하곤 했습니다. 한 1년 반 정도를 가까스로 견디더니 나중에는 도저히 못 버티고 포기해 버리는 것을 봤습니다."[17]

삼년결사가 한창이던 1987년 6월, 전국에서 노도와 같은 민주화 운동이 벌어졌다. 쿠데타로 집권한 전두환 정권은 대통령 직선제를 수용해야 했다. 국민들이 대통령을 직접 뽑게 되면서 대통령 선거 열기도 후끈 달아올랐다.

"투표하러 가세."

6월 민주화 이후 첫 직선 대통령 선거일이던 12월 16일 새벽, 그는 곡성 태안사 산문 밖으로 나가서 투표를 했다. 투표가 끝나자마자 곧바로 산문 안으로 돌아왔다. 삼년결사 중에 그가 산문 밖에 나간 것은 이때가 처음이자 마지막이었다. 대선에선 김대중과 김영삼 후보의 분열 속에 노태우 후보가 승리해 대통령에 당선됐다.

"벙어리가 꿈을 꾸면 좋은 꿈이든 나쁜 꿈이든 꿈 얘기를 할 수가 없습니다. 벙어리 자신은 무슨 꿈인지 짐작은 하지만, 말을 할 수가 없단 말입니다 … 하지만 이렇게 추운 데 오셨으니, 3년 동안이나 신세를 끼치고 지냈으니, 무슨 말씀이든지 해야 되겠습니다."[18]

1988년 3월 3일 오전, 청화는 태안사 법당에서 열린 삼년결사 회향 및 동안거 해제법회에서 법문을 했다. 이날 회향법회는 그를 비롯해 삼년결사에 동참한 스님 27명과 수좌 스님 40여 명, 신도 1000여 명이 참석한 가운데 삼귀의례, 반야심경 봉독에 이어 그의 삼년결사 회향 및 동안거 해제 법문 등의 순으로 이어졌다.

그는 법문에서 무수무량의 인연이 합해져 삼년결사 회향이 무사히 이뤄졌다면서도 "3년 공부를 내놓아라"고 하면 "벙어리 같이 할 말씀이 없다"고 말했다. 그러면서 과거 전생의 구생기번뇌를 비롯해 번뇌와 습기를 녹이기 위해선 오랜 수행이 필요하다며 오랫동안 순수하게 익히는 구구순숙(久久純熟)해 자연스럽게 자기의 안과 밖이 하나로 뭉쳐가는 타성일편을 강조했다. 자성이나 불성은 누구나 똑같다며 자성을 계발하기 위해 수행을 이어가서 지혜 해탈과 선정 해탈까지 해야 한다고 강조했다.

이와 함께 수많은 종교와 종파가 공존하는 복잡한 사회에 살고 있다며 근본 원리를 통해서 회통과 화해를 추구하는 '리화(理和)'를 주창했다. 즉 불교든 기독교든 이슬람교든 다양한 종교를 믿는다고 하더라도 우주 만유가 마음 하나라는 생각을 떠나지 않으면 화해하고 화합할 수 있다고 강조했다.

"기독교인들이 하나님을 부른다고 하더라도 하나님이 저만치 우리 마음 밖에 있는 어떠한 존재가 아니라 하나님이 내 자성, 즉 천지우주가 오직 하나님뿐이다, 이와 같이 하나님을 우리 법신불 같이 생각할 때는, 비록 형식으론 하나님을 부른다 하더라도 이것도 역시 선이 분명히 됩니다. 마호메트교가 알라신을 믿는다 하더라도 알라

신도 우리 법신불과 같이 무소부재해서 안 계신 데가 없고 오직 천지우주는 알라신뿐이다, 이렇게 생각할 때는, 이것도 역시 선이 된단 말입니다.[19]

이틀 뒤 광주금륜회 삼년결사 해제 기념 회향법회에선 「만선동귀」 제하의 법문을 했다. 그는 불교 자체가 우주적인 도리, 자연적인 법도를 지키는 것이기에 계행을 지키기 어렵지 않다고 강조했다. 가령 5계 가운데 '살생하지 말라'는 계율의 경우 애초 모든 존재가 근원적으로 진여불성, 하나의 순수 생명이기에 같은 생명을 죽여선 안 된다는 자연 원리와 부합한다는 것이다. 그러면서 우주 만유의 근본 뿌리는 성품이자 몸체이고, 현상적인 것은 상이자 용이기에 나와 너, 만유가 결코 둘이 아니라 불성 하나뿐이라는 동체의식을 가지고 타인과 만유에 베풀어야 한다고 강조했다.

"저 사람과 나와 원래 둘이 아니고, 저 사람 생명과 나의 생명이 원래 둘이 아니고, 천지우주와 나와 둘이 아닙니다. 말하자면 동체의식 말입니다. 일체의식이 딱 돼버리고서 남한테 베풀어야 진정한 불교의 베풂입니다. 진정한 보시입니다. 남이라는 상이 있고, 금전 얼마 전해주었다, 그런 상이 있으면 벌써 현상적인 것에 그치는 것이고 묶이는 것이지, 참다운 불법에 입각한 보시는 못 되는 것입니다."[20]

우주 만유 본래의 불성은 형상과 용을 떠나 있는 건 아니지만, 중생들은 업장과 무명에 가려 형상과 용만 보고 만유 본래의 성품과 체를 보지 못한다고 지적했다. 하지만 우주 만유를 분석하면 결국에는 에너지, 하나의 순수한 생명, 진여불성만이 남고 근본 불성이 인연에

따라 어떻게 운동하는가에 따라서 다시 현상이 된다고 말했다.[21]

그는 우주 만유의 현상과 용이 아닌 근본인 성품과 체를 보고 나와 우주 만유가 둘이 아닌 하나, 에너지이자 불성임을 깨닫고 느끼는 것이 참선이라며 이 과정에서 산란심을 멈추고 없애기 위한 방편으로 화두와 염불을 하는 것이라고 말했다. 즉, 자신과 만유가 둘이 아닌 불성 하나라는 생각을 여의지 않으면 화두를 하든 염불을 하든 묵조를 하든 상관없고, 그래야 회통할 수 있다고 거듭 강조했다.

"잘 모르는 사람들은 근본을 못 보고 형식만 보고서 둘이다, 셋이다, 넷이다 구분한단 말입니다. 그러면 결국 싸우고 말지요. 원통불교 회통불교, 이것은 부처님의 본뜻인 것입니다. 불교가 천파만파로 구분했다 하더라도 결국 본체는 하나입니다. 하나로 뭉치기 위해선 우선 공부하는 분들이 자기 취향 따라서 어떻게 하든지 간에 관세음보살, 아미타불, 옴마니반메훔을 부르든지 간에 우리 근본 본체자리, 근본 성품자리 이 자리에 마음을 둬야 합니다 … 부처님 마음이 참선이기 때문에, 마음이 불심만 안 여의면 염불을 하나 주문을 하나, 화두를 하나 모두가 참선인 것입니다. 그렇게 해야만 비로소 원통불교라 하는, 우리 대에는 못 본다 하더라도 인간은 역사적 필연으로 해서 꼭 하나의 종교가 되고 마는 것입니다."[22]

다만 바쁜 재가 불자들의 경우 쉬우면서도 공덕이 많은 문(門)으로 공부할 때는 염불 참선이 좋다고 조언했다.

"… 한가하지 않는 재가 불자님들은 쉬우면서도 공덕이 많은 문, 즉 이행문으로 공부할 때 역시 부처님 이름을 외우는 염불이 제일 쉽습니다. 우리 마음이 불성만 안 여의면 바로 염불이, 참선이 됩니다."[23]

태안사 삼년결사는 불교계 안팎에서 큰 주목과 화제가 끌었고, 결과적으로 태안사를 중흥시킨 전기가 됐다고, 나중에 평가받았다.

"… 20여 명의 도반과 함께 한국전쟁으로 불탄 태안사에서 3년 동안 묵언수행하며 일주문 밖에 나가지 않고 삼년결사를 벌여 당시 불교계에 신선한 충격을 던졌다. 이로 인해 전국 곳곳에서 시주가 들어와 태안사를 중흥시켰다."[24]

금륜회의 조직과 정중당 건립

불교계 안팎에서 큰 화제를 모은 삼년결사가 한창이던 1986년 4월,[25] 청화는 태안사 승려들과 재가 불자들을 모아서 신행 단체인 금륜회를 조직했다. 금륜회는 정통 불법의 부흥을 통한 원통불법의 중흥을 지향하면서 수행과 대중 포교를 동시에 추구하는 조직이었다. "세간적이고 세습적인 것들을 다 제거하고서 오직 부처님 법문의 정수만 믿고 나아가기로 한 취지에서 금륜회가 발족됐다"[26]고, 그는 나중에 광주금륜회 신도 가족의 영가천도를 위한 1년간의 발원기도 입제 법문에서 밝혔다.

모임 이름인 금륜에 대해선 "영생불멸하는 진여불성인 금강륜, 곧 금륜이란 영겁을 통해 무시무종으로 구르고 굴러서 파사현정하는 진리의 수레바퀴 곧, 삼세 모든 부처님의 법륜"이라며 회원들에게 "금륜회 명의 그대로 금강불괴의 평등대비를 견지하시고 인생고해에 시달리는 모든 중생의 자유와 평등과 상호 간의 관용과 타협과 영생의 복락을 위해 순교적인 선구자가 돼"달라[27]고, 그해 연말 광주 금륜회관 개관 법문에서 당부했다.

금륜회의 조직은 그에게 적지 않은 의미가 있었다. 정통 불법의 부흥을 통한 원통불법의 중흥을 시도하고 대중적으로 전파하기 위한 조직적 기반이 마련된 것이다. 나금주 금륜회 초대 회장이 광주 금륜회관 개관 기념식에서 밝힌 설명이다.

"우리 금륜회의 강령은 첫째, 부처님으로부터 역대 조사로 이어온 정통 불법을 계승 발전시키고 동시에 편파적이 아닌 원통불법을 선양할 뿐만 아니라, 나아가서 범종파적인 차원까지 승화시켜 모든 종교가 총체적으로 연합할 것을 제창하고 또한 이를 추진하려는 것입니다. 둘째, 우리 금륜회원은 위법망구의 지고한 신심을 가지고 전법도생하는 데 열과 성을 다 바쳐야 한다는 요지로 청화 큰스님께서 말씀해 주신 바 있습니다."[28]

"마음에 집착 없이 베푸는 보시와, 행동과 언어를 바르게 하는 계율을 지니는 지계와, 강인하게 참고 견디는 인욕과, 모든 선행을 한사코 끊임없이 닦아나가는 정진과, 애써 들은 마음을 거두어 근본 마음자리인 청정한 불심에 고요히 잠기는 선정과, 우주 만유의 실상은 일체 지혜공덕을 원만히 갖춘 바로 부처님이라는 생각을 여의지 않는 지혜 등 위없는 최상의 진리입니다."[29]

금륜회가 창립된 직후인 5월 초, 태안사의 종무소를 비롯해 사찰 내 건물과 소속 재가 신도의 집에는 석가모니 부처님의 가르침을 육바라밀로 요약할 수 있다는 내용이 담긴 A4 두 장(4면)짜리 유인물이 뿌려지기 시작했다. 금륜회보인 ≪금륜≫ 창간호였다.

청화는 한동안 매월 초 한 차례씩 법문이나 각종 소식을 담은 회지 ≪금륜≫을 발행했다. 그는 ≪금륜≫ 창간호에 실은 법문 「금륜의 첫걸음」에서 석가모니 부처가 간난신고 끝에 깨달은 최상의 진리를 육바라밀로 정리한 뒤, 계율을 지키고 마음이 곧 부처라는 불성의 자리를 지키는 것이라고 설명했다.[30]

6월 1일 자로 발간된 ≪금륜≫ 제2호에는 부처님 오신 날을 맞아 태안사에서 설한 대중 법문을 두 쪽에 걸쳐서 실었고, 8면으로 만들어진 제3호엔 법문 「오늘의 지혜」와 함께 한 해 전에 시작된 삼년결사 발원문을 실었다. 제4호에는 석가모니 부처의 사념처관 수행법을 소개한 법문 「부처님의 마지막 설법」을, 제5호엔 석가모니 부처의 서원과 목적을 정리한 법문 「부처님의 일대사인연」을 차례로 실었다. ≪금륜≫ 제7호에는 「무량광불」 법문을 소개했다. 특히 ≪금륜≫ 제6호에는 「안심법문」 제하로 석가모니 부처의 정통 법맥이 중국 선종의 초조 달마 대사로부터 6조 혜능 대사에 이르는 과정이 선문답 중심으로 압축적으로 소개됐다.

신광(나중에 2조 혜가 대사) 스승님, 저의 마음이 아직도 편안하지 않사옵니다. 자비를 베푸시어 제 마음을 다스려 주옵소서.

달마 그러면 편안치 못한 그대 마음을 가져오너라, 내가 편안케 하여주리라.

신광 (당황하며) 마음을 찾아도 얻을 수가 없습니다.

달마 본시 마음이란 형체가 없거니, 불안한 마음이나 흐뭇한 마음이나 간에, 마음이란 아예 형상화할 수 없는 것이 아닌가.

신광 스승님, 마음이란 모양이 없사옵기에 드러내 보일 수도 얻을 수도 없지 않사옵니까.

달마 그렇다. 마음이란 필경 더 이상 잡을 자취가 없는 것이니라. 그것을 분명히 깨달았으면, 그대 마음은 이미 편안해졌느니라.[31]

비록 회보 형식이고 발행 부수는 많지 않았지만, ≪금륜≫은 본격적으로 대중 교화에 나선 그의 첫 미디어였다. 단순히 일회성 법문에만 그치는 게 아니라 더 많은 대중이 법문을 접하거나 볼 수 있도록 하기 위해서였다. 재가 불자 권수형이 회지 ≪금륜≫의 편집장을 맡아서 발간을 주도했다.

그는 성륜사 시절에도 신도회가 중심이 돼 대중 월간지 ≪금륜≫을 발행하도록 했고,[32] 신행 단체 광주금륜회를 중심으론 ≪마음의 고향≫을 발행토록 하는 등 이후에도 다양한 매체를 통해서 대중 포교를 이어갔다.

싸늘한 초겨울 날씨가 이어지던 그해 12월 10일, 광주 호남동 3-7번지 아송빌딩 4층에 위치한 광주금륜회관이 개관 법회와 함께 문을 열었다. 회관은 금륜회의 광주 및 인근 지역 대중의 전도와 교육을 위한 법당이자 사무실이었다. 삼년결사 중이었던 청화는 축하 법문을 보냈다.

그는 광주금륜회관 개관 법회에 보낸 법문에서 "불연이 성숙하지 못해 광주시에 불교회관이 하나도 없음을 못내 섭섭하게 생각했는데, 이제 순수한 재가 불자님들의 발보리심의 정화로써 여법한 금륜법당이 이루어지게 된 것을 거듭 경하 축복한다"[33]고 기뻐했다. 그러면서 "비록 불교라 할지라도 편협하게 어느 종파나 문중 등에 집착하여 원융무애한 중도사상인 정통 불법을 외면하고서는 소용돌이치는 현대 사회의 혼탁한 물결을 맑힐 수 없다"[34]며 원통불법의 중흥을 거듭 강조했다.

신행 단체 금륜회의 조직과 회보 발간, 회관 개관은 청화의 대중포교사 한 페이지를 장식했다. 특히, 그는 광주금륜회관이 광주 일대의 전도와 교육 기반을 다지고 "광주가 자비와 지혜, 광명을 온 누리에 홍포하는 거룩한 진리의 도읍"이 되길 희망했다. 그는 이후 광주금륜회관에서 사부 대중을 상대로 여러 차례 법문을 했다.

금륜회는 하화중생에 나서는 그에게 큰 힘과 자산이 됐다. 청화의 대중 법문 육성 녹음이나 자료를 정리하고 관리해 법문을 대중화하는 데 기여한 김영동 조선대 교수나, 나중에 조계종 중앙종회 의원이 된 광전 등 많은 이들이 금륜회를 매개로 그와 인연을 맺었다.

신행과 대중 포교를 위한 조직화는 이어졌다. 서울금륜회가 1989년 유발 제자 배광식-권수형 부부의 서울 집에서 창립 법회를 갖고 활동을 시작했고,[35] 1992년 광주청년불자회와 광주미타회 역시 차례로 창립 법회를 갖고 활동에 돌입했다.

광주금륜회관 개관 며칠 뒤인 12월 15일, 태안사에 2층짜리 전각 정중당의 준공식이 열렸다. 정중당 안에 승려가 아닌 재가 불자들이 참선 수행을 할 수 있는 시민 선방 '정중선원'도 열었다. 재가 불자들의 구도와 정진에 도움을 주기 위해서였다.

사찰 안에 비구나 비구니가 아닌 재가 불자를 위한 별도의 수행공간을 마련해 운영한 것은 당시 한국 불교에선 파격이었다. 이 같은 파격은 "큰스님께서 수행에는 출재가가 따로 없다고 생각하셨기 때문"[36]이었다고, 제자 용타는 설명했다. 청화사상연구회장 박선자 경상대 명예교수도 덧붙였다.

"지금이야 많은 절에 시민들을 위한 선방이나 프로그램이 있지만, 당시만 하더라도 절 안에 재가 불자나 시민들을 위한 선방을 둔 경우는 찾아볼 수 없었습니다. 태안사의 정중선원은 사찰 안에 세워진 최초의 시민 선방이었어요. 다만, 큰스님은 스님들의 선방은 선방대로 운영하되 재가 불자를 위한 선방을 따로 운영하는 방식으로, 불교 전통을 무시하지 않으면서도 가능한 한 대중들과 함께 수행정진할 방법을 절충하셨어요. 큰스님은 스님이나 재가 불자를 막론하고 모두 부처가 아님이 없다고 생각하셨던 것이죠."[37]

재미있는 사실은 정중당 및 정중선원이라는 이름이 선과 염불의 회통을 지향한 정중종의 개조 정중 무상 선사를 기려서 따온 이름이 아니었다는 점이다. 정중당 및 시민 선방 정중선원을 열 당시 그는 무상 선사의 존재를 모르고 있었다.[38] 그럼에도 이름이 극적으로 일치한 것은 1300년의 시간을 뛰어넘어 염불선으로 연결된 기막힌 인연이 아닐 수 없었다. 무상 선사의 염불선에 대해, 그는 『정중 무상대사』 서문에서 이렇게 평가했다.

"선과 염불을 회통한 무상 대사의 교화 행각은 문파와 종파를 초월했으며, 불문과 종교 일반의 고질인 법집의 계박을 초탈한 선교방편은 모든 종교인의 귀감이지요."[39]

청화는 무상 선사와 그의 사상을 알게 된 뒤 언젠가 제자인 소설가 남지심에게 "무상 선사에 대해서 관심을 갖고 공부를 하셔서 한번 글을 남겨보세요"라고 무상 선사에 관한 글을 써보라고 권유하기도 했다고, 남지심은 전했다.[40]

다만 무상 선사와 자신 모두 염불선을 주장하지만 분명한 차이 역시 있다며 "염불선은 무상 선사가 저보다 먼저 해보인 것이 사실이지만, 염불선이라는 새로운 회통적 선풍은 제가 먼저 제시한 것 같다"[41]고, 그는 나중에 설명했다. 즉, 자신의 염불선은 한국적인 선으로, 부처와 깨달음을 자신의 마음 밖이나 외부가 아닌 자신의 마음에서 찾는 한편, 정통선의 견지에서 다른 수행법과 회통을 시도한다는 점에서 특징이 있다는 취지였다.

"내가 부처임을 믿는 그 마음이 바로 염불선입니다. 염불은 원효 대사부터 서산 대사에 이르기까지 불교의 전통이었습니다. 어느 시대 어디에서나 위대한 분들은 참선과 염불을 별개가 아니라 하나로 보고 실행하셨습니다. 우리 중생이 부처이기 때문에 내가 바로 부처임을 믿는 것이 염불이죠. 그러므로 밖에서 부처를 구하면 단순히 복을 비는 방편염불에 지나지 않지만, 대상을 떠나 본체를 부처로 설정하고서 그것을 안에서 구하면 바로 염불선이 되지요."[42]

이와 관련, 청화의 염불선은 진여불성의 실상을 관조하는 실상염불선이라는 점에서 특징이 있다고, 청화사상연구회장 박선자 경상대 명예교수는 덧붙여 설명했다.

"큰스님의 염불선은 진공묘유의 본래면목, 영구불변한 실상, 진여불성의 자리에 우리의 모든 의식을 두고서 그것을 간절히 염하는, 아미타불로 염하는 실상염불선입니다. 큰스님이 주창한 실상염불선으로 직접 수행을 해보니 빠르게 깨달음에 다다를 수 있는 수행법이었습니다. 마치 많은 차들이 편하고 빠르게 달릴 수 있는 고속도로처럼."[43]

시민 선방을 위한 전각 정중당을 새로 짓는 것을 비롯해 대법당과 천불전, 금강선원, 명적암, 성기암 등 전각과 요사채를 새로 짓거나 중수했고, 도로와 주차장 역시 확장해 정비했다. 그는 수행 및 대중교화와 동시에 태안사 불사도 진행했다.

태안사 재가 불자 20여 명은 정중당이 정식 준공하기 전인 그해 여름 정중선원에서 하안거 수행을 시작했다. 이때 태안사 승려들은 금강선원에서 안거 수행했기에, 승려와 재가 불자가 동시에 안거 수행을 한 셈이었다. 그해 여름, 태안사 정중선원에서 하안거 수행에 참여했던 이현정 대광주 보살의 기억이다.

"1986년 코스모스가 하늘거리는 가을날이었다. 태안사에서 큰스님을 처음으로 친견했다. 법회가 옛날식으로 열린다면서 가보면 좋을 것 같다는 가까운 법우의 말에 따라 참석한 것이다. 딴에는 신행을 잘 하고 있다는 속마음을 버리지 않은 상태였다. 하지만 큰스님의 법문이 시작된 순간, 가슴이 마구 뛰고 목이 타면서 초발심을 다잡았다. 큰스님께서는 '같은 불교끼리도 서로를 비방하고, 자기네들이 하는 것만이 성불의 길이라고 하는데 다른 종교끼리야 오죽하겠느냐'며 불교를 믿는 분들은 교리를 알아야 한다고 강조하셨다. 아울러 부처님과 부처님 뒤에 나오신 정통 조사의 말씀을 주로 소개하신다고 말씀하시는데, 너무 편안하고 기뻤다."[44]

그는 승려뿐만 아니라 재가 불자들도 참선 및 안거 수행을 하도록 적극 장려했다. 참선이야말로 성불을 위한 첩경이라고 생각했기 때문이다. 심지어 다른 종교를 믿는 이들의 참여도 허용하고 적극 장려했다. 가톨릭 수녀 김 토마스가 한철 태안사에서 참선 수행에 참여한 것도 이즈음이었다. 재가 불자들이 태안사 안에서 참선 및 안거 수행할 수 있는 선방이 마련돼 승려들과 함께 수행에 나서면서 재가 불자 가운데 출가의 길을 걷는 경우도 적지 않았다.

천도재 등 각종 재의 봉행

"실상에서 바로 본다고 생각하면 생본무생(生本無生)이라, 원래 생이라 하더라도 참다운 생이라 할 수 없는 것이고, 또 멸본무멸(滅本無滅)이라, 이생에 우리 생명이 다해 돌아간다 하더라도 역시 돌아가는 흔적도 없는 것입니다. 다만 생이 없고 멸도 없는 생멸을 떠나버린 그 자리, 참다운 불성만 상주하는 참다운 생만 상주하는 실상세계만 있는 것입니다."[45]

1987년 초 어느 날 태안사 대웅전에서 유가족과 절 관계자들이 참여한 가운데 정해당 추월 스님의 49재 천도재가 열리고 있었다. 청화는 천도재에서 "바로 보면 생도 없고 멸도 없고 다만 하나의 진여법성, 실상만 있는 것"이라며 다만 "우리 중생은 바로 못 보기 때문에 생멸을 보는 것"[46]이라고 강조했다.

그는 정해당 추월이 인생을 바르고 여법하게 살았다며 "생멸을 떠나고 시비나 분멸을 떠나버린 영원한 실존 세계"인 극락세계에 가 있을 것이라고 상기시켰다. 그러면서 추월이 "설사 우리 사회 속에서 괴롭다 하더라도 사바세계 중생과 더불어서 모든 중생을 제도하시겠다는 큰 서원을 가지고 계신다"며 사바세계로 다시 돌아와서 중생을 제도해 달라고 기도했다.

"추월 스님이시여! 부디 극락세계에서 잠시간만 사바세계의 괴로움을 쉬시다가 다시 사바세계로 돌아오셔서 스님의 본래 서원대로 무량중생을 제도하시기를 간절히 바랍니다."[47]

추월의 49재 천도재 법문은 그의 천도 법문을 모은 『영가천도법어』에 1987년으로만 적혀 있고 구체적인 일시는 기록돼 있지 않아 시기를 특정할 순 없다. 다만 49재 천도 법문을 모은 책 제2부의 가장 앞부분에 수록됐다는 점에서 가장 빠른 시기의 천도 법문이 아닌가 추정된다.

같은 해 3월에도 49재 천도 법문을 했다. 그는 영가에게 지금이야 모양이 있지만 과거에도 없었고 미래에도 역시 없고 사실은 없다며 "(금생에 대한) 집착을 버리고, 욕심이나 진심이나 어리석은 마음이나 업장을 구성하는 마음을 버리"라고[48] 스스로 본바탕이 부처라는 것을 깨달아 극락세계에서 왕생할 것을 기원했다. 아울러 유가족과 대중에게도 영가의 극락세계 왕생을 위해서 인간의 참다운 이름이자 영원한 생명의 이름인 아미타불, 관세음보살을 일심으로 생각하라고 당부했다.

청화는 태안사 시절 49재와 천도재, 생전예수재, 수륙재 등 각종 재의 법문을 했다. 제자를 보내는 49재 천도, ○○○ 거사 49재 천도, ○○○ 스님 모친 49재 천도 …. 불교의 대표적인 재(齋)로는 영가의 극락왕생을 기원하는 49재나 천도재, 죽은 뒤에 행할 불사를 생전에 미리 하는 생전예수재, 물에 빠져 죽은 사람이나 태아 영가의 극락왕생을 기원하는 수륙재, 시왕을 대상으로 공양하는 각배재, 국가나 단체의 융창을 기원하는 영산재 등이 있다. 크고 작은 많은 재가 태안사에서 열렸다. 많을 때는 하루에도 두세 번 재가 열렸다고, 제자 광전은 기억했다.

"큰스님이 절에 계시면 유독 재를 많이 지낸 것 같습니다. 많을 때는 하루에도 두세 번의 재를 지냈던 기억이 납니다. 재를 모시러 오거나 큰스님을 친견하러 오는 신도님을 큰스님께 안내하고 시봉하며 지냈던 기억이 많습니다."[49]

그는 재를 지낼 때마다 정성스럽게 준비하고 진행했다. 떡을 비롯해 재에 사용할 음식이나 물품은 절의 대중이 직접 준비했다. 한 번은 대중이 준비에 힘들어하자 영가를 구제하는 일임을 강조하면서 성의를 갖고 하자고 당부하기도 했다.

"자네들 눈에는 안 보일지 모르지만 내 눈에는 보이네. 굶주리고 힘들어하는 영가들이 깨달음을 얻고자 하는 일인데, 우리가 영가를 소홀히 대접하면 안 된다네. 신심으로 정성껏 준비하소."[50]

대중 법문을 하면서 영가들을 위한 천도를 하기도 했다. 백양사 천진암 천도법어, 정중선원 천도 법어, 대명사 천도법어, 미타회 천도법어 …. 특히 1993년 10월 장성호에서 사부 대중 3000여 명이 참여한 가운데 열린 장성호 방생 법회 법문 역시 대중 법문과 천도 법문을 겸한 것이었다.

"오늘 영가 천도를 받는 영가들이시여! 건명곤명 농남농녀 각 영가들이시여! 부처님의 법은 상을 여의고서 참다운 실상으로 가는 가르침입니다. 영가 당신들이 과거 전생에 업을 지어서 사람으로 있다가 지금 저승에 가서 헤매고 있습니다. 저승길을 떠나기 위해서는 역시 허망한 상을, 나라는 상, 너라는 상, 중생이라는 상, 생명이 짧다, 길다 하는 상들을 다 떠나야 합니다. 모든 상을 다 떠나야 영가들이시여, 극락세계에 왕생하시는 것입니다."[51]

이후에도 사찰과 대중의 요청에 따라서 대중 법문과 천도법문을 겸하는 법문을 꾸준히 해나갔다. 가평 반야사 법문, 창원 성주사 법회 법문, 함평 용천사 꽃무릇축제 법문 ….

그는 왜 천도재를 비롯해 영가를 위한 재를 지냈을까. 우선, 영가의 극락왕생을 기원하고 구제하기 위한 측면이 적지 않았다. 영가란 육체를 떠난 인간의 업식으로, 저승에서 떠도는 엄연한 생명적 존재라면서 이들 역시 해탈로 인도할 책임이 있다고, 그는 나중에 지웅 스님과의 대담에서 강조했다.

"영가란 우리 인간 존재가 금생 인연을 다하여 육체를 떠나간 인간의 업식입니다. 영가는 저승에서 헤매는 엄연한 생명 존재입니다. 그렇기 때문에 우리 스님들은 대자비심을 발하여 부처님 법에 따라서 해탈로 인도할 막중한 책임이 있습니다."[52]

아울러 대중들의 요구가 많은 재를 지냄으로써 태안사의 어려운 경제적 여건에 조금이라도 도움을 주고자 했던 측면도 있었다. 적지 않은 사람들이 재를 지내기 위해서 태안사로 몰려들었다.

이 시기, 귀신에 들린 사람을 위해 귀신과 환자 모두를 위한 재례인 구병시식을 하기도 했다. 그의 구병시식 재례를 목도한 제자 무송 스님의 기억이다.

"청화 큰스님께서 좌선삼매에 들어가 계셨고, 의식하는 스님은 의식을 하고 계셨다. 구병시식 당사자가 신이 들렸는지 말 그대로 발광을 하다가, 큰스님의 그윽한 눈빛에 그만 폭 고꾸라지더니 사람이 얌전해졌다. 그윽한 눈빛으로 구병시식을 평정하셨다."[53]

물론 천도재를 지내는 것에 대한 비판적인 시각도 없지 않았다. 종단 일각에선 천도재를 지내는 그를 '무당 스님'이라고 비아냥거리기도 했다. 이는 대체로 영가나 천도재에 대한 이해 부족에서 비롯된 것이었다고, 유발 제자 정해숙은 지적했다.

"일부 스님은 천도재를 지내는 큰스님을 가리켜 무당 스님이라고 부르기도 했습니다. 영가의 존재를 제대로 인식하지 못했기 때문이죠. 큰스님은 보고 있는 이 세계보다 우리 눈에 보이지 않는 생명이 훨씬 더 많다며 구천을 헤매는 그들을 깨치게 해서 극락세계로 이끌어야 한다고 늘 강조하셨지요.[54]

청화는 이후 개인뿐만 아니라 합동 천도재 법문도 했다. 특히 삼풍백화점 천도 법어(2001), 생명평화 민족화해 지리산 위령제 천도법어(2001), 해인사 천도법어(2001) 등 많은 대중이 운집한 유명한 천도재에서 법문을 했다.

"부처를 떠나서 우리 마음을 논할 수가 없고, 우리 마음 밖에 부처를 구할 수가 없습니다. 우리 마음이 바로 본래 부처입니다 … 우리 자성 가운데 우리 마음의 본체가 바로 청정법신 비로자나불입니다. 우리 마음의 본체가 바로 법신불입니다."[55]

열반에 들기 두 해 전인 2001년 10월 29일 무려 150여 개의 말사를 거느린 조계종 제12교구 본사이자 『팔만대장경』이 보관된 한국의 대표적 사찰 해인사에서, 청화는 대규모 영가 천도재 법문을 했다.

"우리 마음의 본체에 본래로 포함돼 있는 모든 불성 지혜공덕이 원만보신 노사나불입니다. 그 법신과 보신을 근거로 해서 모양을 나투고 또는 변화하는 차원에서는 천백억화신불입니다. 즉, 우리 마음 가운데에 법신과 보신과 화신의 삼신이 원만히 들어 있습니다."[56]

그는 이날 마명 대사의 『대승기신론』에서 "마음 바탕인 진여가 바로 모든 만법의 법체(心眞如是大總相法門體)"라는 구절을 인용하면서 우리 마음 바탕이 본래 부처이고 우주와 더불어 둘이 아닌 하나라고 역설했다. 특히 참석한 대중은 물론 영가를 향해서 중생의 공업력으로 우주가 탄생하는 성겁을 시작으로 성주괴공 영겁 회귀하는 불교 우주관을 제시하면서 본래 부처여서 결국 모두 부처가 된다고 거듭 강조했다.

"파괴가 된 뒤에 물질은 허공무물이라, 아무것도 없습니다. 아무

것도 없다 하더라도 우리 중생의 심식은 남아 있습니다. 무색계 중생은 그대로 남아 있습니다. 그 무색계 중생이 텅텅 빈 공겁세계에서 아직은 중생이니까 좋다 싫다 하는 마음이 있겠지요. 좋다, 싫다 하는 그런 마음, 에너지가 상호작용돼 가지고서 다시 우주를 형성합니다. 그럼 다시 텅텅 빈 공겁에서 빈 우주가 되겠지요. 이와 같이 우리도 영겁 회귀합니다."[57]

본래 마음은 태어나지도 죽지도 않고 육신이 없어진다고 하더라도 없어지지 않는다며, 영가들에게 중음에서 헤매지 말고 자신의 본래 마음, 진여불성을 깨쳐서 극락세계에 안주하라고 기도했다.

"생명이 갈 곳을 잘 모르면 이른바 중음에서 오랫동안 헤매는 것이고, 갈 곳을 안다고 생각할 때는 그냥 천상이나 극락세계에 흔연히 올라가는 것입니다 … 영가들이여! 그 어두운 중음 세계에서 헤매지 마시고, 부처님의 무생법인을 활연히 깨달아서 영원히 극락세계에서 안주하시기를 간절히 빌어마지 않습니다."[58]

대중 법문의 러시와 서울 전도

1989년 3월 19일 서울 코엑스의 대강당에서 사부 대중 약 2000명이 참석한 가운데 서울금륜회의 법회가 열리고 있었다. 청화는 이날 「천지우주는 바로 지금 참선을 하고 있습니다」는 제하의 법문을 했다. 그는 우리 사회가 혼란을 면치 못하는 것은 인간의 근본 문제, 근본 무명을 다스리지 못한 데서 오는 것이라며 깨달은 자는 욕계와 색계, 무색계 삼계가 마음뿐인 삼계유심(三界唯心), 우주 만유가 모두 마음뿐인 만법유식(萬法唯識)으로 본다고 강조했다.

"부처님이 보신다고 생각할 때는 천지우주가 모두 심심미묘한 마음뿐인 것입니다. 청정무비한 마음, 우주에 가득 차 있는 마음, 은하계가 헤아릴 수 없이 많은 은하단이 있다 하더라도 모두가 다 마음뿐입니다. 하늘에 총총한 무수 억 별도 모두가 다 마음뿐입니다. 청정무비한 마음세계에서 인연 따라서 잠시 모양을 나툴 뿐인 것입니다. 지구나 화성이나 금성이나 모두가 다 청정무비한 마음세계에서 인과의 법칙에 따라 그때그때 잠시 모양을 나툴 뿐입니다."[59]

그는 예수가 '당신의 증언은 참되지 아니하다'는 바리새인들의 지적에 "나는 내가 어디서 오며 어디로 가는 것을 알거니와, 너희는 내가 어디서 오며 어디로 가는 것을 알지 못하느니라, 너희는 육체를 따라 판단하나, 나는 아무도 판단하지 아니하노라"고 답한 「요한복음」(제8장 14~15절)이나 「마태복음」, 「누가복음」 등 기독교 성경을 거론하면서 다양한 차원의 회통과 대화를 위해선 상대 유한적인 인생관이 아닌 우주적 진리에 입각해 바라봐야 한다고 강조했다.

"기독교나 유교나 모두가 근본은 불교와 같은 것인데, 우리가 무슨 필요로 공연히 비방하기 위해서 힘을 낭비합니까. 우리가 부처님 가르침을 따라서 마땅히 아집, 곧 나라는 집착을 떠나고 또는 내 종교만 옳다 하는 자기 관념상, 즉 법집을 떠나버린다면 각 종교의 울타리나 벽은 저절로 무너지고 마는 것입니다. 앞으로 종교는 그래야만 되는 것입니다."[60]

태안사 삼년결사가 끝난 뒤, 청화는 대중 법문을 활발하게 했다.

불교계 안팎에서 태안사 삼년결사가 큰 화제를 몰고 온 데다가 그가 곡성 태안사에서 선풍을 드높이자, 감로의 법문을 듣기 위해서 전국에서 사람들이 몰려왔다. 곡성터미널 택시 기사들은 태안사로 몰려드는 사람들 때문에 먹고산다는 말이 나올 정도였다.

스승 금타의 가장 대표적인 저술인 「보리방편문」을 자세히 풀어서 법문하기도 했다. 그는 1989년 4월 30일 태안사 해회당에서 서울 금륜회 회원들을 대상으로 「보리방편문」에 대해 장장 세 시간에 걸쳐 설법했다. 기존의 대담[61]이나 다른 법문을 하면서 거론하는 정도가 아닌 「보리방편문」을 전면으로 내세워 대중 법문한 첫 번째 사례로 추정된다.

그는 이날 법문에서 석가모니 부처 시절에는 진리를 깨우치기 위해 탐심이 많은 사람에게는 부정관, 핏대를 올리는 진심이 많은 사람에겐 자비관, 이치를 모르는 치심이 많은 사람에게는 12인연관으로 가르쳤지만, 대승불교 시대에는 우주 만유가 진여불성뿐이고 마음이 곧 부처라고 바로 가르친다고 설명했다.

"우리 중생들은 마음이 중요한 줄을 모르고서 항시 겉만 중요하다고 생각하므로 모두가 허깨비요, 꿈이요, 공이요 해가다가 중생 근기가 익어지면 그대 마음이 바로 부처다, 라고 합니다. 지금 나투어 있는 산도, 풀도 누렇고 푸르고 한다 하더라도 중생이 보아서 누렇고 푸른 것이지 그것도 역시 바로 보면 불성, 부처입니다."[62]

그는 마음은 체로 보면 텅 비어 있는 공이고, 성품으로 보면 원만한 성이며, 상으로 보면 일체 현상이라며 마음을 다시 부처로 대비해 보면 각각 청정법신 비로자나불, 원만보신 노사나불, 천백억화신

菩提方便門

心은虛空과等할새、片雲隻影이無한廣大無邊한虛空的心
界를觀하면서清淨法身인달하여毘盧遮那佛을念하고、此
虛空的心界에超日月의金色光明을帶한無垢의淨水가充
滿한海象的性海를觀하면서圓滿報身인달하여盧舍那佛
을念하고、內로念起念滅의無色衆生과外로日月星宿山河
大地森羅萬象의無情衆生과人畜乃至蠢動含靈의有情衆
生과의一切衆生을性海無風金波自涌인海中漚로觀하면
서千百億化身인달하여釋迦牟尼佛을念하고、다시彼無量
無邊의清空心界와淨滿性海와漚相衆生을空·性·相一如의
一合相으로通觀하면서三身一佛인달하여阿(化)·彌(報)·陀(法)
佛을常念하고、內外生滅相인無數衆生의無常諸行을心隨
萬境轉인달하여彌陀의一大行相으로思惟觀察할지니라.

「보리방편문」

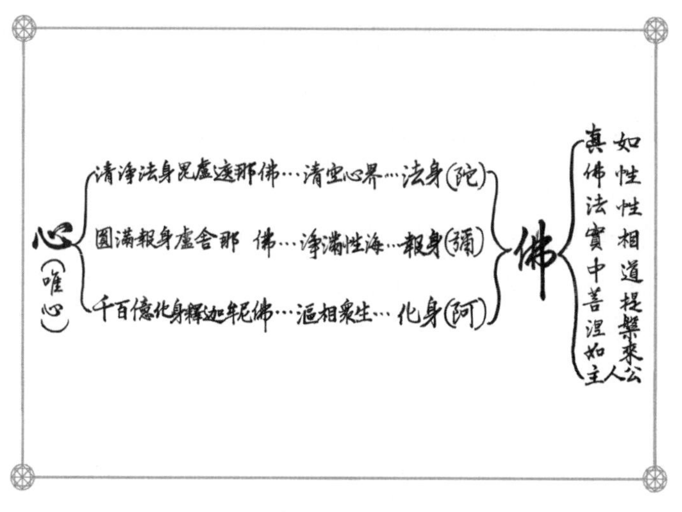

「보리방편문대요」

석가모니불로서 결국 삼신일불 아미타불이 된다고 설명했다. 그러면서 금타의 「보리방편문」은 이 같은 "현상이나 실상이나 모두를 종합적으로 수렴한 법문", "우주 만유를 하나의 도리로 딱 통달해 버린다"고 소개했다.

수행의 단계, 수도의 위차와 관련해선 유식오위를 기초로 수행을 준비하는 자량위, 집중적으로 공부하는 난법·정법·인법·세제일법의 가행위, 진여불성을 관찰하는 통달위(견지), 번뇌의 습기를 닦는 수습위, 구경위(불지)로 설명했다. 이어서 초선, 이선, 삼선, 사선의 사선정과 공무변처, 식무변처, 무소유처, 비상비비상처의 사무색정과 멸진정의 구차제정도 설명했다.

조계종과 일본 임제종은 화두선 수행을, 원불교와 일본 조동종은 묵조선 수행을 각각 하고 있고, 한국의 선지식 서산 휴정과 사명 유정, 진묵, 태고 보우, 나옹 혜근 대사 등은 염불을 강조했다며 회통적 수행을 해야 한다고 다시 강조했다.

"역사적으로 정평 있는 위대한 도인들은 절대로 한 법에 치우치지 않았단 말입니다. 치우치지 않아야 할 것이고, 천지우주가 다 불성이고 부처님 법이 모두가 성불하는 법이거니 어떻게 하나만 옳고 다른 것은 그르다고 하겠습니까."[63]

특히 바로 보면 우주 만유가 진여불성 하나뿐이라며 이 같은 진리관을 바탕으로 세계종교 간의 공존과 통합도 모색하고 회통을 적극 추구해야 한다고 역설했다.

"지금 현대란 사회는 모두를 하나로 통합할 때입니다 … 우리가 좋은 점은 키우고, 같이 공존해 가야지 절대로 한 편을 완전히 패배

시키지는 못하는 것입니다. 결국은 승자, 패자가 없는 것입니다. 승자, 패자가 없이 보다 고차원에서 양쪽을 다 합해야 할 것인데, 기독교와 같은 이분법으로 해서는 절대로 합할 수가 없습니다. 부처님 사상은 어떤 누구나 무슨 주의나 모두가 근본 체에서 보면 하나라는 것입니다. 동일률, 동일철학을 가져야만 우리가 하나로 묶을 수가 있습니다."[64]

그는 1989년 이래 여러 차례 대중 법문에서 「보리방편문」을 꾸준히 소개하고 설명했다. 광주금륜회관 「보리방편문」 법문(1990), 태안사 원통불법의 요체 연속 법문(1992), 청도 운문사 법문(1993), 성륜사 정기법회 법문(2001), 「보리방편문」 법문(2002) ….

대중 법문이나 인터뷰 요청도 러시를 이뤘다. 부처님 오신 날 기념 언론 인터뷰, ≪주간불교≫ 최유심 주필과 인터뷰, ≪전남일보≫ 최하림 편집부국장과 인터뷰, 백양사 천진암 3년 지장기도 회향법어, ≪해동불교신문≫의 최유심 주간과 인터뷰, ≪경향신문≫ 초대석 인터뷰, 광주 정중선원 천도법어, 안성 칠장사 49재 천도법어, 전북 불교대학 『반야심경』과 현대 물리학 법문, 불교방송 초청 법회 법문, 홍륜사 삼년결사 소참 법문, ≪중앙일보≫와 인터뷰, ≪법보신문≫ 논설위원 정병조 교수와 인터뷰, 광주청년불자회 특별법회 법문, 광주미타회 창립기념법회 법문[65] ….

서울금륜회를 비롯해 전국에서 신행 조직이 속속 결성됐고, 효율적인 대중 포교를 위해서 선원이 세워지기도 했다. 그는 서울 및 수도권 일대 재가 불자들의 수행과 안거를 위해서 1990년 3월 서울 강남 도곡동에 서울포교당이자 시민 선방인 '정중선원'을 개원했다. 한 해 전에 건물을 매입한 뒤, 오랜 제자 태호 스님과 윤기원 거사, 정법장 보살 등을 중심으로 개원을 준비했다.

인연이 닿는 지역에 불사도 활발히 이어갔다. 1990년 11월에는 윤기원 거사 등의 도움으로 무안 혜운사를 중창했고, 1991년에는 암주의 권청에 따라 장흥 천관산 자락에 위치한 탑산암을 탑산사로 새로 개원했다. 탑산사 중흥을 위해 이듬해 6월 곡성군청 창고에 방치돼 있던 폐사지 불상을 모셔온 뒤 법회도 열었다.

"여러 대덕 스님을 모시고 이렇게 결제를 함께하게 돼 무한한 영광으로 생각합니다. 저는 출가 이후 마흔세 번째 결제를 하는데, 가끔씩 예전 결제 중에 최선을 다했는가 하고 자문을 해봅니다. 지금 생각해 보면 한 번도 최선을 다하지 못했다고 생각합니다."[66]

청화는 대중 교화를 활발하게 펼치면서도 수행 역시 소홀히 하지 않았다. 스스로 정진을 했고, 다른 이들이 열심히 수행하도록 독려했다. 1989년 여름 태안사에서 하안거 결제 중이던 젊은 대중 앞에서 무릎을 꿇고 정진을 당부했다고, 당시 안거 수행을 했던 보성 대원사 회주 현장 스님은 기억했다.

특히 태안사 조실이 된 뒤 태안사에서만 안거했던 그는 1989년 겨울 몽산 스님의 요청에 따라서 스님 15명과 함께 내장산 벽련선원(이전 벽련암)에서 동안거 수행을 했다. 벽련선원에서 동안거 결제 법문이나 성도절 소참법어를 하면서 선풍의 일단을 드러내 보였다. 벽련선원은 운문암과 함께 백양사의 대표적 암자라는 점에서, 아울러 스승 금타와 인연이 깊은 도량이라는 점에서 금의환향의 의미도 있었다. 금타는 견성 오도한 뒤 부안 내소사 월명암 안거를 제외하곤 벽련암과 운문암에서 보임정진을 이어갔고, 특히 벽련암에서 「우주의 본질과 형량」을 저술했던 것이다.

이즈음 냉전체제가 해체되면서 새로운 질서가 열리고 있었다. 1991년 12월, 사회주의 종주국 소련이 붕괴했다. 보수파가 쿠데타를 일으키며 옛 영광을 재현하려고 했지만, 시민들의 거센 저항으로 무너졌다. 1917년 러시아 혁명을 통해서 등장한 사회주의 종주국 소련이 역사 속으로 사라졌다.

청화는 소련의 몰락은 결국 유물론과 물질주의 때문이라고 분석한 뒤 원통불교의 진리관만이 현대 사회를 구할 수 있을 것이라고, 나중에 미국 유타에서 행한 법문에서 강조했다.

"공산주의 사회가 붕괴된 가장 큰 허물이 무엇인가, 그것은 우리 인간을 물질로 봤단 말입니다. 물질로 보기 때문에 물질을 평등분배만 하면 된다, 물질 생산만 많으면 된다, 소중한 영생불멸한 생명 자체가 우리 마음인데, 그것이 우리 인생의 주인공인데, 그걸 모르고서 이 몸뚱이만 보고 인간은 물질이다, 이런 데서 인간을 함부로 했단 말입니다. 마음대로 압제한다 하더라도, 진리를 벗어나면 어느 이론이나 필연적으로 붕괴가 되고 마는 것입니다. 다른 것도 마찬가지입니다."[67]

그는 이후에도 사회주의 종주국 소련의 몰락은 기본적으로 유물론과 물질주의를 숭배하면서 참다운 진리에 따르지 않았기 때문이라고, 자성원 법문을 비롯해 여러 법문에서 거듭 강조했다.[68]

물론 현재 번영 중인 자본주의 역시 물질만능주의에서 벗어나지 못할 경우 자칫 추락과 몰락의 운명을 피할 수 없을 것이라고 경고하는 것도 잊지 않았다.

"자본주의 사회도 물질만능 시대가 되고, 이른바 물신주의라, 물질을 너무 숭배한다고 생각할 때에는 역시 오래 안 가서 파멸되는 것입니다. 과감한 수술을 해서 영원한 바이블 위치에, 불경 위치에, 성자의 지혜로 해서 취사선택을 해야지, 그냥 이대로 간다고 생각할 때는 역시 낭떠러지에 떨어지고 맙니다."[69]

『원통불법의 요체』 연속 법문

"여러 젊은 스님네들이 참선이나 기도에 정진하다가 여러 경계에 부딪칠 때는 답답하기 그지없는데, 오랫동안 참선정진한 스님들께서 다만 며칠이라도 법문을 해주면 좋겠다는 요청을 했고, 또 한 가지는 여러분들에게 드린 『금강심론』에 대해서도 중요한 몇 대문을 말씀드리고자 하는 것입니다."[70]

스승 금타 선사의 유작 『금강심론』의 개정판 출간을 계기로 1992년 3월 18일 곡성 태안사 금강선원에서 스님 100여 명을 대상으로 한 연속 법문 입제식에서, 청화는 석가모니 부처님 법문의 대요는 안심법문이자 안락 법문이라고 강조한 뒤 연속 법문을 하게 된 계기를 이같이 설명했다.

그는 달마 대사의 초상이 담긴 세로 족자를 배경으로 이날부터 3월

24일까지 7일 동안 태안사 금강선원에서 연속 법문을 했다.[71] 이른바 '원통불법의 요체 연속 법문'. 1979년 역주해 펴냈던 『금강심론』의 개정판을 얼마 전 펴낸 그였다. 당초 금타의 저술을 더 평이하게 주해해 편술하려 했지만 스승의 본의를 해칠까 우려해 그대로 냈다.

원통불법의 요체 연속 법문은 3월 18일 입제식을 시작으로 돈점 논쟁, 견성과 삼매, 3월 19일에는 불교의 교상과 교리, 수증론, 여래선과 조사선, 3월 20일에는 선과 일행삼매, 염불과 삼매, 「보리방편문」, 3월 21일에는 불성공덕과 열반사덕, 계율, 『반야심경』, 3월 22일에는 우주론과 물질관, 유식, 3월 23일에는 수도의 위차와 「해탈 16지」, 질의응답, 3월 24일 회향 법문의 순서로 진행됐다. 사부 대중이 아닌 수행하는 스님들만을 대상으로 했고, 금타의 유작 『금강심론』의 해설뿐만 아니라 전반적인 불교 사상과 교리를 총망라했다는 점에서 이례적인 연속 법문이었다고, 유발 제자 배광식 서울대 명예교수는 의미를 설명했다.

"기본적으로 『금강심론』 해설이라고 할 수 있지만, 여기에만 국한하지 않고 정통 불법에 대한 교리와 역사, 수행 방법론과 위차 등을 설명하는 한편, 돈오돈수 논쟁 등 주요 이슈와 논쟁도 검토하면서 회통을 시도한 연속 법문이었습니다."[72]

그는 첫날인 3월 18일 입제식이 끝난 뒤 "전문 학자가 아닌 참선수자이기 때문에 교학적인 분석에도 능하지 못할 뿐 아니라 복잡 미묘한 논쟁에 끼어들고 싶지 않지만, 공부하는 여러분에게 혹시 참고가 될까 하여 소견을 말"한다[73]며 성철 스님이 저서 『선문정로』에서 보조 지눌의 돈오점수설을 비판하면서 화제로 등장한 돈오돈수와 돈오점수 논쟁을 검토했다. 즉, 육조 혜능 대사의 돈오돈수와 지눌 대사의 돈어점수의 내용과 합리적 핵심 등을 차례로 설명한 뒤 "돈오돈수도 역사적으로 분명히 권위 있는 말씀이고 돈오점수도 마찬가지"[74]라거나 "보조 스님이 그르다 또는 성철 스님이 잘못 해석했다고 함부로 말할 수가 없는 문제"[75]라면서 돈오돈수와 돈오점수의 회통을 시도했다.

먼저 혜능 대사가 『육조단경』의 '남돈북점장'에서 '스스로 자성을 깨달아버리면 돈오돈수'라며 돈오돈수를 말한 것은 맞다. 하지만 돈오점수라고 분명히 표현하지 않았지만 의미로 봐서 돈오점수를 이야기한 대목 역시 분명히 있다고 지적했다.

"『(육조)단경』에서 6조 대사가 대중을 위해 말씀하시기를 '법은 본래 하나의 종지지만, 다만 사람의 근기 따라서 남북이 있을 뿐이다'고 했습니다 … '법은 본래 하나의 성품이지만, 보는 견해에 따라서 더딤과 빠름이 있다. 그러니 무엇이 돈이고 무엇이 점인가, 무엇이 문득 아는 것이고, 또는 점차 아는 것인가? 원래 법에 있어서는 돈법과 점법이 없으나, 사람의 근기에는 날카로움과 둔함이 있다, 고로, 돈과 점이라는 말을 할 수 있다' 이렇게 말씀했습니다."[76]

아울러 혜능 대사가 남악 회양 선사와 묻고 답하는 내용이 담긴 『전등록』의 '남악장' 구절[77]을 거론하면서 깨달음을 얻은 뒤에 닦음도 있고 증함도 있지만 다만 오염을 시키지 않는 불염오 수행이어야 한다며 불염오 또는 무염오 수행의 필요성을 인정하고 있다고 강조했다.[78]

"6조 스님의 돈오돈수에 대한 말씀도 깨달은 뒤에 닦을 필요가 없다는 돈수가 아니라, 깨달아서 자타 시비의 차별이나 높고 낮고 깊고 옅음 등의 분별심은 끊어졌으나 아직 번뇌의 습기는 남아 있기 때문에, 분별 시비에 집착하지 않는 무념수행, 곧 무염오 수행이어야 한다는 의미에서 돈오돈수라고 표현한 것입니다."[79]

그는 돈오점수를 이야기한 지눌 역시 『수심결』에서 혜능 대사의 돈오의 도리를 이야기한 뒤에, "자기 본성을 깨달으면 부처와 조금도 차이가 없지만, 무시 습기를 졸지에 제거하기가 쉽지 않기에 깨달음에 의지해서 닦으며 점차로 훈수해서 공덕을 성취한다"는 취지에서 점수를 이야기했다고 분석했다. 따라서 보조 선사의 돈오점수 역시 석가모니 부처나 중국 선종의 달마 대사부터 6조 혜능 대사들의 가르침과 결코 다른 게 아니라고 말했다.

"이 도리는 『화엄경』에서 말씀한 도리하고도 똑같고, 달마 때부터 6조 혜능까지의 말씀하고도 틀림이 없습니다. 다만, 돈오돈수란 말도 『단경』에 있기 때문에 돈오돈수하고 돈오점수는 근본적인 차이가 있다 이렇게 생각할지 모르지만, 무염오 수행 도리를 분명히 느낀다면 하등의 논쟁거리가 될 만한 차별은 없다고, 저는 생각합니다."[80]

그는 『화엄경』을 비롯해 대승경론의 뜻이 대체로 돈오점수 사상으로 일관돼 있고, 지눌 선사의 돈오점수설 역시 혜능 대사의 돈오돈수론을 수용한 불교 일반의 수증론이라고 할 수 있다며 지눌의 돈오점수설이 결코 틀린 게 아니라고 강조했다. 아울러 자칫 '점수'에만 너무 치우치는 경향에 대해서도 우려를 표시하기도 했다.

"너무나 점수에 치우쳐서 자꾸만 계급을 따지고 고하, 심천을 가리는 사람들한테는 돈오돈수로써 마땅히 분별을 쳐부수어야 하겠지요. 그러나 본래가 부처인데 닦을 것이 무엇이 있는가, 하는 분들한테는 점차로 닦아나가는 점수를 역설해야 하는 것입니다."[81]

삼매의 개념과 의미, 방법 등을 차례로 설명하면서 견성과 견도, 깨달음(悟)을 얻은 뒤에도 불염오 수행 및 일상삼매와 일행삼매의 정혜쌍수를 이어가야 한다고 강조했다. 이를 통해 돈오돈수나 돈오점수 모두 틀리지 않다며 선오후수를 통한 두 주장 간의 화해와 회통을 시도했다.

"법에는 본래 돈점이 없습니다. 다만 근기가 날카롭고 둔함으로 돈점이 생기는 것이며, 또한 닦고 증(證)하는 수증에도 깊고 옅은 심천이 있는 것이니, 돈오점수라 하여 그릇됨이 될 수가 없고, 점차로 차서나 고하를 논하지 않는 무염오 수행을 역설하는 의미에서의 돈수이니 돈오돈수가 그릇됨이 아니며, 다만 선오후수의 수기설법일 뿐입니다. 역시 먼저 깨닫고 뒤에 닦는 것은 불조의 통설입니다."[82]

이전에는 지극한 도가 밝혀지지 않았기에 석가모니 부처는 선수후오해야 했지만, 부처님이 지극한 진리를 밝힌 이후에는 그의 지혜를 먼저 깨닫고 그에 따라서 닦는 선오후수해야 한다는 취지였다.

"석존께서는 선수후오라, 먼저 닦고 나중에 깨닫는 공부 방식인 것이고, 석존 뒤에는 석존께서 모든 방법을 다 분명히 밝혀놓으신지라 그 말씀 따라서 가면 되는 것입니다. 이른바 선오후수가 됩니다."[83]

청화가 각종 경전을 바탕으로 돈오돈수와 돈오점수의 회통을 시도하고, 특히 『전등록』 '남악장'을 근거로 깨달은 뒤에도 습기를 제거하기 위한 불염오 수행이 필요하다는 점을 밝힌 것은 큰 의미가 있다고, 제자 무상은 회상했다.

"『전등록』의 남악장을 통해서, 깨달았다고 더 이상 수행할 게 없는 게 아니라 습기를 제거하기 위해 때가 묻지 않는 무염오 수행, 불염오 수행을 해야 한다는 사실을 밝혀낸 것은 큰스님의 탁견입니다. 그렇지 않았다면 돈오돈수다, 돈오점수다 해서 쓸데없는 논쟁에 빠져서 헤어나지 못할 텐데, 큰스님의 탁견으로 비로소 논쟁의 소용돌이에서 벗어나게 됐지요."[84]

원통불법의 요체 연속 법문 이틀째, 청화는 석가모니 부처 시대부터 그의 사후 100년경까지 상좌부(12파)와 대중부(8파)의 부파 중심 불교가 이어지다가, 석가모니 부처 사후 400년경 이후 상좌부는 다시 설일체유부 및 경량부와 분별상좌부로, 대중부는 대승불교로 해소되는 교상 변천이 이뤄진다며 간략한 불교사 흐름을 살폈다.

이어서 근본불교의 주요 경전과 논부를 살핀 뒤, 설일체유부의 유위법과 무위법의 오위 75법으로 나눠서 근본불교의 교리 요강을 검토해 나갔다. 즉, 기세간(자연 우주)과 유정세간(동물)으로 구분해 기세간은 성·주·괴·공의 사겁에 의해 무한 순환하고, 유정세간은 지옥·아귀·축생·아수라·인간·천상의 육도에서 생유·본유·사유·중유 네 과정을 거쳐서 끝없이 윤회한다고 강조했다. 아울러 제행무상과 제법무아, 열반적정의 삼법인을 기본 교의로 하는 근본불교는 수증 체계로서 삼현위와 사선근의 현자 자리와 유학도와 무학도의 성인 자리로 구분했다고 분석했다.

근본 불교의 교리와 교상 변천, 수증론을 살핀 그는 이어 마명과 용수, 제바 보살을 중심으로 반야공 사상을 확립시킨 중관파, 무착과 세친 보살 등을 중심으로 다만 공이 아니라 진공묘유를 강조한 유가파, 7세기 이후 불교의 쇠퇴와 함께 불교와 바라문교가 융합된 밀교의 순으로 인도의 대승불교를 개괄했다.[85]

이어서 유교[86]와 공교, 중도교 삼시교를 교상으로 하고 '우주 만유는 마음뿐'이라는 유식관을 관심으로 하는 법상종, 오시교[87] 및 8교와 공·가·중 일심삼관을 수행법으로 하는 천태종, 오교십종을 교상으로 하고 '우주 만유는 일여 평등한 진여법성'이라는 일진법계관으로 하는 화엄종, 순수밀교 성향의 진언종으로 구분해 중국 불교의 교관 역시 검토했다.[88] 아울러 중국 선불교를 개창한 달마 대사의 '이입사행론'도 간략히 검토했다. 달마 대사는 『소실육문』 등에서 하나의 이치로 먼저 알아차린 뒤 보원행과 수연행, 무소구행, 칭법행의 네 가지 행으로 들어가는 이입사행을 역설했다고, 그는 강조했다.[89]

특히, 여래선과 조사선 간의 갈등과 관련, 그는 여래선과 조사선의 개념과 의미, 역사적 유래 등을 차례로 살펴보고 '석가모니 부처가 진귀 조사를 심방하고 나서야 지극한 도를 깨쳤다'는 범일 스님의 '진귀조사설'을 비판적으로 검토한 뒤 회통적 시각을 제시했다.[90] 여래선은 교나 선이나 원래 둘이 아니라는 교선일치설을 역설한 반면, 조사선은 여래의 언구에 집착함을 경책하는 의미에서 여래선과 간별해 창도한 측면이 있다며 결국 대중의 근기와 시대에 따른 수시의 말이었다고 설명했다.

"여래선이나 조사선이나 근기에 따른 수시의 말로서, 여래선 외에 조사선이 없고 또한 조사선 외에 여래선이 따로 있지 않으며, 그 내용에 있어서는 일호의 상위도 없고 천심 우열이 있을 수가 없는 것입니다."[91]

그는 연속 법문 사흘째에는 먼저 인과를 부정하는 외도선, 유위공덕을 위한 범부선, 소승선, 대승선, 최상승선으로 구분해 선의 종류를 설명한 뒤, 화두선과 묵조선, 염불선의 세 가지 참선 방법을 설명했다. 그러면서 화두나 묵조, 염불을 비롯해 어떠한 수행 방법을 선택하더라도 마음이 제일의제, 진여불성을 여의지 않아야 진정한 참선이 된다고 강조했다.

"화두도, '무자'나 '이 뭣고'나 판치생모(板齒生毛)[92]나 모두가 다 일체 유루적인 상대 유위법을 떠나서 오직 불심만 잡으라는 뜻입니다. 그렇다면 공안이나 염불이나 모두 다 같은 것입니다. 묵조도 청정미묘하고 일미평등한 진여불성을 관조하니까 같은 것이고, 공안도 제일의제인 한 물건 자리를 참구하는 것이니까 같은 것이고, 염불도 부처가 밖에 있다고 생각하고 행복스러운 극락이 십만억 밖에 있다고 생각할 때에는 방편이 되는 것이지만 자기 마음이 바로 부처요, 만법이 본래 부처일 때는 바로 선인 것입니다."[93]

그러면서 선의 자세로 마치 고양이가 쥐를 잡기 위해서 눈도 깜짝하지 않고 쥐를 노려보는 것처럼 우주 만유를 오직 하나의 진여불성, 부처로 관조 참구하면서(일상삼매), 마치 닭이 병아리를 부화하기 위해 알을 품듯이 일상삼매를 한순간도 여의지 말라(일행삼매)고 역설했다. 6년간 설산에서 고행한 석가모니 부처처럼, 9년간 소림굴에 있었던 달마 대사처럼. 30년간 산에 머물렀던 남전 보원 선사처럼.

그는 염불이란 "부처와 내가 본래 하나임을 재확인하는 공부"라며 칭명염불과 관상(像)염불, 관상(想)염불, 실상염불 네 가지로 구분해 살펴본 뒤, "석가모니 부처님께서 인행시에 부처를 생각하는 염불심으로 무생 법문에 들어갔다"는 내용을 담은 『능엄경』, "부처를 생각하는 자는, 사람 가운데 가장 향기로운 분다리화"라는 내용이 담긴 『관무량수경』, "부처를 깊이 연모하고 갈앙하면 바로 선근을 심는다"는 구절이 있는 『법화경』을 비롯해 마명의 『기신론』, 용수의 「지도론」과 「십주비바사론」, 정각의 『능가사자기』, 나옹 혜근과 태고 보우, 보조 지눌의 어록과 저술 등 제 경론의 염불 법문을 검토했다.

이어서 네 종류의 삼매와 반주삼매를 알아본 뒤, 선정과 지혜를 고루 갖춘 마음을 한 곳에 머물게 하는 묘결로서 금타의 「보리방편문」을 제시했다. 「보리방편문」 전문을 자세히 설명한 뒤, "「보리방편문」 전 뜻을 한 마디로 하면 심즉시불이라, 마음이 바로 부처인 것을 말씀한 것"이라고 강조했다.

"마음의 본체는 법신입니다. 더 구체화시키면 청정법신 비로자나불, 즉 대일여래나 비로자나불이나 같은 뜻입니다. 마음의 본체에 갖추어 있는 무량공덕이 보신입니다. 마음이 텅 빈 허무한 마음이 아니라 거기에는 자비나 노사나불입니다. 거기에서 인연 따라서 일어나는 별이나 은하계 등 우주나 인간이나 일체 존재는 모두가 다 화신입니다 … 화신의 현상계는 아미타불의 아(阿)에 해당하고, 보신 경계는 현상의 성품이 되니 미(彌)에 해당하고, 화신과 보신이 둘이 아닌 본래 공한 근본 경계가 법신으로 타(陀)에 해당하는 것입니다. 그래서 삼신일불인 한 부처인 아미타불입니다 … 근본 체성은 법신이고 근본체의 성공덕인 자비나 지혜 등 무량공덕은 보신이고 법계연기라, 법계에 갖추어 있는 성공덕이 인연 따라 이루어지는 일체 존재가 화신입니다. 법신, 보신, 화신은 셋이 아니기 때문에 삼신일불입니다."[94]

다만, 그는 이때에는 「보리방편문」이 용수 보살이 저술한 논장 『보리심론』에서 설명된 공부 요령을 간추린 것이라고 근거를 설명했다.

"용수 보살께서 저술한 책 가운데서 『보리심론』이라 하는 논장에 공부하는 요체가 많이 설명돼 있습니다만, 이 「보리방편문」은 그 논장 가운데서 공부하는 요령을 금타 스님께서 간추린 것입니다."[95]

하지만 그는 나중에 『금강심론』 특별 대법회에서 「보리방편문」의 근거를 『보리심론』보다는 『육조단경』의 핵심 내용인 귀의삼신자성불 대목이라고 수정한다.[96]

연속 법문 4일째, 청화는 불성공덕 및 열반사덕, 계율의 종류와 방법, 대승계 등을 이야기했고, 『반야심경』을 잘 이해하기 위한 금타 선사의 열 가지 독해법을 소개했다. 이어서 수행의 위차로서 『화엄경』의 보살 십지와 십바라밀을 살펴본 뒤, 금타 선사가 도해한 〈수릉엄삼매도〉를 통해 수릉엄삼매 등을 해설했다.

그는 연속 법문 5일째에는 금타의 「우주의 본질과 형량」을 바탕으로 불교 우주론의 본체와 현상을 살피고 유식삼계와 해탈을 검토했다. 먼저 현대 물리학이 석가모니 부처가 강조한 공사상을 증명하고 있다고 주장했다. 즉, 상대성 이론과 양자역학 등을 바탕으로 물질과 에너지, 입자와 파동이 서로 대립되는 게 아니라 하나의 장의 양면으로, 측정 수단에 따라 다르게 나타날 뿐이라는 설명이었다.

"다행히도 현대 물리학은 절대 시간, 절대 공간, 절대 물질이 없다는 것을 과학적으로 증명했기 때문에 부처님께서 말씀하신 제행무상 또는 제법무아 이른바 제법공의 반야 도리를 증명하고 있는 것입니다. 곧 양자역학이나 또는 아인슈타인의 상대성 이론 등은 모든 것이 상대적으로 있는 것이지 절대적으로 고유하게 있지 않은 것이라고 말합니다."[97]

그는 "종교 없는 과학은 절름발이요, 과학 없는 종교는 맹인"이라는 아인슈타인의 발언을 인용하며 과학 시대의 불교를 강조한 뒤, 아인슈타인의 상대성 이론과 하이젠베르크의 불확정성 원리 등으로 불교적 우주관과 물질관의 설명을 시도했다. 특히 석가모니 부처의 『기세경』[98]이나 용수 보살의 『지도론』 또는 『구사론』 등을 바탕으로 우주가 이뤄지는 성겁, 우주에 중생이 생활하는 주겁, 차츰 허물어지고 파괴되는 괴겁, 제로가 되는 공겁의 성-주-괴-공 사겁이 되풀이되는 순환적 우주론을 제시했다. 아울러 중생들의 공업력에 의해서 우주와 물질이 탄생되고 형성된다고 설명했다.

"우리 마음이 한번 동하면, 한번 분별심 내면, 거기에 상응하여 바로 소립자로 움직이는 것입니다 … 중생의 공업력으로 우주가 구성이 된단 말입니다. 무에서 유가 나오는 것이 아니라, 우리 중생이 좋다, 궂다, 사랑한다, 미워한다 하는 마음들이 동력이 돼 우주의 장 에너지를 충동하면 소립자가 이뤄지고, 인간의 염력은 또한 소립자들의 구조를 바꾸기도 하는 것입니다."[99]

성겁과 주겁을 거쳐서 우주와 물질이 무너지는 괴겁과 관련, 그는 스티븐 호킹(Stephen W. Hawking)의 저술 『시간의 역사』를 바탕으로 "영국의 호킹 박사 같은 분들은 우주가 이뤄져서 완전히 파괴될 때까지 100억 년 정도라고 계산을 했다"[100]고 설명한 뒤, 모든 유정세간이 이선천 이상으로 간 뒤에 무너질 것이라고 말했다.

"부처님은 대자대비가 근본이기 때문에 초선천에서 지옥에 이르기까지 모든 유정은 각기 자기 지은 바에 따라서 이선천 이상으로 간 뒤에야 점차로 무너진다는 것입니다 … 초선천에서 지옥에 이르기까지 모든 유정은 각기 자기가 지은 업력 따라서 더디 가고 빨리 가고 하는데, 이선천 이상을 올라간 뒤에야 비로소 모든 유정세간이 파괴된다고 하니, 한 사람도 남기지 않고 이선천 이상으로 승천하고 나서 파괴된다는 사실이 얼마나 자비로운 도리입니까? 우주의 도리는 자비가 근본인 것입니다."[101]

그는 용수 보살의 『구사론』과 승려 천문학자 일행 선사의 『대일경소』 등을 바탕으로 인허에서 시작해 극미-미진-금진-수진-토모진-양모진-우모진-극유진-물체로 이어지는 불교적 물질관을 전개했다. 현대물리학에서 가장 작은 소립자인 광양자에 해당하는 것이 금진이라며 생명 에너지의 근본 물질로 금진을 바라봤다.

"일극미인, 물질도 아닌 하나의 기운, 에너지가 사방 상하 중심의 칠미 합성이 돼 처음으로 천안소견이라, 중생의 오욕의 때 묻은 눈으로 볼 수 있는 것이 아니라 천안통으로 볼 수 있는 아누색(阿耨色)[102]이 되는데, 이것이 바로 금진이라고 합니다."[103]

특히, 금진이 왼쪽으로 선회하면 수진(양자)이 되고, 오른쪽으로 선회하면 화진(전자)이 된다며 지수화풍 사대에 따른 수진과 화진의 특성을 설명하기도 했다.[104] 그는 현대 물리학의 한계와 과제에 대비해 불교적 물질관의 가능성을 금륜사 하계 용맹정진 입제식 법문을 비롯해 이후 여러 대중 법문에서 거론했다.[105] 특히 현대 물리학의 한계와 과제를 성자의 시각으로 바라봐야 제대로 볼 수 있을 것이라고, 이듬해 미국 유타 법문에서 주장하기도 했다.

"현대물리학이 모르는 것은 순수 에너지 자체가 무엇인가? 그건 모른단 말입니다. 그것은 성자밖에는 모릅니다. 왜 모르는가 하면, 때 묻은 중생의 눈, 원죄에 가리고 무지에 가린 중생의 눈으로는 공간성이 없는 세계를 볼 수가 없습니다. 체험을 못 하는 것입니다. 공간성이 없는 생명 자체는 청정한 성자의 안목에서만 체험이 되는 것입니다."[106]

연속 법문 6일째, 그는 수행의 위차를 모르면 암중모색을 할 수가 있고, 자칫 아만심이 있는 사람들의 경우 증상만(增上慢)을 낼 수 있다며, 수행의 위차를 제대로 아는 것이 중요하다고 강조했다. 그러면서 자신의 수행담 한 자락을 들려줬다.

"저도 사실 젊어서는 상당히 교만한 편이었습니다만, 이런 공부를 할 기회가 없었다면 엉뚱하게도 공부가 다 되었다고 아만심에 젖어서 무거운 죄를 범했을지도 모릅니다. 저는 승려가 된 뒤 『법화경』을 보고서 내 공부가 이제 다 됐다는 생각이 들어서 교학 공부를 그만두려고 마음먹었습니다. 불교라는 것이 상대와 절대와 성상체용이 상즉상입하여 본래 둘이 아닌 법을 알고 우주법계 그대로 제법실상의 도리를 알았으면 앞으로 인연 따라 증오를 위해 닦아나가면 되는 것이지 무엇이 더 필요한 것인가? 이렇게 생각을 했습니다. 하지만 나중에 이런 수도의 위차 법문을 보고서 우리 범부가 공부해 간다는 것이 지극히 멀고도 먼 길을 가야 하는 것이구나, 하는 것을 느꼈습니다."[107]

그러면서 『화엄경』의 보살 십지를 바탕으로 구축한 금타의 「해탈 16지」를 중심으로 『유식』의 십바라밀, 『수릉엄경』의 56위 사만성불위, 『인왕경』의 오인 13관문, 『지도론』의 구차제정, 『유가론』의 유가 17지, 『보리심론』의 오상 성신위 등 각종 수행 위차 간의 회통을 시도한 뒤, 선오후수의 중요성을 거듭 역설했다.

"만약 석가모니께서 출현하셨을 때에 다른 위대한 성자가 계셨더라면, 석가모니께서도 6년 고행이나 그렇게 많은 수도를 안 하셨겠지요. 우리도 석가모니 부처님께서 안 나오셨더라면, 이리 헤매고 저리 헤매고 얼마나 시간과 정력을 낭비하겠습니까. 다행히도 석가모니 부처님께서 나오셔서 인생과 우주의 모든 길을 온전히 밝혀놓으셨으므로, 우리는 그 길목을 따라 가야만 합니다."[108]

『금강심론』 안에 있는 일종의 예언서인 「현기」와 「호법단 4차 성명서」, 「우주의 본질과 형량」 등의 내용을 차례로 살펴본 뒤 질의응답으로 이어갔다. 그는 질의응답에서 보조 지눌과 태고 보우를 둘러싼 조계종 종조 논쟁과 관련해 "공부에 조도가 되지 못하는 문제 등으로 시비를 가릴 생각은 조금도 없다"며 두 사람을 놓고 한국 불교의 종조를 결정하는 것을 반대한다고 분명히 밝혔다.

"저는 양쪽 다 종조로 결정하는 문제는 반대 입장입니다. 저는 석가모니 한 분을 교주로 하고 달마 스님이나 6조 혜능 스님이나 또는 보조 국사, 태고 선사를 위시하여 역대 정평 있는 도인들을 모두 위대한 선지식으로 숭상합니다. 중국에 가서 누구한테 법을 받고 안 받고 하는 문제가 저한테는 아무런 상관이 없습니다… 부처님만을 명명백백한 우리 교조로 하고 그 외에는 우리의 소중한 선지식으로 숭배하고 배울 것만 배우면 된다고 생각합니다."[109]

청화는 연속 법문 마지막 날인 3월 24일 회향 법문에서 개방적이고 다원화된 현대 사회에서 진공묘유한 중도실상의 도리인 반야바라밀을 여의지 않은 채 자신의 근기와 여건에 맞게 대도무문의 자세로 정진해야 한다고 거듭 역설했다.

"현대 사조는 여러 갈래로 다원적이고 다양한 문화 현상들이 하나의 도리, 하나의 근본 체성으로 돌아가지 않을 수 없는 전환기에 직면해 있습니다. 기독교만 보더라도 이른바 구제관이 다원주의로 발전돼 가고 있습니다… 어느 분야에서나 모두가 다 개방적이고 보편적이고 궁극적인 하나의 진리, 포괄적인 본체로 나아가고 있습니다. 상에서 체로 또는 분열에서 화합으로 지향하고 있는 것입니다. 따라서 이런 시대에 당해서 우리 불교도 내 종파, 네 종파의 상에서 벗어나 불법의 근본이자 우주의 법칙인 반야바라밀로 돌아가는 것이 절실한 때입니다. 부처님 가르침도 여러 방편이 많이 있는 것인데, 대도무문이라, 우주 자체가 무량무변한 진여불성이거니 불성을 깨닫는 대도에는 문이 따로 없는 것입니다."[110]

그는 자신의 문중이나 종단에 얽매이거나 자신들의 주장만 진리라고 하는 법집에 사로잡히지 말고 성불을 향해 큰길로 나아가야 한다고 거듭 당부했다.

"바야흐로 무서운 시대입니다. 자기 문중에 집착하고 자기 종단에 얽히고 자기가 공부하는 법, 내 것만이 옳다는 것에 붙잡히게 되면, 우리 마음은 바로 어두워지고 그지없이 옹색해집니다. 이것 자체가 전도몽상입니다. 본래 훤히 틔어서 아집도 법집도 없는 마음인 것을 구태여 지어서 아집을 하고 법집을 한다면, 우리 공부에나 다른 사람한테나 그 무엇에도 도움이 안 되며 그것이 또한 우주를 오염시키는 것입니다. 현대는 개방적인 시대입니다. 아무렇게나 방만하게 한다는 개방적인 시대가 아니라, 법집을 털고 아집을 털어버리지 않을 수 없는 해탈을 지향한 시대라는 말입니다."[111]

『금강심론』 개정판 출간을 계기로 이뤄진 청화의 원통불법의 요체 연속 법문은 이듬해 단행본 『원통불법의 요체』로 출간됐다. 『원통불법의 요체』에 대해서 최근 한국 현대 불교에서 나온 가장 높은 수준의 문헌 가운데 하나라고, 조은수 서울대 교수는 상찬했다.

"선원의 수좌들에게 강연한 형식으로 돼 있지만, 그 내용의 깊이, 체계적 논술법 등에서 본다면, 최근세사에서 전통적 불교 교단 내에서 나온 불교학 관련 저술 가운데 학문적으로도 가장 높은 수준의 문헌 중 하나라고 할 수 있다."[112]

회상의 형성과 성륜사 시대 개막

1992년 3월 광주금륜회 명의로 창간된 회보 ≪마음의 고향≫ 제1집에 한 해 전 태안사 금륜회 하계 용맹정진 회향 및 정기법회에서 「고향 가는 길」 제하로 설한 청화의 법문이 실려 있었다.

"우주 만유의 본 품성을 스스로 체험 못 한 사람들은 비록 제아무리 분별 시비하는 학식이 많다고 할지라도, 그것은 실향민의 범주를 벗어나지 못하고 있습니다. 불교는 그런 의미에서 참다운 본성을 찾는, 참다운 고향을 찾는 공부입니다."[113]

그는 법문에서 중생은 안목이 짧아서 실상을 바로 보지 못하고 현상만 본다며 실상의 세계를 보지 못하고 현상적인 세계만 본다면 근본을 떠난 실향민일 뿐이라고 말했다. 그러면서 불교는 우주 만유의 본래 성품을 찾아가는, 고향을 찾는 공부라고 강조했다.

중생은 식욕과 수면욕, 성욕, 재물욕, 명예욕이라는 상대 유한적인 오욕락을 추구하지만, 이는 허망하고 '죽음에 이르는 병'이라며 부처나 예수처럼 본질적인 법락인 삼매(三昧)를 구해야 한다고 주장했다. 그러면서 삼매란 "마음이 산란하지 않고 바른 도리, 참다운 도리에 마음이 딱 모아진 자리", "마음이 참다운 부처님 성품, 우주 만유의 본체자리, 용이나 상이 아니고 근본 성품에 입각해서 동요가 없는 마음"[114]이라고 정의했다.

석가모니 부처는 천지 만유와 중생과 부처가 둘이나 셋이 아니라 하나이며 모두 부처님 성품이자 순수한 생명뿐이라고 했다며, 순수한 생명의 자리로 돌아가는 것이 부처님 공부이고 불교라고 그는 말했다. 그러면서 화두를 하든 염불을 하든 묵조를 하든 우주 만유가 부처뿐이고 마음이 곧 부처라는 본래면목 자리를 여의지 않아야 참선이 된다고 강조했다.

"참다운 염불은 불이불(不二佛)이라, 아니 불자, 두 이자, 부처 불자, 부처와 내가 둘이 아닌 의미에서 부처님 이름을 외우는 것입니다. 또 불이불(不離佛)이라, 아니 불 자, 떠날 이 자, 부처 불 자, 부처와 나와 떠나지 않기 위해서 염불한단 말입니다. 좀 어려운 말로 하면 일상삼매라, 천지 우주가 오직 부처님뿐이다, 부처님 한 분뿐이다, 이렇게 보기 위해서 염불하는 것이고, 우리 중생은 그 자리를 떠나기 쉬운 것이니까 그 자리를 간절히 지키기 위해서 염불하는 것입니다."[115]

다만 마음이란 까불기를 잘하는 경망스러운 원숭이 같고 바람 앞의 등불 같다며, 정(定)이란 불성 자리를 지키는 것으로서, 불성 자리를 지속하기 위해 화두를 참구하거나 염불을 하거나 관조를 하는 것이라고 강조했다.

"중생은 마음을 지속시키기가 어려운 것입니다. 그러기에 경전을 보면, 우리 마음은 까불기를 잘하는 경망스러운 원숭이 같고, 바람 가운데 있는 등불 같다 하셨습니다. 바람 가운데 등불 같은 동요 부단한 마음, 원숭이 같이 경망스러운 마음, 이런 것이 우리 마음인지라 법문을 설사 듣고서, 내가 잘은 모르지만 천지 우주가 정말로 텅 빈 것이겠구나, 무아니까 부처님께서 무아라고 하셨겠지, 이렇게 생각들을 하실 것입니다. 그러나 현실에 부딪히면 금방 잊어버리고 만단 말입니다. 그런 마음, 무아의 마음, 즉 모두가 텅 비었고 오직 부처님만 존재하고 진여불성만 존재한다, 삼천대천세계가 일체유심조라, 오직 마음뿐이다, 하는 마음자리를 지속시켜야 됩니다. 이렇게 지속시키는 것이 정입니다 … 그 자리를 지키기 위해서 몇 날 몇 달이나 화두를 참구하는 것이고, 그 자리를 지키기 위해서 염주를 가지고 천 번 만 번 염불을 하는 것입니다. 염불할 때, 화두를 참구할 때, 꼭 놓치지 마십시오. 반야지혜를 놓치지 마십시오. 반야지혜, 이것이 참다운 고향 자리입니다."[116]

그의 법문이 담긴 격월간 회보 ≪마음의 고향≫은 1992년 제1집 발행을 시작으로 제26집까지 발행됐고, 주로 1991년부터 2003년 열반 때까지 그가 설한 각종 법문이나 작성한 기고 등이 담겼다. 물론 이전의 법문이 실리기도 했다. 회보인 ≪마음의 고향≫은 나중에 다시 다섯 권짜리 단행본 『마음의 고향』 시리즈로 발간되기도 했다.

격월간 회보 ≪마음의 고향≫의 발간을 주도한 사람은 그의 유발 상좌인 본정 김영동 조선대 명예교수였다. 금륜회 활동을 하다가 1986년부터 인연이 시작돼, 그로부터 본정이라는 법명을 받고 1993년 그의 유발 상좌가 됐다. 김영동은 청화의 각종 법문 자료는 물론 친필 노트, 기사 등을 채록 관리해 그의 사상이 대중적으로 알려지는 데 큰 기여를 했다.

수없이 많은 눈 밝은 이들이 진리를 찾아서 그에게 왔다. 청화는 태안사 시절에 비로소 대중적인 회상을 이루기 시작했다. 회상의 중심에는 잘 보이지 않거나 돋보이지 않는 곳에서 말없이 도와주던 수많은 대중들이 있었다. 대부분 태안사에서 인연이 시작됐지만, 일부는 그 이전에 인연이 있었다가 태안사에서 꽃피운 경우도 있었다.

우선, 태안사 시절 공양주 보살로서 늘 밝은 표정으로 궂은일을 도맡아 해온 최선심 보살이 꼽혔다. 최선심은 그가 열반에 들 때까지 공양주 보살로 봉사했다. 그는 나중에 금타 대화상 탑비봉안 회향법회에서 자신을 도와준 대중 가운데 이례적으로 첫 번째로 그녀를 꼽았다.

"태안사에서 만난 지는 한 15년 남짓 됩니다. 태안사에 있을 때 공양주로 해서 말없이 궂은일 다 하시고 계시다가, 옛정을 못 잊어서 그랬는가는 모르겠지만, 여기까지 따라와서 지금도 계세요. 15년 전에 만날 때나 지금 만날 때나, 얼굴이 똑같습니다. 왜 똑같은가, 한 번도 성낼 때가 없어요. 한 번 찌푸리는 때를 못 봤습니다."[117]

성안 거사 '박 기사' 역시 불평 하나 없이 전기 배선을 비롯해 사찰 내의 여러 허드렛일을 도맡아 처리해 왔다고, 그는 공개 감사를 표하기도 했다.

"지금 성륜사 성안 거사, 보통 우리가 박 기사라고 쉽게 그러지 않습니까. 궂은, 잔일 다 합니다. 지금 전기 배선이나 뭣이나 이 양반 없으면 도저히 우리가 할 수가 없어요. 그렇게 하면서도, 한 번도 저는 찌푸리는 때를 못 봤습니다. 십 년 세월 동안 조금도 변함없는 겁니다. 누가 무슨 칭찬하는 것도 아닌 것이고."[118]

태안사 시절 이래 큰 법회가 있을 때마다 각종 꽃 장엄을 해온 '꽃보살'에 대해서도, 그는 나중에 법회에서 칭찬했다.

"꽃보살이라는 분은 이름도 제가 잘 모릅니다. 한 15년 전에 만나서 큰 법회 있을 때마다 내려와서 꽃을 차에다 하나 가득 싣고 와서 장엄해 주는 보살입니다. 다만 이 분은 꽃꽂이 선생이라는 것은 알고 있지만, 그 외는 통 모릅니다. 이분이 어젯밤에도 꽃을 차에다가 몽땅 싣고 오셔가지고서 장엄을 해주셨습니다. 이분의 공로에 대해서 이름은 모르나 꽃보살이고, 마음도 꽃같이 고와서 꽃보살이라고 저는 기억만 하고 있습니다."[119]

이들 외에도 태안사를 비롯해 각종 사찰의 조경을 해온 조경 담당, 『화두 놓고 염불하세』를 비롯해 중국 선지식을 꾸준히 소개해 온 서울대 법학 박사 출신의 보적 거사, 허드렛일을 마다하지 않으며 법회에 꾸준히 참여해 온 고교 수학교사 진각심 보살, 칠장사에서 친견한 뒤 태안사에서 본격적으로 인연을 이어가 나중에 성륜사 신도회장으로 봉사한 정해숙 전 전교조 위원장, 그의 초기 행장에 관련한 중요한 증언 자료를 모으는 한편 주요 수행처를 탐방해 기록으로 정리한 『성자의 삶』을 저술한 정진백 작가 ….

법문 자료와 각종 기록을 채록 관리해 그의 사상을 대중적으로 알려지는 데 기여한 김영동을 비롯해 유발 제자도 대부분 태안사 시절에 형성됐다. 태안사에서 친견한 이래 제자가 된 배광식-권수형 부부도 그의 전법에 적지 않은 기여를 했다. 서울 광륜사 신도회장을 역임한 경주 배광식은 나중에 인터넷 도량 '금강'을 운영하는 한편, 금타의 『금강심론』 주해서를 펴내는 등 청화와 금타 사상을 대중화하는 데 앞장섰다. 그의 아내 권수형 역시 금륜회 회보 ≪금륜≫과 서울 광륜사의 회보 ≪광륜≫의 편집 발간을 주도했고, 초기 사상의 전모를 알 수 있는 『정통선의 향훈』을 발간하는 데 힘을 보태기도 했다.

철학 박사인 박선자 경상대 명예교수 역시 태안사에서 친견한 이래 신실한 제자로 활동했고, 특히 2002년 원통불법연구회에서 시작해 청화사상연구회로 바꾼 뒤 회장을 맡아 정기적으로 학술대회를 여는 등 청화의 불교 사상을 학문적으로 뒷받침하고 알리는 데 앞장서 왔다.

작고한 영주 이남덕 전 이화여대 교수 역시 태안사 시절부터 인연을 시작해 각별한 인연을 이어온 경우였다. 이남덕은 안거 결제할 때마다 빠짐없이 참여해 공부하는 한편, ≪불광≫을 비롯해 여러 불교 잡지에 글을 썼다고, 그는 나중에 금타 대화상 탑비봉안 회향법회에서 칭찬했다.

"백발이 성성해 계시는 우리 영주 보살님 이남덕 박사님 말입니다. 팔십 고령이십니다. 여러 공로를 인정받아서 저번에 한글날 서울 세종문화회관에서 국민문화훈장을 받으셨어요. 올해 나이가 80세인데, 아주 독실한 불자십니다. 지금 팔십 고령인데, 항시 공부합니다. 지금은 저 대자암에다가 조그마한 방 하나 얻어놓고서 결제할 때마다 빠짐없이 공부하시는 분입니다. ≪불광≫지나 여러 불교 잡지나 다른 잡지에다가도 부처님 찬탄을 수없이 많이 하신 분입니다."[120]

"해인사나 통도사, 송광사 유명한 삼보종찰을 다 놔두고 제가 왜 이 먼 곳까지 찾아왔겠습니까. 오직 스승님을 찾아서 여기까지 온 것입니다."

동안거를 앞둔 1984년 가을, 안성 칠장사에 주석하고 있던 청화는 단단한 표정을 한 20대 중반 청년 앞에서 난감해했다. 젊은이는 칠장사 조선당에서 큰 절을 올린 뒤 그를 스승으로 출가하고 싶다고 말했다. 몇 개월 전 전주 원각회에서 친견한 뒤 그를 진정한 선지식이라고 생각한 젊은이였다.

그는 이미 자신의 제자들이 상좌를 받고 있어서 근 10년 가까이 상좌를 받지 않았다고 말했다. 하지만 젊은이는 물러서지 않았다. "만약 저를 상좌로 받아주시지 않으신다면, 저는 계를 받지 않고 평생 행자 생활을 하겠습니다."

그는 얼마 뒤 절에서 생활하고 있던 젊은이를 조용히 불렀다. 젊은이의 눈을 그윽하게 바라보면서 말했다. "법의 정통을 위해서 어쩔 수 없네. 자네, 내 상좌하소."[121]

젊은이는 마침내 청화를 은사로 출가했다. 상좌 무상이었다. 그는 무상을 새롭게 상좌로 맞으면서 다시 제자를 받아들이기 시작했다.

그가 태안사에서 선풍을 드높이자, 눈 밝은 수행자들이 그의 법을 배우고 잇기 위해 몰려왔다. 이들은 금산, 혜산, 용타, 성본, 도일 등 기존 도반 또는 상좌 그룹과 결합해 본격적인 회상을 이루게 된다. 태안사 삼년결사를 함께하고 지리산 수정사에서 진리의 법을 전하고 있는 장우, 안성 칠장사에서 인연을 맺은 뒤 곡성 태안사에서 사제 인연을 이어가면서 회상 형성에 기여한 무상, 책과 방송 등을 통해 수행자의 삶과 향기를 전하는 성전, 타이완 유학을 다녀오고 적지 않은 책을 펴내는 등 이론과 실참을 겸비한 대주, 팜스프링스 삼년결사를 함께하고 조계종 중앙종회 의원으로 활동한 광전, 나중에 서울 광륜사 주지직을 수행한 명원, 그의 탄생 백 주년 기념사업을 주도한 혜용….

"자네, 나랑 같이 태안사로 가세. 지금 나랑 가지 않으면, 자네는 앞으로 세 사람을 죽일 것이네."

어느 날 광주 시내에서 인상이 험악하고 품행이 불량해 보이는 젊은이에게 다가가는 사람이 있었다. 젊은이는 폭력조직 조직원이었고, 그에게 다가간 사람은 청화였다. 그때 젊은이는 세 사람을 해칠 생각을 하고 있었다.

'이 중이 뭐 좀 아네.' 젊은이는 마치 마술에 걸린 듯 그를 따라서 태안사로 들어왔다. 그는 태안사에서 젊은이를 따로 부른 뒤 조용히 말했다.

"다른 것은 하지 않아도 되니, 새벽 예불에만 참석하소."

출가 전 매일 고기를 먹었던 젊은이는 출가한 뒤에도 한동안 고기를 먹었다. 그는 남모르게 고깃값을 대주는 등 젊은이를 가르치고 또 가르쳤다. 몇 년 뒤, 젊은이는 육식도 끊고 불법을 따르는 훌륭한 수행자가 됐다고, 대주는 전했다.[122]

청화는 제자들이 모두 마음을 깨칠 수 있도록 각자의 근기에 맞게 다채로운 방식으로 도왔다. 진리를 열게 했고, 보게 했으며, 깨닫게 했고, 또 그 길에 들도록 했다. 이를 위해서 날카롭게 묻기도 했고, 때론 적확한 답을 주기도 했으며, 어떤 경우에는 다정하게 다가갔고, 말없이 웃으며 안아주기도 했다.

"앉으세요."

1987년 여름, 그는 태안사 토굴에서 삼배를 하던 유발 제자 김영동 조선대 명예교수의 손을 잡으며 말했다. 금륜회를 통해서 그의 법문을 들어왔고, 이때에도 금륜회 회장과 함께 찾아온 김 교수였다.

대화는 주로 그와 금륜회 회장 사이에서 오고갔다. 평소 묻고 싶었던 질문 10여 개를 메모해 간 김영동은 메모지를 꺼내지도 못한 채 두 사람의 이야기만 듣고 있다가 방에서 나가야 했다. 그가 문밖으로 나가서 신발을 막 신으려던 김영동에게 한마디를 툭 던졌다.

"아공과 법공이 돼야 참선을 잘할 수 있습니다."

"네, 알겠습니다."

김영동은 무슨 뜻인지 제대로 알지도 못한 채 대답했다. "긴장을 하고 있고 무엇을 받아들이기에는 마음이 비워지지 않았다는 것을 아시고, 만남이 끝날 때쯤 화두 아닌 화두를 던지신 것 같았다"며 "결정적인 순간에 망치로 제 머리를 치는 것 같은 말씀이었다"고, 김영동은 회고했다.[123]

"본인이 제일 하기 편하고 잘 맞는 수행을 하시면 됩니다. 묵조가 편하면 묵조를 계속하십시오. 그럴 적에 효과가 제일 큽니다."

참선을 본격적으로 배우기 시작한 유발 제자 박선자 경상대 명예교수가 프랑스 유학 시절부터 묵조의 방법으로 참선 명상을 해왔다고 고백하자, 그는 온화한 표정으로 말했다. 그는 자신이 주창해 온 염불선으로 수행하라거나 염불선만이 정통이고 최고 수행법이라고 강요하지 않았다고, 그래서 이런 모습에 오히려 더 큰 감동을 받았다고, 박선자는 고백했다. 박선자는 이후 묵조는 물론 화두와 염불 등 다양한 수행법으로 수행을 한 뒤 최종적으로 실상염불선으로 수행을 이어가게 된다.

"큰스님께서는 자신의 근기에 맞는 수행법을 선택하라고 말씀하셨습니다. 진여불성의 자리, 본래면목의 자리, 실상의 자리를 생각마다 여의지 않는다면, 어떤 수행법을 택하더라도 진리를 깨치고 알아챌 수 있다고 강조하셨지요. 진리의 자리를 견지한다면 어떤 수행법도 모두 수용하시는 그 다양성과 넉넉함, 인품에 감동하게 됩니다. 큰스님은 진리의 자리라면 어떠한 다양한 것도 수용하고 자라날 수 있는 토양을 배양하셨던 것 같은 느낌을 받았어요."[124]

"공부한 것 한번 내놔보십시오."

박선자 교수가 어느 날 혼자 태안사 경내를 조용히 거닐고 있었다. 방학이나 휴가 때면 태안사에 들어와 참선과 불교를 묻고 배우던 박 교수였다. 이때 그가 갑자기 앞에 나타나더니 예의 강렬하면서도 온화한 눈빛을 보내며 말했다. 박선자는 깜짝 놀랐다. 스스로 확증하기 전에는 공부한 것을 스승에게 말하지 않겠다고 생각하고 있었기 때문이다. 스승은 제자의 마음을 훤히 꿰뚫어 보고 있었다.[125]

"공부 잘 되십니까?"

안거철 방선 시간이 되자, 박선자는 정중당에서 나와 혼자 조용히 법당 뒤편을 거닐고 있었다. 방금 전에 참선 공부가 잘되지 않고 조금 막히던 순간을 생각하고 있었다. 이때 우연히 아무 일 없는 듯 지나가던 그가 박선자를 보고 미소를 띤 채 툭 한마디를 던지는 게 아닌가.

박선자는 스승의 갑작스러운 질문에 조금 놀랐지만 이내 잔잔한 미소를 지으며 말없이 답례 합장을 올렸다. 정중당으로 돌아와서 수행을 재개하자, 신기하게도 언제 막혔느냐는 듯 공부가 술술 다시 풀리기 시작했다. 마치 순풍에 돛을 단 것처럼.

"큰스님은 제자들에게 이렇게 하라 저렇게 하라고 구체적으로 지시하진 않으셨습니다. 수행자들이 스스로 자신에게 맞는 방법이나 길을 찾아서 수행하도록 장려하셨어요. 다만 수행자들이 수행하는 과정에서 막히거나 길을 잃었을 때에는 옆에서 친절하게 도와주고 뚫어주곤 하셨지요."[126]

"잘 지내는가? 공부는 열심히 하고 계시는가?"

태안사에서 행자 생활을 마치고 해인사의 해인강원에서 공부 중이던 제자 성전은 어느 날 스승으로부터 편지를 받았다. 제자의 생활과 공부를 묻는 짧은 안부 편지였지만, 따뜻함이 담겨 있었다. 편지에는 10만 원짜리 수표도 담겨 있었다고, 성전은 기억했다.

"큰스님께서는 편지를 보내시면서 항상 10만 원짜리 수표를 같이 주셨습니다. 정성이 담긴 말씀도 감사한데 학비까지 보내주시니 공부를 열심히 하지 않을 수 없었습니다."[127]

"큰스님, 제가 화가 납니다."

1989년 어느 날, 청화가 점심 공양을 끝낸 제자 대주의 옆으로 살며시 다가갔다. 대주는 화가 난 듯 물어왔다. 그는 대주에게 계를 주면서 보임의 묵언 수행을 하라고 당부했었다. 지금까지 자네가 한 공부가 견성이라면, 보임 수행은 20년 이상이 필요하네. 공부를 발설하지 말고 앞으로는 묵언 공부를 하소. 하지만 대주는 선배 스님들에게서 공부를 못 한다는 꾸중을 받자 마음에서 화가 일었다. 출가 전 제법 공부를 하고 왔다고 생각한 대주였다. 그는 대주를 보면서 빙그레 웃은 뒤, 한마디를 툭 던졌다. 마치 제자의 마음을 다 알고 왔다는 듯.

"그거, 본래 공한 것 아닌가!"[128]

좋다, 나쁘다는 감정도, 기쁨이나 화라는 감정 모두 순수 마음의 현상이자 가상일 뿐이거늘. "머리를 한 대 맞은 느낌이었다"고, 대주는 회고했다.

"어떻게 하면 부처가 될 수 있습니까?"

그는 다른 선방으로 공부하러 떠나는 제자 명원으로부터 질문을 받았다. 1991년 태안사에서 행자 생활을 했고 계를 받은 뒤, 100일 기도 및 진불암 49일 기도를 정성스럽게 올린 제자였다.

"자네하고 부처가 둘이 아니네. 일체가 다 부처뿐이네. 자네가 본래 부처네."

거창한 말이 아닌, 간결한 말이었다. 명원은 스승의 말을 듣는 순간 "정말 시원하고 감동적이었다"고, 나중에 회고했다.[129]

"똑, 똑, 똑."

어느 날 저녁, 태안사 요사채의 행자 방에 긴장한 얼굴을 한 행자들이 하나둘 모여들고 있었다. 방에는 그날 낮 읍내에서 사온 참치 캔 몇 개가 놓여 있었다. 부족한 단백질을 보충하기 위해서 하루 일과를 모두 마치고 은밀하게 모인 것이었다. 행자들이 참치 캔을 막 따려고 하는 순간, 갑자기 문밖에서 노크 소리가 들려왔다. 행자 한 사람이 문을 열고 밖으로 나갔다. 청화가 예의 미소를 띤 모습으로 서 있는 게 아닌가.

"아이고, 자네들은 하루 종일 수행하느라고 무척 피곤했을 텐데, 빨리 쉬지 않고 지금 뭐하는가." 이미 사태를 모두 파악했던 그는 짐짓 아무것도 모르는 듯 웃는 얼굴로 말한 뒤 조용히 사라졌다. 혼비백산한 행자들은 캔을 따지도 못하고 허둥지둥 각자 방으로 흩어졌다.

며칠 뒤 저녁, 참치 캔을 차마 버리지 못한 행자들은 다시 방으로 모였다. 행자들이 참치 캔을 막 따려고 하는 순간, 또다시 문밖에서 노크 소리가 들려왔다. 행자들은 캔을 서둘러 치운 뒤에 방문을 조심스럽게 열었다. 역시 그가 서 있었다. "아이고, 자네들은 하루 종일 수행하느라고 피곤했을 텐데… 빨리 쉬소."

행자들은 그날 밤에도 참치를 먹지 못하고 서둘러 각자 방으로 돌아갔다.[130]

"큰스님, 저 지선 왔습니다."

민주헌법쟁취 국민운동본부 공동대표를 역임하는 등 1980년대 민주화 운동을 선두에서 주도하던 지선 스님이 태안사의 토굴을 찾아왔다. 지선 역시 같은 백양사 문중이었지만 그의 은사는 서옹 스님이었다. 청화는 토굴에서 맨발로 뛰어나와 지선의 손을 덥석 잡았다.

"자네는 생사를 걸고 활동을 하고 있네. 대중을 위하는 것도 중요하지만 몸도 잘 챙겨야 하네. 또 수행을 놓치지 않아야 하네."

"저도 수행의 하나라고 생각하면서 하고 있습니다."

"해보니 어떤가?"

"수행자가 어떻게 하면 개인 구원을 할 수 있고 또 어떻게 하면 수행자가 사회 현실 참여를 통해 사회 구원을 함께할 수 있을지가 궁금합니다. 이것은 제 마음속 갈등의 원인이 되기도 해 사실 고민이 좀 됩니다."

"시간이 좀 지나면 자네 스스로 해답을 찾을 수 있을 것이네."[131]

태안사 시절, 청화는 민주화 운동을 활발하게 펼치던 지선을 늘 격려하고 걱정했다. 불교계 안팎의 일에 대해서 이야기를 나누는 시간도 늘어갔다. 그는 늘 마당까지 나와서 지선을 배웅했고, 적지 않은 여비를 챙겨주곤 했다. 지선이 손사래를 치고 사양해도, 그는 한사코 지선의 손에 돈을 쥐어주었다.

"내가 자네보다 부자라네. 받으소. 자네가 이 돈을 어디에 쓸지 다 알고 있으니 받아야 하네."

지선은 그에게서 받은 돈을 대부분 민주화 운동을 하는 데 사용했다. 받은 돈을 각종 단체의 회비 등으로 사용했다고, 지선은 나중에 회고했다.

"작은 돈이 아니라 100만 원씩 주셨어요. 1980년대 중후반에 100만 원이면 상당히 큰돈입니다 … 큰스님께서 보태주신 돈은 제가 단체 활동을 하면서 아주 요긴하게 썼습니다. 큰스님의 도움으로 회원들이 회비도 내기 어려울 때 저는 빼먹지 않고 회비를 냈으니까요."[132]

그는 자신의 제자는 물론 출가 문중, 인연이 닿는 모든 이들을 힘닿는 대로 챙기고 보듬었다. 모두 깨달음의 큰길로 이끌기 위함이었다.

"스님이 면회를 오셨습니다."

1980년대 후반, 민주화 운동을 하다가 광주교도소에 투옥돼 있던 지선은 교도관의 말에 궁금증이 일었다. 면회 장소에 나가보니 청화가 서 있었다. 지선은 깜짝 놀랐다.

"어떻게 이렇게 멀리 오셨습니까?"

"잠깐 틈이 나서 들렀네. 건강하게 잘 있는가?"

그는 아무렇지도 않는 듯한 표정으로 말했다. 영치금도 넣어주었다.[133] 곡성 성륜사로 옮긴 뒤에도, 그는 자주 지선을 만나서 격려하고 챙겨줬다.

"자네 안의 갈등은 다 극복이 되었는가?"

"완전하게 해소된 것 같지는 않습니다. 지금이 불교 운동의 맹아기인데, 제가 잘못하면 큰 누가 될 것 같아 조마조마합니다."[134]

지선은 한번은 종단 내부에서조차 외도설이 나왔다고 그에게 전해주기도 했다.

"밖에서는 자꾸 큰스님에 대해 왜곡된 이야기를 합니다. 제가 적극적으로 해명을 해도 말을 들으려 하지 않습니다."

"허허, 나는 괜찮네."

그는 이렇게 대답한 뒤, 지선에게 평소 가까이 두고 보던 『금강경』과 『육조단경』을 꺼내 보여줬다. 너덜너덜해진 경책에는 형형색색의 메모가 빈틈없이 꽂혀 있었다.

"나는 절대 이 두 경전의 말씀에 어긋나게 살아본 적이 없다네. 그러니 너무 신경 쓰지 말게."[135]

청화가 곡성 태안사를 중심으로 대중적인 회상을 이루기 시작하자, 종단 일각에서 견제의 목소리가 터져 나오기 시작했다. 주로 그의 염불선 주장을 외도라고 비판하는 목소리였다. 그는 안타까워하면서도 공개적으로 맞대응하진 않았다. 제자 혜용은 외도설을 대하는 스승의 모습을 다음과 같이 전했다.

"큰스님께서는 당신이 강조하신 염불선에 대해 외도라는 얘기를 생전에 수없이 들으셨습니다. 당시 종단에서는 다양한 공부법에 대해 인식하지 못했습니다. 하지만 큰스님께서는 외도라는 지적에 한 번도 반박을 하지 않으셨습니다. 당신께서 생각하는 공부법이 정통선이고 이 정통선 수행에 자신감이 있으셨던 것 같습니다."[136]

태안사 시대는 그의 행장 전체에서 가장 중요하고 결정적인 시기였다고, 제자 용타는 분석했다.

"큰스님의 역사에서 가장 크게 방점을 찍어야 할 시기가 태안사 시절입니다. 큰스님의 역사에서 태안사 시절을 빼버린다고 하면 단팥빵에서 팥을 빼버리는 것과 같아요. 왜냐하면, 태안사 시절에 역사적인 태안사 삼년결사는 물론 비로소 회상다운 회상을 만들었기 때문이죠. 사부 대중이 하나의 회상이 돼 공동체를 이루고 한국 불교계에서 의미 있는 이름으로 각인된 시기였습니다."[137]

전라남도 곡성 옥과의 진산 설산(雪山)의 남쪽 자락을 배경으로, 넓은 설령골에 포근히 안겨 있는 듯한 형세. 석가모니 부처님을 모신 대웅전을 비롯해 지장전, 법성당, 조선당, 성련대, 정운당, 요사채, 일주문…. 몇 년 간의 불사가 마무리된 뒤 1992년 9월, 곡성군 옥과면에 위치한 성륜사가 베일을 벗었다. 그의 마지막 시기 상구보리

하화중생 요람, 성륜사였다. 태안사 시대가 가고 성륜사 시대가 열리고 있었다.

성륜사는 오랜 지인인 아산 조방원이 10만여 평의 넓은 땅을 기부하고 임창욱 대상그룹 회장이 거액을 시주함으로써 탄생할 수 있었다. 출발은 조방원이 설령골 17만여 평에 문화예술인이 함께 사는 예술인마을을 구상하면서 비롯됐다. 설령골은 사람이 살지 않는 문중 땅이었는데, 옥과 면장이 협조해 주면서 땅을 매입할 수 있었다.

조방원은 1987년 매입한 땅에 한옥 여섯 채를 한 채씩 옮겨 복원하기 시작했다. 외삼문과 중문, 현문, 몸채, 사랑채, 별채 등 총 150여 평 규모로 마을을 조성했다. 돌 하나, 나무 한 그루까지 세심하게 관심을 기울였다.[138] 그해 10월에는 화실도 준공했다. 예술인마을의 뼈대가 만들어졌지만, 막상 들어와서 살겠다는 예술인이 없었다. 이때 마침 청화가 새롭게 주석할 만한 암자 터를 찾고 있다는 소식이 조방원에게 들려왔다.

청화는 1988년 조방원으로부터 설령골 땅을 기부받았다. 그가 조방원에게 성륜사 부지를 기부받는 과정에서 자신이 늘 격려를 보냈던 지선도 한몫했다. 지선은 평소 인연이 있던 조방원이 예술인마을 구상이 난관에 봉착해 기부를 고민할 때 기부 대상자로 청화를 추천했다고, 나중에 회고했다.

"(아산 조방원 선생이) 한번은 저에게 성륜사 자리에 남종화의 총본산을 만들려고 건물을 짓기 시작했는데 여러 장애가 있다고 합니다. 총본산 만드는 일을 그만두고 그 터를 기증하고 싶다고 해요. 그래서 제가 청화 큰스님을 추천해 드렸습니다. 아산 선생도 큰스님을 잘 알고 계시던 차여서 그렇게 하자고 결정을 했습니다."[139]

곧 곡성군청으로부터 성륜사 창건 허가를 받은 뒤, 이듬해 10월부터 터를 다지기 시작했다. 여기에 대상그룹 임 회장으로부터 거액을 시주받으면서 불사가 본격적으로 진행됐다.

1990년 5월, 성륜사 대웅전 터 앞에서 많은 사부 대중이 참석한 가운데 대웅전 상량식 행사가 열렸다. 그는 대웅전 상량식 행사 법문에서 석가모니 부처 당시 수달(須達) 장자가 기타 태자의 땅을 사서 기원정사를 지은 사연과 조방원이 땅을 기부하고 임창욱-박현주 부부가 건축 경비를 제공한 불사 사연을 대비해 소개했다. 그해 9월 대웅전이 완공되자, 그는 법회를 열었다. 곧이어 지장전을 비롯해 법성당, 조선당, 성련대, 정운당, 요사채, 일주문 등이 차례로 세워졌다. 이듬해 성륜사 조선당에서 설 명절을 지낸 뒤 2월 출가재일을 맞이해 지장전에서 법회를 열었다.

성륜사 불사가 모두 마무리되자, 그는 1992년 9월 제자들을 이끌고 태안사에서 성륜사로 옮겨갔다. 많은 제자들은 오랫동안 머물렀고 큰 성공을 안겨준 태안사를 떠나는 것을 아쉬워했다. 하지만 그는 이사를 서둘렀다. 매월 첫째 주 일요일 정기법회가 열리는 등 성륜사가 자리를 잡아가자, 그는 다시 바랑 하나를 메고 길을 나섰다. 아주 멀리 이역만리 미국으로 ….

제7장

붕정만리 성화미주

(1992.10~1998.3)

1992년 10월 미주순회법회

"부처님은 바로 우주를 몸으로 하십니다. 부처님을 대상적으로 생각하기가 쉽습니다만, 우주 법계를 부처님의 몸으로 하기 때문에, 나나 너나 자연계 두두물물 모두 부처님의 몸입니다. 부처님의 몸, 우주 법계는 무량공덕을 갖춘 하나의 법칙, 원리에 따라서 질서 있게 진행되는 것입니다."[1]

1992년 10월 25일 오후 2시 뉴욕 오렌지카운티의 솔즈베리밀스에 위치한 한국 사찰 원각사 대웅전 안에서 카랑카랑한 목소리가 울려 퍼지고 있었다. 사부 대중 400여 명이 참석한 가운데 열린 보살수계식 법회에서, 청화가 석가모니 부처상을 배경으로 양옆에 비구와 비구니의 수호를 받으며 법문을 하고 있었다.

"계율이라 하는 것은 부처님의 법, 바로 우주의 질서와 법칙에 따르는 기본이 되는 것입니다. 소승계는 보통의 상에 집착하는 계율이지만, 대승계는 같은 계율을 지킨다고 하더라도 우주의 질서, 진여불성을 따라서 진여불성에 여법한 행동을 하는 것이 대승계의 근본

정신인 것입니다 … 내 생명의 본바탕인 동시에 우주 생명의 본성 자리, 이른바 진여불성 자리, 우주 법성 자리를 안 여의고서 오계를 지킨다고 생각할 때는 똑같은 오계라 하더라도 대승계 보살계가 되는 것입니다."[2]

청화의 첫 미주 대중 법문이었다. 이날 원각사 보살 수계식에서 사부 대중 100여 명이 보살계를 받았다. 원각사는 숭산 스님에 의해 통도사 분원으로 뉴욕 맨해튼에 창건됐다가 법안 스님에 의해 현재 위치로 이사한 미 동부 최대 사찰이었다. 조계종 역경위원과 중앙종회 의원 등을 역임한 법안은 1974년 미국으로 건너와서 원각사에서 포교에 전념해 왔고 ≪미주현대불교≫를 창간하기도 했다. 그는 법안에 대해 "운전을 배워놓으면 괜히 차를 타고 다니면서 시간 낭비를 한다고 생각, 일부러 운전도 배우지 않고 오로지 공부만 하신 아주 훌륭한 분"[3]이라고 호평했다.

청화는 이날 오후 7시 뉴욕 초원회관 연회장에서 미국 전등사 주지 혜등, 조계사 주지 도명, 원각사 혜관 스님을 비롯해 200여 명이 참석한 가운데 ≪미주현대불교≫ 창간 3주년 기념 초청 법문도 했다. 금산, 도륜, 정조, 정귀, 정현 등 미국으로 함께 건너온 승려 다섯 명도 같이했다.

그는 법문에서 현대는 가치관이 혼란스러운 시대이자 불안한 시대라면서 중생들의 불안한 마음을 안심시키기 위해서 부처님이 오셨다며 인생은 대체로 어디로 와서 어디로 갈 것인가 하는 근본 문제도 부처님의 가르침이 없이는 풀 수 없다고 강조했다. 그러면서 한국 불교는 비록 교세나 조직력에선 약하지만 원통불교이기에 세계 불교를 선도할 수 있다고 역설했다.

"한국 불교가 미주에 있어서나 한국에 있어서나 큰 빛을 내지 못하고 있습니다만, 본래적인 한국 불교에 갖추고 있는 역량만은, 근원적인 질적인 가치만은 능히 세계 불교를 지도할 수 있다고 생각합니다. 그것은 원통불교라 ⋯."[4]

청화가 도반들과 함께 미국으로 날아간 것은 약 한 달 전인 1992년 9월 하순의 일이었다. 남가주사원연합회의 정현 스님과 ≪미주현대불교≫ 김형근 발행인의 초청을 받아서 캘리포니아주 샌프란시스코에 도착했다. 이때 그의 나이 69세.

그의 방미는 처음에는 미주순회법회가 아닌 동안거 수행 차원에서 준비됐다. 이는 방미 3개월 전인 그해 6월 그가 김형근 발행인에게 보낸 편지나, 이듬해 3월 태안사 정기법회 법문을 들어보면 알 수 있다.

"(김)형근님께서 산승에게 순회 법회를 종용하셨는데, 산승은 본래 학승이 아닌 선승이라 대중 법회에 敏(민첩)하지 않을 뿐 아니라, 오는 가을 방미 인연이 로스앤젤레스에 계시는 정현 스님의 초청으로 그저 삼동(음력 10월 15일~다음 해 1월 15일) 동안 산승의 선려인 5, 6명의 노덕 스님들과 미국에서 결제정진하고 돌아올 계획이옵기에, (김)형근님의 갸륵한 공력에 부응해 드리지 못함을 안타깝게 생각합니다."[5]

미국에서 동안거 결제를 한번 해보자는 차원이었다는 취지다. "저희들이 미국에 갈 때 거창하게 포교한다는, 전도한다는 생각을 가지고 간 것은 절대로 아니었습니다. 우리 도반들끼리 세계 최강국 미국에 가서 마지막 정진을 좀 해야 되겠다는 생각이 맞아서 간 것입니다. 전도 포교한다는 생각은 처음부터 없었고, 능력이 한계가 있어서 하려고 해도 할 수도 없었습니다. 특히 언어가 안 통해서 … 어떻게 본토인들한테 포교 전도가 되겠습니까."[6]

청화 일행은 곧 샌프란시스코 남쪽 몬트레이만에 위치한 카멀바이더시(Carmel-By-The-Sea) 외곽의 사막지대에 위치한 주택을 선방으로 잡았다. 뒤와 옆에 산이 펼쳐진 유원지 부근의 사막지대로, 근처에는 맑은 시냇물이 흘렀다. 집은 한때 물리학자 앨버트 아인슈타인이 거주하기도 했다. 선방 이름을 금강선원이라고 지었다.

"로스앤젤레스에서 (북쪽 방향으로) 한두 시간 가는 거리에 선방을 얻었어요. 유원지입니다. 굉장히 경치가 좋은 곳입니다 … 사막지대는 시냇물이 별로 없는데, 운 좋게 저희들이 있는 곳의 옆으로 맑은 실개천이 흐르고 있었습니다. 저희가 거주한 집은 물리학자 아인슈타인이 거주했던 집입니다."[7]

재미 불자들은 그의 방미에 큰 관심을 가졌다. ≪미주현대불교≫가 그의 방미 소식을 보도한 이후 미국 곳곳에서 그의 소재를 묻는 전화가 쇄도했다.

"청화 대선사가 미국에 오셨다는 본지의 보도가 나간 후 뉴욕은 물론이고, 텍사스, 오하이오, 샌프란시스코 등지에서 스님의 소재를 묻는 전화가 빗발치고 있다."[8]

그는 동안거 결제까지 1개월 이상 남아 있어서 한동안 미국을 순회하면서 법문을 하기로 했다. 봉고차 한 대를 빌려서 동료들과 함께 서부 로스앤젤레스에서 대륙을 횡단해 동부로 향했다. 미국 대륙을 횡단하면서 곳곳을 둘러봤다. 웅장한 나이아가라 폭포를 보면서 큰 감동과 깊은 인상을 받았고, 높이 치솟은 뉴욕의 마천루를 보고선 "압도당할 정도로 위압감"[9]을 느꼈다고, 이듬해 태안사 정기법회 법문에서 고백했다.

"나이아가라 폭포의 장엄하고 거창하고 웅대한 모습을 보고, 이것만 보고 있어도 미국 사람들은 마음이 넓어지겠구나, 하는 생각이 들었습니다. 조그마한 실개천이라든가 작은 폭포만 보다가 천지가 무너질 것 같은 대폭포를 보고, 에너지란, 우주 정기는 어떤 것인가, 미국 사람들은 과연 우리보다 훨씬 더 정기를 타고 나왔구나, 생각할 정도였습니다."[10]

자신의 눈으로 직접 보고, 현지 사람들에게 묻고 이야기를 들었다. 자동차로 미국 서부에서 동부로 횡단하는 것은 단순한 관광이나 여행이 아닌 구도의 여정이었다고, 그는 얼마 뒤 뉴욕 방송국의 대담 프로그램 〈한마음 한 걸음〉에서 고백했다.

"저는 이번에 (서부에서 동부로) 대륙을 횡단해 왔지만, 그것은 단순한 구경이 아니었습니다. 저로선 하나의 마음으로 가는, 말하자면 하나의 행로에 불과했습니다. 내면에서 자성도 하고 반조를 하는 등 자신을 돌이켜 보면서 왔습니다."[11]

10월 23일 오후 뉴욕 케네디 공항의 대합실 안으로 털모자를 쓴 청화를 비롯한 스님 일행이 들어섰다. 이들을 케네디 공항으로 마중 나갔던 ≪미주현대불교≫ 김광선은 당시 모습을 이렇게 기억했다.

"할아버지 모습의 스님 여덟아홉 분을 미국 공항에서 봤을 때 묘한 감동을 받았다. 스님들의 모습을 본 순간, 긴장감은 없어지고 자애로운 느낌을 받았다. 청화 스님은 이 스님들과 더불어 손수 가방을 들고 걸어 나왔다."[12]

다음 날, 뉴욕 방송국의 대담 프로그램 〈한마음 한 걸음〉에 출연했다. 그는 대담에서 "불교 자체를 위해서나 미국을 위해서도 유익하다"며 "미국에 부처님 법을 심어주고 싶다"[13]고 포부를 밝힌 뒤, 우주 만유가 모두 진여불성뿐이라는 동체대비(同體大悲)의 진리관에 투철하면 참다운 자비와 사랑이 나와서 하나가 될 수 있을 것이라고 강조했다.

"그(우주 만유가 모두 진여불성) 하나라는 인생관에 투철하면, 우리 행동도 거기에 따라서 참다운 도덕이 일어나지 않을 수가 없습니다. 불교의 계율이나 기독교 계율이나 다른 종교의 모든 도덕관이 결국 하나에서 나왔다고 볼 수가 있죠. 하나의 생명을 투철하게 안다고 생각할 때, 자동적으로 남한테 베풀고, 희생적으로 사회에 봉사하며, 일체 행동을 거기에 맞춰서 할 수가 있습니다. 그것이 동체대비란 말입니다. 동체대비, 같은 몸이기 때문에 참다운 자비와 사랑이 나온단 말입니다. 그렇게 돼야 원수를 사랑할 수가 있습니다."[14]

일흔이 다된 청화는 왜 이역만리 미국으로 날아갔을까. 도대체 무엇이 그를 미국으로 날아가게 했을까. 우선, 그는 미국에 불교를 널리 보급하고 정착시켜서 많은 미국인들을 진리로 이끌고 싶었다. 그는 얼마 뒤 인터뷰에서 "미국 불교의 발전에 조금이라도 보탬이 될까 해서 왔다"[15]고 말했다.

미주 포교에 나서고 있는 한국 불교에 힘을 보태고 싶었고, 이를 통해 한국 불교 중흥의 전기도 마련하고 싶었다. 특히, 이역만리 미국에서 활동하는 한국 불교인들 사이에서 정통 불법과 원통불교를 바탕으로 구심점 역할을 하려 했다고, 그는 강옥구 시인과의 인터뷰에서 말했다.

"미국에서 한국 불교가 아직도 제대로 정착을 못 했다는 판단이 서고, 미국의 각국 불교들이 여러 갈래로 분열돼 서로 화합도 안 돼 있는 것 같아서 융합적인 차원에서 누군가가 조절하는 역할을 해야 한다는 생각이 들었어요. 그래서 제가 나이가 많고 능력도 부족하나마 미국에서 한국 불교의 구심점 역할을 감당해 가면서, 각 종파 간의 여러 집착 때문에 분열되고 갈등이 있는 관계를 해소하는 데 다소라도 도움이 될까 하는 뜻으로 온 셈입니다."[16]

아울러 기독교와 이슬람교를 비롯한 세계 주요 종교 간의 대화와 회통 가능성을 시도하고 실험하려는 측면도 있었다고, 그는 나중에 ≪현대불교≫와의 인터뷰에서 고백하기도 했다.

"지금 세계적으로 기독교는 18억 (명) 정도가 믿고 있고, 불교는 10억 인구가 믿고 있습니다. 이슬람교는 그에 미치지 못합니다. 우리는 싫든 좋든 간에 이 3대 종교의 핵심을 알아야 합니다. 이 3대 종교가 회통을 해야 세계 평화가 이뤄집니다. 진리는 둘이 아니고 하나입니다. 기독교사상과 불교사상은 결국 하나입니다. 세계 중심지인 미국에 가서 한국 불교의 요체를 전파해 종교 간 회통을 이뤄내는 것이야말로 진리의 수행자가 할 일이라고 생각합니다."[17]

세계종교 간의 대화와 회통이라는 그의 구상은 나중에 세계종교대학 설립 시도로 이어지고, 몇 년 뒤 팜스프링스에 금강선원을 설립하면서 가시화된다.[18]

왜 하필 미국이었을까. 그는 최강대국으로 부상한 미국이 문화와 사상의 교류에서도 막대한 영향을 미치는 것으로 판단했다. 미국은 20세기에 제1, 2차 세계대전을 거치면서 명실상부한 세계의 중심 국가가 됐다. 군사안보와 국제정치 및 경제뿐만 아니라 문화와 사상 교류에서도 중심이었다.

결국 미국은 현대 불교의 중흥, 특히 한국 불교의 세계화에 결정적인 공간이 아닐 수 없었다. 그는 나중에 강옥구 시인에게 "미국은 선진국으로서 세계 석학들이 많이 모이고 문화교류가 활발한 곳이기 때문에 불교의 진면목을 세계에 알리는 데 효과적이라는 생각도 들었다"[19]고 말했다. 아울러 솔직담백한 미국인들의 심성에도 주목했다. 그는 "미국인들의 심성을 의외로 순수하게 보고 이들에게 불심을 심는 일이야말로 불교의 세계 중흥에 큰 전기가 될 것"[20]이라고 믿었다.

한국 불교는 그동안 미국에 불법을 전파하기 위해서 많은 노력을 기울여 왔다. 많은 스님과 불자들이 미국으로 날아가 불교 중흥의 기치를 내걸고 포교 활동을 벌여왔다. 전후 미국에 한국 불교를 사실상 처음 소개한 인물로는 (서)경보 스님이 꼽힌다. 그는 이민법이 개정되기 한 해 전인 1964년 뉴욕 컬럼비아대학으로 유학을 왔다가 다음 해 샌프란시스코로 이동해 '조계선원'이라는 신앙 공동체를 열고 대중 포교를 시작했다. 필라델피아 템플대학에 입학해 공부하면서도 선원 포교를 이어갔다. 경보와 연결된 사찰로는 뉴욕 백림사, 워싱턴 DC 한국사, 디트로이트 무문사, 미국인 신자가 많은 코네티컷주 대연불보정사가 있다. 경보를 시작으로 삼우, 숭산, 법안, 정

달, 대원, 도안, 광옥 등의 스님과 불교학자 박성배와 이장수 법사, 이한상 등 재가 불자들이 미국으로 들어왔다.

사찰 설립도 이어졌다. 샌프란시스코 카멀 삼보사(이한상 거사)와 로스앤젤레스 달마사, 시카고 불타사(손영익, 최옥희, 이장수 등), 뉴욕 원각사(법안 스님), 로스앤젤레스 관음사(도안 스님), 하와이 호놀룰루 대원사(대원 스님), 로스앤젤레스 고려사(현호 스님), 샌프란시스코 여래사(설조 스님), 워싱턴 타코마의 성불사(일면 스님), 뉴욕 백림사(혜성 스님), 보스턴 문수사(도범 스님) ….

특히 숭산 스님의 활동이 두드러졌다. 평안남도 순천에서 태어나 공주 마곡사에서 출가한 숭산은 1966년부터 30여 년간 미국은 물론 토론토, 일본, 홍콩, 런던, 바르샤바 등 세계 30여 개국 120여 곳에 홍법원 및 선원을 개설해 한국 불교의 세계화에 기여했다. 그는 처음 미국에서 "벙어리 삼 년, 귀머거리 삼 년, 소경 삼 년" 모두 9년의 시간이 흐른 뒤에야 입과 귀, 눈이 열리면서 현지 포교를 시작했다. 이를 위해서 남의 집이나 식당에서 접시를 닦고, 이어서 세탁소에서 심부름을 했던 일은 유명하다.[21] 그의 외국인 제자로는 대봉과 대광, 무상, 현각, 청안 등이 있다. 청화는 숭산에 대해 "미국 불교 전도의 입장에서 볼 때 대부 같은 분", "보살 후신 같은 위대한 분"[22]이라고 상찬했다.

이후 법안은 미국 동부 뉴욕과 필라델피아, 도안은 서부인 로스앤젤레스, 대원은 태평양 하와이를 중심으로 포교 활동을 전개했다. 이들은 미주에서 초기 한국 불교를 정초하는 데 큰 기여를 했다. 국내에선 구산 스님이 1973년 송광사 조계총림에 국제선원을 개설하는 한편 외국인 불자들을 양성하면서 한국 불교를 세계화하는 데 앞장섰다.

뉴욕에서 보스턴으로 넘어간 청화는 10월 28일 보스턴 범어사에서 「동체대비」 제하의 법문을 했다. 이 법문은 ≪미주현대불교≫ 12월호에 「부처님의 가르침은 생명의 원리」 제목으로 게재됐다. 그는 법문에서 단순한 방편설이 아닌 신앙의 대상으로서 대승적인 부처관, 즉 삼신일불 또는 삼신자성불의 관점을 분명하게 가지고 있어야 한다고 강조했다.

"우주의 생명 자체인 부처님을 법신, 보신, 화신의 삼신으로 구분하여 설명하는데, 법신 부처님은 바로 인생과 우주의 생명의 실상 자체를 의미하고, 보신 부처님은 법신 부처님이 갖추어진 성품 내용인 자비, 지혜, 행복, 능력 등이 원만 무결한 공덕을 의미하며, 화신 부처님은 법신의 보신공덕을 갖춘 부처님이 인연 따라 형상화되는 모든 존재를 의미합니다. 따라서 석가모니 부처님을 비롯한 인간이나 일체 동물, 식물, 해와 달과 별들, 우주의 모든 존재들은 다 한결같이 화신 부처님이 되시는 것입니다. 부처님은 이 부처, 저 부처로 분할할 수 없는 원융무애한 동일한 생명체인 진여불성인데, 방편으로 중생들의 이해를 돕기 위해 법신, 보신, 화신 등 삼신으로 구분하여 설명하게 되는 것입니다. 그러기에 삼신일불이라 하며, 이러한 진여불성이 인연 따라 우주 만유의 삼라만상으로 나타나는 현상을 진여연기 또는 법계연기라 하고, 줄여서는 연기법이라고 합니다."[23]

그는 이때 기독교계 일부가 제기한 시한부 종말론 현상에 대해서 진리를 깨닫지 못한 번뇌 망상이라고 지적했다. 당시 이장림의 다미선교회를 비롯한 기독교계 일각에선 1992년 10월 28일 세계가 종말하면서 휴거(携擧)가 있을 것이라는 시한부 종말론을 주장하고 퍼뜨리고 있었다.

"요즘 기독교계 일부에서 요란하게 떠들어대고 있는 시한부 종말론 같은 것은 진리를 깨닫지 못한 어리석은 번뇌 망상으로서, 결국 눈먼 소경이 여러 소경들을 이끌고 지척거리다가 다 함께 허방에 빠지고 말 듯, 종말론자 그네들 스스로가 시한부 종말의 비참한 운명을 면할 도리가 없을 것입니다. 그것은 일체 중생을 평등한 사랑으로 영생의 고향으로 인도하려는 예수의 거룩한 가르침과도 근본적으로 배치되는 것입니다."[24]

그는 다음 날 보스턴 문수사에서 법문을 한 뒤, 필라델피아로 넘어가서 10월 30일 법안이 창건한 필라델피아 원각사에서 법회를 가졌다. 다시 워싱턴 DC로 내려와서 11월 1일 보림사에서 100일 기도대법회 입제식에 참석했다. 워싱턴 보림사는 1984년 주지 경암 스님에 의해 창건된 절이었다. 청화 일행은 ≪미주불교신문≫ 편집국장의 안내로 국회의사당을 비롯해 워싱턴 곳곳을 견학하기도 했다.[25]

미국 동부지역을 순회하면서 이뤄진 청화의 대중 법문은 필라델피아 원각사 휘광 스님의 다음 평가처럼 미국 현지에서 호평을 받았다.

"근래에 들어보지 못한 아주 좋은 법문을 들었다. 왜 많은 스님들이 미국까지 청화 스님과 함께 오신 것인지 알 수 있을 것 같다. 이런 스님이 원각사에 오셔서 설법을 하고 계를 주신다는 것은 원각사에 큰 복이다."[26]

관음사 주지 도안 역시 "새로운 선사의 상을 보았다. 보통 선사라 하면 불교교리에 대한 이해도 부족하고 법문도 비논리적인데 청화 스님은 다르다. 아주 훌륭한 분"[27]이라고 호평했다.

그의 미 동부지역 순회 법회를 수행한 ≪미주현대불교≫ 김광선도 불교의 근본 사상을 강조하면서도 논리적이었다고 호평했다.

"청화 스님의 법문은 불교 교리에 기본을 두고 자연과학의 지식과 세상살이를 깊은 통찰을 통해 정확하게 파악, 불교 근본 사상을 강조하셨다. 여기에 성경 구절이든 조사님들의 어록이든, 인용하는 구절은 그 출처를 확실하게 말씀하시면서 인용했으며, 미국에 관한 견해도 조금의 가감도 없이 마치 사회학자 같이 정확했다. 불교는 아주 논리적이어서 유명한 선지식치고 논리적이지 않은 사람이 없다, 그들은 아주 한 치의 틈도 없이 논리적이다, 는 어느 불교학자의 말을 필자는 청화 스님을 통해 확인했다."[28]

동안거 결제일이 다가오자, 청화는 다시 서부로 돌아왔다. 11월 8일 로스앤젤레스 관음사에서 주지 도안 스님을 비롯해 600여 명의 사부 대중이 참석한 가운데 국제 보살계 수계 법회를 가졌다.

한국 불교 미주 첫 동안거 결제

1992년 11월 19일, 로스앤젤레스 서쪽의 하이랜드 스프링스, 즉 빅

베어호와 가까운 곳에 위치한 샌버너디노 카운티의 체리밸리에 위치한 금강선원에서 동안거 결제가 시작됐다. 청화를 비롯해 한국에서 함께 온 금산, 도륜, 정조, 정귀, 정현, 정훈 스님을 비롯해 10여 명의 사부 대중이 참여했다. 노장 대덕들이 참가한 집단 안거 수행은 미주 한국 불교에서 좀처럼 보기 힘든 장면이었다.

청화는 동료 스님들과 함께 부처님 법대로 안거 수행을 했다. 스스로 안거에 집중하기 위해 한국에서 오는 전화나 서신 왕래도 끊었다고, 나중에 나금주 전 금륜회 회장에게 보내는 편지에서 말했다.

"산승 이곳 체류 중 번잡을 피하기 위해 전화 서신 등 일체 음신(音信)을 끊기로 작정했사옵기에 여태 소식을 드리지 못했음을 혜량하시기를 바라나이다. 저희 일행 스님들은 다 한결같이 별고 없이 무장애 정진 수련 중에 있습니다."[29]

그는 이때에도 스스로 빨래하고 공양을 지었다. 우주 만유가 오직 부처뿐이고 마음이 곧 부처라는 진리의 자리를 떠나지 않는 한 모든 행위가 수행이라고 생각했다고, 나중에 ≪현대불교≫와의 인터뷰에서 밝혔다.

"빨래하고 공양 짓는 것도 수행입니다. 공양은 하루에 일식을 하기 때문에 어렵지 않고, 빨래도 힘든 일이 아니어서 직접 했습니다."[30]

다만, 이즈음에는 장좌불와에 연연하지 않았던 것으로 보인다. 젊을 때는 억지로라도 장좌불와를 고집했지만 70세가 넘어서면서 고집을 피우지 않고 있다고, 그는 말했다. 즉, 눈을 떴을 때는 눕지 않지만, 눈을 감을 때는 일부러 눕지 않으려 하지는 않는다고, 그는 뉴욕 방송국의 대담 프로그램에서 말했다.

"안 잔다는 것(장좌불와)은, 제 나이가 칠십이 넘었으니까, 지금은 고집을 안 피웁니다. 고집을 피울 필요도 없는 것이고 말입니다. 석가모니 부처님께서도 자지 말라고 가르친 것은 없습니다."[31]

얼마 뒤 강옥구 시인과의 대담에서도 "지금은 되도록 안 눕는 쪽으로 원칙은 세워놓고, 고집은 않는다"며 "피로하면 눕기도 하는 편"[32]이라고 전했다. 즉, 몸이 쇠약해져서 무리하면 생활에 지장이 있는 데다가 누워도 공부에 망상 역시 별로 나오지 않기 때문이라는 것이다.[33]

청화 일행은 큰 어려움 없이 수행에 집중할 수 있었다. 특히 처음 2개월간 기후가 좋아서 오롯이 수행에만 집중할 수 있었다고, 그는 이듬해 태안사 정기법회 법문에서 회고했다.

"처음 기후가 좋아서 2개월간 온전히 정진을 잘했습니다. 도반 가운데 한국에선 10년을 애쓰고 해봐도 고비를 못 넘던 분들이 몇 개월 정진을 하더니만 한 소식을 봤단 말입니다. 혼침도 사라졌습니다. 의미 있는 결제가 됐습니다."[34]

그는 새벽부터 오전까지 수행 정진한 뒤, 안거 수행자 대표로서 오후에는 사부 대중의 제접에 나섰다.

"저는 대표 입장이기 때문에 다른 분들의 편의를 위해서 오전에는 정진하고 오후 시간은 할애해 문호를 개방했습니다. 이 사람 저 사람 많이 찾아오고, 신문 기자들도 인터뷰를 요청해 와서 할 수 없이 다 응해줬습니다."[35]

결제 기간인 11월 23일 ≪미주현대불교≫ 김형근 발행인과 대담을 했다. 대담은 이듬해 1월 호에 실렸다. 그는 대담에서 미국에 진출한 각국 불교의 상황을 진단한 뒤, 한국 불교가 인류 사회를 구제하는 데 가장 선구적인 역할을 할 것이라고 거듭 강조했다.

"한국 불교는 지금 현재 여러모로 복잡하지만 원효, 의상, 대각, 보조, 태고, 나옹, 기화, 서산, 초의 등을 거치면서 흐름이 회통적입니다. 중도실상에 입각해야 회통이 됩니다. 한국 불교도 이 전통적인 회통불교를 부르짖지 않고서는 발전할 수가 없습니다. 마땅히 한국 불교 스스로가 다시 본연의 정통의 자세를 찾아야 합니다. 불법 스스로가 회통이고 원통이기 때문입니다. 진리라는 것이 회통이 안되면 진리가 될 수 없겠지요."[36]

그는 미국에서 한국 불교의 가능성을 주목하기도 했고, 한국 불교를 전파하기 위해 활동 중인 이들을 격찬하기도 했다.

"미국 사회는 활기에 넘치고 미국인들은 인상도 밝고 해서 우리보다 업장이 가볍지 않나 하고 느낄 정도입니다. 서구적인 사고방식인 이원적인 삿된 가치관만 지양되면 한국보다 더 열성적으로 불교가 퍼질 것이라 생각됩니다. 물론 퇴폐적인 면도 많겠지요. 이런 면은 불교인들이 앞장서서 앞으로 좋은 방향으로 이끌면 될 것입니다."[37]

하와이로 날아가서 12월 31일 호놀룰루 대원사에서 성도절 기념법회를 갖기도 했다. 대원사는 대원 스님에 의해 창건된 절로, 하와이에서 가장 큰 절이었다. 신도 초청을 받아서 하와이 곳곳을 구경하기도 했다.

그는 이듬해 1월 2일 나금주 전 금륜회 회장에게 편지를 보내서 새해 안부를 묻고 격려한 뒤 "오는 봄에 해제하면 각 지역 사찰의 요청을 뿌리치지 못하여 수계 법회에 참예하고 3월 초순에나 (한국으로) 귀국할 작정"[38]이라고 말했다. 1월 20일에는 완도 범혜사의 선원 상량식에 사용될 상량문을 범혜사 주지 정귀 스님에게 보내기도 했다.

청화는 2월 5일 로스앤젤레스 하이랜드 스프링스 금강선원에서 동안거 해제 법문을 했다. 그는 법문에서 참선 염불을 제대로 하기 위해선 "먼저 본래면목 자리에 우리의 마음을 고정하고 그 자리를 강인한 의지로 지켜야 한다"며 "기독교인들이 오 주여! 하면서 하나님을 여의지 않듯, 불교인들도 부처님 자리를 안 떠나야 한다"고 강조했다.

"부처님 공부, 참선을 할 때도 우리의 마음이 거짓된 모양에 걸리지 말고, 있지도 않는 텅텅 비어 있는 허망한 것에 걸리지 말고, 근본 생명 자리, 근본 성품자리인 진여불성을 생각해야 한단 말입니다. 진여불성은 우주에 충만해 있습니다. 화두를 하나, 염불을 하나, 주문을 외나, 그 자리만 놓지 않으면 됩니다 … 내가 본래 부처다, 나한테는 자비나 행복이나 지혜나 다 갖추고 있다, 훤히 빛난다, 극락세계는 광명정토다, 우주라는 것은 성자가 본다고 생각할 때는 바로 광명이란 말입니다. 그 자리에다가 우리 마음을 딱 붙여야 쓴단 말입니다."[39]

특히 석가모니 부처나 예수 그리스도, 공자, 마호메트 등 성자의 길을 떠나선 참다운 행복이 없다며 다른 종교에 대해서 험담하지 말고 모두 하나가 돼야 한다고 강조했다. 원통불교를 넘어서 통종교로 나아갔다.

"불교는 훌륭하지만 기독교는 아무것도 아니다, 이렇게 생각해서는 안 됩니다. 성자의 길이라는 것은, 근본은 다 똑같은 것입니다. 다만 표현적인 차이일 뿐이란 말입니다. 또는 체계가 더 잘 서 있고 덜 서 있고 하는 차이뿐입니다. 기독교 바이블은 부처님의 8만 4000 경문에 비교할 수는 없습니다. 하지만 그렇더라도 성서의 중요한 대목은 부처님의 중요한 말을 하고 있다는 사실입니다. 기독교가 진리가 아니라고 한다고 하면, 1900년 동안이나 무수한 사람들이 믿을 수가 없단 말입니다 … 절대로 다른 종교 험담을 마십시오 … 예수 말씀, 석가 말씀, 공자, 마호메트 말씀, 모두가 다 영생 해탈하는 말씀입니다. 다만 부처님 말씀이 더 철저합니다. 그런 차이뿐인 것입니다."[40]

청화 일행의 안거 수행은 미국 현지에서 적지 않은 반향을 일으켰다. 많은 이들이 호기심으로, 때론 경이로운 눈으로 안거 수행을 지켜봤다. 한국 불교의 세계화를 주도하고 있던 숭산 스님도 제자들과 함께 찾아오기도 했다. 숭산은 이 자리에서 노장 스님들의 단체 안거 수행을 상찬했다고, 그는 전했다.

"그분이 미국 제자들을 데리고 와서 저희들을 위문하면서 찬탄했습니다. 한국 불교뿐만 아니라 미국에 들어와 있는 불교 전체를 총망라해서 나이도 65세 이상 되신 분들이 규모 있게 선방을 이렇게 꾸리는 것은 처음입니다, 이렇게 찬탄을 해주셔서 저희들이 감사하게 생각했습니다."[41]

불교계는 그들의 안거 수행을 주목했고, 많은 불자들은 그들이 미국에 그대로 머무르며 교화하기를 원했으며, 일부 독실한 신자는 사찰 기부도 제의했다고, 그는 나금주 전 금륜회 회장에게 보내는 편지에서 전했다.

"불교가 미국에 정착한 이래 유명 노덕 스님들이 결제정진한 전례가 없사옵기에 이곳 불교계에서는 크나큰 경사로 경이롭게 받아들이고 있습니다 … 이곳 불자들은 산승이 그대로 미국에 머물기를 바라고 있으며, 절을 지을 땅이나 자기들이 살고 있는 절을 제공하는 독신자도 있사오나, 일단 귀국하여 후일을 기약하기로 미뤘습니다."[42]

그는 신자들의 사찰 기부를 받지 않았지만, 그럼에도 "미국에 와서 교화 활동을 하는 것이 미국을 위해서나 불교를 위해서는 훨씬 효과적이 아닐는지 여러모로 생각 중에 있다"[43]며 본격적인 미주 포교를 결심했던 것으로 보인다.

길지 않는 기간이었지만, 미국 사회의 특징이나 여러 징후를 보고 느끼기도 했다. 냉전의 해체, 후기 자본주의의 본격화, 다양한 문화의 교류와 통섭, 확산하는 동성애 …. 그는 이때 동성애를 인간의 무명에 의한 부정적으로 이해했던 것으로 보인다. 이 같은 인식은 십중계 가운데 음계를 이야기하면서 동성애를 거론한 이듬해 광주 금륜회의 보살계 수계식 법문에서 잘 드러난다.

"저번 때 신문을 보니까 뉴욕에선가 동성 연애하는 무리들이 30만 명이나 데모했다고 돼 있습디다. 선진국이라 하는 뉴욕에서 말입니다. 동성 연애하는 무리들이 시내를 다니면서 자기들의 결혼을 허락하라고 데모를 했단 말입니다. 인간이라는 것이 잘못 살면 짐승이나 똑같습니다. 우리 본성은 부처이건만, 우리 본래 생명은 틀림없이 부처이건만, 잘못 살면 무명심에 가리면 짐승과 똑같습니다. 무슨 필요로 동성끼리 그와 같이 할 것입니까. 그러기에 무서운 에이즈 같은 병이 생기는 것입니다."[44]

눈이 많이 내렸던 2월 어느 날, 모르몬교의 교세가 강한 유타의 주도 솔트레이크시티에서 법회를 갖고 있었다. 광주사범학교에서 만나서 인연을 이어온 유타대학 교수 친구의 초청에 따른 것이었다. 그는 법문에서 모든 사람들이 하나의 영원한 본래 생명 자리, 하나의 종교를 위해 노력하고 분투해야 한다고 강조했다.

"비단 석가모니뿐만 아니라 불교 내의 각 도인들도 마찬가지이고, 예수님이나, 공자님이나, 노자님이나 똑같이 인생과 우주의 본래 자리를 깨달아서 우주의 본 성품과 하나가 되는 성자라는 것입니다."[45]

그는 불교의 석가모니 부처뿐만 아니라 예수 그리스도, 공자, 노자, 소크라테스 등 동서양 성인들과 철인들의 이야기를 광범위하게 인용하면서 우주의 본래 생명자리를 중심으로 제반 종교 및 사상의 회통을 시도했다. 그러면서 "인생과 우주의 본래 생명자리, 행복과 영생과 모든 능력을 다 갖춘 그 자리를 항상 생각하면서 광촉, 광명을 접촉"[46]해야 한다고 강조했다. 재가 불자뿐만 아니라 신부와 수녀, 목사 등도 이날 법회에 참석해 법문을 경청했다고, 그는 얼마 뒤 태안사 정기법회에서 회고했다.

"저는 그때까지 기독교인 일색으로 있는 곳에서 법회를 한 적은 없었습니다. 상당히 신이 났습니다. 바이블을 신나게 소개해야겠다고 생각했습니다. 제가 바이블을 깊이 연구한 것은 아닙니다만, 그래도 써먹으려고 중요한 구절을 많이 외웠거든요. 신나게 하니까, 그분들이 굉장히 인상이 깊었던 모양이에요. 법회가 끝난 뒤에도 제 친구 사택에 몰려와서 밤늦도록 같이 얘기했습니다. 이튿날도 말입니다."[47]

동안거 결제가 끝나자 또다시 여기저기에서 방문이나 법문 요청이 쇄도했다. 그는 꼭 필요하다고 판단한 법회에 참석해 법문을 했다. 2월 7일 로스앤젤레스 오렌지카운티 대하회관에서 동안거를 마친 사부 대중 350여 명이 참석한 가운데 법문을 했고, 유타 솔트레이크에서 법문을 했다. 이어서 자동차로 사흘을 달려서 항구도시 샌프란시스코로 들어갔다. 2월 21일 샌프란시스코 재팬타운 미야코호텔에선 사부 대중 500여 명이 참석한 가운데 보림사 선우 스님이 주최한 보살계 수계대법회에 참석했다.

그가 샌프란시스코에 머무르는 동안, 버클리대학의 한 노교수가 한국인 아내와 함께 숙소를 찾아오기도 했다. 60세가 넘은 교수는 그의 『정통선의 향훈』을 읽고 감명을 받았다며 몇 가지 궁금한 점을 물어왔다. 노교수는 한 시간 반 정도 대화하는 내내 무릎을 꿇고 앉아 있었고, 대화가 끝난 뒤 일어서려 하다가 그대로 넘어졌다. 노교수의 이런 모습은 그에게 깊은 인상을 남겼다.

"저는 미국인 표본을 봤는데, 대부분 다 그런 것 같아요. 상좌가 되겠다고 한 미국인에게 법명을 줬지만, 그네들은 굉장히 진지합니다. 아주 고지식할 정도로 진지합니다. 가만히 보면, 참 결벽하고 말입니다. 저 사람들은 확실히 우리보다 업장이 가볍구나, 생각을 했습니다."[48]

짧은 귀국과 이어지는 대중 법문

"미국에서 느낀 것이 무엇인가 하면, (불교 신도들이) 불교를 구하는, 부처님 법을 구하는 태도가 굉장히 진지합니다. 무엇인가 불교의 핵심을 알아야 하겠다, 불교가 이래서는 안 된다, 하는 것을 많이 느끼고 있었습니다. 신도님들이 대부분 대학을 나오신 뒤 미국으로 건너간 엘리트이기 때문에 확실히 수준이 높다고 생각이 됐습니다 … 대체로 대학을 나오신 분들이기 때문에 우리가 한마디 얘기하면 굉장히 경청했습니다. (돌아)가시지 말고 미국 땅에서 이렇게 해달라고 간절히 요청을 했습니다."[49]

1993년 3월 7일 오전 곡성 태안사에서 사부 대중이 참석한 가운데 열린 정기법회에서 나흘 전 미국에서 귀국한 청화가 법문을 하고 있었다. 그는 안거 기간이 아닌 경우 미국 현지는 물론 국내도 빈번히 왕래하면서 대중 교화 활동을 이어갔다. 그는 이날 법회에서 지난 5개월간의 미국 생활을 돌아보고 소회를 정리한 뒤, 법문을 했다. 미국과 미국인들의 무한한 가능성에 주목하면서도 "용은 있지만, 용의 안경이 빠져 있다"고 진단했다.

"(미국 사람과 불교 신도들이) 우리보다도 앞서 있고, 땅도 넓고, 여러 면에서 소질들은 훌륭하다고 봤습니다만, 역시 유감스럽게도 가장 중요한 게 핵심 하나가 빠져 있단 말입니다. 다시 말씀드리면, 미국이란 용을 그리고 용의 안경이 없는 격이란 말입니다."[50]

미국 사회가 아직 정신적·도덕적으로 미흡하지만 기독교를 비롯해 현대의 종교와 사상으론 미국인들을 통합시킬 수 없다며 미국에 진출한 각국 불교의 장단점을 구체적으로 검토하기도 했다. 역사가 오래됐지만 종파성이 강한 데다가 공산주의에 의해 제대로 역사와 전통을 계승하지 못한 중국 불교, 많은 사람들이 믿고 생활화했지만 종파성이 심각한 일본 불교, 순수하고 신비적 전통이 강하지만 회통성이 떨어지는 티베트 불교, 수행자들이 고기를 먹는 등 계율이 엄정하지 않는 스리랑카 불교, 믿음에선 철저하지만 점수의 행법을 취하는 동남아시아 불교 ….[51] 그러면서 오로지 한국의 원통불교만이 미국이라는 용의 안경을 바꿔줄 수 있을 것이라고 강조했다.

"안경을 줄 수 있는 것은 지금 서구 문명에서는 도저히 줄 수가 없습니다. 용한테 안경을 그려주는 것은 역시 불교 외에는 없다고 생각이 됐습니다. 불교도 그냥 불교가 아니라, 한국의 정통 불교, 한국의 원통불교만이 미국이라 하는 용의 안경을 바꿔줄 수 있다고 생각했습니다 … 우리는 다행히 원효, 의상, 대각, 보조, 태고, 나옹, 서산 등의 전통을 갖고 있습니다. 그분들은 조금도 어디에 치우침이 없습니다."[52]

특히 효과적인 해외 포교를 위해서는 부처를 단순히 이성적인 진리로만 이해하는 것을 넘어서서 신앙적·생명적으로 간절히 흠모하는 전통이 필요하다고 강조하기도 했다. 신앙 대상으로서 부처관을 분명히 해야 한다는 취지였다.

"미국에 가서 깊게 느낀 것이 또 무엇인가 하면, 부처님을 생명으로 신앙적으로 잘 구하지 않는단 말입니다. 우리 생명의 본고향이 바로 생명이기 때문에 우리가 생명으로 간절히 품어야 한단 말입니다. 기독교가 위대하면서도 소박한 가르침인데도 지금 같은 과학 시대에도 남아 있는 것은 '오 주여!' 하는, 하나님을 생명으로 구하는 간절한 흠모심 때문이라고 볼 수가 있단 말입니다."[53]

그는 앞으로 젊은 엘리트 스님들이 앞장서서 미국을 비롯한 해외 교화에 적극 나서서 해달라고 당부했다.

"앞으로 우리 젊은 엘리트 선생님들이 가셔서 정말로 본격적으로 포교 활동을 하셔야 되겠지요."[54]

청화는 미국과 국내를 오가면서 대중 법문을 했다. 곡성 성륜사와 태안사를 중심으로 정기법회 법문이나 소참 법문, 부처님 오신 날 법문이나 수계식 법문, 안거 결제 및 해제 법문, 용맹정진 결제 및 해제 법문 등 각종 대중 법문을 이어갔다. 금륜회나 청년 불자들을 대상으로 한 법문도 이어갔다. 조계사 대승불자회 친견 법문, 부처님 오신 날 봉축 법문, 태안사 대웅전 중창 만등불사 법문, 태안사 대웅전 상량식 법문, 태안사 하안거 결제법어, 금륜회 하계 용맹정진 입제 법문 및 회향 법문, 광주금륜회 보살계 수계식 법문, 종우회 법문, 광주 불교청년회 8·15특별법회 법문 ….

"기독교나 유교나 다 성자의 가르침 아닙니까. 진리가 둘이 아니기 때문에 분명히 진리입니다. 그러나 가르침 가운데는 비과학적인 요소가 상당히 많습니다. 오늘날 예수가 나오고 공자가 나와서 한다면 그렇게 설법을 안 했을 것인데, 2500년 또는 1900년 전 옛날 당시 사회의 수준에 맞게 한 법문이기 때문에 현대적인 의미에선 굉장히 소박하고 또는 미심쩍은 것입니다 … 고도 과학기술시대에 있어서는, 다른 종교는 현대인을 구제할 만한 힘을 벌써 잃어버렸단 말입니다."[55]

그는 기독교를 비롯해 다른 세계종교 역시 성자의 가르침이기에 진리임이 분명하지만, 그럼에도 과학을 중시하는 현대인들의 욕구를 충족시키기에는 미흡할 수 있다고, 광주 금륜회관에서 열린 광주불교청년회 8·15 특별법회에서 강조했다. 반면 불교는 과학적이어서 과학시대를 사는 현대인들의 욕구를 충족시켜 줄 수 있다고 강조했다. 구체적으로 불교의 연기법, 진여연기는 현대 과학의 인과율을 근본까지 바라볼 수 있도록 한다고 말했다.

"다행히도 부처님 가르침은 과학적으로 보거나, 철학적으로 보거나 또는 종교라 하는 종교 일반으로 보거나 어떤 면으로 보거나, 조금도 흠집이 없습니다 … 제가 이렇게 말씀드리면 불교는 어떻게 해서 과학적인가, 불교가 어떻게 해서 가장 수승하고 가장 궁극적인 철학일 것인가, 어떻게 해서 불교만이 가장 위대한 종교라고 하는 것인가, 이런 의단을 여러분들께서 품을 것입니다. 과학의 원리라 하는 것은 이른바 인과율이며, 이 인과율을 떠나서는 과학은 성립될 수가 없습니다. 그런데 부처님 가르침은 철두철미하게 인과적입니다. 다만 인과뿐만 아니라 보다 더 광범위해 이른바 인연법이란 말입니다. 어느 것도 두두물물, 우리 인생이나 자연계나 모두가 다 부처님의 인연법이라 하는 범주에 안 들어간 것은 하나도 없습니다."[56]

광주불교청년회를 대상으로 한 8·15 특별 법문처럼, 초기부터 원통불법을 강조해 온 그는 미국 전도에 나선 뒤에는 원통불교와 함께 통종교 주장을 더욱 강화하면서 다른 세계종교와의 대화와 회통을 적극 시도했다. 다른 세계종교 역시 우주 만유가 모두 진여불성뿐이라는 진리를 말하고 있다고 인정하면서도, 그 진리성에 위차 역시 존재한다고 봤다. 아울러 세계종교와의 대화와 회통을 위해서 원통불교를 더욱 강조했다. 예를 들면, 그는 이듬해 강옥구 시인과의 대담에서 예수와 마호메트를 보살로 보는 것이 옳은 일이냐고 묻자 자신은 보살로 생각한다며 다른 세계종교에 대해 공부하고 적극적으로 대화해야 한다고 강조했다.

"역시 그분들이 자기 개인적인 이기심에서 출발한 것이 아니라 중생을 제도하겠다는 서원을 가지고 출발했고, 오랜 세월 동안 무수한 사람들을 구제했으니 마땅히 보살이라고 생각합니다. 또 기본적으로 불교의 진리에서 본다면 모두가 본래 다 부처 아닙니까. 잘나도 부처요, 못나도 부처요, 강도질을 해도 현상적인 가상으로 봐서는 구분된다 하더라도 본성품에서 보면 부처란 말씀입니다. 하물며 많은 사람들이 숭앙하고 또한 한 생애를 통해 모든 사람들을 구제하려고 도덕적인 봉사행을 다한 분들을 마땅히 보살의 후신이라고 보아야 하겠지요."[57]

부산 KBS홀 특별 법문(1993, 1998)이나 성륜사 정기법회 법문(2000), 성륜사 보살계 수계식 법문(2002) 등에서 보이는 것처럼, 미국 포교 활동 이후 그는 불교 내의 회통을 넘어서 세계종교와의 대

화와 회통을 더욱 강조하게 된다.[58]

"고해의 바다, 이 불구덩이를 어떻게 우리가 편안하게 살아갈 것인가? 이것이 부처님 법문의 가장 중요한 핵심인 것입니다. 우리가 안심하려고 해서 안심이 되는 것이 아니고, 안심을 하려면 어느 길로 가야 할 것인가? 다시 말하면 우리 목적지는 어디인가? 또 목적지까지 가는 길의 순로는 어떠한 것이고, 어떻게 길을 걸어가야 빠를 것인가? 그런 것을 몰라서는 마음이 안심이 될 수가 없습니다."[59]

전날 밤 부산으로 건너온 청화는 1993년 9월 5일 부산 KBS홀에서 사부 대중 3000여 명이 참석한 가운데 「진여연기」 제하의 법문을 했다. 그는 고해의 바다인 이 세상에서 불안하지 않게 살기 위해선 석가모니 부처의 안심법문이 필요하고, 이를 위해선 연기법을 제대로 알아야 한다고 역설했다. 연기법 역시 진여불성, 본래면목 자리에서 인연에 따라 모든 것이 이뤄지는 것으로 보고 이해하는 진여연기라야 반야의 지혜가 될 수 있다고 강조했다.

"진여불성도 물질이 아니고, 우리 마음도 물질이 아니라고 생각할 때는 결국 하나가 돼버립니다. 내 마음이나 네 마음이나 다 하나의 마음입니다. 별 마음이나 태양 마음이나 나무 마음이나 흙 마음이나 물 마음이나, 물질이 아닌 순수 생명 자리는 모두가 다 하나가 돼버립니다. 이 자리가 진여불성이라, 또는 불심이라, 법성이라 하는 자리입니다. 이 자리에서 인연법 따라서 모든 존재가 이뤄졌습니다. 이것이 대승적인 연기법입니다."[60]

그러면서 사람이나 중생, 우주 만유가 모두 진여불성뿐이고 이 마음이 곧 상락아정을 모두 갖춘 부처라는 지혜를 생각 생각마다 깨닫고 느끼면서 공부하라고 거듭 강조했다.

"어느 것도 나와 더불어서 둘이 아니고, 내 마음은 본래로 무량의 지혜공덕을 원만히 갖추고 있는 것입니다. 이렇게 느끼고서 계행 청정하시고, 거기에서 또 빠뜨리지 말 것은 지속적으로 공부를 하셔야 합니다. 염불도, 화두도, 주문도 모두가 지속적으로 공부하기 위한 법문인 것입니다. 염불도 생각 생각에, 화두도 생각 생각에, 주문도 생각 생각에 이렇게 하셔서, 우리의 나쁜 습관이 다시는 우리한테 들어오지 못하게 하고, 기왕 들어온 나쁜 습관은 그냥 다 온전히 나가버려서 금생에 꼭 성불하시기 바랍니다."[61]

성륜사나 태안사 밖에서도 대중 법문을 활발하게 이어갔다. 완도 범혜사 선원 상량식 법문, 강화도 황련사 점안식 법문, 완도 범혜사 금강선원 낙성법어, 구례 화엄사 보살계 수계식 법문, 청도 운문사 「보리방편문 설법」, 완도 범혜사 삼존불 점안식 법문 …. 부처님 오신 날을 맞아서 언론 인터뷰도 잇따라 가졌다. 부처님 오신 날 며칠 전부터 ≪한겨레≫, ≪광주일보≫, ≪광주매일≫ 등과 한 인터뷰는 부처님 오신 날 일제히 지면에 기사로 실렸다.

천도재를 비롯해 각종 재를 주관하면서 대중 법문을 하기도 했다. 상주 청계사 49재 법문, 청도 용문사 예수재 법문, 화순 정광사 예수재 회향 법문, 군산 하구언 방생 수륙 천도재 법문, 대명사 천도재 법문, 완도 범혜사 합동 천도재 법문, 광주금륜회 신도가족 영가 천도 발원기도 입제법회 법문, 장성호 방생법회 법문 ….

특히 장성호 방생법회 법문은 10월 24일 장성호에서 사부 대중 3000여 명이 참여한 가운데 광주금륜회 주최로 열렸다. 그는 이날

「우주는 하나의 생명체이다」 제하의 법문에서 단순히 "미꾸라지 몇 마리, 잉어 몇 마리 해방하는 불사다, 이렇게만 생각하지 말라"며 진리를 깨쳐야 생명 존중과 해방, 인간 존재를 해방시킬 수 있다고 강조했다.

"내 몸뿐만 아니라 삼천대천세계, 두두물물이 모두가 다 그림자 같이 또는 물속에 비친 달같이 가짜의 상만 지금 내고 있는 것입니다. 따라서 『금강경』이나 다른 경전에서 우리 범부는 상에 걸려서 상만 있다고 생각하는 것이고, 성자는 모든 상이 그림자 같은 상이기 때문에 본래로 없고 생명만 존재한다, 이렇게 보는 것입니다. 내 생명, 네 생명이 둘이 아니고 나무나 또는 다른 식물이나 자연계나 모두가 다 공기나 물이나 같은 생명입니다. 자연계나 모두가 다 공기나 물이나 같은 생명입니다."[62]

카멀 삼보사 시대

1993년 11월 28일 오전, 캘리포니아주 샌프란시스코 아래 몬트레이만에 인접한 카멀바이더시의 로빈슨 캐넌 로드에 위치한 삼보사에서 동안거 결제법회가 열리고 있었다. 미 서부에 위치한 대표적 한국 사찰인 카멀 삼보사의 첫 안거 결제였다.

카멀 삼보사는 1973년 풍전산업 사장 출신인 덕산 이한상 거사에 의해 세워진 미주 최초의 한국 사찰이었다. 외형은 미국식이지만, 내부는 한국식으로 꾸며졌다. 불상 역시 송광사에서 공수해 가져왔다. 개창 초기에는 이한상과 버클리대학 박성배 교수가 주로 법문을 했고, 청화가 미국에 왔을 때에는 이한상의 아내가 주지로 있었다.

그는 동안거 즈음 카멀 삼보사를 덕산 거사 부인으로부터 기부를 받고 선원을 개설해 조실로 주석했다.[63] 카멀 삼보사 시절 현장, 일철, 효성, 광전 스님 등이 함께했다. 그는 1995년 7월 로스앤젤레스 팜스프링스 금강선원으로 옮기기 전까지 카멀 삼보사를 중심으로 수행 및 전도 활동을 벌였다.

"자기 몸뚱이를 주인공이라고 생각하고 가꾸는 이른바 이기주의로 나가다 보면, 결국에는 자기도 불행스럽게 되고, 남과 화합도 못합니다. 가정도 사회도 국가도 몸뚱이 중심으로 생각할 때에는 종당에는 투쟁과 분열과 전쟁으로 파멸이 될 수밖에 없습니다."[64]

그는 이날 결제법문에서 사람의 몸과 마음이란 근본 생명의 에너지가 무수한 인연으로 결합돼 이뤄진 것이지만 사람들이 이를 영원불멸한 것처럼 잘못 보고 행동하고 있다며, 결국 불행과 파멸로 이어질 수밖에 없다고 지적했다. 현대의 갈등과 위기를 피하기 위해선 우주 만유가 진여불성뿐이며 이 진여불성에서 수많은 인연에 따라서 비롯됐다는 실상을 분명히 알고 깨달아야 한다고 역설했다.

"우리 개인의 몸뚱이도 인연 따라서 잠시간 결합된 세포의 존재입니다. 우리의 마음도 환경으로부터 감수하고 상상하고 의욕하고 분별 시비하는 마음의 부스러기가 모여서 의식이 되는 것입니다… 우리 몸뚱이는 과거나 현재, 미래 언제나 우주에 가득 차 있는 부처님의 성품, 훤히 빛나는 부처님의 광명체로부터 인연법 따라서 몸뚱이가 되었습니다."[65]

특히 석가모니 부처의 가르침은 기독교나 이슬람교 등 다른 세계 종교와 달리 인간을 비롯한 우주 만유를 대상적으로 보지 않고 하나의 진여불성, 순수한 생명과 에너지로 본다고 강조했다.

"성자의 안목으로 본다고 생각할 때는, 천지우주가 모두 다 하나의 생명체입니다 … 다른 가르침은 나는 나고 너는 너고, 하나님은 저기 있다고 보는 등 모두 대상적으로 봅니다. 하지만 부처님의 가르침은 천지우주를 하나의 생명으로 봅니다."[66]

그러면서 마음의 본래 성품, 순수한 생명의 진여불성 자리를 깨닫고 공부하는 것이 바로 참선 공부라며 삼동 결제 기간에 집중적으로 공부해 마음을 한 단계 고양시켜야 한다고 당부했다.

"우주의 법칙에 따라서 조금도 빗나가지 않고 법칙대로 공부하는 것이 참선 공부입니다 … 불심 자체에 우리의 마음을 그대로, 먼지가 끼지 않도록 본래 청정한 마음 그대로 닦아서, 마음 그대로 깨닫는 공부가 참선 공부입니다. 참선은 본질적인 우리 마음의 본바탕을 깨닫는 것입니다."[67]

그는 동안거 결제 기간인 12월 5일 일요일 정기법회 법문을 시작으로 삼보사에서도 꾸준히 대중 법문을 했다. 삼보사 정기법회는 매주 첫 번째 요일 오후에 열렸다.[68] 현지 초청에 의해 텍사스 영원사에서 보살계 수계식 법문을 하는 등 몇 곳에서 법문을 하기도 했다.

삼보사를 찾는 대중을 제접하기도 했다. 한번은 청정한 수행력을 바탕으로 삼보사를 찾아온 미국인 노보살에게 큰 감동과 감화를 줬다고, 제자 용타는 기억했다.

"하루는 미국인 노보살이 큰스님을 찾아왔습니다. 큰스님을 만난 노보살은 눈물을 철철 흘리며 감격해 했어요. 그냥 기뻐서 운 노보살에게 큰스님은 '말은 통하지 않더라도 마음은 하나여서 다 통하기 때문'이라고 말씀하셨죠. 수행은 감춰져 있는 것만이 아닙니다. 수승한 수행자의 수행력은 위의로 이미 다 드러나는 것만 같습니다. 언어도 통하지 않는 동양의 수행자에게 드러낸 미국인의 감화와 귀의는 바로 큰스님의 수행력 때문이었죠. 감추어도 드러나는 수행의 아름다움이 그들에게 감동을 남긴 것입니다."[69]

이듬해 2월 20일, 카멀 삼보사의 동안거 결제 수행이 끝났다. 그는 이날 동안거 해제 법문을 했고, 오후에는 시인 강옥구와 대담을 가졌다. 그는 강 시인과의 인터뷰에서 불교 내부의 종파 간 갈등은 물론 다른 종교 간 갈등 역시 상을 떠나 우주 만유가 진여불성뿐이라는 반야의 지혜라는 자리에서 서로 이해해야 해소할 수 있다고 강조했다.[70]

주로 카멀 삼보사에서 안거 수행을 했지만, 안거 수행이 끝나면 미국과 한국을 자유롭게 오고 가며 대중 법문을 이어갔다. 미국 현지에선 삼보사 정기법회 법문이나 초파일 법문, 안거 입제 및 해제 법문은 물론, 현지 초청에 따른 대중 법문을 이어갔다. 캘리포니아주 산호세 정원사 초청 법문, 버클리 대학교 불교연구소 석탄일 법문, 시애틀 페더럴웨이 경원사 법문, 시애틀 타코마 서미사 법문, 카멀 삼보사 사미 수계식 법문, ≪미주현대불교≫ 창간 5주년 기념행사 및 보살계 수계 법회 법문, 카멀 삼보사 신년 법회 법문 ….

한국에 들어와서도 많은 대중 법문을 했다. 태안사 하안거 결제 법회 법문, 화순 불암사 점안법회 법문, 경주 동국대 초청 법문, 태안사 정기법회 법문, 대구 수타사 『금강경』 사경 법회 법문, 완도 범혜사 지장보살 점안식 법회 법문, 육군사관학교 호국사 초청 법회 법문, 광주 관음사 법회 법문, 대구MBC 일요특강 초청법회 법문, 태안사 대웅전 중창불사 회향 및 보살수계 법회 법문, 광주금륜회관 미타회 천도재 법문, 광주 주암댐 방생법회 법문 ….

국내 언론과도 인터뷰도 했다. 불교 월간지 ≪불광≫ 1994년 8월호에는 「창간 20주년 기획 대담」으로 그가 재가 불자인 이남덕 전 교수와 가진 대담이 실렸다. 대담에는 그의 출가 및 수행담, 은사 금타 화상 이야기, 참선법과 염불선 등이 담겼다.

이 시기, 한국 불교는 또다시 요동쳤다. 1994년 3월, 조계종 서의현 총무원장이 3선 연임을 시도하면서 이른바 '조계종 사태'가 벌어졌다. 한국 현대 불교사에서 큰 족적을 남긴 종정 성철 스님이 입적한 지 겨우 3개월 뒤였다.

서 총무원장은 많은 스님들과 불자들의 반대에도 조직폭력배까지 동원해 3선 연임을 강행했다. 개혁파 승려들과 불자들은 4월 총무원장의 3선 연임을 반대하며 대규모 전국승려대회를 개최, 서 총무원장의 퇴진을 결의했다. 종단 원로회의마저 전국승려대회 결의를 확인하자, 서 총무원장은 결국 사퇴했다. 조계종 개혁회의가 출범해 각종 제도 개혁을 한 뒤 11월 송월주 스님이 새 총무원장에 선출되며 사태는 봉합됐다.

이와 관련, 청화는 정신적으로 선양하고 이끌어야 할 한국 불교가 도리어 극한 갈등과 충돌로 사회의 짐이 되는 상황을 안타까워했다.

언론 인터뷰에서 한국 불교의 모습이 부끄럽다고 반성한 뒤, 석가모니 부처의 계율을 제대로 지키지 않기 때문이라며 엄정한 계율 준수를 거듭 강조했다.

"저도 출가사문의 한 사람으로 부끄러움을 금할 수 없습니다. 더불어 책임감도 느끼고 있습니다. 이 모든 게 항상 계율을 스승으로 삼으라는 부처님 말씀을 따르지 못한 데서 기인한 것이라 봅니다. 제 경우엔 계율이 살아가는 데 걸림돌이 되는 것 같지는 않아요. 오히려 계율을 지키면 몸도 편하고 마음도 편해집니다. 계율을 지켜서 아무 거리낌이 없어야 그게 바로 무애행이지요. 사실이 그렇습니다. 술 먹는 것보단 술 안 먹는 것이 편하고, 거짓말하는 것보단 거짓말 안 하는 것이 편하고, 여자와 정사하느니보단 안 하는 것이 훨씬 편하지요."[71]

조계종 사태 4년 뒤인 1998년 가을, 총무원장을 둘러싸고 종단은 또다시 대립과 충돌의 구태를 재연했다. 선거를 앞두고 총무원장 월주 스님을 후보로 내세우는 추대위원회가 발족하자, 종정 월하 스님은 "총무원장 3선 부당", "종도들은 제2의 정화불사라는 마음으로 종단을 바로잡기 바란다"는 교시를 발표했다. 월주를 반대하는 이들은 이른바 정화개혁회의를 결성, 승려대회를 개최한 뒤 총무원 청사를 점거했다. 월주는 책임을 지고 사퇴했지만, 사태는 풀리지 않았다. 결국 법원의 판결문을 앞세운 경찰력 투입이라는 세속적인 방식으로 사태는 일단락됐다.

순선안심탁마법회와 『안심법문』

"서구 사상으로는 앞으로 오는 21세기, 이른바 새로운 문명에 있어서 참다운 지도 원리를 구할 수가 없다고 합니다. 일반 위대한 분들도 역시 동양 사상이 아니면 앞으로 새로운 시대의 지도 원리를 구할 수가 없다고 말씀들을 하고 있습니다 … 왜냐하면 다른 가르침, 다른 문화 현상들은 모든 것을 나누어 분열해서 보는 경향이 있는데, 부처님 가르침만은 모두를 하나로 보기 때문입니다."[72]

동안거가 한창이던 1995년 1월 20일 오전, 카멀 삼보사에서 청화가 순선안심탁마법회 법문을 하고 있었다. 그는 이날 첫 법회에서 지금 시대적으로 여러 어려움에 처해 있는데 그 원인은 서구의 이원론적 사고에 기인한 측면이 크다며 우주 만유를 하나의 진여불성으로 이해하는 불교의 일원주의, 동일률 철학만이 이 혼란을 극복할 수 있을 것이라고 강조했다.

"사람만이 본래 하나가 아니라, 자연계라든가 또는 어떠한 것이든 다 하나의 생명으로 보는 일원주의 사상이기 때문에 이른바 동일률이라는 것입니다. 어떤 것이나 모두가 다 하나의 진리로 통합이 됩니다. 불교 사상의 일원주의, 소위 동일률적인 사고방식, 가르침만이 비로소 세계를 하나로 평화스럽게 묶어갈 수 있다는 것을 우리는 확신하게 됩니다."[73]

순선안심탁마법회에는 가까운 로스앤젤레스와 시애틀은 물론 멀리 뉴욕과 하와이 등지에서 온 스님과 신도 등 사부 대중이 참석했다. 그는 하루 6시간씩 3일간 이뤄진 연속 법문에서 대승불교 교리체계와 수행론의 요점을 강의했다.[74] 미국에 있는 사부 대중을 대상으로 하면서도 불교를 모르는 사람들도 이해할 수 있는 쉬운 법문을 지향한 것이 특징이었다.[75]

그는 첫날인 1월 20일 순선과 안심법문의 의미, 사종연기론의 내용, 삼신불과 삼위일체론 등을 바탕으로 한 회통적 불타론을 이야기했다. 먼저, 석가모니 부처와 예수, 공자, 순선 시대의 조사, 원효와 의상 등 한국의 주요 선지식들은 모두 원통불교, 회통사상을 가졌다며 우주 만유가 진여불성뿐이고 마음이 곧 부처라는 하나의 지혜를 알았기 때문이라고 힘주어 말했다.

"왜 그분들이 회통사상인가? 성자라 하는 분들은 천지우주의 하나인 도리를 압니다. 우리 중생들만 겉만 보기 때문에 나는 '나'요 너는 '너'요, 좋은 것은 '좋다' 궂은 것은 '궂다' 시비 분별해 봅니다. 형식적인 것은 그럴 수밖에 없습니다. 그러나 성인들은 모든 존재의 근본 바탕, 근본 성품을 봅니다. 근본 성품에서 본다고 생각할 때는 하나란 말입니다. 예수도 공자도 다 그랬습니다. 근본 하나의 자리를 봅니다. 그 하나의 자리가 바로 하나님이고 부처님 아니겠습니까."[76]

이어서 석가모니 부처의 가르침은 몸과 마음, 물질과 의식을 하나로 보는 안심법문이라면서, 수행하는 과정에서도 먼저 이치로 깨닫고 몸으로 닦아나가는 선오후수를 통한 안심법문을 추구해야 한다고 주장했다.[77]

아울러 『관무량수경』의 "그대들의 마음에 부처님을 생각하면, 그 마음이 바로 부처님의 32상과 80수형호인 것이니라. 이 마음으로 부처를 이루고, 이 마음이 바로 부처이니라"[78]라는 구절을 설명하면서 마음이 곧 부처라고 거듭 강조한 뒤, 그 마음자리를 지키며 수행해야 한다고 말했다.

"마음으로 부처가 무엇인가를 바로 느끼고서 그 부처의 자리에 마음을 딱 못 박아두고서 그 자리를 여의지 않는, 자나 깨나 남하고 말을 하나 밥 먹을 때에도 부처님 자리, 하나님 자리를 놓치지 않는 이것이 참다운 신앙입니다."[79]

부처의 진리는 인연법, 연기법을 기본으로 한다며 사종 연기로 구분해서 설명한 뒤,[80] 법신, 화신, 보신의 대승불교 삼신일불론을 성부와 성자와 성신의 기독교 삼위일체론과 대비, 회통을 시도했다.

"끝도 갓도 없는 우주의 생명이 하나님입니다. 그 가운데 들어 있는 신비로운, 모든 것을 다 갖춘 무소불능하고 무소부재라, 어디에나 있고 능하지 않음이 없는 만공덕이 성령입니다. 이 성부와 성신에 붙어서 오염되지 않은 사람, 즉 성자가 예수입니다 … 저는 기독교의 삼위일체나 불교의 삼신일불이나 똑같다고 생각하는 사람입니다. 다른 종교와도 마찬가지입니다. 진리는 본래 둘이 아니라고 생각하는 사람입니다."[81]

실제로 "주 예수 그리스도의 은혜와, 하나님의 사랑과, 성령의 교통하심이 너희 무리와 함께 있을 지어다"라는 「고린도후서」(13장 13절)의 구절처럼, 기독교 『성경』에는 삼위일체론이 다양한 형태로 담겨 있다.[82] 삼위일체론(Trinity)은 불교와 기독교에만 있는 게 아니다. 힌두교의 세상을 창조한 브라흐마(Brahma)와 세상을 보존하고 온갖 화신이 되는 비슈누(Vishnu)와 세상을 파괴하는 시바(Shiva) 역시 삼위일체론의 한 형태로 파악되기도 한다. 삼위일체론의 영문 Trinity가 바로 고대 힌두교의 산스크리트어에서 유래했다.

범신론을 주장했던 스피노자의 철학에서도 엿볼 수 있다. 스피노자는 자연을 신의 속성 같은 능산적 자연과, 수시로 변하는 현상적 존재로서 소산적 자연으로 구분했다. 이를 불교와 회통한다면, 능산적 자연은 법신 부처, 소산적 자연은 화신 부처, 능산적 자연을 바탕으로 소산적 자연이 끊임없이 현상적으로 변화하는 원리는 보신 부처와 각각 대비할 수 있다고, 청화사상연구회장인 박선자 경상대 명예교수는 덧붙였다.[83]

둘째 날, 그는 삼시교판과 유식삼성, 열반사덕과 팔대자재아 등을 설명한 뒤, 선의 종류와 방법 일부를 설명했다. 먼저, 석가모니 부처가 깨달은 뒤 『화엄경』 법문을 시작으로 49년간 설법한 내용을 시기와 근기에 따라서 『아함경』을 비롯한 소승경전 중심의 유교, 『반야경』 등을 중심으로 공을 강조한 공교, 『화엄경』과 『법화경』, 『열반경』 등 중도실상을 이야기한 중도교 삼시교로 구분하고 그 대요를 설명했다. 삼시교를 토끼(유교)와 말(공교), 코끼리(중도교) 세 마리 짐승이 냇물을 건너는 것과 비유하면서 코끼리처럼 뚜벅뚜벅 진리의 바닥을 딛고 강을 건너가야 한다고 강조했다.

이어서 삼계가 유심이고 만법이 유식이라며 유식삼성을 살펴본 뒤, 성철 스님의 주장으로 불거진 돈점 논쟁과 관련해 돈오돈수와 돈오점수 모두 『육조단경』이나 불교 전통 흐름에 이미 존재한 내용[84]이라며 회통을 거듭 시도했다. 그러면서 성철이 돈오돈수를 강조한 것은 사람들이 너무 수행이나 깨달음의 높낮이나 계급만을 따지는 집착을 감안해 강조한 것이고, 돈오점수 역시 너무 본질만 따지면서 형식과 차서를 무시하는 사람들을 겨냥한 것이라고 설명했다.

"돈오돈수와 돈오점수가 다른 것인가? 다른 것이 아니라 우리 중생이 너무나 높낮이를 따지고 계급을 따지고 이것저것 따지니까, 따지지 말고 앞뒤 고하를 가리지 않고 마음에 부처님 자리만 생각하고 공부하라고 돈오돈수라고 말씀을 하신 것입니다. 우리 중생이 본래 부처니까 아무렇게나 해도 무방하지 않겠는가, 즉 먹는 것이나 무엇이나 이것저것을 가릴 필요가 있겠는가? 하고 본질만 따지고서 형식을 무시하고 차서를 무시하는 사람에겐 돈오점수를 얘기해 점차 닦아 올라가는 것을 말해야 하겠지요. 도인들은 그야말로 선교방편이라, 기가 막히게 그 사람의 정도에 맞게 말을 했는데, 우리 후대인들은 그것을 모르고 돈오돈수는 옳고 돈오점수는 그르다 또는 그 반대로 말을 합니다."[85]

그는 석가모니 부처뿐만 아니라 예수나 공자도 성인으로 인정하면서 이들은 윤회에 의해 세상으로 나온 게 아니라 중생 구제를 위해 천상에 있다가 바로 이 세상으로 나왔다고 주장했다.

"예수나 석가나 공자나 그런 분들은 다 번뇌에 묶여서 태어나는 것이 아닙니다. 저 높은 극락이나 천상에 계시다가 우리 중생이 불쌍하니까 자비로, 사랑으로 해서, 중생의 구제를 위해서 짐짓 몸 받아 나오신 것입니다. 바꾸어서 말하면, 그분들은 바로 오시는 것입니다 … 예수나 석가, 공자나 그런 분들은 청정한 분들이기 때문에 저 천상이나 극락에 있다가 일반 중생을 불쌍히 여겨 중생 구제를 위해 일부러 오신 것입니다."[86]

또 선(禪)은 우주 만유의 실상을 비춰보고 관찰하는 것이고, 정(定)은 다른 생각이 없이 오로지 그 우주 만유의 실상 자리한 생각에 머무르는 것이라며, 선정은 정혜균등의 묘체라고 강조했다. 그러면서 우주 만유가 모두 부처뿐이라는 반야의 지혜로 바라보면서 그 생각을 여의지 않고 수행하면 모두 선이 된다고 강조한 뒤, 용수 보살의 「십주비바사론」의 이행품을 거론하며 염불선은 부처의 공덕에 의지해 가는 이행문이라고 거듭 주장했다.

아울러 근본주의나 교조주의, 특정 수행법 이외에는 허용하지 않는 모습을 모두 법집이라고 거듭 지적하면서 다른 민족과 종교와 대화해야 하는 시대에 법집에 치우치면 안 된다고 강조했다.[87] 그러면서 종조나 수행법 등을 놓고서 특정한 법집에만 매달리면서 끊임없이 대립 갈등하는 한국 불교의 현실을 안타까워했다.[88]

"지금 종단의 종헌을 보면 원효 스님이나 의상 스님에 대해서는 한마디도 없습니다. 도의 스님이나 태고 스님 정도밖에 언급이 없습니다. 원효 대사의 도가 더 높은지 도의 스님이 더 높은지 누가 알겠습니까? 도인이 되었다고 생각할 때는 다 참선을 통했다고 봐야지요. 우리는 지금 형식논리에 취할 때가 아닙니다. 그러다가는 결국 자기 마음도 좁아지고 우리 종단도 자꾸 풍파가 생길 수밖에 없습니다. 그러니까 수많은 종파가 생기고 하겠지요. 부처님 한 분을 우리 종주로 모시고 원효나 의상이나 도의 스님 등을 우리 선조로 모시면 되는 것이지, 무슨 이유로 꼭 종파를 갈라서 따로 종교를 세울 필요가 있겠습니까? 저는 한국에서 일어나는 일들을 보면 가슴이 터질 지경입니다. 아무것도 아닌 문제로 그렇게들 싸웁니다. 공안선, 화두를 의심하는 선이나 또는 화두 없이 그냥 명상적으로 잠자코 부처님을 무념무상으로 비춰보는 묵조선이나, 또는 화두 대신에 부처님을 확신하는 염불선은 일체가 부처임을 확신하고 믿는 선입니다."[89]

청화는 마지막 날인 1월 22일 전날 강의에 이어서 선의 방법이나 단계도 모르고 무턱대고 공부하는 암증선, 선을 언어 문자로 표출하고 매달리는 문자선, 아직 깨닫지 못했으면서도 이미 깨달은 체하며 사람을 속이는 야호선의 세 가지 사선과 삼종병, 팔재환 등을 이야기하고 염불의 의미와 종류, 방법 등을 설명했다.

아울러 불교 자체가 이미 원융하고 회통적인 원통불교라면서 일심을 통한 화쟁을 주창한 원효, 교관겸수와 성상융회를 내세운 대각 의천, 선교합일과 정혜쌍수를 주장한 보조 지눌, 오교구산 통합운동을 펼친 태고 보우, 유불도 삼교 회통을 시도한 득통 기화, 선교동체이면을 주장하고 삼교회통을 시도한 서산 휴정, 선교불이를 강조한 초의 의순 등 한국 불교의 원통불교 전통을 거듭 밝힌 뒤, 현대 사회에서는 다문화 다종교와도 회통을 시도해야 한다고 거듭 주장했다.

"석가모니 부처님 당시에도 96종 외도라, 불교 아닌 가르침이 96종이나 되었다고 합니다. 원효 스님 계실 때도 여러 종파로, 『화엄경』을 좋아하는 사람은 『화엄경』이 옳다 하고, 각기 다르게 주장했던 것입니다. 그래서 십종십문 화쟁론이라, 모든 종파를 하나로 회통시킨 것입니다. 어떤 도인들이나 그분들의 행적을 보면 당대 일어난 문화현상을 하나로 회통을 시킵니다. 보조 국사도 역시 염불이나 참선, 교리 등을 하나로 회통시켰습니다. 태고 스님도 마찬가지고,

위대한 도인들은 하나같이 다 회통불교를 지향했던 것입니다."[90]

그러면서 세계 불교가 하나가 되기 위해선 원통불교 전통이 강한 한국 불교가 중심이 돼야 한다며, 한국 불교 역시 세계 각 종교와 회통을 위해서 원통불교를 지향하고 견지해야 한다고 거듭 역설했다.

"한국이 비록 약소국이지만 부처님 가르침만은 한국 불교가 제일 앞서 있습니다. 원효 스님을 비롯해서 의상, 보조, 대각, 서산 등 기라성 같은 대선사들의 가르침은 부처님 가르침 그대로입니다. 조금도 찌꺼기가 없습니다 … 불법이 우선 하나가 되기 위해서 한국 불법이 중심이 돼야 합니다. 그렇게 되기 위해선 한국 불법을 믿는 불교인이 하나가 돼야 하고, 한국 불교의 순수하고 원통무애한 불법을 바르게 알아야 되겠지요. 우선 불법으로 하나가 되고, 그다음에는 세계 종파가 하나가 되고. 불법만이 다른 종교를 다 포섭할 수가 있습니다."[91]

순선안심탁마법회 법문은 백장암 동안거 용맹정진 연속 법문(1984)과 칠장사 성도재일 용맹정진 연속 소참 법문(1985), 원통불교의 요체 연속 법문(1992) 등과 더불어 그의 대표적인 연속 법문이다. 이전 연속 법문처럼 정통 불법의 부흥을 통한 원통불교의 중흥, 선오후수적 정혜쌍수의 추구, 정통선을 바탕으로 각종 수행법의 회통과 염불선의 대중화, 철학과 과학의 적극적 활용, 겸손하면서도 친절한 법문이라는 공통점은 여전했지만, 이전 연속 법문과 다른 특징도 몇 가지 나타났다.

먼저, 그는 순선안심 연속 법문에서 불교 내의 종파 및 교단 간 회통을 넘어서서 기독교와 이슬람교를 비롯해 세계종교 간의 대화 및 회통을 훨씬 강력하고 광범위하게 역설했다. 오래전부터 주창했던 원통불교의 중흥을 여전히 강조했지만, 세계종교와의 회통을 위해서 강조한 측면마저 엿보일 정도였다.

다른 종교와의 회통을 위해서 기독교와 이슬람교 등 다른 세계종교의 교리나 주요 인물들의 이야기를 법문에 과감히 반영했다. 특히 기독교와의 회통을 적극 모색하면서 삼위일체론뿐만 아니라 이전보다 『성서』의 내용이나 예수의 이야기를 훨씬 많이 인용했다.

구체적으로, 우주 만유가 오직 진여불성, 부처뿐이라는 불교의 진리관을 이야기할 때에는 "내가 곧 길이요 진리요 생명이니 나로 말미암지 않고는 아버지께로 올 자가 없느니라"라는 「요한복음」(14장 6절) 구절을 대비했다.

"「요한복음」 14장에도 광명이란 말씀이 있습니다. 나는 빛이요, 나는 길이요, 나는 생명이다, 기독교 복음서의 이 '나'라는 것은 불교적인 의미로 볼 때는 참다운 나라는 뜻입니다. 참나는 광명이고 진리이고 그야말로 하나의 순수 생명입니다."[92]

우주 만유가 모두 부처뿐이고 마음이 곧 부처라는 생각을 여의지 않는 참선 수행을 강조할 때에는 "그런즉 너희는 먼저 그의 나라와 그의 의를 구하라, 그리하면 이 모든 것을 너희에게 더하시리라"는 「마태복음」(6장 33절) 구절과 대비하기도 했다.

"기독교 바이블에서도, 먼저 하늘나라와 하나님을 구하라, 그러면 모든 것은 그대에게 주어지리라 했습니다. 먼저 근본적인 진리를 구하면 다른 것은 따라옵니다. 일반 중생들은 그냥 부스러기만 구하려고 생각합니다 … 먼저 생명 자체, 생명의 본체인 영생불멸한 도리를 우리가 참으로 구할 때는 다른 것은 적당히 우리한테 갖추어지는 것입니다."[93]

대승불교의 부처관을 이야기할 때에는 예수가 '나는 세상의 빛이고 나의 말은 주 하나님의 말씀'이라고 강조하는 「요한복음」(8장 12~16절)을 인용하기도 했다.

"「요한복음」에 이런 대목이 있습니다. '나는 세상의 빛이다, 나를 따르는 자들은 어둠이 너희를 덮치지 못하리라', 이렇게 대중에게 이르니 그 소리를 들은 바리새인들이 '당신은 그렇게 말하지만 그 말을 어떻게 알 수 있습니까?' 이와 같이 반문을 했습니다. 그러니까 예수께서 '나는 내가 어디서 와서 어디로 가는지를 분명히 알지만, 그대들은 그대 자신들이 어디에서 와서 어디로 가는 줄을 모르지 않는가, 내가 하는 말은 나 혼자 하는 것이 아니라 나를 통해 말씀하시는 주 하나님의 말씀이다', 이렇게 말했습니다."[94]

신앙적 성격을 강조하는 대목에선 바리새인들이 예수를 찾아와 가장 중요한 계명이 무엇이냐고 묻자, 예수가 마음을 다해서 하나님을 오로지 믿어야 한다고 답하는 「마태복음」(22장 35~40절)을 인용했다.

"「마태복음」 어느 구절에 보면 바리새인들이 예수께 가서 '주님께서 가장 중요시하는 계명이 무엇입니까?' 하고 물었습니다. 그러니까 예수께서 하는 말씀이 '가장 중요한 것은 우리 생명의 근본자리인 하나님을 마음을 다해서 오로지 믿어야 할 것이고, 그다음은 자기 이웃을 자기 몸처럼 사랑하라', 이것이 기독교 가르침의 전부라고 말씀했습니다."[95]

철학자들의 주장이나 사상을 인용하고 활용하는 것도 이전 연속 법문이나 대중 법문과 유사했지만, 그 빈도나 강도는 훨씬 많아지고 강해졌다. 소크라테스 이전의 탈레스, 헤라클레이토스, 엠페도클레스 등 자연철학자, 소크라테스와 플라톤을 비롯해 고대 그리스 철학자, 중세 아우구스티누스, 근대의 스피노자, 칸트 등 수많은 철학자를 다양하게 인용하고 활용했다. 마치 한 편의 철학 강의처럼.

"소크라테스 이전에도 역시 자연주의 철학자 탈레스라는 철인은 물을 보고서 '우주의 근본은 물이다'고 말하고, 헤라클레이토스는 '우주의 본질은 불이다'고 말하고, 엠페도클레스는 '우주의 본질은 흙 기운이고, 물 기운, 바람 기운이고, 땅 기운'이라고 말했습니다."[96]

우주 만유가 모두 진여불성, 부처뿐이라는 불교의 진리관을 설명하기 위해서 세상을 수로 이뤄졌다고 보는 고대 피타고라스를 불러오기도 했다.

"우주의 도리라는 것은 조금도 차질이 없습니다. 피타고라스는 기원전 약 500년 분 아닙니까. 그는 우주는 정확한 수리로 구성되었다고 말했습니다. 사실 우주는 정확한 수리로 구성돼 있습니다. 그렇기 때문에 『주역』 같은 어려운 것도 역시 하나의 괘라는 수리로 다 풀이하는 것입니다."[97]

또 우주 만유가 진여불성뿐이라는 진공묘유한 중도실상을 설명하기 위해서 플라톤의 이데아론을 거론하기도 했다.

"그리스의 플라톤도 역시 현상계와 이상계라, 참다운 이상계만 존재하는 것이고, 현상계는 존재하지 않는다, 하나의 그림자에 불과 하다고 했습니다."[98]

특히 '실재하는 것은 신뿐이고, 세상은 모두 신의 변용'이라는 범신론을 주장한 스피노자에 대해선 불교적 진리를 이해한 철학자라며 각별한 애정을 표시했다. 그는 여러 대중 법문에서 스피노자를 거듭 강조했다.

"스피노자를 그야말로 신에 도취한 성자라고들 하는데, 그분은 기독교나 불교를 굉장히 많이 공부한 철인입니다. 스피노자가 한 말 가운데 가장 인상에 남는 것이 '영원의 차원에서 현실을 관찰하라, 그러면 현실 하나하나가 영원에 참여한다'고 했습니다."[99]

이전 대중 법문이나 연속 법문처럼, 아인슈타인의 상대성 이론과 하이젠베르크의 불확정성 원리를 비롯해 양자역학을 과학적 석공관으로 활용[100]하는 등 현대 물리학을 중심으로 최신 과학 이론과 성과도 적극 활용했다. 더 나아가 현대 물리학이 제대로 규명하지 못한 부분을 지적하면서 불교적 물질관으로 대안을 모색하기도 했다.

"오늘날 현대 물리학에서는 에너지의 본질에 대해 해답을 못 내립니다. 에너지가 왼쪽으로 진동하면 양성자가 되고, 에너지가 오른쪽으로 진동하면 전자가 되는 것입니다. 소위 금진좌선자기 금진우선전기라, 순수 장 에너지가 어떻게 진동하느냐에 따라서 음양이 생겨나는 것입니다."[101]

순선안심 연속 법문은 그의 연속 법문 가운데 가장 회통적이고 대중적이었다. 원통불교를 넘어서 통종교로 나아갔다는 점에서 가장 회통적이었고, 석가모니 부처와 정통 조사 및 선사들의 법문뿐만 아니라 다양한 에피소드 및 우화의 활용, 불교뿐만 아니라 기독교를 비롯한 다른 종교 교리의 과감한 인용, 많은 철학 사상의 풍부한 적용, 최신 과학 이론과 성과의 적극적 활용 측면에서 가장 대중적이었다. 순선안심 연속 법문은 큰 반향을 일으켰다고, 제자 용타는 전했다. 그의 법문은 2년 뒤 단행본 『순선안심법문』으로 묶여 출간됐다. 2002년 『마음의 고향』, 2010년 『안심법문』 등으로 꾸준히 재출간됐다.[102]

두 달 뒤인 3월 26일 오전, 곡성 태안사에서 예수재 법회가 열렸다. 미국에서 안거 수행을 마치고 귀국한 청화는 이날 예수재에서 법문을 했다. 1985년 이래 꾸준히 진행한 태안사 중창 복원 불사가 며칠 전 천불전 점안식을 끝으로 모두 끝난 뒤였다. 청화와 문도들은 이날 예수재를 끝으로 태안사에서 빠져나와서 성륜사로 완전히 옮겼다. 그는 동료 스님들에게 태안사 절 살림을 그대로 놔두고 바랑만 하나 메고 성륜사로 가도록 당부했다. 이현정 대광주 보살의 기억이다.

"1995년 봄, 큰스님께서는 태안사 절 살림은 물론 심지어 자동차까지도 그대로 놔두고 스님들로 하여금 바랑만 메고 산문을 내려가도록 하셨다. 오랫동안 절에 다녔지만 이렇게 깨끗하게 신구 교대가 이뤄지는 풍경은 생전 처음 봤다. 감동, 그 자체였다."[103]

안거 결제가 끝나면, 그는 미국과 한국을 오고 가면서 부지런히 대중 법문을 이어갔다. 미국에선 주로 카멀 삼보사를 중심으로 전도 활동을 했다. 정혜사 신도 방문 법문, 샌프란시스코 보림사 청년불자 수계법문, 카멀 삼보사 대웅전 기공 대법회 법문, 시카고 불타사 보살계 법문….

한국에선 곡성 성륜사를 베이스로 해서 다양한 활동을 펼쳤다. 광주전남 교수 불자와 대담, 수원 보문사 점안불사 법문, 성륜사 초파일 법회 법문, 동국대 정각원 법문, 광주금륜회관 합동 영가천도 법회 법문, 광주 선덕사 보살계 법문, 성륜사 만등불사 법회 법문, 서울 양재동 정중선원 천도재 법문, 담양고 소참 법문 ….

팜스프링스 금강선원 삼년결사

1995년 9월 1일 오후 팜스프링스 금강선원으로 미주불교방송 이사장 이정산 스님 일행이 찾아왔다. 팜스프링스 금강선원은 로스앤젤레스에서 동남쪽으로 차로 2시간 거리에 위치한 배닝시의 팜스프링스 입구 데저트힐 뒷산에 위치해 있었다. 두 달 전 삼년결사를 시작한 청화를 만나러 온 것이었다.

"청화 큰스님은 팜트리와 선인장으로 울타리를 친 위쪽 단 한 채에 홀로 기거하고 계셨다 … 73세의 노구에 하루 한 끼 공양과 장좌불와, 계속되는 묵언정진으로 대쪽처럼 몸이 야윈 모습이었다."[104]

삼년결사에 돌입한 그의 모습의 일단은 ≪미주한국불교≫ 1995년 11월 1일 자(창간호)에 담겨 있다. 기사는 그를 "대쪽처럼 야윈 얼굴에 눈빛이 형형하다"고 묘사한 뒤, "장정들도 버티기 어려운 이 역리 속에 미동 않고 앉아 계시는 스님의 건강이 매우 염려되기도 했다"고 적고 있었다.

청화는 그해 7월 팜스프링스 금강선원에서 정만, 대천, 광전, 선정 스님과 함께 삼년결사에 돌입했다. 월출산 상견성암 삼년결사(1978~1981)와 태안사 삼년결사(1985~1988)에 이은 새로운 삼년결사였다. 그는 삼년결사를 다섯 번 했다고, 나중에 광주금륜회 불자교화 대법회 등에서 말했다.[105]

팜스프링스 금강선원은 캘리포니아주립공원 안의 인디언 보호구역과 인접한 해발 1200미터의 사막 지역에 위치해 있다. 구릉이 굽이굽이 펼쳐지는 풍경이 펼쳐진다. 금강선원이 있던 거리 이름은 '헝그리할로(Hungry Hollow)로드'에서 '다이아몬드젠(Diamond Zen)로드'로 바뀌었다. 한국어와 영어로 '팜스프링스 금강선원'이라 쓰인 큰 바위가 선원 입구 양쪽에 서 있었다.

"(입구에서) 비산비야의 비포장길을 15분쯤 더 들어가니 단아한 요사채 두 채가 나오고, 한국 냄새가 물씬 나는 정자 하나가 초록의 나무 한 그루를 우산처럼 쓰고 서 있었다. 바로 그 위쪽의 암자가 스님이 은거하시는 금강선원이었다. 부처님이 열반에 드실 때 그 이파리를 깔고 가셨다는 사라쌍수 나무를 연상시키는 아름답고 수려한 자태의 큰 나무 한 그루가 금강선원을 지키고 있었다."[106]

그는 이듬해 세계종교대학을 설립하기 위해 490에이커(60만 평) 규모의 대지를 매입한 뒤 한국 전통 방식으로 세워진 일주문, 종각, 법당, 50여 명이 참선할 수 있는 선원 등의 건물을 지었다. 문정희 시인은 이듬해 초여름 팜스프링스 금강선원에 있던 청화를 친견한 뒤, 다음과 같이 팜스프링스 금강선원을 묘사했다.

"마치 염화시중의 미소처럼, 거기에는 우리나라 지도 모양의 작지만 예쁜 정원이 니르바나처럼 펼쳐져 있었다. 백두산을 상징하는 바위와 제주도 한라산을 상징하는 바위도 있었다 … 야산을 돌아 미래의 법당 자리로 올라갔다. 가다가 원시림이 나오고, 때 아닌 사막에 들소가 느긋하니 앉아 있는가 하면, 개울물 소리가 시원하게 들려오기도 했다 … 물줄기의 발원지에 커다란 호수가 떠 있었다. 호수에는 푸른 수초 속에 금잉어들이 꼬리를 흔들고 있었다. 인디언 보호구역과의 경계라서 그런지, 원래 인디언들이 신성시했다는 향내 나는 풀들이 구릉마다 흐드러져 있었다. 원주민 인디언들은 이 향내 나는 풀꽃 피는 자리를 성지로 생각했다고 한다."[107]

팜스프링스 금강선원 삼년결사는 청화의 마지막 삼년결사로, "공부하다가 그대로 쓰러질 각오"[108]로 시작된 마지막 대정진이었다. 그는 왜 팜스프링스 삼년결사에 나선 것일까.

우선, 그는 석가모니 부처가 보여준 진리와 수행법을 제대로 보여주고 전해서 미국에 불교를 확고히 자리매김하게 하고 싶었다. 미주 불자들에게 올바른 정통 불법을 가장 간명하게 보여주는 차원에서 삼년결사를 하게 됐다고, 그는 나중에 삼년결사 회향법회에서 고백했다.

"저도 여태 공부를 했지만, 부처님을 닮으려고 무척 애썼으나 닮지 못하고 자기 부족을 느끼고, 할 수 없이 우리 불자님들한테 정말로 부처님의 올바른 정통 불법을 틀림없이 바르게 가장 간명하게 전해드려야 하겠구나, 이런 절실한 마음 때문에 회한의 눈물을 머금고 삼년결사에 들어간 것입니다."[109]

나중에 광주금륜회 불자교화 대법회에서도 "부처님 말씀을 조금도 흠절이 없이 우리 소중한 불자님들께 전해주겠다는 서원을 품"었다[110]고 그는 덧붙였다.

아울러 불교는 물론 기독교와 이슬람교 등 세계종교들이 서로 대화하고 회통을 모색하는 종합종교대학을 세우려는 큰 원력도 배어 있었다고, ≪미주현대불교≫는 분석하기도 했다.

"이번 삼년결사의 배경에는 이곳을 진정한 한국 불교의 성지로 개발하려는 크나큰 원력이 배어 있다. 청화 큰스님은 이곳 일대에 동양정신을 가르치는 미국 최대의 종교대학을 만들고 싶어 하신다."[111]

삼년결사를 진행하는 데 어려움도 적지 않았다. 무엇보다 삼년결사를 하는 지역이 준사막지대여서 날이 40도를 넘나들 정도로 무더웠고, 인디언 보호구역과도 접해 있어서 인디언들의 방해도 있었다고, 그는 삼년결사 회향법회에서 회고했다.

"우리가 맨 처음에 들어간 곳은 준사막지대입니다. 여름이면 섭씨 40도가 넘습니다. 저도 저지만, 저를 따라온 젊은 스님들이 고생을 많이 했습니다. 거기다가 설상가상으로 인디언 보호지역이기 때문에 인디언들이 상당히 짓궂게 하고 …."[112]

기후가 더워서 바람이 불면 온풍이 되는 데다가 "모래바람이 불기 때문에 아무리 문을 잘 하더라도 문틈으로 모래가 들어와서 쌓"였다[113]고, 나중에 광주금륜회 불자교화 대법회에서 말했다. 심지어 방울뱀들이 나와서 스님들과 함께 붙잡아서 먼 곳으로 옮겨놓기도 했다고, 나중에 성륜사 정기법회 법문에서 회고했다.

"저쪽 로스앤젤레스 준사막지대는 방울뱀, 방울독사가 굉장히 많아요. 독사가 올 때는 꼭 방울 흔드는 소리가 납니다. 그놈한테 한번 물리면 영락없이 죽습니다. 그런 큰 독사라 불살생계를 지키는 우리 스님네가 차마 그걸 다 지킬 수가 없고, 그래서 깊은 통을 사다가 그 놈을 통으로 유도해서 사막 저 멀리 거기다가 너 죽든가 살든가 너 잘 살다가 나중에 보리심을 내서 너도 성불해라, 이렇게 해서 두고 온단 말입니다."[114]

특히 일흔이 넘은 나이에 삼년결사를 하기에는 신체적으로 쉽지 않았다고, 그는 삼년결사 회향법회에서 고백했다.

"사실은 공부도 젊어서 30, 40대 용맹 정진하는 것이지, 누구나 칠십이 넘어지면 그때는 고희 아닙니까. 여러모로 신체적 조건이 쇄락이 돼서 공부하기가 쉽지 않습니다."[115]

마르고 여윈 몸, 하지만 더욱 빛나는 눈빛 …. 안거 수행이 한창이던 1995년 12월, 다른 재가 불자들과 팜스프링스 금강선원을 찾은 김광선 ≪미주현대불교≫ 편집인은 결제 수행 중이던 청화의 모습을 다음과 같이 기록했다.

"광전 스님의 안내로 방선 기간에 맞추어 큰스님께서 계시는 암자로 올라갔다. 큰스님께서는 온화한 미소로 우리들을 맞아주셨다. 오랜만에 뵙는 큰스님의 모습은 마르시고 여위셨는데, 눈빛만은 예전 못지않게 더욱 빛나고 있었다."[116]

안거 기간, 그는 일흔이 넘는 나이에도 다른 스님들과 함께 하루 네 차례 참선과 묵언, 일종식을 멈추지 않았다. 결사 중에도 매월 초하루 법회와 매월 첫째 및 셋째 주 일요일에 기도와 법문으로 구성된 정기법회를 열고 법문을 했다. 성지순례단 친견 소찬법문, 하계 용맹정진 회향 법문, 동계 용맹정진 중 참선법문 ⋯.

"빛나는 안광과 한없이 자비로운 미소로 필답에 응해주는 스님의 안색은 하루 한 끼 손수 누룽지를 끓여 먹는 건강치고는 믿을 수 없을 만치 편안해 보였다. 스님은 평화롭고 안온한 안색에 그대로 가부좌를 틀고 적멸처럼 고요히 앉아 있었다. 참나를 이미 깨달은 생불로서의 존엄이 향기처럼 퍼져 나오는 것 같기도 했고, 가없는 자비와 연민으로 돌연한 내방객을 쓰다듬어 주는 것 같기도 했다."[117]

이듬해인 6월, 문정희 시인은 팜스프링스 금강선원에서 그를 친견한 뒤, 월간 ≪힘≫에 「청화 큰스님 친견기」를 실었다. 그는 이때 결제 기간이어서 문정희 시인과 대담이 아닌 필담을 주고받았다.

"⋯ 그 나무 아래 아름답고 단아한 성자 한 분이 서 계시는 게 아닌가. 바로 강청화 큰스님이었다. 뼈만 앙상한 모습이었지만 대다정과 대겸손의 빛을 온 얼굴에 찬란히 발하고 서 있는 스님은 한없이 편하고 자유로워 보였다. '스님, 무슨 생각을 하고 계십니까?' '무(無).' 스님께서 흰 종이에 거두절미 첫 번째의 화두를 찍어 주셨다."[118]

1998년 4월 5일, 팜스프링스 금강선원에서 로스앤젤레스와 샌디에고, 카멀시, 버클리, 샌프란시스코, 시애틀, 뉴욕 등지에서 온 불자 500여 명이 참석한 가운데 삼년결사 회향법회가 열렸다. 청화는 이날 삼년결사 회향법회에서 몸과 마음이 과거와 미래에도 똑같을 것이라는 '상견'과 몸이 한 번 죽으면 미래도 없다는 '단견'은 대표적인 잘못된 견해라면서 인과응보나 윤회는 분명히 존재한다고 강조했다. 그러면서 현상계의 원인과 결과만 따지는 세속의 인과법이나, 나라는 상을 떼지 못한 소승의 인과법이 아닌, 우주 만유는 나라는 상을 떠나서 자타가 없는 진여불성뿐이라는 대승의 인과법을 알아야 한다고 말했다.

우주 만유는 변화할 수밖에 없어서 공이지만, 그냥 공이 아닌 순수한 생명 에너지, 진여불성뿐이라고 강조했다. 진여불성 자리에서 인연에 따라서 일어나서 존재하는 것이 바로 우주 만유의 현상이라면서 우주 만유를 진여불성의 일대 행상으로 이해해야 한다고 힘주어 말했다. 높은 파도, 낮은 파도가 있더라도 모두 물이듯.

"사람도 각기 다르고 동물, 식물 모두가 천차만별 차이가 있다 하더라도, 넓은 바다에서 파도가 바람 따라 일어나듯이, 모두가 다 불성 자리에서 인과의 법칙에 따라 일어납니다. 이것을 진여연기라 합니다. 이것이 가장 고도의 인연법입니다. 소승법은 그냥 연기법인데, 대승법은 우주가 바로 조금도 차이가 없는 진여불성인데, 그 자리에서 스스로 천차만별로 나옵니다. 진여는 모양도 없는 불성이기 때문에 오염도 훼손도 안 됩니다. 우리의 불심은 석가모니 불심과 하나도 다름없이 똑같습니다."[119]

특히 진여불성, 영원한 순수 마음은 우주의 끝도 갓도 없이 원융무애하게 충만해 있기 때문에 진여불성의 자리를 떠나지 않는 한 그것을 어떻게 부르든지 모두 똑같은 자리라고 주장했다. 아미타불이나 관세음보살이라고 부르든, 부처님이라고 부르든, 심지어 하나님이나 알라라고 부르든. 진여불성의 자리, 영성의 자리는 결국 하나로 같다며 이를 통해 종교 간의 대화와 회통을 시도했다.

"하나님이나 부처님이나 내내 한 자리인데, 다만 지방색이나 개성에 따라서 이렇게 부르고 저렇게 부르니까, 그건 가상 가명입니다. 가상 가명에 속지 마십시오. 예수님이 믿는 진리 그 자체나 석가모니나 공자가 믿은 것이나 같은 것이니까, 자기 며느리나 사위가 설사 불교를 믿지 않고 기독교를 믿는다 하더라도, 예수님의 본뜻은 불교의 본뜻과 똑같습니다. 예수님이나 하나님이 저기 하늘 위에 가만히 계시는 것이 아니며, 내 마음의 본체나 우주의 본체나 모두 참다운 하나님, 부처님이기 때문에 언제 어디서나 계신다, 그래서 우리 중생들을 다 해탈로 이끈다, 이렇게 생각하면서 하나님을 부르든 부처님을 부르든 다 같습니다. 그러므로 싸울 필요가 없습니다. 앞으로도 그렇게 돼야 합니다."[120]

청화는 팜스프링스 금강선원에서 삼년결사 회향법회를 끝으로 고국으로 돌아왔다. 6년 가까이 미국 전도를 경험하면서 세계 속에서 한국 불교가 갈 바를 고민하기도 했다. 우선, 한국 불교가 해외에서 성공적으로 전도를 하기 위해선 체계적인 준비와 조직화가 필요하다는 것을 깨달았다고, 그는 이듬해 광주 능인불교회관 개원법회에서 말했다.

"한국 불교도 역시 (미국 현지에) 한국 절이 지금 80군데나 있습니다. 그러나 우선 제 자신을 비롯해서 이렇게 해서는 안 되겠구나, 하는 것을 아주 사무치게 느꼈습니다. 왜냐하면 한국에서 제대로 공부하신 분들이 가면 좋은데, 그렇지 못하고 아무 준비도 없이 갔다고 생각할 때, 우선 영어에서 막히고 생활 습관도 설익은 것 때문에 고생만 하고, 행동에 있어서도 그곳 미국 사람들이 행하는 좋지 않은 것만 익히기가 쉽다는 데 있습니다. 불교의 청정한 면은 제대로 본받지 못하는 것입니다."[121]

구체적으로 종단 차원에서는 국제 포교사 육성을 비롯해 체계적이고 장기적인 계획과 준비가 필요하고, 해외로 전도를 나가는 사람들 역시 현지어와 문화를 미리 습득하고 공부하는 등 개별적인 준비도 철저히 해야 한다고, 그는 나중에 ≪법보신문≫과의 인터뷰에서 분석했다.

"일본이나 대만의 경우는 절을 짓는 데 정부 차원이라 할 만큼 투자와 지원이 많아서 한국 불교와 여러모로 비교가 됐습니다 … 국제 포교사를 많이 양성해야겠습니다 … 외국어에 능하지 못하니 아무래도 한계가 많았습니다. 여러 시행착오를 겪다 보니 해외 포교는 철저한 준비 끝에 나가야 한다는 것을 깨달았지요. 그것이 얻었다면 얻은 바입니다."[122]

특히 그는 사상적으로도 준비가 잘돼 있어야 한다고 강조했다. 화두 참선뿐만 아니라 염불과 묵조, 주문 등 다양한 수행 방법을 회통할 수 있는 방법론의 혁신과 수행 위차에 대한 고민도 해야 한다고, 이듬해 광주 능인불교회관 개원법회에서 강조했다.

"방법론 문제입니다. 방법론이 애매모호하기 때문에 우리가 스스로 체험을 해야 될 것인데, 체험할 무슨 방법, 계제가 희미합니다. 방법론 계제에 대해서 우리가 상당히 참고해야 될 것이고, 참고를 할 때는 사선근, 사선정, 사공정, 멸진정, 이것은 우리가 크게 관심을 두고 깊이 참고해야 합니다."[123]

아울러 세계 현지에서 대중에게 쉽게 뿌리내리기 위한 신앙 대상의 인간화 문제 역시 시급히 해결해야 한다고 덧붙였다. 신앙 대상으로 부처관을 확고히 해야 한다는 의미였다.

"우리가 본체를 체험하기 위해서 어떤 방법을 할 것인가? 그런 방법적인 문제는 거의 없습니다. 방법이 없는 본체란 너무나 허무한 문제 아닙니까? 그래서 이런 태도로 가서는 참다운 도인이 나오기란 요원하겠구나, 어렵겠구나, 이런 생각을 많이 했습니다. 앞으로 한국 불교도 반성을 많이 해야 되겠습니다 … 우리 한국 불교나 세계 불교에서 우리가 문제될 것이 무엇인가 하면, 본체론적인 문제, 우리 신앙의 대상을 어디에 둬야 할 것인가? 결국 신앙 대상에 대해 확신을 꼭 가져야 될 텐데, 그런 것에 대해서 제대로 체계가 다듬어지지 않았다고 느낄 수 있습니다."[124]

그럼에도 한국 불교의 가능성 역시 확인했다고, 그는 강조했다. 즉, "다인종·다종교 사회인 미국이야말로 회통적 한국 불교가 꼭 필요한 곳"[125]이라고 확신했을 뿐만 아니라, 한국의 원통불교가 세계 불교에서 가능성이 충분하다는 것을 깨닫게 됐다고, 광주금륜회 합동영가천도법회 법문에서 말했다.

"미국은 세계종교 박람회 같은 곳이기 때문에 같은 불교도 저 동남아 불교, 티베트 불교, 인도 불교, 일본 불교, 중국 불교 다 들어와 있습니다. 구경을 해보니 상당히 그것들이 비교가 돼서 도움을 많이 얻었습니다. 제가 생각할 때는, 지금 한국 불교만 해도 50종파가 넘는다 하더라도, 결국 한국 불교의 핵심이 세계불교에서 제일 좋다고 생각을 했습니다. 나이 칠십이 다 된 사람이 국내 어느 토굴에 가만히 있으면 편할 것인데, 구태여 시차 문제도 있는 것인데 갔다 왔다 하는 것은 무엇인가 하면, 한국 불교만이 참다운 불법의 정수라고 생각이 되고, 미국 사람들 역시 꼭 한국 불교를 믿어야 그 사람들이 참답게 일등국으로 해서 오랫동안 발전돼 가고 세계평화에도 기여하리라 생각이 되기 때문에, 저는 지금 이렇게 지내고 있는 것입니다. 그건 왜 그런가 하면, 다른 나라 불교는 종파성 때문에 상당히 집착을 하고 있습니다 … 한국 불교가 얼마만큼 위대한가 이런 것을 내세우고 한국 불교인들이 자부심을 가지시고 공부를 하시기 위해서 말씀을 드리는 것입니다. 신라 원효, 의상, 원광, 고려 대각, 보조국사, 지공, 나옹, 태고, 이조 서산, 사명 대사, 줄줄이 이어지는 정통 도인들은 조금도 안 치우치게 부처님 공부를 다했습니다. 그분들은 어디에 조금도 안 치우쳤습니다. 참선에만 치우친 것도 아니고, 염불에만 화두에만 또는 송주(頌呪)에만 치우친 것도 아닙니다. 불법 자체가 모두 일체 존재의 바로 생명 자체이기 때문에 우리 불법은 어디에도 치우치지 않은 것입니다.[126]

6년 가까운 미국 전도 활동이 끝난 뒤, 미국의 여러 사찰이 그의 회상이 됐다. ≪금륜회보≫에 따르면, 팜스프링스 금강선원과 카멀 삼보사를 비롯해 로스앤젤레스의 문수정사, 오렌지카운티의 정혜사, 시애틀의 경원사, 시카고의 불타사 등이 기증과 희사를 거쳐서 회상이 됐다.[127]

1997년 12월 아시아 외환위기가 한국에도 밀어닥쳤다. 한국은 국제통화기금(IMF)에 구제금융을 신청하면서 IMF 체제에 돌입했다. IMF 체제에 들어가면서 그해 대통령 선거에서 야당 후보였던 김대중이 제15대 대통령에 당선됐다. 제6공화국 성립 이후 첫 평화적인 정권 교체였다. IMF 체제가 되면서 대대적인 구조조정이 시작됐다. 많은 대기업과 은행 등이 부도가 나거나 구조조정에 내몰렸다. 이 과정에서 회사원들이 실직하고 자영업자들이 몰락하는 등 많은 시민들이 고통을 겪어야 했다.

IMF 한파가 몰아치기 시작하던 1998년 봄, 청화는 조국의 현실을 "아주 가슴 아프게 생각"했다. 한국이 IMF 체제를 맞아야 했던 것은 우주 만유와 자신의 본바탕을 제대로 알지 못하는 철학의 빈곤 때문이라고, 그는 그해 가평 반야사 증명법회 법문에서 분석했다.

"경제학자는 경제학자대로 또는 철학자는 철학자대로 여러 가지로 원인 분석을 많이 합니다. 하지만 가장 기본적인 원인이 무엇인가 하면, 사람이 자기의 본바탕을 모른단 말입니다. 자기 본바탕을 확실히 모르거니, 어떻게 생각하는 것이 옳을 것인가, 어떻게 행동해야 할 것인가, 그런 것도 알 턱이 없단 말입니다. 한마디로 세속적으로 말하면, 철학의 빈곤이란 말입니다."[128]

그러면서 경제 위기를 극복하고 개인의 행복을 위해선 부처님의 가르침을 잘 따르는 것이 가장 지름길이라고 강조했다.

"내 행복을 위해서나, 우리 민족의 세계적인 기운을 위해서나, 지금 우리가 겪고 있는 경제 위기의 극복을 위해서나, 어느 길로 보나 부처님 가르침에 따르는 길이 가장 지름길입니다. 가장 확실한 길입니다."[129]

제8장

마음을 깨치면 모두 부처

(1998.4~2003.6)

귀국과 마지막 안거 수행

팜스프링스 삼년결사를 마치고 미국에서 귀국한 청화는 1998년 4월 12일 곡성 성륜사에서 열린 삼년결사 회향법회 법문에서 원통불교를 통해서 불교 내 종파는 물론 다른 세계종교와의 대화 및 회통을 거듭 역설했다. 이날 법문은 불교TV를 통해 전국으로 중계 방영됐다. 이때 그의 나이 75세.

"종교 현상이나 모든 분야에서 하도 길이 많으므로, 특히 불교는 그 가운데서도 아주 복잡한 종교 형태의 와중에 들어 있습니다. 가령 한국만 두고 본다 하더라도 50종파 이상이 넘는다고 하지 않습니까. 미국에 가서 좀 있어 보니까, 미국은 종교 박람회 같이 세계종교가 밀집돼 있어 백가쟁명이라 하듯이 자기 종교가 제일 수승한 종교다, 자기 종교에만 참다운 구제가 있다, 이런 걸로 해서 각축을 하고 있습니다. 제가 드릴 말씀도 어떠한 슬기로 회통을 시키고 신앙에서 우리 소중한 생명의 손해가 없이 바른 지름길로 성불할 것인가, 그런 말씀을 주로 드리겠습니다."[1]

그는 석가모니 부처는 물론 예수와 마호메트, 공자, 노자 모두 깨달음의 깊이에서 차이가 있을지라도, 우주 만유는 진여불성뿐으로 우주 만유와 부처, 하나님이 결코 둘이 아닌 하나라는 진리를 깨달은 성자들이라고 강조했다.[2] 한발 더 나아가서 "부처님은 바이블에도 있다"[3]고 했고, "예수 사상이 부처님 사상과 똑같다"[4]고 했다.

"야훼가 우리 마음 밖 어디에 있는 것이 아니라 인간의 마음 가운데나 언제, 어디에나 계신다, 불신충만어법계(佛身充滿於法界)라, 부처님의 몸이 언제, 어디에나 계시듯이, 예수님 말씀도 다 그런 말씀입니다. 아우구스티누스, 토마스 아퀴나스, 안셀무스 같은 중세 기독교 유수 신학자들도 다 그렇게 말했습니다."[5]

그러면서 우주 만유가 모두 진여불성, 영성 하나뿐이라는 지혜와 진리의 자리를 떠나지 않고 삼매에 든다면 석가모니를 부르든 예수나 마호메트를 외치든 모두 진리를 깨치고 도를 통하게 될 것이라고 말했다. 즉, 우주 만유가 오직 진여불성, 영성뿐이라는 진리를 떠나지 않고서 자신에게 있는 부처, 영성을 느끼는 참선을 통한 다른 세계종교와의 회통을 시도한 것이다.

"삼매라는 것은 다시 일반적인 술어로 하면 명상 아닙니까. 석가모니 6년 고행, 달마 9년 면벽, 예수 같은 천재도 요단강 강하에서 40일 금식기도를 했단 말입니다. 선근이 좋은 사람인지라, 금식기도 할 때에 마음을 통했겠지요. 마호메트도 히라산 동굴에서 3년 동안 명상에 들어 역시 영원적인 영원상을 음미했겠지요."[6]

그는 다른 종교와의 대립이나 같은 종교 내의 종파 갈등은 우주 만유가 오직 하나 진여불성, 영성뿐이라는 진리를 떠난 법집 때문에 비롯된 것이라며 십자군 전쟁이나 이슬람 수니파와 시아파 간 갈등과 같은 역사적인 사례를 거론하면서 법집을 거듭 경계했다.

"이슬람도 저네들끼리 수니파와 시아파가 싸우는 것을 보십시오. 앞으로도 많이 싸우겠지요. 여러분 십자군 원정 기억하시지요? 십자군 원정은 11세기부터 13세기까지 200년 동안에 기독교인과 이슬람과의 싸움입니다. 한 400만 명이 죽었다고 합니다. 십자군이 원정을 일곱 번이나 했단 말입니다. 그 목적이 무엇인가. 예수의 무덤이 있는 예루살렘 성지를 이슬람으로부터 빼앗아서 기독교의 영토로 하고자 싸운 것입니다. 목적도 못 이루고 200년 동안이나 싸우고 지치고 400만 명이 죽었습니다. 얼마나 큰 비극입니까. 종교의 이름 밑에서 말입니다. 종교라는 것이 법집을 하면 차라리 없는 것만도 못합니다. 우리 불자님들은 꼭 법집을 마십시오. 기독교 인구가 지금 19억 명이 넘는다고 합니다. 그 많은 인구와 우리가 갈등을 한다고 생각하여 보십시오."[7]

그는 법집에 사로잡히지 않기 위해서, 특히 정보의 양이 폭발적으로 늘고 다양해지는 정보화 시대에는, 역사적이고 계통적으로 공부해야 한다며 공부와 수행에서 역사적인 접근을 강조했다.

"정보화 시대에서는 역사적으로 공부를 해야 오류를 안 범합니다. 그래야 법집을 않습니다. 역사적인 전개 과정을 잘 모르면 꼭 자기 식 또는 자기 할아비가 하는 식, 자기 은사가 하는 식, 그것만이 옳다고 고집한단 말입니다. 이조 500년 동안에 우리가 얼마나 많이 법집을 했습니까. 그때는 엘리트가 스님네가 안 되었습니다. 지금도 소중한 엘리트를 기독교한테 많이 빼앗기고 있습니다. 그렇다고 우리 스님네들은 항의할 것이 못 됩니다. 우리가 그만치 공부를 안 했고, 인재를 안 길렀습니다. 다소곳이 자기반성을 하고, 자기 스스로 인재가 돼야 할 것이고, 인재를 길러야 할 것이지, 속인들 모양으로 항의할 것이 못 됩니다."[8]

청화의 주장은 불교가 가장 철두철미한 사상이자 투철한 과학이라고 분명히 하면서도 다른 세계종교 역시 진리를 담고 있다고 인정함으로써 다종교 시대에 종교 간 대화와 공존을 가능하게 할 뿐만 아니라, 우주 만유는 오직 진여불성뿐이라는 진리를 여의지 않는 참선을 통한 깨달음의 길을 통해서 다른 세계종교 간의 대화와 회통을 시도했다는 점에서 놀라운 주장이 아닐 수 없다.

팜스프링스 삼년결사 회향법회 법문을 시작으로 다시 활발하게 대중 법문을 이어갔다. 가평 반야사 법문을 시작으로, 덕원암 천도재 법문, 변산 실상사 법문, 강릉 성원사 법문, 가평 반야사 증명법회 법문, 장흥 천관산 탑산사 영가 천도재 법문, 대구 세심선원 법문, 포천 자인사 보살계 법문, 성륜사 범종불사 회향법문, 진주 초청대법회 법문, 서울 동산교육회관 염불만일결사 초청법회 법문, 성륜사 대웅전 순선안심법회 법문, 광주 금륜회관 미타회 법문, 김제 귀신사 영산전 복원중창 낙성식 법문, 서울 길상사 법문….

언론 인터뷰도 가졌다. 부처님 오신 날을 즈음해선 성륜사 조선당에서 이른바 〈출산석가도〉를 배경으로 한 ≪현대불교≫와 인터뷰(≪현대불교≫ 4월 22일 자, 제171호)에서도, 스님이 성당에 가서 설법하고 신부와 목사가 불당을 찾는 등 종교 간 대화와 교류를 긍정적으로 평가하면서 종교 간 대화와 회통을 거듭 강조했다.[9]

이 시기 인상적인 대중 법문 가운데 하나는 9월 13일 KBS홀에서 사부 대중 3000여 명이 운집한 가운데 열린 대법회 법문이었다. 대한불교사경회 주최로 열린 이날 법회에서, 그는 「현대를 살아가는 지혜」를 주제로 원통불교의 중흥과 종교 간 회통을 역설했다.

그는 『유마경』의 불이법문 편을 이야기하면서 우주 만유는 오직 진여불성뿐이고 마음이 곧 부처라면서 현재의 우주 만유는 진여불성이 인연 따라서 형성돼 각기 형태로 보이는 것일 뿐이라고 설명했다. 이어서 세계 인구 가운데 종교별 신도 통계를 제시하면서 다른 세계종교 간의 적극적인 대화와 회통을 역설했다.

"저는 부처님 가르침과 다른 교주의 가르침은 둘이 아니라고 봅니다. 적어도 성자라 하면 한 종교를 개창해 다년간 지내오면서 역사적으로 무수한 점검을 받아왔습니다. 그렇기 때문에 성자의 가르침이 아니고선 2000년 뒤 몇억 인구의 교도가 될 수 없습니다. 예수나 공자나 서구 철학자들의 가르침도 근본적인 의미에선 부처님 가르침과 별 차이가 없다고 봅니다. 다만 부처님 가르침처럼 모든 진리를 밝혀 완벽한 가르침은 못 되나 궁극적 진리를 지향해서 가는 것은 똑같다고 생각합니다."[10]

종교 간 대화와 회통의 방법으로 우선 다른 종교를 비난하거나 비판하지 말고 대신 각 종교 간 공통분모와 좋은 점을 찾아서 서로 이야기해 가야 한다고 강조했다.

"다른 성자들의 가르침도 더디기는 해도 부처님을 따라올 수밖에 없습니다. 왜냐하면 그 가르침은 차이가 있으나, 궁극에는 진여불성의 부처님 가르침에 이르게 됩니다. 지엽적 차이가 있다 해도 비방하지 말고, 그들의 좋은 점을, 공통분모를 찾아 이야기해야 합니다. 모두가 진여불성이기 때문입니다."[11]

청화의 법문은 많은 사람들의 가슴을 쳤고 마음에 새겨졌다. 전날 밤 내린 눈이 따뜻한 날씨에 녹아내리던 11월 23일 오전 김제 귀신사 대적광전 앞에서 사부 대중 500여 명이 참석한 가운데 열린 영산전 복원 중창 낙성식에서, 그는 법문을 했다. 당시 현장에서 그의 법문을 들었던 시민 김상일 씨는 자신의 홈페이지에 그때의 기억을 남겼다.

"청화 스님의 말씀은 쉬우면서도 명쾌했다. 스님은 보살이 지켜야 할 계율을 쉬운 말로 대중들에게 설명해 주셨다. 덕이 높은 큰 스승들은 순진무구한 어린이 같다더니, 과연 청화 스님은 깨달은 사람만이 가질 수 있는 풍모가 있었다."[12]

김희균 작가는 11월 서울 성북동 길상사에서 사부 대중 600여 명이 참석한 가운데 행한 그의 법문을 월간지 ≪봉은≫ 제68호에 「큰 스님을 뵈옵니다: 태안사 조실 청화 스님」 제하로 소개하기도 했다.

1998년 12월 3일, 청화는 하동의 지리산 칠불사 아자방선원에서 동안거 결제를 시작했다. 출가 이후 꾸준히 안거 수행을 이어온 그의 마지막 안거 결제였다. 결제 기간, 그는 하루 네 차례의 참선 수행인 사분정근 및 묵언 수행을 이어갔다. 수행에만 집중하려 했다. 심지어 〈출산석가도〉를 그려주고 성륜사 부지를 기부했던 조방원조차 그해 겨울 칠불사를 찾아왔지만 친견하지 못하고 돌아가야 할 정도였다. 일종식도 이어갔다. 식사도 누룽지와 된장국, 물김치만을 먹었다.

한번은 장성에 사는 대혜심 보살이 찹쌀떡과 녹두전을 가져와 녹두전 몇 쪽을 상에 올렸다. 그는 아무 말 않고 녹두전을 다 먹었다. 보살의 정성을 보고 먹었던 것이다. 이에 다른 보살들이 여러 음식을 만들어가지고 왔다. 하지만 그는 이후 된장국과 물김치 이외는 먹지 않았다고, 제자 정륜은 기억했다.[13]

"큰스님께서 3개월 동안을 누룽지만 드시니까, 공양주 보살들께서 야단이었다. 저러시면 안 된다고 이것저것 정성 들여 챙겨줬다. 그래서 갖다 올리면 큰스님께서는 손으로 방바닥을 치시며 손가락 두 개를 펴 보이셨다. 두 가지 반찬만 가져오라는 당부였다."[14]

특히 팔순을 앞두고 있어서 체력적으로 힘든 상황이었음에도 눈을 뜨면 장좌불와를 이어갔다. 심지어 일부 스님은 이때 그가 정말 장좌불와를 하는지 확인하기도 했다고, 정륜은 전했다.

"큰스님의 장좌불와가 선방 안에 알려지면서 이런 일도 있었다. (칠불사의) 운상선원에서 정진하시던 수좌 스님들께서 큰스님이 소문대로 장좌불와를 하시는지 확인해 보겠다는 호기를 부렸다. 급기야 직접 내려가 아자방 창문을 통해서 큰스님의 지극히 고요한 모습을 살펴보고 와서는 크게 감탄해 노장께서 정말로 장좌불와 하시더라며 놀라워했다. 결국 모든 이들이 존경하고 숭배했다."[15]

"「보리방편문」은 『육조단경』에서 유래"

"금타 선사의 「보리방편문」은 육조 혜능 스님께서 하신 『육조단경』의 귀의(일체)삼신자성불(歸依一體三身自性佛)을 보다 더 문장을 다듬어서 하는 것에 지나지 않습니다."[16]

1998년 11월 15일 곡성 성륜사 대웅전에서 열린 순선안심법회 법문에서, 청화는 스승 금타의 「보리방편문」이 중국 선종 6조 혜능 대사의 『육조단경』의 귀의삼신자성불 내용에서 비롯된 것이라고 밝혔다. 「보리방편문」의 『육조단경』 계승설을 공개 주장한 것은 이때가 처음이었다. 그는 이날 순선안심법문에서 제12대 조사 마명 대사부터 크게 일어난 대승불교의 근본적인 사상은 바로 삼신일불, 삼신자성불 사상이라고 강조했다.

"대승불법이 아니면 삼신일불이란 말은 없습니다 … 이 삼신일불 사상은 대승불법에만 있는 불교의 가장 근원적인 신조입니다. 삼신일불 일체삼신자성불이라, 삼신일불이라는 말 그대로 원래 세 몸이 있는 것이 아닙니다. 오직 부처님 한 분인데, 부처님한테 갖추고 있는 공덕상이 무량무변하기 때문에 삼차원으로 구분해서 말씀하신 것입니다. 일체 삼신 자성불, 자성불이라는 것은 무엇인가 하면, 부처가 우리 마음 밖에 따로 있는 것이 아니라 바로 우리 자성, 우리 인간성의 본래면목이란 말입니다. 우리가 불교를 공부할 적에 꼭 인간성의 본래면목과 또는 부처님과 둘이 아니라는 이른바 심즉시불이라, 이런 도리를 항시 명념을 하시고서 부처님 공부를 하셔야 됩니다."[17]

그러면서 진여불성, 근본 마음을 인격적이고 삼차원적으로 설명한 것이 법신, 보신, 화신의 삼신이라며 달과 달빛, 그림자로 대비해 비유하거나 진여불성을 체와 용, 성과 상 차원으로 나눠서 설명하기도 했다.[18] 이어서 기독교 삼위일체론의 내용과 의미를 설명한 뒤 기독교의 삼위일체론과 대승불교의 삼신일불 사상을 대비했다.

"성부와 성신(성령)과 성자를 불교의 법신, 보신, 화신하고 대비해서 얘기할 수가 있습니다. 성부, 이것은 바로 하느님 아닙니까? 성부는 법신불에 비교해서 얘기할 수가 있고, 성신은 바로 성령인데, 성신에 깃들여 있는, 우주에 깃들여 있는 신성한 하나의 영적 존재란 말입니다. 따라서 보신에 대비할 수가 있고. 또 이분들은 예수를 성자라고 하는데, 성자 역시 부처님의 화신 석가모니 부처님하고 대비할 수가 있습니다."[19] 사상의 대비를 통한 불교와 기독교의 회통 시도였다. "그렇게 생각할 때는 불교의 삼신일불하고 기독교의 삼위일체하고 별로 다를 것이 없단 말입니다 … 제가 삼위일체를 구태여 여기에 내놓은 것은 예수의 본뜻은 부처님 뜻과 별로 다름이 없다고 생각하기 때문에 그런 것이고, 사실도 그렇게 느꼈습니다."[20]

대승불교의 삼신일불 사상과 기독교의 삼위일체론의 차이에 대해서도 설명했다. 즉, 대승불교는 우주 만유를 모두 부처의 화신으로 보는 반면, 기독교에선 마치 석가모니 부처만 화신으로 보는 소승불교처럼 예수만을 화신으로 본다고, 그는 분석했다.

"다만 차이가 무엇인가 하면, 소승불교는 화신은 석가모니 부처님뿐이다, 이렇게 생각한단 말입니다. 대승불교에 있어서 비로소 화신은 누구나가 다 본래로 화신이고 일체 존재가 다 화신이 아님이 없다, 이러는 것이지, 소승불교는 석가모니 부처님만 화신이다, 이렇게 돼 있습니다. 기독교의 삼위일체도 역시 성자는 예수뿐이다, 이렇게 하는 것은 마치 소승불교에서 화신은 석가모니 부처님뿐이다, 이렇게 하는 것과 비슷한 것입니다."[21]

그러면서 기독교 성서를 읽어보면 예수만이 하나님의 아들이 아니라 모두가 하나님의 아들로 보는 대목도 있다며 모든 존재를 화신으로 봐야 한다고 거듭 주장했다.

"바이블, 허심탄회하게 「요한복음」이나 「마태복음」이나 그런 것을 본다고 생각할 땐, 그대들은 하늘에 계신 그대들의 아버지처럼 완전한 사람이 되라, 그런 대목이 있고 말입니다. 다시 말씀드리면, 예수만 하나님의 아들이 아니라 모두가 다 하나님의 아들이다, 그런 대목이 한두 군데가 아니란 말입니다. 그렇다고 생각할 때, 예수 가르침 가운데 소승적인 분야도 있지만, 대승적인 국면도 있습니다. 그렇기 때문에 우리가 관용적으로 포섭하는 의미에서 생각할 때는 역시 예수의 본뜻은 예수 자신만이 하나님의 아들이 아니란 말입니다. 모두가 다 하나님의 아들이요, 딸이요, 또는 자연계도 하나님의 아들이요, 딸이요, 그렇게 했다고 저는 생각을 합니다."[22]

이어서 중국 선종의 초조 달마 대사와 4조 도신 대사, 6조 혜능 대사의 핵심 법문을 차례로 검토했다. 달마 대사가 소실산에서 9년간 수행하며 저술한 심경송과 파상론(관심론), 이입사행론, 안심법문, 오성론, 혈맥론으로 이뤄진 『소실육문』을 이야기하고, 우주 만유가 일미평등한 진여불성뿐이라는 이치로 들어간 뒤 본원행과 수연행, 무소구행, 칭법행의 사행으로 들어가라는 이입사행론을 설명했다.

"이입은 무엇인가 하면, 일체중생 동일진성이라, 모든 중생, 불교에서 대승불법에서 중생을 말할 때는 모든 자연계나 다 들어갑니다. 우리가 소승불법에서 중생을 말할 때는 인간 중생만을 의미합니다만, 적어도 대승불법은 만유를 하나로 보는 차원이기 때문에 대승불법에서 중생을 말할 때는 사람뿐만이 아니라 다른 동물이나 식물이나 무생물이나 두두물물, 사바세계 모두가 다 중생 가운데 다 들어갑니다. 그래서 리입은 일체중생 동일진성이라, 모든 중생이 모두가 다 하나의 참다운 성품이란 것입니다. 바꿔서 말씀드리면, 모두가 다 불법뿐이다, 이런 도리입니다. 참선을 먼저 하기 전에 공부하는 순서로 해서 리입이라, 이치로 해서 우주의 원리로 해서 모두가 다 똑같은 일미평등한 진여불성이다, 이렇게 먼저 알라는 것입니다. 이것이 이른바 다스릴 리(理) 자, 들 입(入) 자, 리입이란 말입니다."[23]

이어서 정각 스님이 초조 달마 대사 때부터 6조 혜능 대사 때까지의 행장과 사상을 정리·기록한 『능가사자기』를 소개한 뒤, 『능가사자기』의 「도신장」 내용을 담은 출력물을 나눠주면서 도신 대사의 일행삼매 의미를 설명했다. 4조 도신 대사는 500대중을 형성했고, 「보살계법」과 「입도안심요방편법문」을 펴냈다.

그는 "내(도신 대사)가 말한 법의 요체는 '모든 존재가 불심이라는 것이 제일'이라는 『능가경』을 의지하고, '부처를 생각하는 마음이 곧 부처이고 그러한 생각을 잊으면 곧 범부'라는 『문수설반야경』의 일행삼매를 의지했다"[24]는 구절을 소개한 뒤, 법회에 참석한 사부 대중에게 염불 참선은 결코 방편이 아니라 정통선이고 이치를 먼저 깨달은 뒤 수행해야 한다고 거듭 강조했다.

"염불이라는 것은 하근 중생이 하는 것이 절대로 아닙니다. 지금

근래에 와서 어느 스님들이 염불은 하근 중생이 하고, 화두는 상당히 근기가 수승한 분이 한다, 이런 말들은 부처님을 비방한 말입니다. 왜 그러는 것인가, 생각해 보십시오. 염불이란 것은 부처를 생각한단 말입니다. 부처는 무엇인가? 우리 신앙 대상인 우주와 인생의 근본적인 생명 자체 또는 내 마음의 본질이란 말입니다. 부처를 생각하는 것 같이 가장 고귀한 것이 없습니다. 그것이 염불이란 말입니다. 그런 것이 어떻게 해서 방편 법문이 될 수가 있습니까? 부처님 경전에 염불이 방편 법문이란 대목은 한군데도 없습니다. 우리가 본래 부처거니 부처를 생각하는 그 마음, 염불심, 부처를 생각하는 그 마음이 바로 부처란 말입니다."[25]

그는 육조 혜능 대사가 소주 대범사에서 행한 법문을 담은 『육조단경』의 귀의 자성삼신불 대목을 차례로 읽어주면서 친절하게 해석했다.

"선지식들이여! 그대들은 모두 모름지기 무상계를 받았으니 이제는 모두 한꺼번에 이 혜능의 입을 따라서 말하시오. 선지식들로 하여금 자기 몸에 있는 삼신불을 보게 하리라 …."[26]

특히 '귀의삼신자성불' 사상은 『육조단경』의 여러 판본에서 동시에 발견[27]되는 핵심 사상이라고 거듭 강조했다.

"육조 스님께서 오직 삼신불에 대해서 깊이 느끼고 일반 중생들한테 꼭 알려줘야 되겠다는 간절한 마음에서 세 번씩이나 이 혜능을 따라서 말하라고 했단 말입니다. 그런 것을 여러분들은 깊이 새기시기 바랍니다 … 『육조단경』의 가장 핵심은 삼신불에 귀의하고, 삼보에 귀의하고, 사홍서원 하고 말입니다. 또는 반야바라밀 하고 그

것입니다."[28]

그러면서 삼신일불자성불 사상을 명료하게 밝힌 금타 선사의 「보리방편문」은 바로 『육조단경』의 귀의삼신자성불 대목을 계승하고 있다고 공언했다.

"여러분들이 더러 가지고 계시는지 모릅니다만, 「보리방편문」은 육조 스님께서 하신 이 법문을 보다 더 문장을 다듬어서 하는 것에 지나지 않습니다."[29]

청화는 어떤 계기를 통해서 비로소 금타의 「보리방편문」이 육조 혜능 대사의 『육조단경』 귀의삼신자성불 대목에서 비롯됐다는 것을 깨달았다. 그리하여 금타의 「보리방편문」을 통해서 각자의 마음에 있는 청정법신불 비로자나불, 원만 보신불 노사나불, 천백억 화신불 석가모니불에 귀의하라고 강조했던 육조 혜능 대사의 『육조단경』 법문 현장으로 달려갔을 것이다.

… 법좌 아래에는 비구와 비구니, 재가 불자, 관료와 유림 등 수많은 사람들이 그를 지켜보고 있었다. 오랫동안 조계산 보림사에서 주석 중이던 6조 혜능이 소주자사 위거의 초청으로 대범사 강당의 높은 법좌에 올라앉았다. 위거를 비롯해 참석자들은 대사에게 반야바라밀의 법문을 청하는 한편, 대사의 상좌 법해에게 법문을 기록하게 했다.

혜능은 땔나무 장사꾼으로 지내던 젊은 시절부터 시작해 자신의 구도 여정을 간단히 이야기했다. 『금강경』을 듣고 깨달아서 황매현 빙무산의 5조 홍인 대사를 찾아간 인연, 홍인 대사의 물음에 부처의 성품에는 차별이 없다고 한 답변, 게송 「보리본무수(菩提本無樹)」를 짓게 된 사연, 홍인 대사로부터 법을 전해 듣고 가사를 전해 받은 이야기 등을 했다. 이어서 반야의 지혜를 전했다. 우주 만유가 모두 진여법성뿐이고, 마음이 곧 부처이며, 이 마음의 삼신 자성을 깨치면 모두 부처가 된다고.

"보리반야의 지혜는 세상 사람들이 본래부터 스스로 지니고 있는 것인데, 다만 마음이 미혹하여 능히 스스로 깨닫지 못하느니라[30] … 그러므로 알아야 할지니, 깨닫지 못하면 부처가 곧 중생이요, 한 생각 깨달으면 중생이 바로 부처니라. 그러므로 모든 만법이 다 자기의 몸과 마음 가운데 있음을 알아야 하느니라. 그러함에도 어찌하여 자기의 마음을 좇아서 진여의 본성을 단박에 나타내지를 못 하는가[31]… 자성의 마음자리가 지혜로써 관조하여 안팎이 사무쳐 밝으면 자기의 본래 마음을 알고, 만약 본래 마음을 알면 곧바로 해탈이며, 이미 해탈을 얻으면 곧바로 반야삼매이며, 반야삼매를 깨달으면 곧바로 무념이니라."[32]

반야의 지혜를 깨치고 닦는 수행법에 대해서도 말했다. 혜능은 자신과 우주 만유가 진여불성, 부처뿐이라는 큰 깨달음(혜)과 함께, 깨달음의 상태를 계속 이어가는 정이 함께 가는 정혜쌍수라는 참선의 수행법을 제시했다.

"나의 이 법문은 정과 혜로써 근본을 삼나니, 첫째로 미혹하여 혜와 정이 다르다고 말하지 말라. 정과 혜는 몸이 하나여서 둘이 아니니라. 곧 정은 바로 혜의 몸이요, 곧 혜는 바로 정의 작용이니, 혜가 나타날 때 정이 혜 안에 있고, 또한 정이 나타날 때 혜가 정 안에 있느니라[33] … 밖으로 모양을 떠나는 것이 곧 선이요, 안으로 어지럽지 않는 것이 곧 정이니, 밖으로 선하고 안으로 정함을 선정이라 이름하느리라.[34]

혜능은 그러면서 반야바라밀에 입각한 일상삼매와 일행삼매가 최상승의 수행법임을 강조했다. 비록 돈황본 『육조단경』에선 일행삼매만을 역설하지만, 덕이본이나 종보본 『육조단경』에선 일상삼매와 일행삼매를 동시에 역설했다.

"일행삼매란 어느 때나 가거나 머물거나 앉거나 눕거나 항상 곧은 마음을 행하는 것이니라."[35]

잔잔한 미소를 짓는 사람들, 자신의 시선을 그의 눈길과 맞추려는 이들, 고개를 끄덕이며 화답하는 사람들, 가끔 헛기침을 하는 이들 …. 참석자들은 막힘없이 이어지는 그의 법문에 귀를 쫑긋 세우고 들었다. 그는 각자의 마음이야말로 삼신이 원만히 갖춰진 자성불이라고 강조한 뒤, 참석한 사부 대중들에게 마음 속 삼신불을 보게 하겠다며 자신이 말하는 내용을 세 번씩 따라 하라고 말하는데.

"나의 색신의 청정법신불에 귀의하오며, 나의 색신의 천백억 화신불에 귀의하오며, 나의 색신의 당래원만 보신불에 귀의합니다."[36]

법좌 아래의 사부 대중은 혜능의 선창에 따라 '귀의삼신자성불계'를 세 번 낭송하기 시작했다.

"귀의 청정법신불! 귀의 천백억 화신불! 귀의 당래원만 보신불! 귀의 청정법신불! 귀의 천백억 화신불! 귀의 당래원만 보신불! 귀의삼신자성불! 나무아미타불! …."

"마음은 허공과 같을 새 한 조각 구름이나 한 점 그림자도 없이 크고 넓고 끝없는 허공 같은 마음세계를 관찰하면서 청정법신인 비로자나불을 생각하고,

이러한 허공 같은 마음세계에 해와 달을 초월하는 금색광명을 띤 한없이 맑은 물이 충만한 바다와 같은 성품바다를 관찰하면서 원만보신인 노사나불을 생각하며,

안으로 생각이 일어나고 없어지는 형체 없는 중생과, 밖으로 해와 달과 별과 산과 내와 대지 등 삼라만상의 뜻이 없는 중생과, 사람과 축생과 꿈틀거리는 뜻이 있는 중생 등의 모든 중생들을, 금빛 성품바다에서 바람 없이 금빛 파도가 스스로 뛰노는 거품으로 관찰하면서 천백억 화신인 석가모니불을 생각하고,

다시 저 한량없고 끝없이 맑은 마음세계와, 청정하고 충만한 성품바다와, 물거품 같은 중생들을, 공과 성품과 현상이 본래 다르지 않는 한결같다고 관찰하면서 법신, 보신, 화신의 삼신이 원래 한 부처인 아미타불을 항상 생각하면서,

안팎으로 일어나고 없어지는 모든 현상과 헤아릴 수 없는 중생의 덧없는 행동들을 마음이 만 가지로 굴러가는 아미타불의 일대행상으로 생각하고 관찰할지니라."[37]

스승 금타의 「보리방편문」은 바로 혜능 대사의 『육조단경』 핵심사상을 조금 더 알기 쉽게 풀이한 것이고, 이를 바탕으로 한 염불선 수행법 역시 『육조단경』에 근거를 두고 있음이 선연해졌다. 금타 선사의 사상은 물론 염불선 수행법의 불교사적 맥락이 홀연히 규명

되는 순간이었다. 청화는 『육조단경』을 역주하면서 금타 선사의 「보리방편문」, 『금강심론』이 혜능 대사의 법을 계승했다는 것을 확인하게 됐다고, 나중에 『금강심론』 특별대법회에서 고백했다.

"저는 그 전에는 잘 몰랐어요. 사람들이 『육조단경』을 하도 번역도 많이 하고, 『육조단경』이 참선의 교과서 같은 경 아닙니까. 여러 사람들이 연구 발표도 하고, 저도 『육조단경』을 번역하려고 마음먹고서 또다시 몇 번을 봤단 말입니다. 몇 번을 보니까, 육조 혜능 대사가 스스로 공부도 하시고 일반 중생들한테 교화하신 법문 내용이 즉, 말하자면 「보리방편문」 내용하고 똑같습니다."[38] 그는 거듭 말했다. "10년 전쯤, 제가 태안사에서 얘기할 때는 금타 선사님의 「보리방편문」이 『육조단경』을 그대로 계승한 것이라는 걸 미처 몰랐어요. 그 뒤에 여러 경험이라든가, 나름대로 명상도 하고 해서, 나중에 「보리방편문」이 6조 스님의 수행법을 그대로 말씀한 수행법이란 것을 알았습니다."[39]

그는 나중에 금타 대화상 탑비봉안 회향법회 법문에서도 금타의 「보리방편문」이 육조 혜능 대사의 『육조단경』의 핵심 법문인 귀의삼신자성불 내용을 담은 것이라고 다시 강조했다.

"육조 혜능까지 내려오신 정통법을 그대로 계승해서 말씀했단 말입니다. 그것이 바로 여러분들이 아까 참선 입정할 때 염송했던 「보리방편문」으로, 육조 혜능 스님이 해놓으신 어록인 『육조단경』에 있는 그대로 말씀입니다. 육조 혜능 스님께서는 소주 대범사란 절에 가셔서 맨 첫 번째로 하신 법문이 뭣인가 하면, 내가 지금 그대들에게 일체 삼신자성불을 훤히 알게 해서 여러분들 스스로 불성을 깨닫게 하리라! 이 말씀이 『육조단경』 가운데서 가장 중요한 말씀입니다. 그래서 항시 공부하기를, 삼신일불, 법신, 보신, 화신, 부처님 자리를 떠나지 말고 공부하면 여러 분들이 나한테 다시 올 필요도 없이 그냥 그 자리만 공부하면 되는 것이다, 이렇게 말씀했단 말입니다."[40]

금타의 「보리방편문」이 혜능 대사의 『육조단경』의 핵심 법문인 귀의삼신자성불에서 비롯됐다는 그의 법문은 이후에도 반복적으로 이어졌다. 성륜사 하안거 결제법회 법문(2001),[41] 성륜사 정기법회 법문(2001),[42] 동산 반야회 육바라밀 대법회 법문(2001),[43] 함평 용천사 꽃무릇축제 법문(2001),[44] 성륜사 동안거 결제 법문(2001),[45] 성륜사 하안거 해제 법문(2002)[46] ….

이듬해 광주 계림동 능인불교회관 개원법회에서도 다시 「안심법문」 제하의 법문을 했다. 그는 이때 불교 내의 회통 및 타 종교 간의 대화 문제, 신앙 대상에 대한 본체론적 문제, 신앙 대상에 대한 생명관적, 인간관적 문제 세 가지를 살피겠다며 대승불교의 기초를 다진 마명 대사, 제2의 석가로 불리며 염불문의 종조로 평가되는 용수 보살, 중국 선종의 초조 달마 대사, 4조 도신 대사, 6조 혜능 대사의 주요 법문과 사상을 차례로 검토했다. 법문의 골자는 순선안심법문과 거의 엇비슷했지만, 조사들의 법문에 대한 출처와 인용을 더 보강하고 구체화했다.[47]

실상사 조실 및 조계종 원로의원 피선

스님 몇 사람이 로스앤젤레스 팜스프링스 금강선원에서 한국에서 공수한 배나무를 옮겨 심고 있었다. 청화는 동료 스님들과 함께 배나무를 옮겨 심었다. 400그루. 6년간 미국에서 전도 활동을 마치고 돌아왔지만, 한동안 미국을 왕래하고 있었다. 인연이 닿는 대로 대중 법문을 했다. 카멀 삼보사 금강선원 정기법회 법문, 카멀 삼보사 금강선원 초파일 법문, 카멀 삼보사 금강선원 순선법회 법문 ….

국내에선 전국 사찰을 순회하면서 정력적으로 대중 법문을 했다. 정통 불법의 부흥을 통한 원통불교의 중흥, 정통선을 통한 제반 수행법의 회통과 염불선의 대중화를 거듭 역설했다. 전주 송광사 초청 법문, 김제 청운사 초청 법문, 안성 도솔산 도피안사 법문, 대전 보현불교회관 법문, 김포 심우선원 순선법회 법문, 제주 불사리탑사 허응 보우 및 환성 지안 대사 천도재 법문, 진주 선우산방 초청 소참 법문, 광주 능인회관 안심법문, 광주전남교수교사불자협의회 및 신도회 초청 특별법회 법문, 서울 정토회 정토법당 초청 법문, 안성 대원사 법문, 서울 법안정사 고승초청 대법회 법문, 가평 반야사 법문 ….

하지만 그는 1999년 10월 하순 팜스프링스 금강선원에서 배나무를 옮겨 심다가 그만 탈진하고 말았다. 과로였다. 수좌 스님들의 도움을 받아서 현지 병원에 입원했다. 의사는 그에게 절대 안정을 취하라고 권고했다. 귀국을 서둘렀다. 김포공항에 구급차도 대기시켜 놓았다. 귀국 직후 한동안 삼성의료원과 서울 재가 불자의 집에서 치료를 받았다고, 재가 불자 명정월 보살은 전했다.[48]

어느 늦은 밤, 파리 제14구의 한 아파트에서 전화 소리가 요란하게 울려 퍼졌다. 모교인 파리 제4대학에 교환 교수로 와 있던 유발 제자 박선자 교수는 전화기를 들었다. 수화기 너머에서 스님이 된 제자의 목소리가 들려왔다.

"큰스님이 열반하시게 된 것 같습니다."

박선자는 이역만리 파리에서 스승의 소식을 전해 듣고 깜짝 놀랐다. 곧바로 한국으로 돌아가는 비행기표를 예매했다. 눈물과 콧물을 흘리면서 자신도 모르게 두 손을 모으고 기도를 하고 있었다. 석가모니 부처님, 제발 저희 큰스님을 살려주십시오.

밤새 기도를 이어가던 다음 날 새벽, 박선자는 다시 한국에서 전화를 받았다. 큰스님이 링거 주사를 맞으면서 다시 살아나셨습니다. 박선자는 스승이 되살아났다는 말에 마치 어린아이처럼 껑충껑충 뛰었다.

불현듯 미국으로 떠나기 전 성륜사 조선당에서 친견했던 스승이 자신에게 했던 말이 떠올랐다. "7년 후쯤, 제가 한국에 나오지 못한 채 거기에서 세상을 떠나게 될 것입니다." 그때 스승의 말을 듣고서 깜짝 놀란 뒤 조선당 밖으로 나와서 혼자 눈물을 흘린 박선자였다. 스승이 이 세상을 떠나겠다고 말한 시기를 곰곰이 헤아려보니 그때가 바로 그해 1999년이었다. 청화는 이미 자신의 미래를 알고 있었다고, 박선자는 회고했다.[49]

피골이 상접한 얼굴과, 살이 빠져서 등이 닿을 것만 같은 배와, 도드라지게 드러난 갈비뼈와, 쑥 들어간 눈…. 당시 그의 모습은 마치 석가모니 부처의 고행상 그대로였다고, 유발 제자 배광식은 기억했다.

"새벽 서울 상도동 부근의 재가 불자 집에서 깨어나신 큰스님을 찾아뵀습니다. 큰스님은 거의 기력이 없으셨지요. 피골이 상접해 있었고, 살이 빠져서 갈비뼈가 도드라져 보였으며, 배는 거의 없었고, 눈 역시 쑥 들어가 있었어요. 큰스님의 모습을 보면서 석가모니 부처의 고행상이 결코 상상으로 만든 게 아니라 극사실적이었다는 걸 깨달았습니다."[50]

청화는 이때 자신이 열반할 수도 있다고 생각하고 찾아온 제자들에게 반야의 지혜와 바른 수행법을 전해주었다.

더 이상 미주 성화를 목표로 해외 선교를 할 수 없다는 사실도 분명해졌다. 이미 일흔이 넘는 나이로 체력이 많이 부친 데다가 영어마저 능숙하지 못해서 아쉬움이나 시행착오가 있었다고, 그는 나중에 ≪법보신문≫과의 인터뷰에서 고백했다.

"힘이 많이 부쳐서 쓰러졌지요. 외국어에 능하지 못하니 아무래도 한계가 많았습니다. 여러 시행착오를 겪다 보니 해외 포교는 철저한 준비 끝에 나가야 한다는 것을 깨달았지요."[51]

이듬해, 청화는 파리 제4대학에서 교환교수직을 마치고 곡성 성륜사로 달려온 제자 박선자를 반갑고 따뜻하게 맞아주었다.

"제가 본래 이 세상을 떠나야 할 때였는데, 많은 사람들의 염력에 의해서 다시 살아났습니다."

죽음에서 돌아온 청화의 머리에서 새까만 머리카락이 다시 나기 시작했고, 이빨도 다시 났으며, 피부 역시 아기 피부처럼 윤기가 흘렀다. 박선자는 "제가 큰스님을 뵀던 순간 가운데 최고로 반가워하

셨던 것 같다"고 회고했다.[52]

2000년, 그는 건강을 회복하기 위해서 한동안 대중 법문을 줄였지만 완전히 멈춘 것은 아니었다. 곡성 성륜사를 중심으로 대중 법문을 꾸준히 이어갔다. 대체로 정기법회 법문이나 부처님 오신 날을 비롯한 재일, 안거 관련 법문이 많았다. 성륜사 밖에서 하는 대중 법문은 가급적 최소화하려 했다. 그럼에도 법문 요청이 끊이지 않았다. 성륜사 정기법회 법문, 성륜사 동안거 해제법어, 금타 대화상 열반재일 법문, 창원 성주사 니르바나 대법회 법문, 군위 고원사 법문, 성륜사 부처님 오신 날 봉축법회 법문, 성륜사 하안거 결제법어, 성륜사 소참 법문, 성륜사 종무소 앞 MBC TV특강, 성륜사 금강선원 소참 법문, 청계산 정토사 만일염불결사대회 입재식 법어, 성륜사 하안거 수련대회 입제 법어, 성륜사 보살계 수계식 법문, 성륜사 대웅전 하계수련 해제 법문, 성륜사 하안거 해제법문, 유니텍 불자 법문, 함평 용천사 법문, 진주 선우선방 대법회 법문, 광주 금륜회관 법문, 서울 동산반야회 창립 18주기 초청법회 법문, 성륜사 동안거 결제법회 법문 ….

이 시기, 그의 대중 법문은 6년간 미국에서 전도 활동을 하면서 깊어진 현대 사회와 국제 질서에 대한 이해를 보여줬다. 먼저 현대 사회를 냉전질서가 해체되는 한편 서구 문명의 한계가 드러나는 뉴에이지, 새로운 시대라며 동양 사상, 특히 우주 만유를 모두 하나의 부처로 보는 불교 사상이 새 시대의 사고가 될 수 있다고, 그해 10월 성륜사 정기법회 법문에서 주장했다.

"뉴에이지라는 조류가 서구에서는 이미 싹터 흘러오고 있습니다. 이것은 무엇인가 하면, 서양 문명이 한계에 이르렀단 말입니다. 서양 문명의 특색은 모두 나누어서 보지 않습니까. 분석적이고 또는 유물 과학적이고 말입니다. 사람과 자연도 나누어서 보고, 자연은 우리 사람이 마음대로 점유하고 이용해서 지배할 수 있다, 이렇게 본단 말입니다. 또는 일체 만상은 모두가 다 자연과학적인 유물론적으로 관찰을 한단 말입니다. 사람 몸뚱이도 하나의 물질이다, 자연도 하나의 물질이 아닌가, 그래서 모든 문화가 거기에 초점을 맞춰서 지내왔단 말입니다. 그러나 서양 문명이 스스로 내부에서 한계를 드러냈습니다. 아무리 애쓰고 해봐야 제1차 세계대전, 제2차 세계대전 두 대전을 치르면서 얼마나 많은 사람들이 희생을 당했습니까. 또 자연 파괴는 더욱 이루 말할 수가 없단 말입니다. 서양 문명의 이분법적인, 인간과 자연을 나누고, 하느님과 사람을 둘로 보는 사상은 한정돼서 도저히 더 발전될 수가 없다, 이렇게 해서 서구 사상을 비판한 위에 동양 사상을 거기에 접목을 시킨단 말입니다. 모든 문제를 전체적으로 통괄적으로 보는 사조가 이른바 뉴에이지, 새로운 시대의 사고방식입니다."[53]

아울러 현대 사회를 후기산업사회 또는 지식정보사회로 규정하면서 사람들이 많은 정보와 지식의 범람 속에서 오히려 세상과 인간에 대한 본질적 인식을 놓치고 있다고, 이듬해 성륜사 정기법회 법문에서 강조했다.

"이 후기산업사회란 것이 모든 편리한 기계도 많이 나오고, 지식이나 정보도 그냥 굉장히 많단 말입니다. 우리가 뭣이 적당히 있으면 좋은데, 너무 과다하게 지식이나 정보가 범람이 되니까 우리가 그것을 적당히 처리를 못 한단 말입니다. 알기는 많이 아는데, 그 모든 복잡한 지식 가운데서 어떤 것이 가장 골수 지식인가? 어떤 것이 우리 인간한테 꼭 필요한 것인가 말입니다."[54]

그러면서 다양하고 복잡한 후기 자본사회, 지식정보사회에서 세상과 인간의 본질을 꿸 수 있는 근본적인 사유, 철학적 통찰이 필요하다고 강조했다.

"이런 것을 알려면 적어도 우리가 전체적으로 포괄적으로 정리를 할 수 있는 이른바 철학적인 통찰이 있어야 됩니다 … 철학적인 통찰을 하기 위해선 전체적으로 모든 존재의 근원적인 것이 무엇인가, 근본 뿌리를 알아야 한단 말입니다. 전체적인 것을 모르면 그때는 제아무리 좋은 것이 많이 나열돼 있다 하더라도 그런 것을 우리가 유효적절하게 흡수를 못 한단 말입니다."[55]

현대 사회에 대한 이 같은 이해는 원통불교의 중흥을 통한 제반 종교 및 사상의 대화와 회통을 위한 시대적 배경이 됐다. 언론 인터뷰에서도 불교 내 종파 간의 회통뿐만 아니라 다른 종교와의 대화와 회통을 꾸준히 주장했다. 그는 ≪정신세계≫ 9월 호 대담 기사 「청화 큰스님 마음 말씀」에서 석가모니 부처뿐만 아니라 다른 종교의 교주인 예수, 마호메트 모두 성자라는 것을 분명히 인정했고,[56] 석가모니의 진리와 예수가 주장하는 진리, 마호메트가 주장하는 진리가 결국 다르지 않고 같다고 주장했다.[57] 나아가 불교의 참선 또는 삼매나 기독교의 기도, 힌두교의 명상 모두 같은 수행 방법이라면서 세계종교의 수행법 간 회통도 시도했다.[58]

"이제 당래할 세계 일가의 정불국토 건설의 시절 인연에 당하여 고 벽산당 금타 대화상께서 출현하시어 원통정법으로 파사현정의 기치를 선양하게 되었으니, 어찌 일체 함령(含靈)이 수희찬탄할 경사가 아니리요."

그해 6월, 곡성 태안사 조사당 옆에 스승 금타의 탑비 「벽산당 금타 대화상 탑비명」을 세웠다. 그는 스승 금타가 견성성불의 첩경으로서 반야관조를 제창한 「보리방편문」을 편찬하는 등 불교 사상사에 큰 의미를 남겼다고 탑비문에 적었다. 그는 탑비에서 "벽산 대화상의 출현하심은 참으로 시기 상응한 감로법우로서 현대 과학과 종교철학의 모든 의난을 형이상하의 명확한 체계로 자증도파하셨으니 대화상의 불후한 성덕은 당래할 불일재휘(佛日再輝) 시절에 더욱 찬연히 빛날 것임을 앙찰"한다고 밝혔다. 4개월 뒤에는 곡성 성륜사에도 스승 금타의 탑비를 조성했다.

이 시기, 청화는 그간 펴낸 저작을 점검하거나 새 저작을 묶어 냈다. 2월에는 『정토삼부경』 번역을 다듬고 정리해 재판을 발행했고, 7월에는 『지장기도법』을 펴냈으며, 11월에는 다시 『아미타불 수행법』을 출간했다. 『지장기도법』과 『아미타불 수행법』 모두 구체적인 수행법을 정리한 실용서 성격이 짙었다. 『지장기도법』은 지장보살의 위신력으로 영가의 장애를 제거하고 업장을 소멸하고자 하는 지장기도의 의미와 방법, 주의 사항, 영가천도 영험록 등을 담았다. 『아미타불 수행법』은 『무량수경』, 『관무량수경』, 『아미타경』을 비롯한 주요 경전 속의 염불 및 염불선의 개념과 의미를 정리하고 「보리방편문」과 극락세계의 모습을 소개하면서 염불선을 통해서 견성성불에 이를 수 있는 수행법을 소개했다.

"실상사 산내 대중들은 불교계와 조계종단의 풍토를 건전하고 건강하게 가꾸는 일을 열어가고자 논의 끝에 청화 큰스님을 산중 조실 스님으로 모실 것을 결의했습니다."[59]

그해, 청화는 구산선문 가운데 가장 먼저 세워진 실상선문 대표 사찰인 남원 실상사의 조실로 정식 추대됐다. 원통불교의 중흥을 내걸고 염불선의 대중화를 주장한 그가 주로 간화선으로 수행하던 사찰의 정신적 스승이 된 상징적인 사건이었다.

마조 도일의 제자 서당 지장 선사의 법맥을 이은 홍척 증가가 창건한 실상사는 조계종 제17교구 금산사의 말사이지만, 지리산의 북쪽자락 널따란 들판에 자리 잡은 실상선문의 대표 사찰이었다. 실상사는 경학을 공부하는 화엄학림과 참선수행을 하는 백장선원이 있고, 상주하는 비구 대중만 해도 수십 명에 이르고 안거 때는 더 많은 선승들이 모여 수행하는 유명한 사찰이었다.

당대 최고의 수행승으로 꼽히면서도 염불선 수행자라는 이유로 제대로 대접받지 못했던 그를 실상사 조실로 추대한 것은 도법스님이었다.[60] 18세에 금산사에서 출가한 도법은 조계종 사태 당시 불교계 개혁을 주도했고, 실상사를 불교계의 대표적 공동체로 만든 개혁가였다. 도법은 청화를 실상사 조실로 추대하면서 다음과 같이 말했다.

"세상이 건강하게 가꾸어지려면 다양성이 살아 있어야 합니다. 삶이 아름답게 피어나려면 개성이 온전하게 존중돼야 합니다. 불행하게도 우리 불교계는 다양성을 인정하는 활기참을 잃어가고 있습니다. 안타깝게도 조계종단이 개성을 존중하는 자신감이 무너지고 있습니다."[61]

도법은 청화의 성취에 대해서 "밤을 낮 삼아 정진"했고, "사상과 정신으로 수행자들에게 갈 길을 제시하고자 심혈을 기울"였다고 높이 평가했다.

"큰스님께서는 자나 깨나 여래의 참뜻을 밝히고자 밤을 낮 삼아 정진하셨으며, 사상과 정신으로 수행자들에게 갈 길을 제시하고자 심혈을 기울이셨습니다. 고통에 신음하는 중생을 구하고자 당신의 열정을 다하셨습니다. 큰스님을 우리 시대의 스승으로 모시는 것은 너무나도 당연한 도리입니다. 그것은 불교계와 조계종단을 위해서도 바람직한 일이라고 생각합니다."[62]

청화는 그해 10월 20일 열린 조계종 원로회의에서 원로회의 위원으로도 피선됐다. 조계종 최고 의결 기구인 원로회의는 원로의원 17인에서 25인 이내로 구성됐다. 주요 권한으론 종정 추대권과 원로회의 의원 선출권, 종헌 개정안 인준권, 총무원장 인준권, 총무원장 불신임에 관한 인준권, 중앙종회 해산 제청권 등 막강한 권한을 갖고 있다. 이때 해인사 방장 법전이 원로회의 의장에 선출됐다. 그가 조계종 원로의원에 피선된 것 역시 남원 실상사 도법 등의 추천이 있었다고 알려져 있다. 종단에서도 마침내 청화의 높은 수행력을 인정한 것이었다.

2000년 6월 13일부터 15일까지 평양에서 김대중 대통령과 김정일 국방위원장 간의 남북 정상 회담이 열렸다. 1948년 한반도가 분단된 이후 남북의 두 정상이 처음으로 만난 것이었다. 특히 남북 정상들은 회담 마지막 날 '남북은 전쟁을 포기하고 통일 문제를 대화로 해결한다'는 원칙을 담은 6·15 남북공동선언을 발표했다. G8을 비롯해 아시아유럽정상회의, 유엔 총회 등에서 한반도 평화에 대한 지지 결의안이 잇따라 채택됐다. 그럼에도 이후 남북 관계에서 큰 진전은 없었다. 많은 합의 사항이 제대로 이행되지 못했고, 당국 간의 회담조차 자주 삐걱거렸다.

이와 관련, 청화는 "통일은 많은 기술적인 문제들을 필요로 한다. 남북 대화를 해왔던 전통적인 문제도 있다"며 기술 및 전통적인 문제는 남북 당국자들이 알아서 할 것이라면서도, 한국 불교가 남북통일 과정에서 우주 만유가 모두 진여불성뿐이라는 진리의 견지에서 남북이 서로 마음을 열게 하는 데 기여해야 한다고, 오래전 이남덕 전 교수와의 대담에서 주장했다.

"서로 대하되 진리에 입각해서 만나야 합니다. 진리에 입각하지 못할 때, 결국 자기 개인의 허튼 소견이 나오게 되고, 상대방의 기분을 상하게 합니다. 지금까지 가져왔던 주의 주장을 떠나서 열려 있는 마음자세가 중요하리라고 봅니다. 그럴 때 우리같이 산중에서 공부하고 있는 사람들의 바람도 힘이 되는 것이요, 이북에도 그런 힘이 미치는 것입니다 … 최선을 다한 바람도 부처님사상, 반야바라밀에 근거한 바람일 때 가시적인 성과가 나타나는 것입니다. 자기라는 생각을 버리고 이북도 이북이라는 입장을 버리고 모두가 하나라는, 우주라는, 민족이라는 공통된 입장을 가질 때 통일을 이루는 가장 가까운 길이 될 것이라고 생각합니다."[63]

대중 법문의 러시와 서울 광륜사의 개원

… 나의 삼신불에 귀의한다, 진리를 배우며 자성을 바로 보면 모든 부처님과 하나다 … 대승을 제대로 깨달아 견성하려면 공경 합창하여 지극한 마음으로 구하라, 마음자리에 잘못 없음이 자성의 계요, 마음자리에 어리석음 없음이 자성의 혜이며, 마음자리에 어지러움 없음이 자성의 정이다 … 부처님의 지혜를 성취하고자 하거든 모름지기 일상삼매와 일행삼매를 통달하라 ….

2001년 봄, 조계종 종정 출신 서옹 스님의 맏상좌인 지선 스님이 동안거를 끝내고 곡성 성륜사를 찾아왔다. 청화는 지선에게 주요 단락에 밑줄을 그어놓은 『육조단경』을 건네면서 조목조목 설명하기 시작했다. 그는 이날 법통을 묻기도 했고, 몇 가지 당부를 하기도 했다고, 지선은 기억했다.

"큰스님께서 백양사와 관련해 법통을 물으시며 몇 가지 당부를 하셨습니다 … 『신심명』에 보면 '털끝만 한 차이만 있어도 하늘과 땅처럼 벌어진다'고 했지요. 큰스님은 참으로 본분 납자들의 눈을 열어주신 종문의 대선지식이셨어요."[64]

많은 사람들이 그를 만나기 위해서 줄을 섰다. 그는 건강이 허락하고 수행과 공부에 지장이 없는 한 사람들을 만났다. 진리의 법을 전하기 위해서였다.

한 해 전 어느 날, 그는 미국에서 돌아온 제자 김영동 교수와 함께 밖에서 공양을 하기 위해서 차를 탔다. 차 안에서 김영동에게서 질문을 불쑥 받았다. "큰스님! 저 같은 사람도 금생에 깨달을 수 있을

까요?" 그가 답했다. "모든 개념을 다 내려놓으시고 순수 직관으로 공부를 해보세요."[65]

2001년 4월 5일 오전 서울 서초동 삼풍백화점 붕괴사고 현장에서 열린 삼풍백화점 참사자 합동 천도재에서, 청화는 숨진 영가들에게 육신이란 인연 따라 이뤄지는 것이고 오직 영원한 것은 순수 마음이자 부처님이나 하나님뿐이라고 강조했다.[66]

"지금 영가들은 아직은 중생 세계인지라 자기 몸뚱이에 대한 애착을 품을 것입니다. 그러나 그 몸뚱이는 지금 어디에도 없습니다. 사실은 살아 있는 사람의 몸뚱이도 뜬구름같이 다 허망한 것입니다."[67]

삼풍백화점 붕괴사고로 숨진 사람들의 원혼을 달래기 위해 마련된 이날 합동 천도재는, 사고 6주기를 앞두고 조계종 총무원과 구례 화엄사가 주최하고 대상그룹 임창욱 회장과 박영규 거사 등이 경비를 시주해 이뤄진 것이었다. 그의 법문과 총무원장 정대 스님의 추모사, 인묵 스님의 영산재 등의 순서로 진행됐다.

그는 사람 몸이 아닌 영가들과 유가족 모두에게 생명의 본체는 불생불멸이고 우주 만유가 진여불성뿐이라고 생각해야 한다고 강조했다.

"한 생각은 자기의 본래면목, 자기의 본래 생명이 바로 부처님이고 하나님이다, 이렇게 생각을 하셔야 됩니다 … 우리 생명의 본고향인 천당이나 극락세계에 가셔서 영원히 행복을 느끼기 간절히 바라 마지않습니다."[68]

대중 법문을 해달라는 요청 역시 쇄도했다. 특히 원로의원 피선으로 종단의 공인을 받으면서 법문 요청은 더욱 많아졌다. 그는 곡성 성륜사와 태안사를 중심으로 전국 곳곳에서 대중 법문을 활발히 전개했다. 성륜사 금타 대화상 열반재일 법문, 성륜사 진신사리 친견 법회, 성륜사 법성당 정기법회 법문, 삼풍백화점 참사자 합동 천도재, 부안 실상사 봉불식 법문, 광주불교방송 개국 6주년 기념법회, 충무 미래사 법문, 부안 실상사 미륵전 점안법회 법문, 성륜사 부처님 오신 날 법문, 생명평화 민족화해 지리산 위령제 법문, 무안 혜운사 예수재 법문, 서울 동산반야회 법문, 서울 동산반야회관 육바라밀 대법회, 성륜사 보살계 수계식 법문, 군산 불교회관 법문, 함평 용천사 꽃무릇축제 야단법석 법문, 진주 선우산방 법회 법문, 성륜사 사천왕 점안식 및 정기법회 법문, 성륜사 법성당 부산 순례단 친견 소참 법문, 성륜사 설법당 불교TV 사찰순례단 법문 …. 성륜사 진신사리 친견 법회를 비롯해 그의 대중 법문 상당수가 중계로 방송되기도 했다.

이듬해에도 대중 법문을 이어갔다. 그의 대중 법문은 곡성 성륜사와 태안사, 서울 광륜사를 중심으로 전국 곳곳에서 계속됐다. 무등산 증심사 법문, 성원사 신도 법문, 통도사 부산신도 친견법문, 성륜사 부산 통도사신도회 법문, 성륜사 금타대화상 열반재일 법문, 성륜사 부처님 오신 날 봉축법어, 성륜사 「보리방편문」 해설 법문, 성륜사 보살계 정기법회 법문, 불교TV 무상사 건립 봉은사대법회 초청법회 법문, 성륜사 조선당 동학사강원 대교반 법문, 도봉산 광륜사 정기법문, 남원 실상사와 곡성 성륜사 및 도봉산 광륜사 동안거 결제법회 법문, 진안 명덕산 영불사 합동천도재 법문 ….

특히 그해 9월 10일 서울 봉은사에서 사부 대중 500여 명이 참여한 가운데 열린 불교TV 무상사 건립 대법회에선 「원통무애한 한국 불교의 바른 전통」을 제목으로 법문했다. 그는 법문에서 다종교, 다문화 상황과 정보화 시대에 석가모니 부처의 가르침으로 회통이 가능하다고 강조했다.

"다종교 사회의 서로 갈등 반목이라든가, 정치적인 여러 반목 현상이라든가, 또는 각 학계에 있어서 서로 옥신각신하는 여러 논쟁이라든가, 그런 것도 부처님 가르침 아니고선 도저히 회통을 시킬 수가 없습니다 … 상대 유한적인 가르침으로 해서는 고칠 수가 없습니다. 오직 부처님 가르침만이, 다른 여러 가르침이 많이 있으나, 무아무소유의 가르침만이 비로소 다른 모든 종교들의 부족한 점을 보완하고 또는 그것 모두 다 회통을 시킬 수 있습니다."[69]

특히 현대 불교 가운데 한국 불교가 교세는 다소 약할지 모르지만 원융회통적 전통과 사상 때문에 큰 역할을 할 것이라고 거듭 역설했다.

"한국 불교는 비록 현대에 있어서 교세는 일본 불교나 버마 불교에 미치지 못한다 하더라도, 빛나는 불교 전통이 있습니다. 신라 때 원효, 의상, 고려 때 대각 국사, 보조 국사, 이조 때 와서 득통 기화, 무학, 서산, 사명당 그런 분들은 모두가 다 보통 고승이 아니라 모두가 회통된 불교를 조금도 치우침이 없이 원만하게 깨닫고 원만하게 우리한테 가르치신 위대한 분들이십니다. 원통무애한 부처님 가르침, 즉 한국에서 내려오는 바른 전통만이 세계 다른 불교를 회통을 시키는 것이고 동시에 다른 모든 종교를 다 화해를 시킬 수가 있습니다."[70]

틈틈이 언론 인터뷰도 이어갔다. 주로 부처님 오신 날을 앞두고 ≪법보신문≫과 ≪문화일보≫ 인터뷰를 했고, 정해숙 신도회장과 대담을 갖기도 했다. 또한 어록집인 『진리의 길』이 출간됐다.[71]

많은 사람들이 거주하는 서울 수도권에 전도 거점을 마련하는 것도 중요한 일이었다. 무엇보다 서울에 도량을 마련해야 했다. 그는 서울 도봉산 만장봉 기슭에 세워진 개인 사찰을 인수한 뒤 중창 불사해 절을 개원했다. 광륜사였다.

그는 2002년 1월 13일 특별법회 법문을 시작으로 도봉산 광륜사에서 사부 대중을 만나기 시작했다. 3월에는 광륜사에서 발간하는 계간잡지 ≪광륜≫에 창간 축사를 기고했다. 잡지 ≪광륜≫ 역시 금륜회 회보 ≪금륜≫ 발행을 주도했던 재가 불자 권수형이 맡았다.

5월 5일, 광륜사를 정식 개원했다. 그는 광륜사 개원법회에서 부처님 공부는 절대로 어려운 공부가 아니라며 큰 깨달음에 이르는 가장 쉬운 길로 불성 자리를 떠나지 않은 염불 공부를 제시했다.[72] 그는 광륜사에서 신도회 임원법어, 시민선원 개원 법문을 비롯해 매월 셋째 일요일 정기법회 법문을 했다.

이 시기, 그는 우주 만유가 모두 진여불성 하나뿐이라는 지혜를 깨치지 못한 채 서로 죽고 죽이는 어리석은 전쟁과 대결에 죽비를 들었다. '인종 청소'가 벌어진 1999년 코소보 사태와, 엄청난 희생으로 이어진 9·11 테러와 이라크 전쟁 사태가 그것이었다.

2001년 9월 11일 아침, 미국의 제국주의적 행태가 세계를 망가뜨렸다고 생각했던 오사마 빈 라덴과 그가 이끌던 테러 조직 알카에다가 항공기를 동원해 뉴욕 맨해튼 세계무역센터와 워싱턴DC 국방부 청사 등을 공격했다. 알카에다의 연쇄 테러로 3000명에 가까운 사람이 숨졌다. 미국은 얼마 뒤 아프가니스탄을 침공해 탈레반 정권을 축출했고, 다시 2년 뒤에는 이라크전쟁을 일으켜 사담 후세인 정권을 붕괴시켰다. 악연의 연쇄였다.

그는 알카에다에 의해 자행된 9·11 테러와, 다시 미군 주도로 벌어진 이라크전쟁은 기독교 문명과 이슬람 문명이 서로 진리를 제대로 이해하지 못한 전도몽상과 서로 대화나 회통을 제대로 하지 못했기 때문에 벌어진 사태라고, 나중에 성륜사 정기법회 법문에서 통렬하게 비판했다.

"지금 이라크에서 아주 무서운 전쟁이 일어나고 있지 않습니까. 왜 그네들은 싸워야 할 것인가. 그런 것도 모두가 다 진리를 몰라서 그럽니다. 불교말로 하면 전도몽상이라. 진리를 바로 보지 못하고 잘못 새겨서 본단 말입니다."[73]

특히 미군과 연합군 29만 명은 2003년 3월 20일 새벽 쿠웨이트에서 국경을 넘어서 이라크를 대대적으로 침공했다. '이라크 자유 작전'이었다. 이 작전으로 사담 후세인 정권이 붕괴됐다.

"지금 이라크에서 싸우고 있는 아주 비참한 전쟁, 우리는 6·25 사변을 거쳐서 대체로 알지 않습니까. 비행기가 몇 대만 날아와도 참 무섭고 불안스러운 것인데, 하물며 수십 대, 수백 대가 핵무기를 싣고 공습해 온다고 생각할 때 얼마나 처참하겠습니까. 그런 것도 모두가 다 절대로 우연이 아닙니다. 그 원인은 어디에 있는가 하면, 진리를 몰라서 그렇습니다. 지금 따지고 보면 내내 기독교권과 이슬람권의 싸움이라고 볼 수 있지 않습니까."[74]

그러면서 서로 간의 회통과 대화를 추구하지 않으면서 법집이 쌓이고, 과거의 업과 악연이 쌓이고 쌓여서 현재의 악연으로 되풀이된다고 분석했다.

"이슬람권과 기독교권이 싸우는 것도 사실은 양쪽이 다 진리를 바로 보지 못하는, 진리를 바로 깨닫지 못해서 그런 것입니다. 그네들의 싸움은 지금만 하는 것이 아닙니다. 십자군 원정이라. 우리는 십자군 원정을 역사에서 배워서 대부분 알고 계시지 않습니까. 십자군 원정은 어떤 것인가 하면, 11세기부터서 13세기까지 200년 동안 기독교도와 이슬람교도가 싸웠단 말입니다. 사람 업이라는 것이 단체적인 업이나 개인적인 업이나 한 번 지어놓으면 그것이 또 되풀이 됩니다."[75]

몇 해 전 유럽 발칸반도에서 벌어진 코소보 사태와 관련해서도, 그는 인류의 어리석음을 통렬하게 규탄했다. 즉, 유고슬라비아 연방에서 독립을 원하는 코소보 알바니아인과 이를 반대하던 유고슬라비아 연방은 1998년 2월부터 이듬해 6월까지 전쟁을 벌였고, 전쟁 기간 세르비아에 의한 조직적인 인종 청소가 자행돼 많은 이들이 희생됐다. 그는 세르비아 슬로보단 밀로셰비치 등이 주도한 알바니아인 인종 청소를 "더러운 말", "참 못난 일"이라고 규탄한 뒤 우주 만유가 모두 진여불성 하나, 하나의 생명이라는 동체대비 차원에서 참으로 불행한 일이라고 직설적으로 규탄하기도 했다.

"저 유고의 코소보 사태도 지금 보십시오. 모든 사람들이 본래의 자리를 안다고 생각할 때는 홍로일점설이라, 순식간에 다 끝나버릴 것을 그렇지 못 하고 겉만 보니까 말입니다. 민족이 좀 다르다고 해서, 같은 인간이고 같이 다 불성인 인간들인데, 무슨 알바니아인이나 세르비아인이나 그런 것이 무슨 상관이 있습니까. 이른바 민족 청소라, 그런 더러운 말이 생긴단 말입니다. 자기하고 다른 민족이라 해서 아주 완전히 청소를 시킨단 말입니다. 얼마나 못난 짓입니까. 청소하는 쪽이 좋을 것인가, 그렇지가 않습니다. 본래가 하나의 생명이기 때문에 알바니아인이나 또는 세르비아인이나 내내 다 똑같은 본래로 불성이란 말입니다. 다른 사람이 불행하면 이 사람이나 저 사람이나 또 그 반대편에 있는 사람도 똑같이 불행한 것입니다."[76]

그는 현실 인식에 대한 전도몽상이나 현대 사회와 종교 내의 법집 문제를 이야기하는 차원에서 9·11 테러와 이라크전쟁 문제를 다뤘지만, 그럼에도 세계사적 전쟁과 참화에 대한 원인을 진단하고 우주 만유와 인류가 하나라는 동체대비의 견지에서 종교 또는 문명 간 회통과 대화를 시도했다는 점에서 주목할 만하다.

『육조단경』의 역주

그리 크지 않은 앉은뱅이책상, 책상 왼쪽 위에 놓인 나무로 된 책받침대, 가지런히 놓여 있는 육조 혜능 대사의 돈황본 『육조단경』. 책상 앞에서 좌선을 하듯 다리를 포개고 앉아서 책장을 천천히 넘기며 번역에 몰두했다. 책을 읽고, 해석하며, 노트에 적고, 주를 달고 …. 성철의 돈황본 교주본과 김지견 박사의 돈황본 교주본 등도 참고했다.

동안거를 앞둔 2000년 11월, 청화는 제주도 표선면 토굴에서 『육조단경』 역주 초고를 써 내려가기 시작했다. 앉은뱅이책상의 책 받침대에 놓인 『육조단경』을 보면서 펜을 들고 하얀 노트에 한 줄 한 줄 번역과 역주를 적어 내려갔다.

그가 『육조단경』을 역주하기로 결심한 것은 팜스프링스 금강선원에서 쓰러졌다가 회복하던 2000년 전후로 추정된다. 이때는 이미 마음의 고향으로 돌아가야 할 날이 얼마 남지 않았음을 절감했다. 아직 마치지 못한 일이, 아직 갚지 못한 은혜가 너무 많았다.

제주 불사리탑사 천도재 인연과 재가 불자들의 도움으로 제주에서 『육조단경』 역주를 시작하게 됐다. 그는 유채꽃이 만발하던 한 해 전 4월 제주도 고관사 옆의 불사리탑사에서 조선시대 허응 보우 및 환성 지안 선사의 천도재 법문을 했다. 허응 보우와 환성 지안은 각각 조선 전기와 18세기에 불교를 진흥시켰지만 시대의 격류에 휩쓸려 고초를 겪은 선사들이었다.

왜 하필 육조 혜능 대사의 행장과 핵심 법문을 정리한 『육조단경』이었을까. 우선, 『육조단경』 자체가 석가모니 부처의 『화엄경』이나 『법화경』, 『금강경』, 『반야경』, 『열반경』처럼 "선과 교, 정토 염불을 원융무애하게 회통한 아뇩다라삼먁삼보리"[77]였기 때문이다. "가장 직절 간명한 견성오도의 법문으로서, 우리 중생들을 감분 참구케 하는 절실한 참선의 성전"[78]이었고, "귀의 자성삼신불이나 정혜일체의 통찰이나, 최상승 돈오선문인 반야바라밀 법문 등의 핵심 요체는 조금도 훼손됨이 없이 오히려 마치 혜능 대사의 현전한 육성과 같이 엄연히 약동하고 있"기[79] 때문이다.

아울러 『육조단경』이 현재 수많은 종파로 분리되기 이전의 선종 공통의 마지막 대표 경전이었다는 점도 작용했다. 즉, 많은 교파와 종파로 나뉘기 전의 중국 선종 초조 달마 대사부터 6조 혜능 대사까지 순선시대를 대표하는 경전인 데다가, 한국에서도 수많은 역주서가 나올 정도로 한국 불교의 뿌리가 되는 경전이었다. 염불선 전통을 대중화하고 싶었던 그로선 어떻게든 『육조단경』에서 그 해답을 찾아야 했다.

특히 『육조단경』을 정확하게 번역·역주함으로써 스승 금타의 「보리방편문」이 바로 『육조단경』의 '귀의삼신자성불' 대목에서 비롯됐다는 것을 다시 한번 분명히 다지고 증명하고 싶었기 때문으로 분석된다. 이는 금타의 사상적 근거를 굳건히 하는 것이기도 했다.

요컨대, 청화는 다양한 수행법을 놓고 대립하는 혼란스러운 상황에서 종파 간 원융 회통의 근거를 순선 시대의 마지막인 육조 혜능 대사의 『육조단경』에서 확보하는 한편, 이를 통해서 비원이었던 염불선 및 금타의 「보리방편문」의 사상적 근거를 확고하게 다지고 싶었다.

고민도 적지 않았다. 우선, 돈황본과 종보본, 덕이본 등 여러 판본 가운데 역주할 판본을 확정하는 것과 장절을 구획하는 것이 쉽지 않았다. 『육조단경』의 진위 및 찬수 문제를 둘러싸고 여러 논란이 일었기 때문에 어느 판본을 할 것인지, 장절을 어떻게 구획할지 고민이 많았다고, 그는 이듬해 가진 두 번째와 네 번째 소참 법문에서 토로했다.

"지금은 번역할 생각이 나지 않습니다. 왜 그런가 하면, 제가 지금 번역한다고 생각할 때는 제 주장을 배제하고서 낼 수 없지 않습니까, 제 주장을 하게 되면 여러 문제가 생길 성싶어요. 첫째는, 단경이 진짠가 가짠가, 육조 스님께서 직접 찬수를 했는가 안 했는가, 하는 문제부터 문제가 돼 있으니까요.[80] 그는 이야기를 이었다.

"『단경』은 돈황본, 종보본, 덕이본, 대승사본 등 여러 이본이 많이 있어요. 그것을 다 대조해서 해야 되고, 그런 가운데서 분단을 가르는 것이 여간 복잡한 문제가 아닙니까?"[81]

아울러 『육조단경』이 수행자들 사이에서 워낙 유명할 뿐만 아니라 이미 여러 개의 번역 및 역주본이 나온 상황이어서 자칫 논란과 시비가 일어날 가능성도 우려되는 일이었다고, 그는 걱정했다.

"『단경』에 대해서는 학자들 의견도 구구하기도 하고, 관심이 많아서 복잡해요. 그런 것을 감안하고 해야 되지 않겠습니까? … 여러 사람들이 많은 관심을 두고 있어놔서 막상 하려고 하니, 여러 생각이 많이 납니다. 하나의 독창적인 수필이나 논문을 쓰는 것이라면 몰라도, 불교인들이 다 관심을 두고 있는 경전이고 여러 시비가 있어온 것이기 때문에, 팔십이 다 돼가는 마당에 공연히 시비 가운데 앉아서 될 것인가? 하는 생각도 들고 했으나, 지금은 갈래를 잡으려니까 여러 생각이 많이 듭니다."[82]

제주도 표선 토굴에서 『육조단경』 역주 작업을 시작했다. 오랜 제자 태호 스님에게 부탁해 서재에 있는 『육조단경』 관련 서적을 모두 가져와서 참고했다.[83] 이미 국내에서 번역 출간된 역주본도 참고했고, 다마키 고시로(玉城康四郎) 도쿄대 명예교수를 비롯해 해외 불교학자들의 논문도 참고했다.[84]

동안거 기간인 2001년 초 『육조단경』을 역주하면서 그는 일주일에 한 차례 정도 주위 사람들을 대상으로 소참 법문도 했다. 『육조단경』의 주요 내용을 해석하고 설명했을 뿐만 아니라, 『육조단경』이 수행자들에게 갖는 의미나 역주에 나선 배경과 고민, 문제의식, 포부와 계획 등을 밝히기도 했다. 그는 첫 번째 소참 법문에서 먼저 참선을 통해 마음을 깨닫는 사람들에게 『육조단경』이 어떤 의미를 갖는지를 설명했다.

"우리가 정말로 참선한다고 생각할 때엔 마음을 어떻게 깨달을 것인가? 그런 점에서 보면 불교의 많은 경전 가운데 『육조단경』 같이 근본적으로 말씀한 경전은 참 드물다 말입니다. 그렇기에 부처님 경전 아니면 경(經)이라는 말을 못 붙이는 것인데, 외형상 구성에 있어서 문제는 있지만, 『단경』이라, 경 자를 붙여가지고 지금까지 내려온 것은, 육조 스님께서 간절히 생각했던 근본정신이 살아 있단 말입니다. 그런데서 『육조단경』을 숭상해 오고 수행의 귀감으로 삼을 수가 있습니다."[85]

이어서 『육조단경』 참회품의 '불리자성불' 부분을 비롯해 원문의 일부를 읽고 뜻을 해설하면서 일체만법, 우주 만유가 자성으로부터 일어난다고 거듭 강조했다.[86]

그는 세 번째 소참 법문에선 질문에 답하면서 수행자인 자신이 『육조단경』을 역주한 것은 일반 학자들의 그것과 질적으로 다를 수밖에 없다고 말했다.

"한문학자가 아닌데 『단경』을 꼭 다시 번역해야겠다고 생각한 것이 뭣인가 하면, 학자분들은 좋은 책이니까 번역한다고 보통 하지 않는가, 『단경』도 훌륭한 경전이니까 번역한다고 하지만, 우리는 다르거든요. 우리는 스스로 공부하고 거기다 온 생명을 경유하고서 번역하기 때문에 일반 학자들의 번역과는 좀 다르다 말이에요."[87]

그러면서 과도하게 수식하거나 꾸미는 말 때문에 오히려 마음이 혼란스러울 수 있다며 누구나 읽을 수 있는 간단명료한 역주를 하겠다고 포부를 밝혔다.

"지금 『단경』도 돈황본, 덕이본, 종보본 등 모두 다섯 종류가 있어요. 각기 특색이 좀 다른데, 『육조단경』을 아주 훌륭한 책이라고 찬탄해 송나라 때 연규 대사가 게송으로 찬문을 썼는데, 물론 이분은 아주 대문장가고 당대의 훌륭한 선지식이어서 수식을 많이 했어요. 말에다가 수식을 많이 해놓으니까, 『단경』은 그야말로 간단명료하니 딱딱 짚기만 짚어줘야 되는데, 글을 좀 잘 쓴다고 해서 찬탄하는 말이지만 수식을 많이 해놓으니까, 제가 생각할 때는 하나의 사족같이 별 신비롭지 않단 말이에요. 그래서 저는 이런 말은 떼어내려고 생각해요. 누군가가 찬탄하고 찬탄 안 하고의 문제가 아니라, 『단경』은 『단경』대로 해서 충분히 완벽한 훌륭한 경이거든요. 내가 제대로 하여 누구나 다 간단명료하게 보도록 하는 것이 중요한 것이지, 아름답게 문장을 꾸며가지고 한 것은 도리어 마음을 혼란스럽게 하는 염려도 없지 않아 있어요."[88]

네 번째 소참 법문에선 『육조단경』을 번역·주석하는 이유는 『육조단경』의 본뜻대로 공부하자는 차원이라고 다시 강조했다.

"제가 번역하겠다는 것도 제가 다른 사람들보다 무슨 뛰어난 역량이 있어서 그러는 것보다도 『단경』대로 여태껏 공부한 사람이기 때문에 『단경』대로 같이 공부하자는 의미에서 그런단 말입니다."[89]

2001년 하안거부터 표선 토굴에서 멀지 않은 성산읍 소재의 암자 자성원으로 옮겨서 역주 작업을 이어갔다. 이곳에서도 『육조단경』 소참 법문을 이어갔다.

수행과 역주 작업을 동시에 해나가던 즈음, 그는 종기가 터져 고생하기도 했다고, 재가 불자 김영희 보살은 회고했다.

"『육조단경』 번역에 전념하시느라 종기까지도 그냥 안고 사신 것이다. 해제를 보름여 남겨놓고 있는데, (당시 시자였던) 홍원 스님이 웬 소독약을 사러 간다고 했다. 종기가 터져 휴지 두 통을 다 쓰시고 그제야 소독약을 달라고 하셨다는 것이다. 병원 가시면 금방 나으실 텐데, 자연의 업보라고 생각하시고 터질 때까지 안고 계셨던 것 같다. 약 한 알 안 드시고 몇 달을 고생하신 것이다."[90]

한동안 안거 기간을 이용해 『육조단경』 역주 작업을 이어갔다.

『육조단경』 역주에 역량을 집중하면서 청화의 체력은 점점 약해졌다. 가을 무렵에는 혼자 이불을 개기도 힘들어졌다고, 그는 그해 10월 성륜사 사천왕 조성 회향법회 법문에서 고백했다.[91]

"저 같은 사람은 나이가 많아지니까, 특히 모든 분들의 은혜에 대해서 사무치게 느껴집니다. 힘이 부치니까 자기가 쓰는 이불 하나도 마음대로 치우기 어려워서, 하기야 손주가 있고 며느리가 있고 하면 되겠지만, 그런 신세는 못 되지 않습니까."[92]

결국 2002년 봄, 건강이 좋지 않아서 며칠 동안 자리에 누워 있어야 했다. 이때 영국의 정치가 마거릿 대처가 건강을 염려한 의사로부터 대중 강연을 줄이라는 지적을 받았다는 기사를 읽고서 자신 역시 대중 법문을 줄여야 하지 않을까 문뜩 생각했다고, 그는 그해 4월 성륜사 정기법회에서 말했다.

"저번에 어느 신문에서 보니까 '철의 여인'이라는 그이(대처)도 의사들이 자기한테 충고하는 것이 앞으로는 대중 석상에 가서 얘기를 하는 대중 강연이라든가 대중 집회 자리를 피하라고 그랬어요. 그렇지 않으면 당신은 위험하다고 말입니다. 그 말을 제가 신문에서 보니까, 그것이 저한테도 해당한 것 같아요. 가급적이면 대중적으로 말하는 자리를 피해야지, 그렇지 않으면 아무래도 무리가 된다고 생각돼요. 여태까지 저도 못 느꼈는데, 제가 요즘 조금 무리를 해가지고서 자리에 며칠 동안 누워 있다 보니까 과연 그렇구나, 하는 생각이 들어서 앞으로는 저도 가급적이면, 철의 여인도 그러는데, 저 같은 사람은 철의 여인 같은 강력한 사람도 아닌데, 그렇게 생각을 했습니다."[93]

마음은 허공과 같을 새, 한 조각 구름이나 한 점 그림자도 없이 크고 넓고 끝없는 허공 같은 마음세계를 관찰하면서 청정법신 비로자나불을 생각하고 ….

법좌 테이블에서 정면 서너 줄에는 비구와 비구니들이, 비구와 비구니 뒤에는 재가 불자들이 횡과 열을 맞춰 앉아 있었다. 법좌의 왼쪽에는 비구들이, 오른쪽에는 비구니들이 법좌 쪽으로 자세를 고정하고 앉아 있었다. 사부 대중 모두가 법좌를 향해 시선을 맞추고 귀를 쫑긋하고 있었다. 참석자들이 삼귀의와 「반야바라밀다심경」 제1편 낭송을 끝마치자, 대중 속에 앉아 있던 노스님이 법좌에 올라갔다. 또 다른 스님이 청법게를 낭송하는 사이, 참석자들은 법좌에 오른 노스님을 향해 삼배를 올렸다. 참석자들이 모두 자리에 앉자, 법좌 아래의 성륜사 주지 도일이 오른손으로 죽비를 들고 왼 손바닥을 세 번 내리친 뒤 낭랑한 목소리로 「보리방편문」을 낭송하기 시작했다.

쾌청한 가을날인 2002년 10월 27일, 곡성 성륜사 법성당에서 삼불도 그림을 배경으로 법좌에 앉아 있던 청화가 천천히 입을 뗐다. 따뜻한 목소리가 책 『금강심론』과 찻잔이 놓여 있는 테이블을 넘어서 법당 안으로 퍼져갔다. 도일을 비롯해 많은 비구와 비구니, 배광식을 비롯한 재가 불자들이 법좌 쪽으로 시선을 고정했다. 일부는 그와 시선을 맞추며 미소를 보였고, 일부는 고개를 끄덕였으며, 일부는 노트에 메모했다.

"금타 선사도 아주 훌륭한 대선사님이신데 … 금타 선사는 권속복이나 세속 복은 좀 부족하신 분이지만, 공부 복은 어느 선지식 못지않게 훌륭한 선사입니다."[94]

그는 이날 『금강심론』 특별대법회 법문에서 스승 금타의 각종 성취를 차례로 설명했다. 우선 금타가 다른 세계종교의 종교성과 그들의 교조를 성자로서 인정함으로써 다문화, 다종교 사회인 현대 사회에서 근본주의나 교조주의 같은 법집의 병통을 극복하는 데 결정적인 도움을 준다고 설명했다.

"기독교도 구교와 신교의 싸움이라든가, 유대교와 기독교의 싸움이라든가, 이슬람교와 기독교의 싸움이라든가, 모두가 다 집착이라, 근본주의 교조주의 때문에 무시무시한 인류 사회의 해악을 몰아오고 맙니다. 우리는 어떠한 일이 있다 하더라도 이것을 지금 극복해야 한단 말입니다. 우리 불교 사회에서도 마찬가지입니다. 꼭 자기들 수행법만 옳다고 고집한단 말입니다. 그러한 중요한 문제에 있어서 금타 선사의 가르침이 상당히 중요한 역할을 합니다."[95]

그는 금타가 다문화, 다종교 사회에서 단순히 공존의 가능성만이 아니라 회통과 통섭의 방법까지 제시했다고 강조했다. 즉, 스승 금타가 화두와 묵조, 염불 등 여러 수행법으로 갈린 동아시아 불교 상황에서 육조 혜능 대사의 수행법을 그대로 따름으로써 혜능 대사 법을 중심으로 회통할 가능성을 열어줬다는 취지였다.

이어서 혜능 대사의 『육조단경』 핵심 법문은 반야바라밀에 입각한 일상삼매와 일행삼매와 함께 "자신의 자성불에 귀의하라"는 귀의삼신자성불 사상이라고 정리했다.[96] 금타의 「보리방편문」은 『육조단경』 핵심 법문인 귀의삼신자성불 사상과 같다며 금타를 "1300년 동안 혜능 대사의 법을 가장 그대로 계승한 분"[97]이라고 평가했다.

"「보리방편문」이라는 내용이 육조 혜능 대사께서 하신 선법하고 똑같습니다 … 그러한 내용을 금타 선사께서 알기 쉽게 풀이해서 한 것이 「보리방편문」 내용입니다. 청정법신 비로자나불! 원만보신 노사나불! 천백억화신 석가모니불! 모두가 다 삼위일체로 종합해서 아미타불 말입니다 … 금타 선사의 수행법이 6조 대사의 수행법을 그대로 계승한 말씀입니다."[98]

그는 금타가 수행자들 사이에서 모르거나 헷갈리는 수행의 위차 문제를 『화엄경』의 보살 십지를 바탕으로 주요 경을 비교 연구해 「해탈16지」로 체계화하고 회통시켰고,[99] 예수와 공자를 비롯해 다른 세계종교와 그들의 교조를 배척하지 않고 그들을 진리를 깨친 성인으로 인정하면서도 그들 간의 위차를 제시했다고 분석했다.[100]

아울러 순수한 물질 또는 에너지적 존재인 금륜을 기반으로 한 불교적 물질관을 정리하는 한편,[101] 태장계의 수치를 통해서 '80억 우주론'을 비롯해 불교적 우주론을 정리해 냈다고,[102] 그는 강조했다. 모든 소리를 표기할 수 있는 관음문자를 창제해 보급하려고 시도한 것도 주목했다.[103] 보름 뒤, 서울 광륜사에서도 『금강심론』 특별대법회 법문을 했다.

방의 모든 물건이 제자리인 듯 잘 정리돼 있었다. 화장실 안조차 가지런했다. 슬리퍼, 칫솔, 치약 등등. 심지어 수건들 역시 네 귀퉁이가 칼같이 각이 잡혀 있었다. 한쪽 벽에 있는 그림들은 사람의 시선을 끌어당겼다. 아산 조방원의 그림 〈출산석가도〉와 추사 김정희의 그림 〈세한도〉 사본 ….

다시 동안거가 시작된 2002년 11월, 청화는 제주에서 횡성 배향산의 토굴 진여원으로 옮겨서 『육조단경』 역주 작업을 이어갔다. 깊은 산이 울타리처럼 둘러싸고 주천강이 제 몸을 휘감듯 아늑하게 흐르고 있었다. 제16대 대통령 선거일에 잠깐 곡성 성륜사로 가서 투표를 한 뒤 곧바로 횡성 토굴로 돌아온 뒤 삼동 내내 두문

불출했다.

그는 새벽부터 한밤중까지 책상 앞에서 역주에 몰두했다. 심지어 하루 일종식마저 허술하게 먹을 정도였다. 어느 날 저녁, 시자 정륜이 쌀죽을 만들어 조심스럽게 밥상에 올렸다. 그는 죽을 맛있게 먹으며 말했다. "자네가 죽을 잘 쒔네." 정륜은 신이 나서 이튿날 저녁에도 흰죽을 쒀서 올렸다. 그러자 그가 이번에는 정색을 하고서 말했다. "나는 일종식을 하지 않는가. 어제는 자네 성의를 봐서 죽을 먹은 것이네. 다음부터는 하지 마소." 그는 더 이상 죽을 먹지 않았다. 정륜은 이후에도 스승의 건강이 염려돼 몇 번 더 죽을 쒀서 올렸지만, 그는 먹지 않았다.[104]

등산을 하겠다며 등산화를 준비했지만, 한 번도 사용하지 못하고 번역에만 몰두했다. 이즈음부턴 편지를 보내는 것은 고사하고 자신에게 온 편지조차 회신하지 못했다. 그는 이듬해 성륜사 동안거 해제 법문에서 사람들에게 이를 알리고 사과했다.

"지난겨울에도 한 3개월 동안에 편지가 여남은 통이나 왔어요. 참 고맙게 생각합니다. 일부러 제가 주소를 잘 가르쳐주지도 않았는데, 알아내서 편지를 하셨기에 대단히 감사하게 생각합니다. 그 전에는 제가 아무리 지겨워도 몸에 무리가 되도 꼭 일일이 다 회신을 냈어요. 작년부터선 도저히 그렇게 할 수가 없어요. 돋보기 같은 것도 시력이 한계가 있지 않습니까. 돋보기도 한계가 차버리니까, 돋보기를 써도 잔글씨는 바로 못 씁니다. 그전 같으면 남의 휘호도 서투른 글씨지만 그렁저렁 써서 나누어주기도 했지만, 지금은 먹물도 조화를 맞추고 다 쓰고 나면 붓을 빨아야 쓰고, 그런 것이 하기가 힘에 겨우니까 말입니다 … 이 자리를 빌려서 저에게 편지를 내주신 분들은 감사하게 생각한다는 말씀을 드리고 싶고, 회답을 드리지 못한 것을 사과드립니다."[105]

역주 작업이 밤낮으로 이어지면서 그의 체력은 현저히 약해졌다. 이불을 개기도, 개서 이불장에 올려놓기도 어려웠다. 시력이 떨어지면서 돋보기안경에서 확대경 볼록렌즈로 바꿔서 사용하며 원고를 써야 했다. 번역 작업을 하고 나면, 그의 눈은 벌겋게 부어올랐다.

허리도 아팠다. 침도 맞고, 주사도 맞았다. 건강을 우려한 지인들이 약을 보내오기도 했다. 하지만 그는 약을 먹지 않고 입원 치료도 모두 거절했다고, 이듬해 광륜사 정기법회 법문에서 전했다.

"작년에 좀 허리가 아파서 옆에서 침을 맞으라 하고, 병원에 아는 원장이 이래저래 일부러 와서 링거 주사도 놔주고 그래요. 그렇게 하는 것을 마다할 수도 없고, 거기서 또 오라고 그래서 종합 진단도 받고 했어요. 나이가 팔십이 돼가니까, 골다공증으로 뼈가 삐끗하니 벌어지니까 그런다고 그래요. 입원 치료도 하라고 그러고, 또는 그때그때 여러 치료하는 도움을 주세요. 나중에는 다 사절을 했습니다. 노장이 돼놔서 아는 분들이 일제 약도 보냈고 미제 약도 보내고 약을 보내요. 한 봉도 안 먹었습니다."[106]

여러 악조건 속에서도 마지막 힘을 쏟아가면서 『육조단경』 역주를 이어갔다. 그야말로 혼신의 역주 작업이었다. 시자 정륜의 기억이다.

"오직 『육조단경』 번역에 혼신을 다하셨다. 피어린 글쓰기였다 … 『육조단경』을 번역하시며 탈진 지경에 이르렀다. 연꽃이 찬 이슬을 맞은 것처럼, 큰스님께서는 점차 기운을 잃으셨다. 덧없는 변화를 바라보면서 한없이 서러웠다."[107]

비록 탈진할 정도로 힘들게 『육조단경』을 번역해 나갔지만, 그는 그 순간이 행복한 시간이었다고 말했다고, 유발 제자 배광식은 전했다.

"큰스님은 번역하시면서 『육조단경』을 다시 음미하게 되는, 행복한 시간이었다며 『육조단경』의 '귀의 자성삼신불'이 바로 「보리방편문」의 내용으로 이어짐을 느끼셨다고 말씀하셨습니다."[108]

2003년 6월 마지막 대중 법문 "계율을 지키세요!"

생의 마지막 해였던 2003년 초, 청화는 천신만고 끝에 『육조단경』 역주 작업을 모두 마치고 출판사에 원고를 넘겼다. 각고의 노력 끝에 동안거 결제 동안 『육조단경』 역주를 모두 마칠 수 있었다고, 그는 그해 성륜사 동안거 해제 법문에서 밝혔다.

"제가 『육조단경』을 번역하려고 수십 번을 보고, 이번 겨울에는 가까스로 번역을 마쳤습니다. 과거 선지식들도 많이 한 것도 있고 해서 그런 것도 참고로 하고, 읽기 쉽게 누구나가 흥미 있게 보는 것을 대중해서 마쳐놔서 몇 개월 되면 나올 것입니다만 …"[109]

6월, 독자들의 편의를 위해서 10절로 구분된 그의 역주본 『육조단경』이 출간됐다. 그는 머리말에서 "『(육조)단경』이 바로 참선수행의 최상승선의 성전임에도 정작 선학도들이 별로 친근하게 참구하지 않는 경향을 안타깝게 생각한 나머지, 승속 간 누구나가 한결 마음 편하게 『단경』을 독송 실수(實修)하는 데 한낱 볼품없는 타산의 돌멩이라도 될까 하는 미성에서였다"[110]고 『육조단경』을 역주하게 된 이유를 설명했다.

해제에선 혜능 대사가 『육조단경』에서 자성에 귀의해 깨치면 곧 바로 부처라는 삼신자성불 신앙을 역설했고, 비록 돈황본에선 일행삼매만 역설하지만, 덕이본이나 종보본에선 일상삼매와 일행삼매를 역설한 사실을 거론하면서 "반야바라밀에 입각한 일상삼매와 일행삼매가 혜능 대사의 직설대로 최존 최상승 최제일의 수행법임을 알 수 있다"[111]고 강조했다.

청화의 『육조단경』은 주로 이성적으로 접근하는 학자들의 번역이 아니라 깨달은 수행자 차원에서 역주한 것이라는 점에서 그 의미가 남다르다고, 청화사상연구회장 박선자 경상대 명예교수는 강조했다.

"『육조단경』 번역서나 역주서가 많이 나와 있지만, 큰스님께서는 그 해석과 의미가 제대로 이뤄지거나 밝혀지지 못하고 일부 내용이 변질된 것을 안타까워하셨습니다. 많은 『육조단경』 번역이 학자들에 의해 이뤄졌는데, 머리로 해오한 차원에서 해석한 것이어서 깨달은 도인 차원에서 이해하고 번역한 것과는 다를 수밖에 없지요. 큰스님께서는 수행자의 입장과 차원에서 제대로 된 번역서를 내고 싶어 하셨어요."[112]

생의 마지막 시간이 되자, 대중 법문을 하는 것도 버거웠다. 법문을 하고 나면 숨이 가쁜 증상 때문에 법문 시간을 조금씩 줄여나갈 수밖에 없다고, 그는 그해 2월 금타 선사 열반재일 법문에서 고백했다.

"여러 불자님들께서 먼 데서 오셔서 법회에 참여하신 일을 생각하면 두 시간, 세 시간도 오랫동안 말씀을 드리고 싶습니다. 허나 지금 나이가 무던히 먹어서, 제가 말을 할 때는 모르는데, 말을 하고 나면 숨이 좀 가빠요. 제가 많은 말씀을 드리지 않겠습니다."[113]

그럼에도 마지막까지 대중 법문을 멈추지 않았다. 곡성 성륜사 동안거 해제법문, 도봉산 광륜사 정기법회 법문, 성륜사 법성당 금타대화상 열반재일 법문, 강릉 성원사 유치원 개원 법회 법문, 불교 TV 무상사 일요초청법회 법문, 성륜사 법성당 국제철학대회 법문, 성륜사 법성당 정기법회 법문 ….

"본질적인 문제를 알아야 참다운 세계관, 인생관이 돼서 자기도 바르게 지도하고 가족 문제라든가 모든 인간의 갈등 문제를 풀 수 있을 것인데, 본질적인 문제를 모르면 역시 똑같이 혼란한 지식 정보 가운데 우리가 파묻히고 맙니다."[114]

그는 5월 4일 성륜사 정기법회 법문에서 현대인들이 많은 것을 잡다하게 알고 있지만 인생과 세상의 본질적인 문제를 모르고 있다며 철학의 빈곤 문제를 꼬집었다. 철학의 빈곤 시대에 종교 간의 대화와 회통을 위해서 철학적 범신론을 주목해야 한다고 그는 강조했다.

"범신론이 무엇인가 하면, 천지우주, 자연계가 바로 신이 아님이 없다, 이런 사상이란 말입니다. 우리 불자님들은 범신론을 잘 외워 두십시오. 사상적으로 굉장히 중요한 하나의 주장이고, 진리의 중요한 지침이 되는 것입니다. 천지우주가 바로 신이 아님이 없다는 것은, 천지우주가 하나님이 아님이 없고, 우리 불교식으로 말하자면, 천지우주가 부처님이 아님이 없다는 뜻입니다. 불교가 내내 모두가 다 부처님이 아님이 없다는 뜻 아닙니까. 넓을 범(凡) 자, 귀신 신(神) 자, 범신론입니다. 따라서 범신론을 가지면 기독교나 불교나 이슬람교나 모두가 하나가 되는 것입니다. 자연계 모두가 다 신이 아님이 없으니까 말입니다. 얼마나 편리한 사상입니까. 자고로 위대한 분들은 대체로 적고 많고 차이는 있다 하더라도 범신론적 요소를 다 갖추고 있습니다."[115]

그러면서 철학자 플로티노스와 스피노자, 신학자 브루노를 비롯해 몇몇 범신론자의 삶과 주장을 살펴본 뒤, 우주 만유가 부처와 하나님, 알라가 아닌 것이 없다는 범신론을 바탕으로 세계종교 간의 회통 및 대화 가능성을 적극적으로 탐색했다. 마지막 성륜사 정기법회의 법문에서 그가 강조한 것은 불교 내외는 물론 세계종교 간 대화와 회통이었다.

"우선은 우리가 철학적으로 범신론 사상으로 투철하게 사색을 포괄시켜야 됩니다. 모두가 부처 아님이 없고 모두가 하나님 아님이 없다, 이렇게 돼가면, 그때는 기독교나 불교나 이슬람교나 원래 진리가 둘이 아니고 셋이 아닌지라, 모두가 똑같은 진리, 하나의 아름다운 진리의 전당이 안 될 수가 없습니다."[116]

기력이 쇠잔해 제대로 앉지도, 서지도 못했다. 주위 스님들의 부축을 받으며 겨우 대웅전 법상에 올라갔다. 가득한 주름과, 핼쑥한 얼굴과, 바짝 마른 몸피와, 그럼에도 강렬한 눈빛 …. 그의 모습, 표정 하나 하나에 모든 게 담겨 있었다.

"우리 마음이라 하는 것은 본래 걸림이 없는 것입니다. 허공같이 광대무변해서 마음에는 본래 걸리는 것이 없건만 …. 우리 마음의 본심은 바로 불심입니다. 불심이라 하는 것은 여가 있고 저가 있는 게 아니라, 사실은 우주 자체가 모두가 다 불심뿐입니다. 내 불심, 네 불심 따로 있는 것도 아닌 것이고, 일반 식불이나 동물이나 또는 하나의 돌멩이나 공기나 물이나 다 불심 차원에서는 모두가 다 하나입니다."[117]

비가 보슬보슬 내리던 6월 15일 오후, 도봉산 광륜사 대웅전에서 보살계 수계법회가 열리고 있었다. 대웅전 밖 마당에서도 많은 대중이 천막 아래 의자에 앉아서 수계법회를 지켜보고 있었다. 그는 힘겹게 마지막 대중 법문을 했다. 법문 시간은 모두 4분 38초. 더 많은 사람들에게 진리를 전하기 위해서 찢어지는 목소리로 사력을 다했다. 마지막 한 방울의 피까지 짜내듯.

"거품 같고, 그림자 같고, 아지랑이 같은 허망한 허상에 사로잡혀서 불심을 제대로 보지 못하는 것은 중생인 것이고, 모든 존재의 근본 자리, 근본 본체인 불심을 깨달은 분은 성자이고 바로 부처님이고 그러는 것입니다."[118]

무엇보다도 우주 만유의 근본 자리인 진여불성을, 자신의 마음을 제대로 보고 깨닫는 견성이 중요하다고 전제한 뒤, "부처님이 되기 위해서 모든 도덕적인 행위를 완전히 다 갖추고, 또한 아울러서 불심을 깨달은 분이 바로 참다운 보살"이라며 보살이 되기 위해서 진여불성, 마음자리를 깨닫는 것과 함께 과거의 업장과 습기를 끈기 있게 닦고 제거해 나가야 한다고 강조했다. 돈오적 견성과 점수적 수행, 계율 준수를 동시에 강조했다.

"보살이 되기 위해선 우리 불심이 어디에 있는 것인가, 우리 불심을 깨닫기 위해선 어떻게 해야 할 것인가, 우리 중생들은 여태까지 지은바 여러 업장이 많이 있어서 그러한 업장을 녹이지 않고서, 우리 중생의 과거세에 지은 모든 허물을 당장에 소멸을 시킬 수가 없습니다."[119]

그는 숨을 몰아쉬면서 말을 이었다. 과거세의 업장을 참회하고 습기를 닦아나가겠다는 상징으로서 연비 의식을 한다며 대중에게 계율을 지키라고.

"먼저 과거세에 지은 허물들을 참회하기 위해서 참회하는 상징적인 표증으로 연비를 합니다. 연비를 해서 우리가 삼세제불한테 맹세코 부처가 되겠습니다, 우리 본마음을 찾겠습니다, 이렇게 한 다음에라야 비로소 우리가 불심의 수행자, 즉 마음을 깨닫는 하나의 참다운 불자가 될 수 있는 것입니다. 자, 우리 불자님들 과거를 참회하시고 연비를 하셔서 참다운 불자가 되시도록 하시기 바랍니다."[120]

스스로 철저히 계율을 지키려고 노력했던 그는 대중에게 계율을 잘 지키라고 강조했다. 선정으로 참다운 반야지혜가 생기지만, 계율이 없으면 참다운 선정에 들어가지 못한다며 계율을 지켜야 선정에 들어갈 수 있다고. 그가 대중에게 마지막에 남긴 말은 계율을 지키라는 것이었다.

이날 광륜사 보살계 수계법회를 진행하고 현장을 지켜본 무상은 나중에 추도문 「은혜로우신 큰스님」에서 청화가 『육조단경』 역주를 마치고 보살계 수계법회를 준비하라고 했을 때의 결연한 의지와 모습은 마치 육조 혜능 대사가 다시 온 듯했다고 회고했다.

"소주 대범사에서 무상계로 보살계를 내리시면서 중생 교화의 첫 사자후를 토하신 육조(혜능) 스님과, 『단경』의 진정한 대의를 여실히 드러내시고 보살계를 베푸신 큰스님의 성자는, 참으로 1300년 세월을 뛰어넘은 재현이라 아니할 수 없습니다. 육조 스님께서 일관되게 역설하신 자성의 당체 그 자리를 여의지 않고서 온전히 불지견으로만 닦아야 하는 불염오 수행, 무념의 수행이 바로 염불선의 요체임과 동시에 불조의 정통임을 만천하에 밝히셨습니다."[121]

법문이 끝나자 곧바로 연비 의식이 이어졌다. 많은 사람들이 스님들 앞에서 팔을 내뻗었고, 스님들은 그들의 팔 위에 향을 올리고 불을 피웠다. 향불이 타기 시작했고, 향냄새와 연기가 하늘로 날아올랐다. 이와 함께 스님들부터 합장을 한 채 법상에 앉아 있는 그의 주위를 돌기 시작했다.

"… 아석소조제악업 개유무시탐진치 종신구의지소생 일체아금개참회[122] …" 지난 세월 지은 모든 악업은 옛적부터 탐진치로 말미암아 몸과 말과 생각으로 지었으니 이제 모든 죄업을 참회한다는, 「천수경」의 참회게가 마이크를 통해 울려 퍼지는 가운데, 사부 대중들은 쉼 없이 참회 진언을 염송했다. "옴 살바 못자모지 사다야 사바하."

법당 안에서, 법당 밖에서, 천막 안에서, 천막 밖에서. 간절하고 간절하게. "옴 살바 못자모지 사다야 사바하 …."

진리를 전하기 위해서 마지막 한 방울의 피까지 모두 쏟아낸 청화는, 한동안 법상에 앉아서 연비 의식을 찬찬히 바라보고 있었다. 모든 현상을 뚫고 진리의 본체를 보는 듯한 강렬한 눈빛으로. 그 순간 그가 봤던 것은 진리의 길로 나아가려는 사부 대중만은 아니었을 것이다. 이승의 수많은 인연들과 함께, 진리의 인연 역시 그리워했을 것이다. 간절하고 간절하게.

호쾌하게 웃는 스승 금타 … 흰머리와 짙은 눈썹, 튀어나온 광대뼈가 인상적인 육조 혜능 … 흰 연꽃 한 송이를 들고 잔잔히 미소 짓고 있는 석가모니 부처님, 아 부처님 ….

에필로그

논픽션 그룹 '실록' 회원들과 함께 3·1 운동을 재조명한 논픽션을 한창 준비하고 있을 때였다. 작업은 각자 시기별로 구획한 장절을 맡아서 공부해 집필하되, 한 달에 한 번씩 모여서 발표하고 토론해 점검하는 방식으로 진행됐다. 나는 제일 앞부분과 마지막 부분을 맡고 있어서 처음에는 바쁘고 힘들었지만 중간쯤엔 조금 여유가 생겼다.

이즈음, 고교 동창이었던 혜용 스님을 통해서 청화 큰스님에 대해 알게 됐고 그와 관련한 책자도 두어 권 받았다. 논픽션 작업 도중, 나는 틈틈이 책을 읽어나갔다. 전기 대상으로서 매력적인 인물이라는 생각이 들었지만, 당시엔 쓸 생각도, 여력도 없었다. 곧이어 법문이 담긴 책자도 얻어서 읽기 시작했다. 그때가 2018년 봄 즈음이었던 것 같다.

이듬해 초 역사 논픽션 『3·1운동』(한울엠플러스)을 출간한 뒤부터, 나는 청화와 관련한 행장과 사상을 본격적으로 읽고 공부하기 시작했다. 행장도 감동적이었지만, 원통불교 사상과 정통선을 바탕으로 다양한 수행법의 회통, 염불선의 대중화 등 그의 사상도 매력적이었다. 게다가 부처님과 정통 조사들의 다양한 에피소드에, 풍성한 철학과 현대 과학이라니. 독서와 공부 범위는 책에서 논문, 법문 자료로 번져나갔고, 어느 순간 노트북에 그 내용들을 정리하기 시작했다.

2022년 전후, 청화대종사 성역화추진위원회의 위원장을 맡게 된 혜용 스님으로부터 탄생 일백주년에 맞춰서 일대기를 한번 써보지 않겠느냐는 제안을 받았다. 이미 그의 매력에 빠져서 독서와 공부, 정리를 상당히 진척 중이던 내 대답은 당연했다. 오케이.

전기 작업의 성격상 속도와 강도를 더 높여야 했다. 이때부터 800여 개 법문을 비롯해 그의 모든 저작과 역주서, 편지 등을 정독해 공부하면서 집필도 병행해 갔다. 공부와 정리가 막바지에 이르렀을 때 상좌와 제자를 비롯해 관계자들과 인터뷰를 했다. 전기가 세상에 나오기까지 5년의 시간이 전광석화처럼 흘렀다.

인류의 모든 지적 성취는 이전 또는 동시대 지적 노력과 결과에 어느 정도 기반할 수밖에 없는데, 이 책 역시 예외가 아니었다. 그것의 구체적인 내용을 밝히는 것이야말로, 그러한 지적 노력에 관여한 이들에 대한 분명한 인정과 감사의 표시가 될 것이다.

먼저 음성과 영상, 녹취록 등 다양한 형태로 보존된 청화의 800여 개 법문이야말로 이 책의 가장 기본적 토대이자 근간이다. 풍부한 법문 자료가 없었다면, 이 책은 세상에 온전히 나올 수 없었을 것이다. 그런 점에서 오랫동안 법문 자료를 채록 및 관리해 온 김영동 전 조선대 교수에게 고개 숙여 감사의 인사를 올리지 않을 수 없다.

아울러 각종 법문을 엮은 『정통선의 향훈』과 『원통불법의 요체』, 『안심법문』 등의 법문집과 『정토삼부경』, 『육조단경』 등의 역주서, 큰스님의 은사이신 금타 선사의 유작 『금강심론』 등의 저술 역시 중요한 텍스트였다.

청화 스님의 초등학교 동창 배태우 선생을 비롯해 초기 행장과 관련한 주요 인물과 관계자들의 증언을 확보해 수록한 정진백 작가의 『성자의 삶』, 그를 친견하고 많은 이들의 구전과 전언을 바탕으로 행장을 풍성하게 펼쳐준 남지심 소설가의 『청화 큰스님』(2권), 주요 도반과 상좌들의 인터뷰를 모아서 엮은 유철주 작가의 『위대한 스승 청화 큰스님』 세 책 역시 소중한 기초 자료가 되어주었다. 정진백 작가, 남지심 소설가, 유철주 작가 세 분에게 감사의 말씀을 드린다.

강행원 화가와 남지심 소설가, 무상 금청선원 주지, 박선자 청화사상연구회장, 배광식 서울대 명예교수, 용타 동사섭 행복마을 이사장, 정해숙 전 전교조 위원장 등 청화의 행장과 일화, 사상을 생생하게 들려주고 설명해 준 분들도 고맙다. 이들의 생생하고 구체적인 증언과 분석이 없었다면, 책은 골조만 앙상한 건물 또는 자칫 잘못 지은 건물이 됐을지도 모른다.

부족한 원고를 읽고 사실 관계와 내용의 진실성을 체크해 준 용타 이사장과 무상 스님, 배광식 교수 세 분에게 특별히 감사하다. 이분들의 번다한 감수 과정이 있었기에 더 정확하고 진실한 책이 될 수 있었다. 특히 벽산무주문도회 문장 용타 이사장과 함께 흔쾌히 추천사를 써주신 진우 조계종 총무원장님에게도 심심한 감사의 말씀을 올린다. 청화의 법향이 더 많은 이들에게 전달되는 데 큰 힘이 될 것이다.

마지막으로, 큰스님의 법향이 널리 알려질 수 있도록 책을 한번 써보라고 제안해 주고, 취재 및 집필 과정에서 수많은 고비나 난관을 만날 때마다 음양으로 도와주고 이끌어준 혜용 스님에게 감사의 합장을 올린다. 혜용 스님이 없었다면, 이 책은 세상에 나올 수 없었다는 것을 분명히 적어둔다. 흔쾌히 출간을 결정해 주고 부족한 글을 더욱 빛나게 해준 김종수 대표와 박행웅 고문을 비롯한 한울엠플러스(주) 임직원들에게도 역시 심심한 고마움을 전한다.

석가모니 부처의 정신을 우리 시대에 다시 펼쳐 보여주신 청화 큰스님과, 깨달음의 세계로 용기 있게 나아가고 있는 불자들과, 불안한 현대 사회에서 더 나은 삶을 꿈꾸는 모든 시민들에게 이 책을 바친다.

2023년 11월

서울 관악산 자락에서

김용출 올림

청화 연보

1898년 5월 15일	스승 금타, 고창에서 김병룡과 밀양 박씨 사이에서 탄생.
1910년	일제의 조선 강제병합.
1919년 3월	독립만세운동 발발. 금타, 백양사에서 만암 스님을 은사로 출가.
1923년 12월 13일	무안군 운남면 연리 697번지에서 강대봉과 박양녀의 2남 3녀 가운데 차남으로 출생. 속명은 호성.
1931년 4월(8세)	망운공립보통학교 입학.
1936년 12월	금타, 견성오도.
1937년 3월(14세)	망운공립보통학교 졸업. 일본 유학, 도쿄 대성중학교 입학.
1937년 7월 7일	중일전쟁 발발.
1941년 12월 7일	일본군 진주만 기습, 태평양전쟁 발발.
1942년 초(19세)	일본에서 귀국, 성내리 출신 성삼녀와 결혼.
1942년 6월	금타, 「우주의 본질과 형량」 저술.
1943년(20세)	일로농업실수학교 편입 공부(추정).
1943년 5월	형 강범룡 사망.
1943년 겨울	금타, 「보리방편문」 저술.
1944년(21세)	운남소학교 교직 생활.
1944년 여름	금타, 「해탈 16지」 저술.
1945년 봄(22세)	강제 징집되어 진해 해군훈련소에서 군사훈련.
1945년 8월	8·15 해방 및 징병 해제. 귀향.

1946년(23세)	광주사범학교 편입.
1946년 봄	금타, 「수릉엄삼매도결 상편」 저술.
1947년 초(24세)	광주사범학교 졸업.
1947년 2월 6일	백양사 운문암에서 금타를 은사로 출가 및 수행.
1948년 3월 4일	금타, 열반.
1950년 6월 25일(27세)	한국전쟁 발발.
1950년 6월	『금강경』 영역판 출간 위해 운문암 나왔다가 한국전쟁 목도, 귀향.
1950년 7월	무안군 인민위원회 교육장학사 역임, 집 마루 밑으로 피신했다가 자수.
1952년 5월(29세)	운남고등공민학교(망운중학교 전신) 설립.
1953년(30세)	무안 운남면 대박산 자락에 혜운사 창건. 첫 불사.
1953년 7월 27일	휴전협정 체결.
1954년(31세)	제자 도륜, 혜운사에서 출가 및 수행.
1954년 5월	이승만 대통령, 제1차 불교유시 발표. 불교 정화운동 촉발.
1959년 겨울(36세)	해남 두륜산 양도암에서 제자 도륜과 동안거 수행.
1960년 4월	4·19 혁명 발발, 이승만 퇴진 및 망명.
1960년 여름(37세)	대흥사 진불암에서 동안거 수행. 도륜, 금산, 정각, 혜산, 강행원, 김웅 등 합류.
1961년 5월	5·16 쿠데타 발발.
1962년 9월(39세)	조계종 분열. 문중 사형 서옹 스님이 대흥사 주지로 오면서 진불암 떠남.
1963년(40세)	조웅원 기부받아서 광주 추강사 창건. 동광사 지도법사 활동.
1963년 12월	속가 어머니 박양녀 작고, 향년 72세.
1964년 여름(41세)	지리산 백장암에서 안거 수행.
1964년 11월	속가 아버지 강대봉 작고, 향년 72세.

1964년 겨울	백장암 굴피토굴에서 안거 수행.
1965년 여름(42세)	지리산 벽송사 안거 수행.
1965년 겨울	벽송사 두지터 안거 수행.
1966년(43세)	곡성 태안사 주지 지냄.
1967년 10월(44세)	구례 사성암 안거 수행.
1968년 1월(45세)	구례 사성암에서 안거 수행 중 초견성.
1968년 여름	남해 용문사 백련암에서 안거 수행.
1968년 겨울	남해 부소대 토굴 안거 수행. 누명을 쓰고 광주교도소에서 3개월 유치.
1969년 겨울(46세)	진주 두방사 움막에서 안거 수행.
1970년 5월(47세)	장흥 기억산에 능엄사 창건.
1971년 여름(48세)	부산 혜광사 안거 수행.
1972년 여름(49세)	강진 무위사 안거 수행. 스승 금타의 『금강심론』 원고 입수. 이 무렵 동향의 조방원과 교류 시작.
1973년 여름(50세)	서울 불광동 무주암에서 하안거 수행.
1973년 겨울	광명 성도사에 동안거 수행. 『금강심론』 번역 시작.
1974년 겨울(51세)	대흥사 진불암에서 동안거 수행. 속가 보살 출가(혜공).
1975년 여름(52세)	구례 사상암 하안거 수행.
1975년 겨울	광주 추강사에서 동안거 수행.
1976년 여름(53세)	두륜산 상원암에서 하안거 수행.
1976년 겨울	두륜산 양도암에서 동안거 수행.
1978년 여름(55세)	두륜산 상원암에서 하안거 수행.
1978년 겨울	월출산 상견성암에서 삼년결사 돌입(~1981년).
1979년 5월(56세)	스승 금타의 『금강심론』 번역 출간.
1979년 10월 26일	박정희 대통령 피살. 12월 12일 전두환 신군부 쿠데타.
1980년 5월(57세)	『정토삼부경』 번역 출간.

1980년 5월	광주민중항쟁. 10월 신군부 10·27 법난 일으킴.
1981년 여름(58세)	지리산 백장암 금강대 토굴 안거 수행. 『약사경』 번역.
1981년 12월	성찰, 『선문정로』 출간해 돈점 논쟁 점화.
1982년 1월(59세)	제자 성본과 함께 백장암 부흥 시도.
1983년 1월(60세)	백장암에서 첫 언론 인터뷰(≪전북일보≫).
1983년 10월 22일	백장암 만등불사 법문.
1983년 겨울	대흥사 남미륵암에서 동안거 수행.
1984년 1월 3일(61세)	백장암 동안거 용맹정진 연속 법문(~1월 9일).
1984년 겨울	안성 칠장사에서 동안거 수행.
1985년 1월 21일(62세)	칠장사 성도재일 용맹정진 연속 소참 법문(~1월 28일). 나중에 단행본 『정통선의 향훈』으로 출간.
1985년 봄	곡성 태안사 주지 및 태안사 금강선원 조실 부임.
1985년 겨울	스님 20여 명과 태안사 삼년결사 시작(~1988년).
1986년 봄(63세)	신행 단체 '금륜회' 조직. 회보 ≪금륜≫ 발간 및 광주금륜회관 개관.
1986년 12월	정중당 준공 및 정중선원 개원.
1988년(65세)	조방원으로부터 곡성군 옥과 설령골터 기부받음.
1989년 3월 19일(66세)	서울 코엑스에서 서울금륜회 창립법회.
1990년 3월(67세)	서울 도곡동에 시민선방 '정중선원' 개원.
1991년 12월	사회주의 종주국 소련 해체.
1992년 3월 18일(69세)	태안사에서 '원통불법의 요체' 연속 법문(~3월 24일). 이듬해 단행본 『원통불법의 요체』로 출간.
1992년 9월	곡성 성륜사 준공. 동안거 수행 위해 미국 방문.
1992년 10월 25일	뉴욕 원각사에서 보살수계 법회 법문. 미주순회법회 시작.
1992년 11월	캘리포니아주 하이랜드 스프링스 금강선원에서 미주 첫 동안거 결제 수행.

1993년 11월(70세)	캘리포니아주 카멀 삼보사에서 동안거 결제 수행.
1994년 3월	조계종 서의현 총무원장의 3연임 시도로 조계종 사태 발발.
1995년 1월 20일(72세)	카멀 삼보사에서 순선안심탁마법회 연속 법문(~1월 22일). 나중에 단행본 『안심법문』으로 출간.
1995년 7월	캘리포니아주 팜스프링스 금강선원에서 삼년결사 돌입(~1998년).
1997년 12월	한국, 외환위기로 IMF체제 시작.
1998년 2월	유럽 발칸반도에서 코소보 사태 발발.
1998년 4월(75세)	팜스프링스 금강선원 삼년결사 회향, 귀국.
1998년 11월 15일	곡성 성륜사에서 순선안심법회 법문.
1998년 12월	지리산 칠불사 아자방선원에서 동안거 결제.
1999년 10월(76세)	미국 팜스프링스 금강선원에서 배나무 심다가 탈진.
2000년 6월	곡성 태안사에 금타의 탑비 조성. 남북정상회담 첫 개최.
2000년(77세)	7월 『지장기도법』 출간. 11월 『아미타불 수행법』 출간. 후반기 남원 실상사 조실 추대.
2000년 10월	조계종 원로의원 피선.
2000년 11월	제주도 토굴에서 수행하며 『육조단경』 역주 착수.
2001년 9월	미국에서 9·11 테러 발발.
2001년 10월 29일(78세)	합천 해인사에서 영가 천도재 법문.
2002년 3월(79세)	어록집 『진리의 길』 출간.
2002년 5월	서울 도봉산 광륜사 개원.
2002년 10월 27일	곡성 성륜사에서 『금강심론』 특별대법회 법문.
2003년 6월(80세)	『육조단경』 역주 출간.
2003년 6월13일	혜공 스님 입적.
2003년 6월15일	도봉산 광륜사에서 보살계 수계법회 법문. 마지막 대

중 법문.

2003년 11월 12일 밤 곡성 성륜사 조선당에서 열반. 법랍 56세.

2009년 3월 조계종 종헌 제110조 개정, 염불 수행 공식 인정.

2011년 5월 조계종 교육원 염불교육 의무화.

주석

서장 "나 갈라네, 승가는 화합이네"

1 『증일아함경』 제23권, 「제31품 증상품」 제8경(김윤수 역주, 『증일아함경』, 제2권, 도서출판 운주사, 2019), 526~527쪽 참고.

2 같은 글, 530쪽 참고.

3 같은 글, 527~528쪽.

4 정진백, 『성자의 삶』(사회문화원, 2004), 314쪽.

5 정진백, 같은 책, 314쪽; 남지심, 『청화 큰스님』, 제2권(랜덤하우스중앙, 2005b), 227쪽 참고.

6 정진백, 『성자의 삶』, 122쪽.

7 정진백, 같은 책, 122쪽.

8 정진백, 같은 책, 122쪽.

9 용타, 「무주당 청화 대종사 행장」, 유철주, 『위대한 스승 청화 큰스님』(상상출판, 2017), 24쪽.

10 KBS, 〈그대 고향에 이르렀는가〉(부처님 오신 날 특집 다큐멘터리, 2004.5.26).

11 청화의 마지막 날 모습 관련, 상좌 용타를 비롯해 무상, 강행원, 정해숙 등 많은 관계자들의 증언은 대체로 일치했다. 정진백, 『성자의 삶』, 122, 343쪽 참조.

12 정진백, 『성자의 삶』, 343~344쪽.

13 정진백, 같은 책, 352쪽.

14 정충신, "56년 동안 '한끼 공양' 수행 한국 불교 '대표적 선승' 청화스님 어젯밤 열반", ≪문화일보≫, 2003.11.13, 23면.

15 서정보, "12일 열반 청화스님 40여 년간 일일일식 장좌불와", ≪동아일보≫, 2003.11.14, A18면.

16 이재형, "40년 장좌불와…염불선 주창한 수행자 사표", ≪법보신문≫, 2003.

11.19, 기사 pdf.

17 정진백, 『성자의 삶』, 125쪽.

18 정진백, 같은 책, 125쪽.

19 청화, 「머리말」(1992.3.18), 청화 엮음, 『금강심론』(광륜출판사, 2009), 19쪽.

20 청화, 같은 글, 19쪽.

21 강옥구, 「청화 큰스님께서 미국에 오신 뜻은?」, ≪마음의 고향≫, 제13집(1994.2.20); 강옥구, 「온 세계에 한국 불교의 진면목을」, 청화큰스님어록간행위원회 엮음, 『진리의 길』, 제1권(사회문화원, 2002), 320쪽.

22 강옥구, 「온 세계에 한국 불교의 진면목을」, 320쪽.

23 서정보, "12일 열반 청화스님 40여 년간 일일일식 장좌불와", A18면.

24 이성수, "열반에 든 무주당 청화대종사 행장", ≪불교신문≫, 2003.11.18, 3면.

25 이재형, "40년 장좌불와…염불선 주창한 수행자 사표", ≪법보신문≫, 2003.11.19.

26 조은수, 「청화 선사의 사상과 수행법에 대한 소고」(청화사상연구회 제3차 세미나 발표 논문, 2007.3.10), 20쪽.

27 정진백, 『성자의 삶』, 308쪽.

28 이중표, 「청화 선사의 원통불법과 순선사상」(청화사상연구회 제3차 세미나 발표 논문, 2007.3.10), 13쪽. 논문은 2007년 3월 10일 서울 조계사 총무원에서 청화사상연구회 제3차 세미나에서 발표되었다.

29 김성순, 「한국불교 전적에 나타난 염불선의 계승과 발전」, ≪보조사상≫, 제59호(2021), 224쪽.

30 특히 용수 보살은 『대지도론』에서 "다른 삼매로는 능히 음욕을 제거하나 성냄을 제거하지 못"하지만, 염불삼매는 "갖가지 번뇌와 전생의 죄를 제거"할 수 있으며 "큰 복덕이 있어서 능히 중생을 제도"한다고 역설했다. 김성순, 「한국불교 전적에 나타난 염불선의 계승과 발전」, 225쪽 참고.

31 KBS, 〈그대 고향에 이르렀는가〉.

32 무상, 2022년 9월 인터뷰.

33 조은수, 「청화 선사의 사상과 수행법에 대한 소고」, 6쪽.

34 이재형, "40년 장좌불와…염불선 주창한 수행자 사표".

35 정진백, 『성자의 삶』, 346쪽.

36 정충신, "56년 동안 '한끼 공양' 수행 한국 불교 '대표적 선승' 청화스님 어젯밤 열반", 23면.

37 고선주, “곡성 성륜사 조실 청화스님 입적”, ≪무등일보≫, 2003.11.14, 18면.

38 이성수, “열반에 든 무주당 청화대종사 행장”, 3면.

39 정진백, 『성자의 삶』, 347~348쪽.

40 서정보, “12일 열반 청화스님 40여 년간 일일일식 장좌불와”, A18면.

제1장 고해의 바다, 탄생과 젊은 시절

1 강행원, 2022년 11월 인터뷰.

2 정진백, 『성자의 삶』, 34쪽.

3 강행원, 2022년 11월 인터뷰.

4 청화, 「성륜사 정기법회 법문」, ≪금강륜≫, 제60호(2000.8.6), 5쪽.

5 정진백, 『성자의 삶』, 14쪽 참고.

6 유철주, 『위대한 스승 청화 큰스님』(상상출판, 2017), 264쪽 참고.

7 강행원, 2022년 11월 인터뷰.

8 3월에 입학식을 하는 현재와 달리, 일제강점기에는 보통학교가 4월 5일에 입학식을 하고 수업이 시작됐다.

9 정진백, 『성자의 삶』, 14쪽.

10 강행원, 「무안이 낳은 청화스님의 삶과 인생」, ≪문화무안≫, 제4호(2004), 73쪽; 정진백, 『성자의 삶』, 14쪽.

11 강행원, 2022년 11월 인터뷰.

12 남지심, 『청화 큰스님』, 제1권(랜덤하우스중앙, 2005a), 57~58쪽 참고.

13 강행원, 「무안이 낳은 청화스님의 삶과 인생」, 74쪽.

14 정진백, 『성자의 삶』, 34쪽 재인용.

15 강행원, 2022년 11월 인터뷰.

16 젊은 호성과 그의 가족들에게 일본 유학을 권유한 교사는 미치코(美智子)라는 일본인 여교사였다고, 소설가 남지심은 확인했다. 남지심, 2022년 11월 인터뷰; 남지심, 『청화 큰스님』, 제1권, 58~71쪽 참고. 청화의 사촌 종제 강행원 역시 인터뷰에서 청화가 이 같은 계기에서 일본 유학을 가게 된 것은 맞는 것 같다고 말했다. 강행원, 2022년 11월 및 2023년 2월 인터뷰.

17 남지심, 『청화 큰스님』, 제1권, 64~89쪽 참고.

18 청화는 젊은 시절 일본에서 6년을 보냈다고 나중에 여러 차례 회고했다. 예를 들면, 1993년 8월 15일 광주불교청년회 8·15 특별 법회 법문에서 “저는 일본에서

한 6년 동안 지냈습니다만"라고 밝혔고, 1998년 4월 12일 팜스프링스 삼년결사 회향법회에서도 "20대에는 일본 들어가서 한 6년 동안 공부를 한다고 고향을 떠나 몹시 고향을 그리워했고"라고 회고했다. 청화, 「불성광명과 빛고을」, ≪마음의 고향≫, 제11집 1호(1993.8.15), 368쪽. 무주선원 블로그(이하 블로그 생략), https://mujuseonwon.tistory.com/7428511(검색일: 2023.9. 12); 청화, 「우주의 본성은 진여불성」, ≪금강륜≫, 제21호(1998.4.12), 1쪽 참고.

19 남지심, 『청화 큰스님』, 제1권, 107~117쪽 참고.

20 남지심, 같은 책, 118~127쪽 참고.

21 강행원, 2022년 11월 인터뷰.

22 청화, 「성륜사 정기법회 법문: 심즉시불」, ≪금강륜≫, 제59호(2000.6.4), 3쪽.

23 강행원, 2022년 11월 인터뷰.

24 강행원, 「무안이 낳은 청화스님의 삶과 인생」, 76쪽.

25 강호성이 운남소학교 교원이 된 시기와 관련, 강행원과 정진백 등은 무안 일로농업실수학교 졸업한 직후로, KBS 취재팀은 1941년, 남지심은 소설 『청화 큰스님』에서 형이 작고한 이듬해인 1944년으로 각각 다르게 추정했다. 여기에서는 ① 만약 강호성이 1940년 망운보통학교 교사 생활을 시작했다면 이듬해 다시 도일해 유학할 가능성이 낮다는 점, ② 그가 유학 중이던 1942년 급거 귀국해 결혼한 이후 1945년 징집 때까지 구체적인 행적이 파악되지 않는다는 점 등을 감안해 1944년 운남소학교에서 교사 생활을 시작했다는 남지심의 견해를 따랐다. 강행원, 「무안이 낳은 청화스님의 삶과 인생」, 76쪽; 남지심, 『청화 큰스님』, 제1권, 154쪽; 정진백, 『성자의 삶』, 16쪽; KBS, 「취재팀이 작성한 연보」(2003.12.3), 1쪽 참고.

26 강행원, 「무안이 낳은 청화스님의 삶과 인생」, 76쪽; 정진백, 『성자의 삶』, 18쪽.

27 정진백, 같은 책, 18쪽.

28 강행원, 2022년 11월 인터뷰; 강행원, 「무안이 낳은 청화스님의 삶과 인생」, 76쪽.

29 정진백, 『성자의 삶』, 19쪽.

30 강옥구, 「온 세계에 한국 불교의 진면목을」, 334쪽.

31 청화, 「백장암 동안거 용맹정진 법문」(1984.1.3), 백장암 동안거 용맹정진 법문 PDF 파일 73쪽. 무주선원, https://mujuseonwon.tistory.com/7825193(검색일: 2023.9.12).

32 정진백, 『성자의 삶』, 19쪽.

33 정진백, 같은 책, 26쪽.

34 청화, 「성륜사 정기법회 법문: 심즉시불」, 1쪽. 청화는 이듬해 3월 4일 성륜사 정기법회 법문에서도 이 시기를 다시 회고하는데, 친목계원의 규모나 사망 원인이 조금 다르다. 즉, 친목계원 수는 80명 정도였으며, 이들이 숨진 이유는 음주와 육식 등의 폭주 때문이었다고 회고한다. 청화, 「성륜사 정기법회 법문: 불이일원론」, ≪금강륜≫, 제38호(2001.3.4), 10쪽 참고.

35 강행원, 2022년 11월 인터뷰.

제2장 출가와 스승 금타, 새로운 출발

1 「순치황제 출가시」에서 책에 인용된 대목의 원문은 다음과 같다. "朕乃大地山河主 憂國憂民事轉煩 百年三萬六千日 不及僧家半日閒."

2 「순치황제 출가시」에서 책에 인용된 대목의 원문은 다음과 같다. "兒孫自有兒孫福 不爲兒孫作馬牛 … 莫道出家容易得 昔年累代重根基 … 十八年來不自由 山河大戰幾時休 我今撤手歸山去 那管千愁與萬愁."

3 청화, 「백장암 동안거 용맹정진 법문」, 72~73쪽.

4 「부설거사 사부시」에서 책에 인용된 대목의 원문은 다음과 같다. "妻子眷屬森如竹 金銀玉帛積似邱 臨終獨自孤魂逝 思量也是虛浮浮."

5 의상의 「법성게」에서 책에 인용된 대목의 원문은 다음과 같다. "一中一切多中一 一卽一切多卽一 一微塵中含十方 一切塵中亦如是 無量遠劫卽一念 一念卽是無量劫 九世十世互相卽 仍不雜亂隔別成."

6 「무장애연화삼매송」에서 책에 인용된 대목의 원문은 다음과 같다. "歸命本覺心法身 常住妙法心蓮臺 本來具足三身佛 三十七尊住心城 普門塵數諸三昧 遠離因果法然具 無邊德海本圓滿 還我頂禮心諸佛."

7 용타, 「무주당 청화 대종사 행장」, 18~19쪽.

8 이남덕, 「기획대담: 진여불성의 마음자리」, ≪불광≫(1994년 8월 호); 이남덕, 「진여불성의 마음자리」, 청화큰스님어록간행위원회 엮음, 『진리의 길』, 제1권(사회문화원, 2002), 307쪽.

9 강옥구, 「온 세계에 한국 불교의 진면목을」, 334쪽.

10 문정희, 「스페셜 인터뷰 청화 스님」, ≪힘≫(1996년 6월 호), 37쪽.

11 이남덕, 「기획대담: 진여불성의 마음자리」; 이남덕, 「진여불성의 마음자리」, 308쪽.

12 청화, 『원통불법의 요체』(광륜출판사, 2009), 419쪽.

13 '무연 거사'는 보영 스님의 부친이자, 운문암 공양주 보살이던 일연 스님의 남편

인 (박)대용 스님을 가리키는 것으로 추정된다. 대용 스님은 당초 재가 불자로서 금타 선사를 각별하게 따랐다가, 나중에 금타 선사를 은사로 출가를 했다. 그의 뒤를 이어 일연 스님도 출가했다. 보영, 2003년 11월 26일 및 11월 30일 인터뷰; 「청화 큰스님-보영스님」(2009.8.21). 나무아미타불 블로그, https://blog.naver.com/segyeilhwa/60088824867(검색일: 2023.9.30).

14 청화, 「백장암 동안거 용맹정진 법문」, 72~73쪽.

15 청화, 「참선은 무엇이며 어떻게 해야 올바른 참선인가 1」, ≪금강륜≫, 제89호(1985.7.31), 3쪽.

16 청화, 『원통불법의 요체』, 378쪽.

17 이남덕, 「기획대담: 진여불성의 마음자리」; 이남덕, 「진여불성의 마음자리」, 308쪽.

18 청화는 젊은 시절에는 억지로라도 장좌불와를 고집했지만 70세가 넘어서면서 더 이상 고집을 피우지 않았다고, 1992년 10월 〈뉴욕방송〉 대담에서 밝혔다. 장좌불와를 원칙으로 하되, 융통성 있게 적용하고 있다는 취지였다. 그는 이 같은 이야기를 1994년 2월 강옥구 시인과의 대담, 같은 해 이남덕 전 이화여대 교수와의 대담 등에서도 했다. 청화, 〈한마음 한 걸음: 하나가 되는 것〉, 뉴욕 방송, 1992.10.24, 음성 파일; 강옥구, 「온 세계에 한국 불교의 진면목을」, 336쪽; 이남덕, 「기획대담: 진여불성의 마음자리」; 이남덕, 「진여불성의 마음자리」, 308~309쪽 참고.

19 청화, 『안심법문』(광륜출판사, 2010), 288쪽.

20 이남덕, 「기획대담: 진여불성의 마음자리」; 이남덕, 「진여불성의 마음자리」, 308쪽.

21 청화, 『원통불법의 요체』, 419쪽.

22 벽산문도회 엮음, 2009, 『원통불법의 요체』, 서울: 광륜출판사, 419~420쪽.

23 법능, 「벽산약기」(1995), 무주선원, https://mujuseonwon.tistory.com/297837?category=1065044(검색일: 2023.9.12); 청화, 「벽산당 금타 대화상 탑비명」(2000.6.6).

24 법능, 「서언」, 『수능엄삼매론』(능현선원, 1987), 19~26쪽.

25 법능, 「벽산약기」.

26 법능, 같은 글.

27 김웅, 「내 문학에 깃들인 청화대선사 잔영」, ≪문화무안≫, 제4호(2004), 119쪽 참고.

28 금타가 만해 한용운에게 심우장의 땅 50여 평을 기부했다는 내용이 담긴 김관호

의 「심우장 견문기」 대목은 다음과 같다. "(한용운) 선생이 성북동에 오시게 된 일은, 김정국 씨의 소유 가옥이 있었는데, 김 씨가 동아일보 오사카지국장으로 임명됨으로써 공가로 있게 돼, 김정국 씨의 형 김철중 씨가 원래 선생을 존경하는 친분이 있어 자청해 그 집을 허용하여 거주하는 동안에, 자주 방문하는 김벽산 스님(금타)이 자기가 초당을 지으려고 송림 중에 52평을 매수해 둔 것이 있었으나 번의하고 선생에게 드리겠으니 몇 칸을 지어보시라고 진언하므로, 비로소 건축을 생의했으나, 최소한 약 1000원가량의 비용이 소요되는데, 부인 유 씨의 소지금 약간과 홍순필 씨, 방응모 씨, 박광 씨, 윤상태 씨, 김적음 스님 외 몇 분의 시주를 받았으나 연접된 토지 52평을 부득이 매수하게 돼 약 300여 원 부족이 생했는데, 홍순필 씨의 주선으로 300원을 종로금융조합으로부터 차용하고 월부로 변상하다가 100원이 남았었는데, 선생 장례 후에 김병호(용담) 씨가 자담 변상하고 필자가 그 저당 등기 말소 절차를 했다." 김관호의 「심우장 견문기」에 나오는 '김벽산'은 금타를 의미한다. 김관호, 「심우장 견문기」, 전보삼, 『한용운사상연구』, 2권(민족사, 1981), 280~281쪽.

29 법능, 「서언」, 20쪽.

30 법능, 「벽산약기」.

31 법능, 같은 글.

32 금타, 「보리방편문」(1943), 청화 엮음, 『금강심론』(광륜출판사, 2009), 58~59쪽; 안성대원사, 『법요집』(2017), 52~53쪽 참고.

33 금타가 견성오도한 날짜와 관련해 「벽산약기」에는 1936년 10월 27일(음력)로, 「벽산당 금타 대화상 탑비명」에는 11월 27일로 각각 적혀 있다. 여기에서는 「벽산당 금타 대화상 탑비명」의 기록을 따랐다. 법능, 「벽산약기」; 청화, 「벽산당 금타 대화상 탑비명」.

34 법능, 「벽산약기」.

35 법능, 같은 글; 청화, 「벽산당 금타 대화상 탑비명」.

36 금타의 오도송 원문은 다음과 같다. "荷團稜尖是眞實 風吹雨打非幻境 絮蝶飛處生蓮華 錐端鏡面放金光."

37 청화, 『원통불법의 요체』, 666~667쪽.

38 백광식, 2022년 9월 인터뷰.

39 이남덕, 「기획대담: 진여불성의 마음자리」; 이남덕, 「진여불성의 마음자리」, 309쪽.

40 청화는 『육조단경』을 역주하던 2000년 동안거(2000.11.10~2001.2.7) 기간 제주 표선 토굴에서 가진 여섯 번째 소참 법문에서 금타가 은사 만암과 우주론 등에

서 대립하기도 했다고 설명했다. 청화, 「육조단경 소참 법문」(2000.11.10~2001.2.7), 89쪽 참고.

41 청화, 『원통불법의 요체』, 667쪽.

42 이성수, "근현대 선지식의 천진면목: 벽산 금타", ≪불교신문≫, 제2568호(2009.10.24), 12면.

43 법능, 「벽산약기」.

44 금타, 「우주의 본질과 형량」(1942.6.9), 청화 엮음, 『금강심론』(광륜출판사, 2009), 320쪽; 배광식 편저, 『금강심론 주해』, 제3권(뜨란, 2019), 69~71쪽.

45 금타, 「우주의 본질과 형량」, 324쪽.

46 청화, 「(우주의 본질과 형량) 머리말」, 『금강심론』(광륜출판사, 2009), 318쪽.

47 금타, 「우주의 본질과 형량」, 356~357쪽 참고. 성겁 초기부터 공겁 최후까지의 기간과 관련, 「기세경」을 비롯해 기존 불교 사상에서는 80증감법이 소요될 것으로 분석했다고 청화는 말했다. 청화, 『원통불법의 요체』, 467~472쪽 참고.

48 금타, 「우주의 본질과 형량」, 373쪽.

49 금타, 같은 글, 435쪽.

50 청화, 「(우주의 본질과 형량) 머리말」, 319쪽.

51 청화, 같은 글, 318~319쪽.

52 강옥구, 「온 세계에 한국 불교의 진면목을」, 345쪽.

53 배광식 편저, 『금강심론 주해』, 제3권, 605쪽.

54 배광식, 2022년 9월 인터뷰.

55 법능, 「벽산약기」.

56 금타, 「보리방편문」, 58쪽; 배광식 편저, 『금강심론 주해』, 제1권, 96쪽.

57 금타, 같은 글, 58쪽.

58 금타, 같은 글, 58~59쪽; 배광식 편저, 『금강심론 주해』, 제1권, 111쪽; 안성대원사, 『법요집』, 52~53쪽 참고. 이하 「보리방편문」은 청화의 번역을 기본 내용으로 정리했다.

59 금타, 「보리방편문」, 58쪽; 배광식 편저, 『금강심론 주해』, 제1권, 111~112쪽; 안성대원사, 『법요집』, 52~53쪽.

60 청화, 『원통불법의 요체』, 300~301쪽.

61 청화, 「일러두기」, 청화 엮음, 『금강심론』(광륜출판사, 2009), 26쪽.

62 금타, 「보리방편문」, 67~68쪽.

63 금타, 「반야바라밀다심경의 독해」(1944), 청화 엮음, 『금강심론』(광륜출판사, 2009), 57쪽; 배광식 편저, 『금강심론 주해』, 제1권, 83쪽.

64 금타, 「해탈 16지」(1944), 청화 엮음, 『금강심론』(광륜출판사, 2009), 151쪽; 배광식 편저, 『금강심론 주해』, 제1권, 492~493쪽.

65 금타는 「해탈 16지」에서 제5~14지까지를 연각과 성문, 보살의 단계라고 한 반면, 청화의 '수도의 위차표'에서는 제15지 유위지도 보살지로 구분하고 있다. 여기에서는 청화의 견해에 따랐다. 금타, 「해탈 16지」, 152쪽; 청화, 『원통불법의 요체』, 598~599쪽.

66 청화, 『원통불법의 요체』, 562~563쪽.

67 청화, 「일러두기」, 『금강심론』, 27쪽.

68 청화 , 『원통불법의 요체』, 561~562쪽.

69 청화, 같은 책, 639쪽.

70 금타, 「호법단 4차 성명서」(1945.9.19), 청화 엮음, 『금강심론』(광륜출판사, 2009), 121쪽.

71 금타, 같은 글, 121쪽.

72 청화는 『금강심론』 머리말에선 "정법을 호지하는 의미의 호법단을 조직해 종교 일반의 일원화를 도모한 웅지는 참으로 종교 중흥의 여명을 밝히는 찬연한 서광이 아닐 수 없다"고 호평했지만, 한편으론 1992년 3월 태안사 금강선원 특별법회 법문에선 "앞으로 중요한 논쟁거리가 될 문제"라고 걱정하기도 했다. 청화, 「머리말」, 『금강심론』, 21쪽; 청화, 『원통불법의 요체』, 640쪽 참고.

73 청화, 『원통불법의 요체』, 420쪽.

74 법능, 「벽산약기」.

75 금타, 「수릉엄삼매도결 상편」(1946), 청화 엮음. 『금강심론』(광륜출판사, 2009), 157쪽; 배광식 편저, 『금강심론 주해』, 제2권(뜨란, 2018), 56~57쪽.

76 금타, 「수릉엄삼매도결 상편」, 157쪽; 배광식 편저, 『금강심론 주해』, 제2권, 60쪽.

77 지웅, "선지식을 찾아서 설령산 성륜사 조실 청화 스님", ≪승가대신문≫, 2000. 9.27, 기사 pdf.

78 청화, 「일러두기」, 『금강심론』, 27~28쪽.

79 법능, 「서언」, 22쪽 참고.

80 법능, 같은 글, 22~23쪽 참고.

81 법능, 같은 글, 24쪽.

82 법능, 같은 글, 24쪽.

83 금타, 「관음문자」, 『금강심론』(광륜출판사, 2009), 94쪽.

84 금타, 같은 글, 104쪽.

85 법능, 「서언」, 21쪽.

86 강행원, 2023년 2월 인터뷰. 강행원은 젊은 시절 생전 일연에게서 금타의 열반 이야기를 흥미진진하게 직접 들었다고 기억했다.

87 청화, 『원통불법의 요체』, 667쪽.

88 청화, 「금타 대화상 탑비봉안 회향법회 법문」(2000.10.15), 한글 파일, 2~3쪽.

89 청화, 「벽산당 금타 대화상 탑비명」.

90 청화, 「금타 대화상 탑비봉안 회향법회 법문」, 10쪽.

91 청화, 『원통불법의 요체』, 667쪽.

92 청화, 「금타 대화상 탑비봉안 회향법회 법문」, 1쪽.

93 청화, 『원통불법의 요체』, 19쪽.

94 배광식, 2022년 9월 인터뷰.

95 청화, 『원통불법의 요체』, 419쪽.

제3장 현대사와 불교 정화의 격류 속에서

1 청화, 『원통불법의 요체』, 246쪽.

2 김웅, 「내 문학에 깃들인 청화대선사 잔영」, 114쪽.

3 청화, 「천지우주는 바로 지금 참선을 하고 있습니다(1)」(1989.3.19), ≪광륜≫, 제13호(2005년 봄). 무주선원, https://mujuseonwon.tistory.com/7820926(검색일: 2023.9.12); 청화, 「천지우주는 바로 지금 참선을 하고 있습니다(2)」(1989.3.19), ≪광륜≫, 제14호(2005년 여름). 무주선원, https://mujuseonwon.tistory.com/7820933?category=1014373(검색일: 2023.9.12); 청화, 「천지우주는 바로 지금 참선을 하고 있습니다(3)」(1989.3.19), ≪광륜≫, 제15호(2005년 가을). 무주선원, https://mujuseonwon.tistory.com/7820934?category=1014373(검색일: 2023.9.12)

4 청화, 「일승삼보」(1992.3.1), 무상 및 명원스님 엮음, 『청화 스님의 불교핵심교리 설법』(상상출판, 2018), 197쪽.

5 김웅, 「내 문학에 깃들인 청화대선사 잔영」, 113쪽.

6 김웅, 「오리수습」, ≪현대문학≫, 통권 279호(1978), 105쪽.

7 정진백, 『성자의 삶』, 26쪽.

8 김웅, 「내 문학에 깃들인 청화대선사 잔영」, 116쪽.

9 남지심, 『청화 큰스님』, 제2권, 110쪽.

10 정진백, 『성자의 삶』, 27쪽.

11 보영의 아버지 법명과 관련, 책에서는 대용 스님으로 정리한다. 보영, 2003년 11월 26일 및 11월 30일 인터뷰; 「청화큰스님-보영스님」, 나무아미타불 블로그; 김영동, 「혜산스님과 본정과의 대화」(2008.8), 한글 파일; 유철주, 『위대한 스승 청화 큰스님』, 70쪽 참고.

12 보영, 같은 인터뷰; 같은 글.

13 보영, 2003년 11월 26일 및 11월 30일 인터뷰; 「청화큰스님-보영스님」, 나무아미타불 블로그.

14 정진백, 『성자의 삶』, 28쪽.

15 정진백, 같은 책, 28쪽.

16 청화, 『안심법문』, 289쪽.

17 정진백, 『성자의 삶』, 28쪽.

18 김웅, 「내 문학에 깃들인 청화대선사 잔영」, 125쪽.

19 강행원, 「무안이 낳은 청화스님의 삶과 인생」, 82쪽.

20 청화가 젊은 시절 탁발할 때 자주 낭송하던 『법구경』 게송의 원문은 다음과 같다. "如蜂集華 不嬉色香 但取昧去 仁入聚然."

21 청화, 「백장암 동안거 용맹정진 법문」, 27쪽.

22 정진백, 『성자의 삶』, 28쪽.

23 "새로운 태고종을 향한 빛과 그림자: ③ 어제와 오늘, 그리고 내일", ≪한국불교신문≫, 2019.8.22. http://www.kbulgyonews.com/news/articleView.html?idxno=31586(검색일:2023.9.30).

24 같은 글.

25 김택근, 『성철 평전』(모과나무, 2017), 367쪽 참고.

26 김택근, 같은 책, 369~373쪽 참고.

27 청화, 로스앤젤레스 금강선원 삼년결사 회향법회 법문(1998.4.5), 음성 파일.

28 청화, 『원통불법의 요체』, 640쪽.

29 청화, 「백장암 동안거 용맹정진 법문」, 60쪽.

30 청화, 같은 글, 60쪽.

31 청화, 「참선의 기초」(1985.1.21), 벽산문도회 엮음, 『정통선의 향훈』(광륜출판사, 2008), 94쪽.

32 김웅, 「내 문학에 깃들인 청화대선사 잔영」, 119쪽 참고.

제4장 치열한 구도와 만행

1 대지 선사의 게송 「영득한인송(贏得閑人頌)」 원문은 다음과 같다. "幸作福田衣下身 乾坤贏得一閑人 有緣卽住無緣去 一任淸風送白雲."

2 청화, 『원통불법의 요체』, 439쪽.

3 강행원은 2023년 2월 인터뷰에서 자신이 처음 진불암에서 행자 생활을 한 것은 중학교 2학년 시절이었고, 고등학교 2학년 시절 다시 한번 진불암에 들어갔다고 말했다. 이는 기존 책 내용과 조금 다른 부분이다. 유철주, 『위대한 스승 청화 큰스님』, 268쪽 참고.

4 김웅, 「내 문학에 깃들인 청화대선사 잔영」, 118쪽 참고.

5 청화, 「가평 반야사 증명법회 법문」(1998.5.18), 음성 파일.

6 금산, 「나의 행자시절: 선재라 대장부여! 장하도다 대장부여!」, ≪월간 해인≫(2005.10), 제284호, 32쪽.

7 정진백, 『성자의 삶』, 31쪽.

8 강옥구, 「온 세계에 한국 불교의 진면목을」, 337쪽.

9 「특별 인터뷰 태안사 금강선원장 금산스님」, ≪미주현대불교≫, 제33호(1993.1), 기사 pdf.

10 박원구, "45년간 청화스님 시봉한 정신안 보살", ≪현대불교≫, 2003.11.17. http://www.hyunbulnews.com/news/articleView.html?idxno=191996(검색일: 2023.9.30).

11 청화는 대처승 박영희 스님의 학식을 높이 평가했다고, 소설가 김웅은 2004년 ≪문화무안≫에 발표한 글에서 전했다. 김웅, 「내 문학에 깃들인 청화대선사 잔영」, 119쪽 참고.

12 임혜봉, 「박영희」, 『친일 승려 108인: 끝나지 않은 역사의 물음』(청년사, 2005), 195~203쪽 참고.

13 금산, 「나의 행자시절: 선재라 대장부여! 장하도다 대장부여!」, 33쪽.

14 강행원, 「무안이 낳은 청화스님의 삶과 인생」, 84쪽.

15 금산, 「나의 행자시절: 선재라 대장부여! 장하도다 대장부여!」, 33쪽.

16 이성수, "열반에 든 무주당 청화대종사 행장", 3면.

17 김웅, 「내 문학에 깃들인 청화대선사 잔영」, 119쪽 참고.

18 초의 선사는 대흥사의 제13대 대종사로 알려져 있다. 청화는 1995년 1월 미국 카멀 삼보사에서 연 순선안심탁마법회에서 초의 선사를 대흥사의 12대 대종사라고 소개하는데, 13대를 착각한 것으로 추정된다. 청화, 『안심법문』, 321쪽 참고.

19 청화, 같은 책, 321쪽.

20 청화, 같은 책, 321쪽.

21 청화, 『원통불법의 요체』, 386쪽.

22 김웅, 「내 문학에 깃들인 청화대선사 잔영」, 120쪽.

23 무자쿠 도추 선사의 게송 「쇼우소린(小叢林)청규」의 원문은 다음과 같다. "迷故三界城 悟故十方空 本來無東西 何處有南北."

24 김웅, 「내 문학에 깃들인 청화대선사 잔영」, 126쪽.

25 용타, 2022년 9월 인터뷰.

26 유철주, 『위대한 스승 청화 큰스님』, 269쪽.

27 용타, 2022년 9월 인터뷰. 청화의 추강사 시절 인연이 닿았던 강행원 역시 2022년 11월 전화 인터뷰에서 비슷한 취지의 이야기를 전했다.

28 유철주, 『위대한 스승 청화 큰스님』,184쪽 참고.

29 청화, 「보리방편문 설법」, ≪마음의 고향≫, 제8집(1989.4.30), 255쪽. 무주선원, https://mujuseonwon.tistory.com/6898888(검색일: 2023.9.12).

30 정진백, 『성자의 삶』, 35쪽.

31 「백장청규」는 당나라 백장 선사가 선종의 대중화와 체계화를 위해서 인도에서 전해진 계율과 중국에서 새롭게 추가된 규칙을 집대성하고 실정에 맞게 고쳐서 수행자가 지켜야 할 규율로 정리한 규율이다. 당시 독립된 사원도 없고 제도와 의식조차 정비되지 않았던 중국 선종은 이를 계기로 독립적인 교단을 형성하게 됐다는 평가다.

32 김웅, 「내 문학에 깃들인 청화대선사 잔영」, 129쪽.

33 청화, 「반야와 정견」, ≪마음의 고향≫, 제4집 2호(1992.8.30), 118~119쪽. 무주선원, https://mujuseonwon.tistory.com/5995544(검색일: 2023.9.12).

34 청화, 같은 글, 118~119쪽.

35 강옥구, 「온 세계에 한국 불교의 진면목을」, 337쪽.

36 청화, 「반야와 정견」, 118~119쪽.

37 청화, 같은 글, 118~119쪽.

38 강옥구, 「온 세계에 한국 불교의 진면목을」, 337쪽.

39 강옥구, 같은 글, 336쪽.

40 강옥구, 같은 글, 336~337쪽.

41 청화, 「반야와 정견」, 118~119쪽.

42 청화는 백장암 토굴에서 수행할 당시 무아를 증득하지 못해서 방벽에 무아라는 글자를 무수히 썼다고 여러 차례 고백했다. 1984년 1월 백장암 동안거 용맹정진 법문과 1992년 8월 광주청년불자회 법문 이외에도 2003년 4월 불교TV 무상사 개원법회 법문 등에서도 회고했다. 청화, 「불교TV 무상사 개원식 초청법회 법문」, ≪금강륜≫, 제4호(2003.4.22), 2쪽 참고.

43 청화, 「백장암 동안거 용맹정진 법문」, 35쪽.

44 강행원, 「무안이 낳은 청화스님의 삶과 인생」, 87쪽; 정진백, 『성자의 삶』, 39쪽.

45 보영, 「나의 행자시설: 청화 스님을 기리며」, ≪월간 해인≫, 제272호(2004. 10), 33쪽.

46 청화, 「백장암 동안거 용맹정진 법문」, 114쪽.

47 유철주, 『위대한 스승 청화 큰스님』, 74쪽.

48 유철주, 같은 책, 74쪽 참고.

49 유철주, 같은 책, 75쪽 참고.

50 청화, 『안심법문』, 70쪽.

51 청화, 같은 책, 249쪽.

52 김웅, 「내 문학에 깃들인 청화대선사 잔영」, 120쪽.

53 최석환, 「인물 연구: 성륜사 조실 청화 선사」, ≪불교춘추≫, 제8호(1997.11), 23쪽.

54 강행원, 2022년 11월 인터뷰.

55 김웅, 「내 문학에 깃들인 청화대선사 잔영」, 128쪽.

56 강행원, 「무안이 낳은 청화스님의 삶과 인생」, 90쪽.

57 보영, 「나의 행자시설: 청화 스님을 기리며」, 33쪽. 이하 보영 스님의 태안사 금식 기도 이야기는 이 글을 참고했다.

58 보영, 같은 글, 33쪽.

59 용타, 2022년 9월 인터뷰.

60 청화, 「타성일편」, ≪마음의 고향≫, 제3집 2호(1991.12.6), 90쪽. 무주선원, https://mujuseonwon.tistory.com/5911966(검색일: 2023.9.12).

61 청화, 「무상정변지」, ≪마음의 고향≫, 제6집 1호(1988.1.26). 무주선원, https://mujuseonwon.tistory.com/6563007(검색일: 2023.9.12)

62 남지심, 『청화 큰스님』, 제2권, 109~110쪽.

63 강옥구, 「온 세계에 한국 불교의 진면목을」, 338쪽.

64 인용된 게송 「근고청중」의 원문은 다음과 같다. "生死事大 無常迅速 寸陰可惜 愼勿放逸."

65 청화스님문도회 엮음, 「청화 큰스님 행장」, 『마음, 부처가 사는 나라』(도서출판 이른아침, 2004), 228쪽.

66 정진백, 『성자의 삶』, 191쪽 참고.

67 강행원, 「무안이 낳은 청화스님의 삶과 인생」, 91쪽.

68 청화는 1967년 구례 오산 사성암에서 동안거 용맹정진 도중 활연히 대오한 것으로 알려져 있다. 1967년 동안거 용맹정진은 12월 31일(음력 12월 1일) 시작됐다는 점에서, 청화의 오도 시기는 1968년 1월 초일 것으로 추정된다.

69 보영, 2003년 11월 26일 및 11월 30일 인터뷰; 「청화큰스님-보영스님」, 나무아미타불 블로그.

70 강행원, 「무안이 낳은 청화스님의 삶과 인생」, 91쪽.

71 강행원, 2023년 2월 인터뷰.

72 청화가 가까운 권속의 잘못을 대신 받아들였다는 증언은 대주뿐만 아니라 사촌동생 강행원, 제자 무상 등 모두 일관됐다. 유철주, 『위대한 스승 청화 큰스님』, 171쪽; 강행원, 2023년 2월 인터뷰; 무상, 2022년 9월 인터뷰.

73 구치소는 형사피의자 또는 형사피고인 같은 미결수를 임시적으로 수용하는 시설인 반면, 교도소는 범죄 혐의가 인정된 사람이 형벌을 받기 위해 복역하는 장소이다. 다만, 사형수의 경우 형이 구체적으로 집행된 것이 아니기 때문에 교도소가 아닌 구치소에 수감된다. 따라서 청화는 많은 사형수들을 만난 곳은 구치소일 것으로 추정된다.

74 청화, 『원통불법의 요체』, 266쪽.

75 남지심, 『청화 큰스님』, 제2권, 70쪽 참고.

76 김영동, 「혜산스님과 본정과의 대화」, 한글 파일.

77 강행원, 2023년 2월 인터뷰.

78 강행원, 같은 인터뷰.

79 김영동, 「혜산스님과 본정과의 대화」, 한글 파일.

80 법능 편, 『수릉엄삼매론』.

81 정진백, 『성자의 삶』, 48쪽.

82 정진백, 같은 책, 48쪽.

83 정진백, 『성자의 삶』, 49쪽.

84 정진백, 『성자의 삶』, 48쪽.

85 용타, 2022년 9월 인터뷰.

86 유철주, 『위대한 스승 청화 큰스님』, 183쪽.

87 김웅, 「내 문학에 깃들인 청화대선사 잔영」, 121쪽.

88 정진백, 『성자의 삶』, 51쪽.

89 용타, 2022년 9월 인터뷰.

90 유철주, 『위대한 스승 청화 큰스님』, 61쪽.

91 유철주, 같은 책, 61쪽.

제5장 사상의 정립과 하화중생의 모색

1 청화는 스스로 일생 동안 다섯 번의 삼년결사를 했다고 밝혀왔다. 상견성암 삼년결사(1978~1981)와 태안사 삼년결사(1985~1988), 팜스프링스 금강선원 삼년결사(1995~1998), 세 번의 삼년결사는 확인되지만, 나머지 두 번의 삼년결사는 확인되지 않고 있다. 시기적으로 살펴보면, 두륜산이나 지리산 시절에 이뤄졌지 않았을까 추측할 뿐이다.

2 무상, 2022년 9월 인터뷰; 배광식, 2022년 9월 인터뷰 참고.

3 무상, 같은 인터뷰.

4 박원구, "45년간 청화스님 시봉한 정신안 보살", ≪현대불교≫.

5 정진백, 『성자의 삶』, 52쪽.

6 박원구, "45년간 청화스님 시봉한 정신안 보살", ≪현대불교≫.

7 청화, 「머리말」, 『금강심론』, 21쪽.

8 청화, 같은 글, 23쪽.

9 청화, 같은 글, 25쪽.

10 청화, 같은 글, 21쪽.

11 청화, 「일러두기」, 『금강심론』, 26쪽.

12 청화, 같은 글, 26쪽.

13 청화 엮음, 『금강심론』(광륜출판사, 2009), 15쪽.

14 청화 엮음, 같은 책, 14쪽.

15 청화 편역, 「무량수경」, 『정토삼부경』(성륜각, 2000), 94쪽.

16 청화 편역, 「관무량수경」, 『정토삼부경』(성륜각, 2000), 274쪽.

17 청화 편역, 「아미타불」, 『정토삼부경』(성륜각, 2000), 327쪽.

18 무상, 2022년 9월 인터뷰.

19 청화, 「머리말」, 청화 편역, 『정토삼부경』(성륜각, 2000), 21쪽.

20 청화, 같은 글, 22쪽.

21 청화, 같은 글, 23쪽 참고.

22 청화, 같은 글, 24~25쪽.

23 조은수, 「청화 선사의 사상과 수행법에 대한 소고」, 7쪽 참고.

24 이중표, 「청화선사의 원통불법과 순선사상」, 15쪽.

25 청화, 「서귀포 소참 법문」(2000.2), 한글 파일.

26 월인, 「특별초대석: 수행승 중의 수행승, 월인 스님」, ≪불일회보≫(1994.6). https://m.cafe.daum.net/pokyodang/5oiR/91(검색일: 2023.9.30).

27 청화, 「서귀포 소참 법문」(2000.2), 음성 및 한글 파일.

28 조은수, 「청화 선사의 사상과 수행법에 대한 소고」, 4쪽.

29 조은수, 같은 글, 7쪽.

30 무송, "무송스님 칼럼: 구병시식", ≪가야일보≫, 2018.11.5. http://www.gayailbo.com/news/articleView.html?idxno=3704(검색일: 2023.9.30).

31 청화, 『원통불법의 요체』, 265쪽.

32 청화, 같은 책, 609~610쪽.

33 청화, 같은 책, 613쪽.

34 성철, 『선문정로』(서울: 불광출판사, 1981), 28~29쪽.

35 성철, 같은 책, 28~29쪽.

36 성철, 같은 책, 3~4쪽.

37 성철, 같은 책, 209쪽.

38 정진백, 『성자의 삶』, 175쪽.

39 정진백, 같은 책, 170~171쪽.

40 청화 옮김, 『약사경』(서울: 금륜출판사, 1992), 75~76쪽.

41 청화 옮김, 같은 책, 103쪽.

42 청화, 「머리말」, 『약사경』, 11쪽.

43 청화, 같은 글, 10쪽.

44 청화, 같은 글, 10쪽.

45 청화, 「일러두기」, 『약사경』, 13쪽.

46 정진백, 『성자의 삶』, 57~58쪽.

47 정진백, 같은 책, 57~58쪽.

48 정진백, 같은 책, 174쪽.

49 문치상, "가장 바람직한 얼굴", ≪전북신문≫, 1983.1.10; 청화, 『정통선의 향훈』(광륜출판사, 2008), 284쪽.

50 문치상, "가장 바람직한 얼굴"; 청화, 『정통선의 향훈』, 292쪽.

51 청화의 나이나 수행력 등에 비춰보면 이전에도 언론 인터뷰를 했을 가능성도 있다. 다만, 현재까지 남아 있는 확인된 자료를 살펴본 결과, 이때가 그의 첫 언론 인터뷰로 분석됐다.

52 문치상, "가장 바람직한 얼굴"; 청화, 『정통선의 향훈』, 285~286쪽.

53 문치상, 같은 글; 청화, 같은 책, 289쪽.

54 문치상, 같은 글; 청화, 같은 책, 289쪽.

55 문치상, 같은 글; 청화, 같은 책, 287쪽.

56 문치상, 같은 글; 청화, 같은 책, 291쪽.

57 문치상, 같은 글; 청화, 같은 책, 292쪽.

68 문치상, 같은 글; 청화, 같은 책, 292쪽.

59 박선자, 2022년 11월 전화 인터뷰.

60 정진백, 『성자의 삶』, 160쪽.

61 이재형, "옛 스님들의 편지: 청화가 보영에게", ≪법보신문≫, 2005.9.22. http://www.beopbo.com/news/articleView.html?idxno=38067; 정진백, 『성자의 삶』, 58쪽 참고.

62 청화, 「무량광불과 바른 신앙」(1983.10.22), ≪광륜≫, 제16호(2005년 겨울). 무주선원, https://mujuseonwon.tistory.com/7820941(검색일: 2023.9.12)

63 청화, 같은 글.

64 청화, 같은 글.

65 청화, 「무량광불과 바른 신앙」(1983.10.22), 음성 파일.

66 청화, 같은 음성 파일.

67 청화, 「광주 원각사 백일기도 입제 법문」(1983.11.20), 음성 파일.

68 청화, 같은 음성 파일.

69 청화, 같은 음성 파일.

70 청화, 같은 음성 파일.

71 청화, 같은 음성 파일.

72 청화가 이날 인용한 보조 지눌의 법문 원문은 다음과 같다. "自性淸淨 自性解脫 悟後 離垢淸淨 離垢解脫."

73 청화, 「광주 원각사 백일기도 입제 법문」, 음성 파일.

74 청화, 같은 음성 파일.

75 청화, 「금타대화상 열반재일 법문」, ≪금강륜≫, 제10호(2002.3.7), 1쪽.

76 배광식, 2022년 9월 인터뷰.

77 청화, 「백장암 동안거 용맹정진 법문」, 5쪽.

78 청화, 같은 글, 5쪽.

79 청화가 법문에서 인용한 달마의 「관심론」 구절의 원문은 다음과 같다. "若能了心修道 則省功而易成 若不了心而修道 乃費功而無益."

80 청화가 법문에서 인용한 달마의 「혈맥론」 구절의 원문은 다음과 같다. "外息諸緣 內心無喘 心如牆壁 可以入道."

81 청화는 『반야심경』의 "색수상행식의 오온이 모두 비어 있음을 비춰보면 일체의 고액을 넘어설 수 있다(照見五蘊皆空 度一切苦厄)"는 구절을 인용해 공사상을 설명했다.

82 청화가 공사상을 설명하기 위해 인용한 『금강경』 부분은 "만약 내가 원래 없다는 것을 통달했다면, 부처가 말씀하시길 참다운 보살이니라(若菩薩通達無我法者 如來說名眞是菩薩)"라는 구절이었다.

83 청화는 이날 법문에서 공사상을 설명하기 위해 『반야심경』, 『금강경』 등의 경전뿐만 아니라 "꿈속에서는 지옥·아귀·축생·수라·인간·천상의 육취가 분명히 있더니 깨달은 뒤에 보니 삼천대천세계가 텅 비어 없구나(夢裏明明有六趣 覺後空空無大千)"라는 영가 현각의 「증도가」나, "만약 마니보배를 얻으려고 하면 가죽주머니 같은 몸뚱이를 놓아버려야 한다(若得獲寶 放下皮囊)"라는 「초발심자경문」의 구절 등도 활용했다.

84 청화, 「백장암 동안거 용맹정진 법문」, 20~21쪽.

85 청화, 같은 글, 21쪽.

86 청화, 같은 글, 21쪽.

87 청화, 같은 글, 36쪽.

88 청화, 같은 글, 41쪽.

89 청화, 같은 글, 42쪽.

90 청화, 같은 글, 56쪽.

91 청화, 같은 글, 59~60쪽.

92 청화, 같은 글, 69쪽.

93 청화, 같은 글, 71쪽.

94 청화, 같은 글, 77쪽.

95 청화, 같은 글, 76~77쪽.

96 청화가 이날 법문에서 인용한 『무문관』 구절의 원문은 다음과 같다. "至道無難, 唯嫌揀擇, 但莫憎愛, 洞然明白."

97 청화가 이날 법문에서 소개한 한시 「계성산색」은 다음과 같다. "시냇물 소리가 바로 부처님 말씀이요/ 산 빛은 부처님의 청정법신 아니겠는가/ 밤새 들려온 팔만사천 게송/ 뒷날 어떻게 사람들에게 보여줄까(溪聲便是長廣舌 山色豈非淸淨身 夜來八萬四千偈 他日如何擧似人)."

98 청화, 「백장암 동안거 용맹정진 법문」, 96쪽.

99 청화, 같은 글, 101쪽.

100 청화가 이날 인용한 『법암록』 구절의 원문은 다음과 같다. "休去歇去 鐵樹開花."

101 청화, 「백장암 동안거 용맹정진 법문」, 100쪽.

102 청화, 같은 글, 106쪽.

103 청화, 같은 글, 114쪽.

104 청화, 같은 글, 118쪽.

105 청화, 같은 글, 118쪽.

106 정진백, 『성자의 삶』, 274쪽. 백장암에서 재가 불자와의 용맹정진 시기에 대해, 성초 스님은 1984년이라고 기억했다.

107 청화, 「참선의 바른 길」, 벽산문도회 엮음, 『정통선의 향훈』(광륜출판사, 2008), 62쪽.

108 『정통선의 향훈』 등에는 청화가 소참 법문을 한 안성 칠장사 성도재일 용맹정진이 언제 시작됐는지 정확히 나와 있지 않지만, 당시 성도재일(음력 12월 8일)이 1985년 1월 28일이었고, 성도재일 용맹정진의 경우 보통 성도재일을 앞두고 일주일 전에 시작되며, 실제 청화의 마지막 용맹정진 법문이 성도재일 당일에 이뤄졌다는 점을 종합적으로 감안하면 1월 20일부터 시작된 것으로 추정된다.

109 청화, 「참선의 바른 길」, 62쪽.

110 무상, 2022년 9월 인터뷰; 박선자, 2022년 11월 전화 인터뷰; 배광식, 2022년 9월 인터뷰 참고.

111 강행원, 「무안이 낳은 청화스님의 삶과 인생」, 96쪽.

112 청화, 「참선의 바른 길」, 59쪽.

113 청화, 같은 글, 66쪽.

114 청화, 「참선의 기초」, 97쪽.

115 청화, 같은 글, 95쪽.

116 청화, 「실상염불 참선 삼매」(1985.1.22), 『정통선의 향훈』(광륜출판사, 2008), 112쪽.

117 청화, 같은 글, 121쪽.

118 청화, 2008, 「본성과 현상」(1985.1.23), 벽산문도회 엮음, 『정통선의 향훈』, 130쪽. 광륜출판사: 2008.

119 청화, 같은 글, 143쪽.

120 청화, 2008, 「참선의 장애」(1985.1.24), 『정통선의 향훈』, 156~157쪽.

121 청화, 2008, 「마음의 성품」(1985.1.25), 『정통선의 향훈』, 187쪽.

122 과학자들은 각종 논문에서 세포 종류와 그 숫자를 바탕으로 보통 한 사람의 몸 안에는 대략 37조 개의 세포가 있을 것으로 추정하고 있다. 이들 세포들은 끊임없이 변화하는데, 하루에 약 3300억 개의 세포가 새로 만들어지거나 사라지는 것으로 추정된다. 다만 대뇌피질의 뇌세포와 시각피질의 시각 세포의 경우 인간의 수명과 함께하는 것으로 알려져 있다. E. Bianconi et al., "An estimation of the number of cells in the human body," *Annals of Human Biology*, Vol.40, No.6(2013 Nov-Dec), pp.463~471. DOI: 10.3109/03014460.2013.807878; 곽노필, "우리 몸은 1초에 380만 개의 세포를 교체한다", ≪한겨레≫, 2021.1.27. https://www.hani.co.kr/arti/science/science_ general/980558.html(검색일: 2023.9.30).

123 청화, 「무아의 수행」(1985.1.23), 벽산문도회 엮음, 『정통선의 향훈』(광륜출판사, 2008), 198~199쪽.

124 청화, 「불성공덕과 그 관조」(1985.1.27), 벽산문도회 엮음, 『정통선의 향훈』(광륜출판사, 2008), 246쪽.

125 청화, 「성도의 장엄」(1985.1.28), 벽산문도회 엮음, 『정통선의 향훈』(광륜출판사, 2008), 279쪽.

126 청화, 같은 글, 279쪽.

127 용타, 「무주당 청화 대종사 행장」, 19쪽.

128 강행원, 「무안이 낳은 청화스님의 삶과 인생」, 96~97쪽.

제6장 태안사 시대와 회상의 형성

1 청화, 「19850408-참선의 바른길 2집 01-1(을축년부처님오신날)」(1985.4.8), 음성 파일 참고.

2 청화, 같은 음성 파일 참고.

3 유철주, 『위대한 스승 청화 큰스님』, 78쪽.

4 용타, 「무주당 청화 대종사 행장」, 23쪽.

5 김윤세, 「'무아 무소유'의 삶을 살아야」(1987.5.6), 벽산문도회 엮음, 『정통선의 향훈』(광륜출판사, 2008), 305쪽; 유철주, 『위대한 스승 청화 큰스님』, 179쪽 참고.

6 유철주, 같은 책, 161쪽.

7 청화, 「태안사 삼년결사 입제 법문」(1985.11.26), 음성 파일.

8 청화, 같은 음성 파일.

9 청화, 같은 음성 파일.

10 청화, 같은 음성 파일.

11 청화, 「삼년결사 발원문」, ≪금륜≫, 제3호(1986.7.1), 3쪽.

12 청화, 「태안사 3년결사 해제 회향법어」(1988.3.3), 벽산문도회 엮음, 『안거법어』(광륜출판사, 2009), 116쪽.

13 청화, 「만선동귀」, ≪마음의 고향≫, 제6집 2호(1988.3.5), 220쪽. 무주선원, https://mujuseonwon.tistory.com/6671845(검색일: 2023.9.12)

14 유철주, 『위대한 스승 청화 큰스님』, 88쪽 참고.

15 청화, "마음의 세계", ≪강천회보≫, 1987.1.1, 기사 pdf.

16 최하림, "참마음세계 오면 사회악 사라져", ≪전남일보≫, 1989.6.30; 청화, 1985/2008, 벽산문도회 엮음, 『정통선의 향훈』, 서울: 광륜출판사, 326쪽 참고.

17 청화, 『안심법문』, 261쪽.

18 청화, 「태안사 3년결사 해제 회향법어」, 114쪽.

19 청화, 같은 글, 132쪽.

20 청화, 「만선동귀」, 210쪽.

21 청화, 같은 글, 211쪽.

22 청화, 같은 글, 223쪽.

23 청화, 같은 글, 223쪽.

24 정충신, "56년 동안 '한끼 공양' 수행 한국 불교 '대표적 선승' 청화스님 어젯밤 열

반", 23면.

25 청화가 주도한 신행 단체 '금륜회'가 결성된 시기는 확실치 않지만, 회지인 ≪금륜≫이 1986년 5월에 발간되기 시작하고, 광주 금륜회관 역시 그해 12월에 마련된 것을 감안하면 1986년 4월 전후 결성된 것으로 추정된다. 이와 관련, 배광식은 2022년 9월 인터뷰에서 "금륜회가 결성되면서 회지 ≪금륜≫을 발행(1986년 5월)하기 시작했다"고 말했고, 『위대한 스승 청화 큰스님』에선 "큰스님께서 1985년부터 삼년결사에 들어가시면서 사부 대중을 아우르는 금륜회를 창립하셨고, ≪금륜회보≫를 창간하셨다"고 말했다. 유철주, 『위대한 스승 청화 큰스님』, 294쪽 참고.

26 청화, 「영가천도법문」, ≪마음의 고향≫, 제11집 2호(1993.11.12), 372쪽. 무주선원, https://mujuseonwon.tistory.com/7519979(검색일: 2023.9.12)

27 청화, 「광주 금륜회관 개관을 맞아 …」, ≪금륜≫, 제9호(1987.1.1), 6쪽.

28 나금주, 「인사 말씀」, ≪금륜≫, 제9호(1987.1.1), 6쪽.

29 청화, 「금륜의 첫걸음」, ≪금륜≫, 제1호(1986.5), 1쪽.

30 청화, 같은 글, 2쪽.

31 청화, 「안심법문」, ≪금륜≫, 제6호(1986.10.1), 1쪽.

32 정해숙, 2022년 11월 인터뷰.

33 청화, 「광주 금륜회관 개관을 맞아 …」, 5쪽.

34 청화, 같은 글, 5쪽.

35 배광식, 2022년 9월 인터뷰.

36 용타, 「무주당 청화 대종사 행장」, 22쪽.

37 박선자, 2022년 11월 전화 인터뷰.

38 최석환, 「인물 연구: 성륜사 조실 청화 선사」, 16쪽.

39 최석환, 같은 글, 16쪽 재인용.

40 남지심, 2022년 11월 인터뷰.

41 최석환, 「인물 연구: 성륜사 조실 청화 선사」, 17쪽.

42 최석환, 같은 글, 17쪽.

43 박선자, 2022년 11월 전화 인터뷰.

44 정진백, 『성자의 삶』, 97쪽.

45 청화, 「정해당 추월선사 49재 천도법어」(1987), 벽산문도회 엮음, 『영가천도법어』(광륜출판사, 2009), 132쪽.

46 청화, 같은 글, 132~133쪽.

47 청화, 같은 글, 134쪽.

48 청화, 「OOO와 유가족을 위한 49재 천도법어」(1987.3.28), 벽산문도회 엮음, 『영가천도법어』(광륜출판사, 2009), 163쪽.

49 유철주, 『위대한 스승 청화 큰스님』, 179쪽.

50 유철주, 같은 책, 155~158쪽.

51 청화, 「우주는 하나의 생명체이다」, ≪마음의 고향≫, 제12집 2호(1993.10.24), 412~413쪽, 무주선원, https://mujuseonwon.tistory.com/7751346(검색일: 2023.9.12).

52 지웅, "선지식을 찾아서: 설령산 성륜사 조실 청화 스님".

53 무송, "무송스님 칼럼: 구병시식", ≪가야일보≫.

54 정해숙, 2022년 11월 인터뷰.

55 청화, 「해인사 천도법어」(2001.10.29), 벽산문도회 엮음, 『영가천도법어』(광륜출판사, 2009), 26~27쪽.

56 청화, 같은 글, 26~27쪽.

57 청화, 같은 글, 29쪽.

58 청화, 같은 글, 32~36쪽.

59 청화, 「천지우주는 바로 지금 참선을 하고 있습니다」.

60 청화, 같은 글.

61 청화는 1984년 2월 25일 백장암에서 박병섭 거사와 「보리방편문」에 대한 대담을 가졌다. 청화, 「백장암 「보리방편문」 질의응답」(1984.2.25), 음성 파일.

62 청화, 「보리방편문 설법」, 259쪽.

63 청화, 같은 글, 276쪽.

64 청화, 같은 글, 277쪽.

65 청화, 「일여평등」, ≪마음의 고향≫, 제4집 3호(1992.9.5), 133~134쪽. 무주선원, https://mujuseonwon.tistory.com/6049539(검색일: 2023.9.12)

66 유철주, 『위대한 스승 청화 큰스님』, 99쪽.

67 청화, 「우주는 영원한 생명의 빛」, ≪마음의 고향≫, 제27집(1993.2). 무주선원, https://mujuseonwon.tistory.com/7823225(검색일: 2023.9.12)

68 청화는 소련의 몰락 원인이 유물론과 물질주의 때문이라고 2001년 3월 제주 자성원 법문을 비롯해 2001년 8월 성륜사 우람분절 보살계 수계식 법문, 2003년 2월 성륜사 동안거 해제 법문 등 여러 차례 강조했다. 청화, 「제주 자성원 법문: 하나의 도리를 떠나지 않고 공부해야」(2001.3), 한글 파일; 청화, 「성륜사 우람

분절 보살계 수계식 법문: 금강보계」, ≪금강륜≫, 제77호(2001. 8.5), 3쪽; 청화, 「성륜사 동안거 해제 법문」, ≪금강륜≫, 제80호(2003.2.15), 7~8쪽 참고.

69 청화, 「우주는 영원한 생명의 빛」, ≪마음의 고향≫.

70 청화, 『원통불법의 요체』, 18쪽.

71 청화가 태안사 금강선원에서 스승 금타 선사의 『금강심론』 개정판 출간을 기념해 참선 수행의 수증론을 포함해 7일간의 연속 법문, 이른바 '태안사 금강선원 특별법회 법문'을 한 시기를 둘러싸고 '1992년 (3월)'과 '1993년 (3월)'으로 갈리는 것으로 보인다. 당시 청화의 연속 법문을 묶은 『원통불법의 요체』의 머리말에는 연속 법문 시기에 대해 "불기 2537년 임술 2월(음력)"이라고 적시해 1993년 3월에 이뤄졌다고 밝히고 있고, 강행원(2004)의 「무안이 낳은 청화스님의 삶과 인생」과 정진백(2004)의 『성자의 삶』 역시 모두 1993년 이뤄졌다고 적었다. 반면, 오랫동안 청화의 음성과 영상, 텍스트 자료를 모으고 정리해 온 김영동은 파일 자료에서 '1992년 3월'로 적고 있다. '1993년 3월'은 청화가 미주 순회법회와 동안거 결제를 마치고 귀국한 시점이어서 연속 법문이 이뤄졌을 가능성을 배제할 수는 없지만, 금타의 『금강심론』 개정판이 1992년 3월에 출간된 데다가 연속 법문 내용에는 미국에서의 경험이나 이야기가 전혀 담겨 있지 않다는 점에서 1992년 3월 연속 법문이 이뤄졌을 가능성이 높은 것으로 추정된다. 이에 따라, 책에선 그 시기를 1992년 3월로 정리한다. 강행원, 「무안이 낳은 청화스님의 삶과 인생」; 정진백, 『성자의 삶』; 청화, 『원통불법의 요체』.

72 배광식, 2022년 9월 인터뷰.

73 청화, 『원통불법의 요체』, 31쪽.

74 청화, 같은 책, 31쪽.

75 청화, 같은 책, 31쪽.

76 청화, 같은 책, 45쪽.

77 청화가 깨달은 뒤에도 습기를 제거하기 위해서 불염오 수행이 필요하다는 주장의 논거로 제시한 『전등록』의 「남악장」 원문은 다음과 같다. "曰 說似一物卽不中 六祖問 還可修證否 讓云 修證不無 染汚卽不得 六祖曰 只是不染汚 諸佛之所護念 汝亦如是 吾亦如是."

78 청화, 『원통불법의 요체』, 32~38쪽 참고.

79 청화, 같은 책, 73쪽.

80 청화, 같은 책, 44쪽.

81 청화, 같은 책, 46~47쪽.

82 청화, 같은 책, 71쪽.

83 청화, 같은 책, 73쪽.

84 무상, 2022년 9월 인터뷰.

85 청화, 『원통불법의 요체』, 156~172쪽.

86 몸과 마음은 4대 5온이 인연에 따라 잠시 합쳐진 공이지만, 사대와 오온이 실제 있다는 주장이다.

87 오시교는 석가모니 부처가 성도 이후 행한 법문을 성도 직후 21일간 『화엄경』을 설하는 화엄시, 12년간 녹야원 등에서 『아함경』을 설하는 녹야시, 8년간 『유마경』 등 대승경전을 설하는 방등시, 22년간 『반야경』을 설하는 반야시, 8년간 『법화경』을 설하고 하루 밤낮 『열반경』을 설하는 법화열반시로 구분하는 천태종의 이론이다.

88 청화, 『원통불법의 요체』, 174~205쪽.

89 청화, 같은 책, 206~217쪽.

90 청화, 같은 책, 77쪽.

91 청화, 같은 책, 94쪽.

92 '판치생모(板齒生毛)'는 판때기 같은 앞니에서 털이 나온다는 뜻. 『조주록』에 나오는 조주 선사의 대표적인 화두 공안 가운데 하나다. "어떤 스님이 조주 스님에게 물었다. '무엇이 조사가 서쪽에서 오신 뜻입니까?' 조주가 말했다. 판치생모이니라(趙州因僧問 如何是祖師西來意 師曰 板齒生毛)."

93 청화, 『원통불법의 요체』, 244쪽.

94 청화, 같은 책, 300~301쪽.

95 청화, 같은 책, 294쪽.

96 청화, 「『금강심론』 특별대법회 법문 제2부」, ≪금강륜≫, 제9호(2002.10.27), 6쪽.

97 청화, 『원통불법의 요체』, 447쪽.

98 석가모니 부처는 『기세경』에서 비구들에게 다음과 같이 우주와 물질에 대해 이야기한 바 있다. "비구들아, 이 삼천대천세계는 동시에 성립되며, 동시에 성립된 뒤에 다시 무너지며, 동시에 무너지고 난 뒤에 다시 도로 성립되며, 동시에 성립되고 나서 편안히 머무르게 된다. 이와 같이 세계가 두루 다 타버리면 무너졌다('散壞')고 하고, 두루 다 일어나면 성립되었다('成立')하며, 두루 머무르면 편안히 머무른다('安住')라고 하니, 이것이 두려움 없는 한 부처님 세계('一佛刹土')의 중생들이 사는 곳이 된다." 『기세경』, 제1권, 「1. 염부주품」, 동국대 역경원, 『한글대장경』, 제19권(K0660 v19), 3쪽, https://abc.dongguk.edu/ebti/c2/sub1.jsp

99 청화, 『원통불법의 요체』, 465쪽.

100 스티븐 호킹은 『시간의 역사』에서 "최소한 우주는 앞으로 100억 년 동안은 수축을 시작하지 않을 것"이라고 전망했다. 스티븐 호킹, 『그림으로 보는 시간의 역사』, 김동광 옮김(까치글방, 1998), 191~192쪽 참고.

101 청화, 『원통불법의 요체』, 471쪽.

102 아누(阿耨)는 진공(眞空)과 인허(隣虛), 극미(極微), 미(微)를 함축한 금진(金塵) 이상의 칠미합성(七微合成)의 극미를, 아누색(阿耨色)이란 진공의 체(體)에 묘유의 사성(四性)과 사상(四相)을 구비한 금진 이상의 합칭을 의미한다.

102 청화, 같은 책, 473쪽.

103 청화, 같은 책, 473쪽.

104 청화, 같은 책, 479쪽.

105 청화, 「일대사인연」, ≪마음의 고향≫, 제10집 1호(1993.7.28), 329쪽. 무주선원, https://mujuseonwon.tistory.com/7163427(검색일: 2023.9.12).

106 청화, 「우주는 영원한 생명의 빛」, ≪마음의 고향≫.

107 청화, 『원통불법의 요체』, 561~562쪽.

108 청화, 같은 책, 626쪽.

109 청화, 같은 책, 665~666쪽.

110 청화, 같은 책, 672쪽.

111 청화, 같은 책, 676~677쪽.

112 조은수, 「청화 선사의 사상과 수행법에 대한 소고」, 2쪽.

113 청화, 「고향 가는 길」, ≪마음의 고향≫, 제1집 1호(1991.8.4), 6쪽. 무주선원, https://mujuseonwon.tistory.com/5745692(검색일: 2023.9.12).

114 청화, 같은 글, 7~8쪽.

115 청화, 같은 글, 13쪽.

116 청화, 같은 글, 17쪽.

117 청화, 「금타 대화상 탑비봉안 회향법회 법문」, 10쪽.

118 청화, 같은 글, 9쪽.

119 청화, 같은 글, 9쪽.

120 청화, 같은 글, 9쪽.

121 무상, 2022년 9월 인터뷰.

122 유철주, 『위대한 스승 청화 큰스님』, 171~174쪽.

123 유철주, 같은 책, 240~242쪽 참고.

124 박선자, 2022년 11월 전화 인터뷰.

125 박선자, 같은 인터뷰.

126 박선자, 같은 인터뷰.

127 유철주, 『위대한 스승 청화 큰스님』, 158쪽.

128 유철주, 같은 책, 170쪽.

129 유철주, 같은 책, 200쪽 참고.

130 정해숙, 2022년 11월 인터뷰.

131 유철주, 『위대한 스승 청화 큰스님』, 34쪽.

132 유철주, 같은 책, 35쪽.

133 유철주, 같은 책, 35쪽.

134 유철주, 같은 책, 35쪽.

135 유철주, 같은 책, 39쪽.

136 유철주, 같은 책, 214쪽.

137 용타, 2022년 9월 인터뷰.

138 정진백, 『성자의 삶』, 317~318쪽 참고.

139 유철주, 『위대한 스승 청화 큰스님』, 38쪽.

제7장 붕정만리 성화미주

1 청화, 「뉴욕 원각사 국제 보살수계 법회 법문」(1992.10.25), 영상 파일.

2 청화, 같은 영상 파일.

3 청화, 「태안사 정기법회 법문」(1993.3.7), 음성 파일.

4 청화, 「≪미주현대불교≫ 창간 3주년 초청 법문」(1992.10.25), 음성 파일.

5 청화, 「김형근 미주현대불교 편집인에게 보내는 편지」(1992.6.15), 사진 파일.

6 청화, 「태안사 정기법회 법문」, 음성 파일.

7 청화, 같은 음성 파일.

8 김형근, 「불교가 가장 합리적이고 보편적이며 궁극적인 가르침」, ≪미주현대불교≫, 제33호(1993.1); 청화, 1985/2008, 벽산문도회 엮음, 『정통선의 향훈』(광륜출판사, 2008), 333쪽 참고.

9 청화, 「부처님의 가르침은 생명의 원리」, ≪미주현대불교≫, 제32호(1992.10.

28); 청화, 「동체대비」, ≪마음의 고향≫, 제7집 2호(1992.10.28), 237~238쪽. 무주선원, https://mujuseonwon.tistory.com/6796186(검색일: 2023. 9.12).

10 청화, 「태안사 정기법회 법문」, 음성 파일.

11 청화, 〈한마음 한 걸음: 하나가 되는 것〉.

12 김광선, 「청화스님을 모시고」, ≪미주현대불교≫, 제32호(1992.12), 62쪽.

13 청화, 〈한마음 한 걸음: 하나가 되는 것〉.

14 청화, 같은 음성 파일.

15 강옥구, 「청화 큰스님께서 미국에 오신 뜻은?」; 강옥구, 「온 세계에 한국 불교의 진면목을」, 317쪽.

16 강옥구, 같은 글; 강옥구, 같은 글, 317쪽.

17 이은자, "청화 큰스님 인터뷰: '기독교 불교 이슬람 3대 종교 회통할 때 세계평화 이뤄져'", ≪현대불교≫, 제171호, 1998.4.22, 기사 pdf.

18 「서부 대륙에 가부좌튼 한국선풍」, ≪미주한국불교≫, 1995.11.1, 기사 pdf.

19 강옥구, 「온 세계에 한국 불교의 진면목을」, 317쪽.

20 「서부 대륙에 가부좌튼 한국선풍」, ≪미주한국불교≫, 1995.11.1, 기사 pdf.

21 청화, 「태안사 정기법회 법문」, 음성 파일.

22 청화, 같은 음성 파일.

23 청화, 「부처님의 가르침은 생명의 원리」; 청화, 「동체대비」, 239쪽.

24 청화, 같은 글; 청화, 같은 글, 239쪽.

25 청화, 「태안사 정기법회 법문」, 음성 파일.

26 김광선, 「청화스님을 모시고」, 63쪽.

27 김광선, 같은 글, 63쪽.

28 김광선, 같은 글, 62쪽.

29 대한불교금륜회, 「큰스님 소식」, ≪금륜회보≫, 제4호(1993.1.20), 1쪽.

30 이은자, "청화 큰스님 인터뷰: '기독교 불교 이슬람 3대 종교 회통할 때 세계평화 이뤄져'".

31 청화, 〈한마음 한 걸음: 나가 되는 것〉.

32 강옥구, 「온 세계에 한국 불교의 진면목을」, 336쪽.

33 강옥구, 같은 글, 336쪽.

34 청화, 「태안사 정기법회 법문」, 음성 파일.

35 청화, 같은 음성 파일.

36 김형근, 「불교가 가장 합리적이고 보편적이며 궁극적인 가르침」; 청화, 1985/2008, 벽산문도회 엮음, 『정통선의 향훈』(광륜출판사, 2008), 340쪽.

37 김형근, 같은 글, 352쪽.

38 대한불교금륜회, 「큰스님 소식」, 1쪽.

39 청화, 「하이랜드 스프링 금강선원 동안거 해제 법문」(1993.2.5), 음성 파일.

40 청화, 같은 음성 파일.

41 청화, 「태안사 정기법회 법문」, 음성 파일.

42 대한불교금륜회, 「큰스님 소식」, 1쪽.

43 대한불교금륜회, 같은 글, 1쪽.

44 청화, 「광명금강보계」, ≪마음의 고향≫, 제9집 1호(1993.5.23), 292~293쪽. 무주선원, https://mujuseonwon.tistory.com/7021043(검색일: 2023.9.12)

45 청화, 「우주는 영원한 생명의 빛」, ≪마음의 고향≫.

46 청화, 같은 글.

47 청화, 「태안사 정기법회 법문」, 음성 파일.

48 청화, 같은 음성 파일.

49 청화, 같은 음성 파일.

50 청화, 같은 음성 파일.

51 김형근, 「불교가 가장 합리적이고 보편적이며 궁극적인 가르침」; 청화, 1985/2008, 벽산문도회 엮음, 『정통선의 향훈』(광륜출판사, 2008), 340쪽; 청화, 「태안사 정기법회 법문」, 음성 파일 참고.

52 청화, 같은 음성 파일.

53 청화, 같은 음성 파일.

54 청화, 같은 음성 파일.

55 청화, 「불성광명과 빛고을」, 354~355쪽.

56 청화, 같은 글, 354~355쪽.

57 강옥구, 「온 세계에 한국 불교의 진면목을」, 333쪽.

58 청화, 「진여연기」, ≪마음의 고향≫, 제12집 1호(1993.9.5), 무주선원, https://mujuseonwon.tistory.com/7635253(검색일: 2023.9.12); 여태동, "특별법문 현대를 살아가는 지혜: 성륜사 조실 청화 스님", ≪불교신문≫, 1998.9.22, 11면; 청화, 「성륜사 정기법회 법문: 염불참선」, ≪금강륜≫, 제74호(2000.7.2), 1~2쪽; 청화, 「성륜사 보살계 수계식 법문」, ≪금강륜≫, 제29호(2002.8.4), 1쪽 참고.

59 청화, 「진여연기」, 380쪽.

60 청화, 같은 글, 383쪽.

61 청화, 같은 글, 398쪽.

62 청화, 「우주는 하나의 생명체이다」, 409쪽.

63 김광선, 「미주 최초의 삼년결사지 팜스프링스 금강선원」, ≪미주현대불교≫, 제69호(1997.**), 기사 pdf.

64 청화, 1993.11.28, 「카멀 삼보사 동안거 결제 법어」, 음성 파일.

65 청화, 「카멀 삼보사 동안거 결제 법어」(1993.11.28), 음성 파일.

66 청화, 같은 음성 파일.

67 청화, 같은 음성 파일.

68 배광식, 2022년 9월 인터뷰.

69 용타, 「무주당 청화 대종사 행장」, 22쪽.

70 강옥구, 「온 세계에 한국 불교의 진면목을」, 333~334쪽.

71 정교용, "일요 인터뷰: 눕지 않고 40년 수행 조계종 큰어른 청화스님", ≪중앙일보≫, 1992.5.10, 5면.

72 청화, 『안심법문』, 25쪽.

73 청화, 같은 책, 25쪽.

74 2010년에 출간된 책 『안심법문』의 편집자 주석(4쪽)이나 정진백(2004)의 책 『성자의 삶』(83쪽) 등은 순선안심탁마법회가 7일간 카멀 삼보사에서 열린 것으로 기록했지만, 각종 음성 및 영상 자료, 법문 내용을 분석한 결과 3일간 이뤄졌을 가능성 큰 것으로 보인다. 이 책에선 3일간 이뤄진 것으로 정리한다.

75 무상, 2022년 9월 인터뷰; 박선자, 2022년 11월 전화 인터뷰; 배광식, 2022년 9월 인터뷰 참고.

76 청화, 『안심법문』, 28쪽.

77 청화, 같은 책, 30~31쪽.

78 청화가 법문에서 인용한 『관무량수경』 대목의 원문은 다음과 같다. "是故汝等心想佛時 是心卽是三十二相八十隨形好 是心作佛是心是佛."

79 청화, 『안심법문』, 37쪽.

80 청화, 같은 책, 41~71쪽.

81 청화, 같은 책, 97~101쪽.

82 예를 들면, 다음의 「요한일서」(5장 1~8절) 부분도 삼위일체론을 담고 있는 구절

가운데 하나로 꼽힌다. "예수께서 그리스도이심을 믿는 자마다 하나님께로부터 난 자니 또한 낳으신 이를 사랑하는 자마다 그에게서 난 자를 사랑하느니라. 우리가 하나님을 사랑하고 그의 계명들을 지킬 때에 이로써 우리가 하나님의 자녀를 사랑하는 줄을 아느니라. 하나님을 사랑하는 것은 이것이니 우리가 그의 계명들을 지키는 것이라 그의 계명들은 무거운 것이 아니로다. 무릇 하나님께로부터 난 자마다 세상을 이기느니라. 세상을 이기는 승리는 이것이니 우리의 믿음이니라. 예수께서 하나님의 아들이심을 믿는 자가 아니면 세상을 이기는 자가 누구냐. 이는 물과 피로 임하신 이시니 곧 예수 그리스도시라 물로만 아니요 물과 피로 임하셨고 증언하는 이는 성령이시니 성령은 진리니라. 증언하는 이가 셋이니, 성령과 물과 피라 또한 이 셋은 합하여 하나이니라."

83 박선자, 2022년 11월 전화 인터뷰.

84 청화, 『안심법문』, 174쪽.

85 청화, 같은 책, 174쪽.

86 청화, 같은 책, 188쪽.

87 청화, 같은 책, 263~264쪽.

88 청화사상연구회장 박선자 경상대 명예교수는 한국 현대불교의 화두선 중심의 법집 현상과 관련해 "중국 북송의 대혜 종고 스님이 창안한 것으로 알려진 화두선이 고려 시대 한국에 전래된 이래 조선시대 억불숭유 정책으로 중국을 비롯한 다양한 해외 불교 사상과의 교류가 막힌 상황에서 화두선이 토착화했고, 화두선을 주장하는 그룹이 한국 불교 내의 패권을 잡게 되면서 화두선만이 최고의 정통 수행법이고 염불이나 묵조 등 다른 수행법에 대해선 외도처럼 배척하려는 경향이 생겨난 것 같다"고 분석하기도 했다. 박선자, 2022년 11월 전화 인터뷰.

89 청화, 『안심법문』, 266쪽.

90 청화, 같은 책, 323쪽.

91 청화, 같은 책, 352쪽.

92 청화, 같은 책, 109쪽.

93 청화, 같은 책, 144쪽.

94 청화, 같은 책, 333쪽. 청화가 인용한 「요한복음」(8장 12~16절, 개역개정판)의 원문은 다음과 같다. "예수께서 또 말씀하여 이르시되 나는 세상의 빛이니 나를 따르는 자는 어둠에 다니지 아니하고 생명의 빛을 얻으리라. 바리새인들이 이르되 네가 너를 위하여 증언하니 네 증언은 참되지 아니하도다. 예수께서 대답하여 이르시되 내가 나를 위하여 증언하여도 내 증언이 참되니 나는 내가 어디서 오며 어디로 가는 것을 알거니와 너희는 내가 어디서 오며 어디로 가는 것을 알지 못하

느니라. 너희는 육체를 따라 판단하나 나는 아무도 판단하지 아니하노라. 만일 내가 판단하여도 내 판단이 참되니 이는 내가 혼자 있는 것이 아니요 나를 보내신 이가 나와 함께 계심이라."

95 청화, 『안심법문』, 171쪽. 청화가 인용한 「마태복음」(22장 35~40절, 개역개정판)의 원문은 다음과 같다. "그중(바리새인들)의 한 율법사가 예수를 시험하여 묻되, 선생님 율법 중에서 어느 계명이 크나이까, 예수께서 이르시되, 네 마음을 다하고 목숨을 다하고 뜻을 다하여 주 너의 하나님을 사랑하라 하셨으니 이것이 크고 첫째 되는 계명이요, 둘째도 그와 같으니 네 이웃을 네 자신 같이 사랑하라 하셨으니, 이 두 계명이 온 율법과 선지자의 강령이니라."

96 청화, 같은 책, 201쪽.

97 청화, 같은 책, 54쪽.

98 청화, 같은 책, 146쪽.

99 청화, 같은 책, 178쪽.

100 청화, 같은 책, 99쪽 및 145쪽 등 참고.

101 청화, 같은 책, 146쪽.

102 청화, 『마음의 고향』(광륜사, 2002); 청화, 『안심법문』. 청화의 '순선안심탁마법회' 내용을 정리한 책으론 2002년판 『마음의 고향』과 2010년판 『안심법문』이 대표적이다. 『마음의 고향』은 청화의 당시 법문을 그대로 살린 반면, 『안심법문』은 청화의 겸양 표현 등이 많이 빠져 있다.

103 정진백, 『성자의 삶』, 97쪽.

104 「서부대륙에 가부좌튼 한국선풍」, ≪미주한국불교≫, 1995.11.1, 기사 pdf.

105 청화는 1998년 5월 광주금륜회 불자교화 대법회에서 "제가 삼년결사만 하더라도 다섯 번째나 했다"고 말했고, 다시 11월 15일 성륜사 순선안심법회 법문에서도 "삼년결사도 아마 다섯 번 이상은 했다"고 거듭 확인했다. 상견성암과 태안사, 팜스프링스 삼년결사는 확인되지만, 나머지 두 번은 언제 어디에서 했는지 정확히 확인되지는 않고 있다. 만약 분명히 밝혀진 삼년결사 외에 두 번의 더 삼년결사가 더 있었다면, 상견성암 이전에 했을 가능성이 높아 보인다. 청화, 「광주금륜회 불자교화 대법회 법문」(1998.5), 음성 파일; 청화, 「성륜사 순선안심법회 법문 2」, ≪금강륜≫, 제72호(1998.11.15), 6쪽 참고.

106 문정희, 「스페셜 인터뷰 청화 스님」, 34쪽.

107 문정희, 같은 글, 39쪽.

108 청화, 「광주금륜회 불자교화 대법회 법문」.

109 김광선, 「청화큰스님 삼년결사 회향 법어」.

110 청화, 「광주금륜회 불자교화 대법회 법문」.

111 「서부 대륙에 가부좌튼 한국선풍」, ≪미주한국불교≫, 1995.11.1, 기사 pdf.

112 김광선, 「청화큰스님 삼년결사 회향 법어」.

113 청화, 「광주금륜회 불자교화 대법회 법문」.

114 청화, 「성륜사 정기법회 법문: 일체중생 실유불성」, ≪금강륜≫, 제18호(2001.9.2), 11쪽.

115 김광선, 「청화큰스님 삼년결사 회향 법어」.

116 김광선, 「미주 최초의 삼년결사지 팜스프링스 금강선원」.

117 문정희, 「스페셜 인터뷰 청화 스님」, 36쪽.

118 문정희, 같은 글, 34쪽.

119 김광선, 「청화큰스님 삼년결사 회향 법어」.

120 김광선, 같은 글.

121 청화, 「광주 능인불교회관 개원법회 법문: 관심 법문 2」, 무주서원 블로그 pdf, 31~33쪽. mu.

121 김인경, "조계종 원로의원 청화 스님 특별인터뷰: '아미타불이 여러분의 참이름입니다'", ≪법보신문≫, 2002.5.15, 11면.

122 김인경, 같은 글, 11면.

123 청화, 「광주 능인불교회관 개원법회 법문: 안심법문 2」(1999.4.11), 31~33쪽. 무주선원, http://mujuseonwon.tistory.com/7824655(검색일: 2023.9.30).

124 청화, 같은 글, 31~33쪽.

125 김인경, "조계종 원로의원 청화 스님 특별인터뷰: '아미타불이 여러분의 참이름입니다'", 11면.

126 청화, 「광주금륜회 합동 영가천도법회 법문: 일체존재는 한 생명체」, ≪금강륜≫, 제20호(1995.5.28), 10~11쪽.

127 대한불교금륜회, 「큰스님 근황」, ≪금륜회보≫, 제12호(1997.2.1), 1쪽.

128 청화, 「가평 반야사 증명법회 법문」, 음성 파일.

129 청화, 같은 음성 파일.

제8장 마음을 깨치면 모두 부처

1 청화, 「우주의 본성은 진여불성」, 1쪽.

2 청화, 같은 글, 11쪽.

3 청화, 같은 글, 12쪽.

4 청화, 같은 글, 14쪽.

5 청화, 같은 글, 14쪽.

6 청화, 같은 글, 14쪽.

7 청화, 같은 글, 17쪽.

8 청화, 같은 글, 13쪽.

9 이은자, "청화 큰스님 인터뷰: '기독교 불교 이슬람 3대 종교 회통할 때 세계평화 이뤄져'".

10 여태동, "특별법문 현대를 살아가는 지혜: 성륜사 조실 청화 스님", 11면.

11 여태동, 같은 글, 11면.

12 김상일, 「화엄십찰 귀신사 영산전 낙성식을 다녀와서」(1998.11.23). http://ziwol.net/a/huki/19981123a.htm(검색일: 2023.9.30).

13 남지심, 『청화 큰스님』, 제2권, 198~199쪽 참고.

14 정진백, 『성자의 삶』, 95쪽.

15 정진백, 같은 책, 95쪽.

16 청화, 「성륜사 순선안심법회 법문 3」, ≪금강륜≫, 제73호(1998.11.15), 13쪽.

17 청화, 같은 글, 2~3쪽.

18 청화, 같은 글, 4쪽.

19 청화, 같은 글, 8쪽.

20 청화, 같은 글, 8~9쪽.

21 청화, 같은 글, 8쪽.

22 청화, 같은 글, 8쪽.

23 청화, 같은 글, 2쪽.

24 청화가 이날 읽고 해석한 『능가사자기』의 「도신장」 제5조 원문은 다음과 같다. "我此法要 依楞伽經 諸佛心第一 又依文殊說般若經 一行三昧 卽念佛心是佛 妄念是凡夫." 그는 이어서 『능가사자기』의 「도신장」 제5조의 다음도 풀어서 설명한다. "文殊說般若經云 文殊師利言 世尊云何名一行三昧 佛言 法界一相 繫緣法界 是名一行三昧 善男子 善女人 欲入一行三昧 當先聞般若波羅蜜 如說修學 然後能入一行三昧 如法界緣 不退不壞 不思議 無礙無相 善男子 善女人 欲入一行三昧 應處空閑 捨除亂意 不取相貌 繫心一佛 專稱名字 隨佛方所 端身正向 能於一佛 念念相續 卽時念中 能見過去未來現在諸佛."

25 청화, 「성륜사 순선안심법회 법문 3」, ≪금강륜≫, 제73호(1998.11.15), 7쪽.

26 청화는 이날 우선 『육조단경』의 「귀의자성삼신불품」 가운데 "善知識아 總須自體하여 以受無相戒하되 一時에 逐惠能口道하라 令善知識으로 見自三身佛케 하리라 於自色身에 歸依淸淨法身佛하며 於自色身에 歸依千百億化身佛하며 於自色身에 歸依當來圓滿報身佛하라(已上三唱)" 부분을 차례로 읽고 해석했다. 청화, 「성륜사 순선안심법회 법문 3」, 12~14쪽 참고.

27 청화, 같은 글, 13쪽.

28 청화, 같은 글, 14쪽.

29 청화, 같은 글, 13쪽.

30 청화 역주, 『육조단경』, 74쪽.

31 청화, 같은 책, 155쪽.

32 청화, 같은 책, 161쪽.

33 청화, 같은 책, 79쪽.

34 청화, 같은 책, 102~103쪽.

35 청화, 같은 책, 82쪽.

36 청화, 같은 책, 109쪽.

37 금타, 「보리방편문」, 58쪽; 배광식 편저, 『금강심론 주해』, 제1권, 111~112쪽; 안성대원사, 『법요집』, 52~53쪽.

38 청화, 「『금강심론』 특별대법회 법문 제1부」, ≪금강륜≫, 제7호(2002.10.27), 7쪽.

39 청화, 「『금강심론』 특별대법회 법문 제2부」, 6쪽.

40 청화, 「금타 대화상 탑비봉안 회향법회 법문」(2000.10.15), 음성 및 한글 파일, 6쪽.

41 청화, 「성륜사 하안거 결제법회 법문: 이왕이수」, ≪금강륜≫, 제63호(2001.5.8), 1~2쪽.

42 청화, 「성륜사 정기법회 법문: 귀의일체삼신불」, ≪금강륜≫, 제22호(2001.7.1) 참고.

43 청화, 「동산 반야회관 육바라밀 대법회」, ≪금강륜≫, 제19호(2001.7.23) 참고.

44 청화, 「함평 용천사 꽃무릇축제 법문」, ≪금강륜≫, 제14호(2001.9.16) 참고.

45 청화, 「성륜사 동안거 결제 법문」(2001.11.29), 한글 파일 참고.

46 청화, 「성륜사 하안거 해제 법문」, ≪금강륜≫, 제6호(2002.8.23) 참고.

47 청화, 1999.4.11, 「광주 능인불교회관 개원법회 법문: 안심법문 1」. 무주선원 블로그 pdf 참고.

48 정진백, 『성자의 삶』, 313쪽 참고.

49 박선자, 2022년 11월 전화 인터뷰.

50 배광식, 2022년 9월 인터뷰.

51 김민경, "조계종 원로의원 청화 스님 특별인터뷰: '아미타불이 여러분의 참이름입니다'", 11면.

52 박선자, 2022년 11월 전화 인터뷰.

53 청화, 「성륜사 정기법회 법문: 염불선과 진여불성」, ≪금강륜≫, 제33호(2000.10.1), 1쪽.

54 청화, 「성륜사 정기법회 법문」, ≪금강륜≫, 제13호(2001.11.4), 2쪽.

55 청화, 같은 글, 2쪽.

56 손인호, 「청화 큰스님 마음 말씀」, ≪정신세계≫, 2000년 9월 호(2000.9), 75쪽.

57 손인호, 같은 글, 76쪽.

58 손인호, 같은 글, 77쪽.

59 남지심, 『청화 큰스님』, 제2권, 205~206쪽 참고.

60 조연현, "생명 평화 민족화합 천일기도 실상사 도법스님", ≪한겨레≫, 2001.4.28. https://www.hani.co.kr/arti/legacy/legacy_general/L23240.html(검색일: 2022.1.1).

61 남지심, 『청화 큰스님』, 205~206쪽 참고.

62 남지심, 『청화 큰스님』, 제2권, 205~206쪽 참고.

63 이남덕, 「기획대담: 진여불성의 마음자리」; 이남덕, 「진여불성의 마음자리」, 315~316쪽.

64 정진백, 『성자의 삶』, 103쪽.

65 유철주, 『위대한 스승 청화 큰스님』, 243쪽.

66 청화, 「삼풍백화점 천도법어」(2001.4.5), 벽산문도회 엮음, 『영가천도법어』(광륜출판사, 2009), 101~102쪽.

67 청화, 같은 글, 102쪽.

68 청화, 같은 글, 106쪽.

69 청화, 「불교TV 무상사 건립 봉은사 대법회 법문」, ≪금강륜≫, 제67호(2002.9.10), 2쪽.

70 청화, 같은 글, 2~3쪽.

71 상좌 도일은 『진리의 길』의 「진리의 길을 출간하며」 글에서 1982년부터 2001년까지 20여 년에 걸친 청화의 법문 가운데 편집했다고 했지만, 책에 담긴 글 가운데 가장 이른 시기의 글은 1980년 출간된 『정토삼부경』의 서문이라는 점에서 1982

년부터가 아닌 '1980년부터'로 적는다. 청화큰스님어록간행위원회 엮음, 『진리의 길』(사회문화원, 2002), 9쪽 참고.

72 청화, 「광륜사 개원법회 법문」, ≪금강륜≫, 제28호(2002.5.5), 9쪽.

73 청화, 「광륜사 정기법회 법문」, ≪금강륜≫, 제5호(2003.4.6), 2쪽.

74 청화, 같은 글, 3쪽.

75 청화, 같은 글, 4쪽.

76 청화, 「창원 성주사 법회 법문: 진여연기」, ≪금강륜≫, 제55호(2000.4.1), 8쪽.

77 청화 역주, 「해제」, 『육조단경』, 23쪽.

78 청화 역주, 「머리말」, 『육조단경』, 12쪽.

79 청화 역주, 같은 글, 12쪽.

80 청화, 「육조단경 소참 법문」, 23쪽.

81 청화, 같은 글, 69쪽.

82 청화, 같은 글, 69쪽.

83 청화, 같은 글, 23쪽.

84 청화, 같은 글, 51쪽 참고.

85 청화, 같은 글, 4쪽.

86 청화가 소참 법문 첫날 읽고 해석한 부분은 『육조단경』 「참회품」의 다음 부분이다. "吾所說法 不離自性 離體說法 名爲相說 自性相迷 須知一切萬法 皆從自性起用 是眞戒定慧法 聽吾偈曰 心地無非自性戒 心地無痴自性慧 心地無亂自性定 不增不減 身金剛 身去身來本三昧."

87 청화, 「육조단경 소참 법문」, 49쪽.

88 청화, 같은 글, 50쪽.

89 청화, 같은 글, 56쪽.

90 정진백, 『성자의 삶』, 298쪽.

91 청화는 『육조단경』 역주를 하면서 이불을 제대로 갤 수 없을 정도로 체력이 떨어졌다고 말한 것은 2001년 10월뿐만 아니라 2003년 2월 성륜사 동안거 해제 법문에서도 토로했다. "저는 지금 강원도에서 있다가 왔습니다만, 이불을 단정히 개 놓고 이불장에다가 이불을 넣어 놔두면 나중에 누가 와서 보더라도 좋게 볼 것인데, 이불장에다가 이불을 들어올리기가 싫어요. 기운이 없으니까 말입니다." 청화, 「성륜사 동안거 해제 법문」, 8쪽.

92 청화, 「성륜사 사천왕 조성 회향법회 법문」, ≪금강륜≫, 제12호(2001.10.7), 7쪽.

93 청화, 「성륜사 정기법회 법문」, ≪금강륜≫, 제8호(2002.4.7), 4쪽.

94 청화, 「『금강심론』 특별대법회 법문 제1부」, 2쪽.

95 청화, 같은 글, 2쪽.

96 청화, 같은 글, 7~8쪽.

97 청화, 같은 글, 6~7쪽.

98 청화, 같은 글, 7쪽.

99 청화, 같은 글, 10~11쪽; 청화, 「『금강심론』 특별대법회 법문 제2부」, 7쪽 참고.

100 청화, 「『금강심론』 특별대법회 법문 제1부」, 3쪽.

101 청화, 「『금강심론』 특별대법회 법문 제2부」, 5쪽.

102 청화, 같은 글, 5쪽.

103 청화, 같은 글, 12쪽.

104 정진백, 『성자의 삶』, 117쪽.

105 청화, 「성륜사 동안거 해제 법문」, 8쪽.

106 청화, 「광륜사 정기법회 법문」, ≪금강륜≫, 제34호(2003.4.20), 7쪽.

107 정진백, 『성자의 삶』, 116쪽.

108 배광식, 2022년 9월 인터뷰.

109 청화, 「성륜사 동안거 해제 법문」, 6쪽.

110 청화 역주, 「머리말」, 『육조단경』(광륜출판사, 2008), 13쪽.

111 청화 역주, 「해제」, 『육조단경』(광륜출판사, 2008), 33쪽.

112 박선자, 2022년 11월 전화 인터뷰.

113 청화, 「금타대화상 열반재일 법문」, ≪금강륜≫, 제54호(2003.2.24). 7쪽.

114 청화, 「성륜사 정기법회 법문」, 제3호(2003.5.4), 4쪽.

115 청화, 같은 글, 4쪽.

116 청화, 같은 글, 8~9쪽.

117 청화, 「광륜사 보살수계식 법문」, ≪금강륜≫, 제79호(2003.6.15), 1쪽.

118 청화, 같은 글, 1쪽.

119 청화, 같은 글, 1쪽.

120 청화, 같은 글, 1쪽.

121 정진백, 『성자의 삶』(사회문화원, 2044), 309쪽.

122 「천수경」의 참회게로, 원문은 다음과 같다. "我昔所造諸惡業 皆由無始貪瞋癡 從身口意之所生 一切我今皆懺悔."

참고문헌

강옥구. 1994.2.20.「청화 큰스님께서 미국에 오신 뜻은?」. ≪마음의 고향≫, 제13집 1호. 무주선원. https://mujuseonwon.tistory.com/7771850(검색일: 2023. 9.12).

_____. 2002.「온 세계에 한국 불교의 진면목을」. 청화큰스님어록간행위원회 엮음.『진리의 길』제1권. 광주: 사회문화원.

강행원. 2004.「무안이 낳은 청화스님의 삶과 인생」. ≪문화무안≫, 제4호, 72~110쪽.

고광직. 1988.5.22.「진아를 깨달아야 인간존엄성 회복」. ≪한국경제신문≫; 청화. 1985/2008).『정통선의 향훈』, 293~303쪽. 서울: 광륜출판사.

고선주. 2003.11.14. "곡성 성륜사 조실 청화스님 입적". ≪무등일보≫, 18면.

고영섭. 2015.7.「원효의 염불관과 청화의 염불선」. ≪불교학보≫, 제71호, 137~163쪽.

곽노필. 2021.1.27. "우리 몸은 1초에 380만개의 세포를 교체한다". ≪한겨레≫. https://www.hani.co.kr/arti/science/science_general/980558.html(검색일: 2023.9.30).

금산. 2005.10.「나의 행자시절-선재라 대장부여! 장하도다 대장부여!」. ≪월간 해인≫, 제284호, 32~33쪽.

금타. 1942.6.9.「우주의 본질과 형량」. 청화 편.『금강심론』(개정판, 2009), 320~435쪽. 서울: 광륜출판사.

_____. 1943.겨울.「보리방편문」. 청화 편.『금강심론』(개정판, 2009), 58~76쪽. 서울: 광륜출판사.

_____. 1944.봄.「반야바라밀다심경의 독해」. 청화 편.『금강심론』(개정판, 2009), 46~57쪽. 서울: 광륜출판사.

_____. 1944.여름.「해탈 16지」. 청화 편.『금강심론』(개정판, 2009), 132~152쪽. 서울: 광륜출판사.

______. 1945.9.19.「호법단 4차 성명서」. 청화 편.『금강심론』(개정판, 2009), 121~122쪽. 서울: 광륜출판사.

______. 1946.봄.「수능엄삼매도결 상편」. 청화 편.『금강심론』(개정판, 2009), 156~315쪽. 서울: 광륜출판사.

______. 1946.12.30.「석존 일대의 경계」. 청화 편.『금강심론』(개정판, 2009), 107~120쪽. 서울: 광륜출판사.

______. 1947.1.1.「금강삼매송」. 청화 편.『금강심론』(개정판, 2009), 76~81쪽. 서울: 광륜출판사.

______. 1947.1.20.「헌기」. 청화 편.『금강심론』(개정판, 2009), 123~125쪽. 서울:광륜출판사.

______. 1947.1.28.「삼륜단공송」. 청화 편.『금강심론』(개정판, 2009), 81~86쪽. 서울: 광륜출판사.

______. 1947.2.5.「관음자륜송」. 청화 편.『금강심론』(개정판, 2009), 87~93쪽. 서울: 광륜출판사.

______. 1947.2.28.「관음문자」. 청화 편.『금강심론』(개정판, 2009), 94~103쪽. 서울: 광륜출판사.

______. 1947.6.1.「조선어학회 귀중」. 청화 편.『금강심론』(개정판, 2009), 105쪽. 서울:광륜출판사.

______. 미정.「만덕송과 십여시」. 청화 편.『금강심론』(개정판, 2009), 126~128쪽. 서울:광륜출판사.

금타. 1987. 법능 엮음.『수능엄삼매론』. 서울: 능현선원.

『기세경』, 제1권.「1. 염부주품」; 동국대 역경원.『한글대장경』, 제19권(K0660 v19).

김--. 1992.10.28. "미주현대불교 창간 3주년 기념행사 대성황". ≪세계일보≫, 기사 pdf.

김관호. 1981.「심우장 견문기」.『한용운사상연구』, 제2권(만해사상연구회), 280~313쪽.

김광선. 1992.12.「청화스님을 모시고」. ≪미주현대불교≫, 제32호, 61~63쪽.

______. 1997.**.「미주 최초의 3년 결사지 팜스프링스 금강선원」. ≪미주현대불교≫, 제69호. 기사 pdf.

______. 1998.**.「청화큰스님 3년결사 회향 법어」. ≪미주현대불교≫, 제**호. 기사 pdf.

김광식. 2013.2.「한국 현대불교사의 전개와 불교의 정체성」.『원불교사상연구원 학술대회』.
_____. 2018.「금타선사 생애의 재검토」. ≪대각사상≫, 제29호, 9~41쪽.
김민경. 2002.5.15. "조계종 원로의원 청화스님 특별인터뷰: '아미타불이 여러분의 참 이름입니다'". ≪법보신문≫. 기사 pdf.
김상일. 1998.11.23.「화엄십찰 귀신사 영산전 낙성식을 다녀와서」. http://ziwol.net/a/huki/19981123a.htm(검색일: 2023.9.30).
김성순. 2021.「한국불교 전적에 나타난 염불선의 계승과 발전」. ≪보조사상≫, 제59호, 219~253쪽.
김영동. 2006.7.「윤산 강행원 화백과의 전화내용을 정리」. 한글 파일.
_____. 2008.8.「혜산스님과 본정과의 대화」. 한글 파일.
김웅. 1978.3.「오리수습」. ≪현대문학≫, 통권 279호, 90~106쪽.
_____. 2004.「내 문학에 깃들인 청화대선사 잔영」. ≪문화무안≫, 제4호, 111~134쪽.
김윤세. 1987.5.6. "'무아 무소유'의 삶을 살아야". ≪불교신문≫; 청화. 1985/2008.『정통선의 향훈』, 304~312쪽. 서울: 광륜출판사.
김인경. 2002.5.15. "조계종 원로의원 청화 스님 특별인터뷰: "아미타불이 여러분의 참 이름입니다" ". ≪법보신문≫, 제656호, 11쪽.
김택근. 2017.『성철 평전』. 서울: 모과나무.
김형근. 1993.1.「불교가 가장 합리적이고 보편적이며 궁극적인 가르침」. ≪미주현대불교≫, 제33호; 청화. 1985/2008.『정통선의 향훈』, 333~352쪽. 서울: 광륜출판사.
김호귀. 2018.「청화의 실상염불선과 묵조선 수행방식의 비교 고찰」. ≪대각사상≫, 제29호, 43~75쪽.
김호성. 2018.9.「정토사상 연구의 몇 가지 동향: 2010년 이후 현재까지」. ≪원불교 사상과 종교문화≫, 제77호, 321~346쪽.
나금주. 1987.1.1.「인사 말씀」. ≪금륜≫, 제9호, 6쪽.
남지심. 2005a.『청화 큰스님』, 제1권. 서울: 랜덤하우스중앙.
_____. 2005b.『청화 큰스님』, 제2권. 서울: 랜덤하우스중앙.
대한불교금륜회. 1993.1.20.「큰스님 소식」. ≪금륜회보≫, 제4호, 1쪽.
_____. 1997.2.1.「큰스님 근황」. ≪금륜회보≫, 제12호, 1쪽.
무송. 2018.11.5. "무송스님 칼럼: 구병시식". ≪가야일보≫. http://www.gayailbo.

com/news/articleView.html?idxno=3704(검색일: 2023.9.30).
문정희. 1996.6. 「스페셜 인터뷰 청화 스님」. ≪힘≫, 6월 호, 33~39쪽.
문찬주. 2010. 「정화불교운동(1954~1962): 통합주의와 종파주의의 교차로」. ≪대각사상≫, 제14호, 249~290쪽.
문치상. 1983.1.10. "가장 바람직한 얼굴". ≪전북신문≫, 1983.1.10; 청화(1985/2008). 『정통선의 향훈』, 284~292쪽. 서울: 광륜출판사.
≪미주한국불교≫. 1995.11.1. 「서부대륙에 가부좌튼 한국선풍」. 기사 pdf
≪미주현대불교≫. 1993.1. 「특별 인터뷰 태안사 금강선원장 금산스님」. ≪미주현대불교≫, 제33호. 기사 pdf.
박건주. 2006.5. 「염불과 염불선의 구분 문제」. ≪종교문화학보≫, 제1호, 147~174쪽.
박경준. 2013. 「육조혜능의 선사상과 청화의 실상염불선」. ≪불교연구≫, 제39호, 117~151쪽.
박기련. 2001.3.6. "곡성 성륜사 조실 청화 스님 '삼매 들려면 계율이 청정해야'". ≪불교신문≫, 9면.
박원구. 2003.11.17. "45년간 청화스님 시봉한 정신안 보살". ≪현대불교≫. http://www.hyunbulnews.com/news/articleView.html?idxno=191996(검색일: 2023.9.30).
배광식 편저. 2017. 『금강심론 주해』, 제1권. 고양: 뜨란.
_____. 2018. 『금강심론 주해』, 제2권. 고양: 뜨란.
_____. 2019. 『금강심론 주해』, 제3권. 고양: 뜨란.
배태우. 2004 여름. 「무안이 낳은 청화 큰스님의 삶과 인생」. 『무안문화원』, 2004년 여름호. 강행원 블로그 글. https://blog.daum.net/yoonsan47/2973020.
법능. 1987. 「서언」. 『수능엄삼매론』. 서울: 능현선원.
_____. 1995. 「벽산약기(碧山略記)」. 무주선원. https://mujuseonwon.tistory.com/297837?category=1065044(검색일: 2023.9.12).
벽산문도회 엮음. 2008. 『정통선의 향훈』. 서울: 광륜출판사.
_____. 2009. 『안거법어』. 서울: 광륜출판사
_____. 2009. 『영가천도법어』. 서울: 광륜출판사.
_____. 2009. 『원통불법의 요체』. 서울: 광륜출판사.
_____. 2010. 『안심법문』. 서울: 광륜출판사.
보영. 2003년 11월 26일 및 11월 30일 인터뷰; 「청화큰스님-보영스님」. 나무아미타불

블로그의 2009년 8월 21일 자 글. https://blog.naver.com/segyeilhwa/60088824867.

_____. 2004.10.「나의 행자 시절: 청화 스님을 기리며」. ≪월간 해인≫, 제272호, 32~ 33쪽.

서정보. 2003.11.14. "12일 열반 청화스님 40여 년간 일일일식 장좌불와". ≪동아일보≫, A18면.

성철. 1981.『선문정로』. 서울: 불광출판사.

손인호. 2000.9.「청화 큰스님 마음 말씀」. ≪정신세계≫, 9월 호, 75~81쪽.

안성대원사. 2017.『법요집』.

여태동. 1998.9.22. "특별법문 현대를 살아가는 지혜: 성륜사 조실 청화 스님". ≪불교신문≫, 11면.

용타. 2017.「무주당 청화 대종사 행장」. 유철주.『위대한 스승 청화 큰스님』. 서울: 상상출판.

월인. 1994.6.「특별초대석: 수행승 중의 수행승, 월인 스님」. ≪불일회보≫, 6월 호. https://m.cafe.daum.net/pokyodang/5oiR/91(검색일: 2023.9.30).

유철주. 2017.『위대한 스승 청화 큰스님』. 서울: 상상출판.

이남덕. 1994.8.「기획대담: 진여불성의 마음자리」. ≪불광≫, 8월 호; 청화큰스님어록간행위원회 엮음. 2002.『진리의 길』, 제1권, 307~316쪽. 광주: 사회문화원.

이성수. 2003.11.18. "열반에 든 무주당 청화대종사 행장". ≪불교신문≫, 3면.

_____. 2009.10.24. "근현대 선지식의 천진면목: 벽산 금타". ≪불교신문≫, 12면.

이은자. 1998.4.22. "청화 큰스님 인터뷰: '기독교 불교 이슬람 3대 종교 회통할 때 세계평화 이뤄져'". ≪현대불교신문≫. 기사 pdf.

_____. 1999.3.10. "묵언 해제 청화스님 전국 순회 법회 '회통의 가르침 나누고 싶어'". ≪현대불교신문≫. 기사 pdf.

이재형. 2003.11.19. "40년 장좌불와 … 염불선 주창한 수행자 사표". ≪법보신문≫. 기사 pdf.

_____. 2005.9.22. "옛 스님들의 편지: 청화가 보영에게". ≪법보신문≫. http://www.beopbo.com/news/articleView.html?idxno=38067(검색일: 2023.9.30).

이중표. 2007.3.「청화선사의 원통불법과 순선사상」. 청화사상연구회 제3차 세미나 발표 자료(2007.3.10).

임혜봉. 2005. 「박영희」. 『친일 승려 108인: 끝나지 않은 역사의 물음』. 파주: 청년사.
정광균. 2018. 「염불선의 성립과정과 무주청화」. ≪대각사상≫, 제29호, 103~142쪽.
정교용. 1992.5.10. "일요 인터뷰: 눕지 않고 40년 수행 조계종 큰어른 청화스님". ≪중앙일보≫, 5면.
정기옥. 2019.6. 「청화 염불(선)의 실천 생활화 고찰」. ≪불교사상과종교문화≫, 제80집, 209~248쪽.
정진백. 2004. 『성자의 삶』. 광주: 사회문화원.
정충신. 2003.11.13. "56년 동안 '한끼 공양' 수행 한국 불교 '대표적 선승' 청화스님 어젯밤 열반". ≪문화일보≫, 23면.
정해숙·장미희. 2011.12. 「내 인생의 스승: 청화 큰 스님」. ≪우리교육≫, 12월 호, 124~ 135쪽.
조연현. 2001.4.28. "생명 평화 민족화합 천일기도 실상사 도법스님". ≪한겨레신문≫. https://www.hani.co.kr/arti/legacy/legacy_general/L23240.html(검색일: 2022.1.1).
조은수. 2007.3. 「청화 선사의 사상과 수행법에 대한 소고」. 청화사상연구회 제3차 세미나 발표 논문(2007.3.10).
지웅. 2000.9.27. "선지식을 찾아서 설령산 성륜사 조실 청화 스님". ≪승가대신문≫. 기사 pdf.
조선어학회. 1947.4.10. 「운문도장 귀중」; 청화 엮음. 1979/2009. 『금강심론』(개정판). 105~106쪽. 서울: 광륜출판사.
『증일아함경』, 제23권. 「제31품 증상품」; 김윤수 역주. 2019. 『증일아함경』, 제2권. 서울: 도서출판 운주사.
청화. 1979/2009. 「머리말」. 『금강심론』(개정판), 18~25쪽. 서울: 광륜출판사.
______. 1979/2009. 「일러두기」. 『금강심론』(개정판), 26~29쪽. 서울: 광륜출판사.
______ 엮음. 1979/2009. 『금강심론』(개정판), 서울: 광륜출판사.
______. 1979/2009. 「머리말」. 청화 엮음. 『금강심론』. 서울: 광륜출판사.
______. 1979/2009. 「일러두기」. 『금강심론』. 서울: 광륜출판사.
______ 편역. 1980/2000. 『정토삼부경』(개정판). 곡성: 성륜각.
______ 옮김. 1981/1992. 『약사경』. 서울: 금륜출판사.
______. 1980/2000. 「머리말」. 『정토삼부경』(개정판). 곡성: 성륜각.
______. 1980/2000. 「해제」. 『정토삼부경』(개정판). 곡성: 성륜각.

______. 1981/1992. 「머리말」. 『약사경』, 9~12쪽. 서울: 금륜출판사.
______. 1981/1992. 「일러두기」. 『약사경』, 13~14쪽. 서울: 금륜출판사.
______. 1983.10.22. 「무량광불과 바른 신앙」. ≪광륜≫, 제16호(2005년 겨울). 무주선원. https://mujuseonwon.tistory.com/7820941(검색일: 2023.9.12).
______. 1983.10.22. 「백장암 만등불사 법문-무량광불과 바른 신앙」. ≪광륜≫, 제16호(2005년 겨울호). 무주선원 블로그(이하 블로그 생략). http://blog.daum.net/mujuseonwon/7820941.
______. 1983.11.20. 「광주 원각사 백일기도 입제 법문」. 음성 파일.
______. 1984.1.3. 「백장암 동안거 용맹정진 법문」. 무주선원. https://mujuseonwon.tistory.com/7825193(검색일: 2023.9.12).
______. 1984.2.25. 「백장암 「보리방편문」 질의응답」. 음성 파일.
______. 1984.10.27. 「여불유인 여불유연」. ≪금강륜≫, 제68호. 무주선원. https://mujuseonwon.tistory.com/7821376(검색일: 2023.9.12).
______. 1985.1.20. 「참선의 바른 길」. 벽산문도회 엮음. 『정통선의 향훈』(2008). 서울: 광륜출판사.
______. 1985.1.21. 「참선의 기초」. 『정통선의 향훈』. 『정통선의 향훈』(2008). 서울: 광륜출판사.
______. 1985.1.22. 「실상염불 참선 삼매」. 『정통선의 향훈』(2008). 서울: 광륜출판사.
______. 1985.1.23. 「본성과 현상」. 『정통선의 향훈』(2008). 서울: 광륜출판사.
______. 1985.1.24. 「참선의 장애」. 『정통선의 향훈』(2008). 서울: 광륜출판사.
______. 1985.1.25. 「마음의 성품」. 『정통선의 향훈』(2008). 서울: 광륜출판사.
______. 1985.1.26. 「무아의 수행」. 『정통선의 향훈』(2008). 서울: 광륜출판사.
______. 1985.1.27. 「불성공덕과 그 관조」. 『정통선의 향훈』(2008). 서울: 광륜출판사.
______. 1985.1.28. 「삼계 해탈」. 『정통선의 향훈』(2008). 서울: 광륜출판사.
______. 1985.1.28. 「성도의 장엄(莊嚴)」. 『정통선의 향훈』(2008). 서울: 광륜출판사.
______. 1985.5.27. 「을축년 부처님 오신날 법문」. 음성 파일.
______. 1985.7.31. 「참선은 무엇이며 어떻게 해야 올바른 참선인가 1」. ≪금강륜≫, 제89호, 1~14쪽.
______. 1985.8.1. 「참선은 무엇이며 어떻게 해야 올바른 참선인가 2」. ≪금강륜≫, 제90호, 1~14쪽.
______. 1985.8.2. 「참선은 무엇이며 어떻게 해야 올바른 참선인가 3」. ≪금강륜≫, 제

91호, 1~14쪽.
______. 1985.8.3.「참선은 무엇이며 어떻게 해야 올바른 참선인가 4」. ≪금강륜≫, 제92호, 1~12쪽.
______. 1985.8.4.「참선은 안락법문」. ≪금강륜≫, 제93호, 1~14쪽.
______. 1985.11.26.「태안사 3년결사 입제법문」. 음성 파일.
______. 1986.5.「금륜도 해설」. ≪금륜≫, 제1호, 2쪽.
______. 1986.5.「금륜의 첫걸음」. ≪금륜≫, 제1호, 1~2쪽.
______. 1986.6.1.「부처님 오신 날」. ≪금륜≫, 제2호, 1~2쪽.
______. 1986.7.1.「3년 결사 발원문」. ≪금륜≫, 제3호, 3쪽.
______. 1986.7.1.「오늘의 지혜」. ≪금륜≫, 제3호, 1~3쪽.
______. 1986.8.1.「부처님의 마지막 설법」. ≪금륜≫, 제4호, 1~2쪽.
______. 1986.9.1.「부처님의 일대사인연」. ≪금륜≫, 제5호, 1~2쪽.
______. 1986.10.1.「안심법문」. ≪금륜≫, 제6호, 1~2쪽.
______. 1986.11.1.「무량광불」. ≪금륜≫, 제7호, 1~2쪽.
______. 1987.「정해당 추월선사 49재 천도법어」.『영가천도법어』(2009). 서울: 광륜출판사.
______. 1987.1.1. "마음의 세계". ≪강천회보≫. 기사 pdf.
______. 1987.1.1.「광주 금륜회관 개관을 맞아…」. ≪금륜≫, 제9호, 5~6쪽.
______. 1987.2.17.「『반야심경』 설법」.『청화 스님의 불교핵심교리 설법』(2018). 서울: 광륜출판사.
______. 1987.3.28.「○○○와 유가족을 위한 49재 천도법어」.『영가천도법어』(2009). 서울: 광륜출판사.
______. 1987.3.6.「사성제와 팔정도」. 무상 및 명원스님 엮음.『청화 스님의 불교핵심교리 설법』(2018). 서울: 상상출판.
______. 1987.3.8.「십이인연법」.『청화 스님의 불교핵심교리 설법』(2018). 서울: 상상출판.
______. 1987.5.12.「태안사 하안거 결제법어」.『안거법어』(2009). 서울: 광륜출판사.
______. 1988.1.26.「무상정변지」. ≪마음의 고향≫, 제6집 1호, 185~206쪽. 무주선원. https://mujuseonwon.tistory.com/6563007(검색일: 2023.9.12).
______. 1988.3.3.「태안사 3년결사 해제 회향법어」.『안거법어』(2009). 서울: 광륜출판사.

______. 1988.3.5.「만선동귀」. ≪마음의 고향≫, 제6집 2호, 207~225쪽. 무주선원. https://mujuseonwon.tistory.com/6671845(검색일: 2023.9.12).
______. 1988.5.1.「가사불사의 인연공덕」. ≪마음의 고향≫, 제9집, 305~318쪽. 무주선원. https://mujuseonwon.tistory.com/7072598(검색일: 2023.9.12).
______. 1988.5.23.「부처님 오신 날」. ≪광륜≫, 제21호(2007년 봄). 무주선원. https://mujuseonwon.tistory.com/7820968?category=1065073(검색일: 2023.9.12).
______. 1988.8.7.「십마물임마래」. ≪금강륜≫, 제69호. 무주선원. https://mujuseonwon.tistory.com/7821378(검색일: 2023.9.12).
______. 1989.2.20.「태안사 동안거 해제법어」. 벽산문도회 엮음.『안거법어』(2009). 서울: 광륜출판사.
______. 1989.3.19.「천지우주는 바로 지금 참선을 하고 있습니다(1)」. ≪광륜≫, 제13호(2005년 봄). 무주선원. https://mujuseonwon.tistory.com/7820926(검색일: 2023.9.12).
______. 1989.3.19.「천지우주는 바로 지금 참선을 하고 있습니다(2)」. ≪광륜≫, 제14호(2005년 봄). 무주선원. https://mujuseonwon.tistory.com/7820933?category=1014373(검색일: 2023.9.12).
______. 1989.3.19.「천지우주는 바로 지금 참선을 하고 있습니다(3)」. ≪광륜≫, 제15호(2005년 봄). 무주선원. https://mujuseonwon.tistory.com/7820934?category=1014373(검색일: 2023.9.12).
______. 1989.4.30.「보리방편문 설법」. ≪마음의 고향≫, 제8집, 244~280쪽. 무주선원. https://mujuseonwon.tistory.com/6898888(검색일: 2023.9.12).
______. 1989.5.14.「○○ 거사 49재 천도법어」.『영가천도법어』(2009). 서울: 광륜출판사.
______. 1989.5.9.「제자를 보내는 49재 천도법어」.『영가천도법어』(2009). 서울: 광륜출판사.
______. 1989.10.17.「생사대사와 지장기도」. 벽산문도회 엮음.『영가천도법어』(2009). 서울: 광륜출판사.
______. 1989.11.9.「○○○ 거사 49재 천도법어」.『영가천도법어』(2009). 서울: 광륜출판사.
______. 1989.12.23.「성도절 소참법어」. ≪광륜≫, 제25호(2008년 봄). 무주선원. https://mujuseonwon.tistory.com/7820982?category=1065073(검색일:

2023.9.12).
______. 1990.5.6.「성륜사 대웅전 상량식 법문」. 무주선원. https://mujuseonwon.tistory.com/7822414?category=1065075(검색일: 2023.9.12).
______. 1990.5.9.「태안사 하안거 결제법어」. ≪광륜≫, 제8호. 벽산문도회 엮음.『안거법어』(서울: 광륜출판사, 2009).
______. 1990.8.19.「정중선원 천도법어」. 벽산문도회 엮음.『영가천도법어』(2009). 서울: 광륜출판사.
______. 1990.9.24.「○○ 스님 모친 49재 천도법어」.『영가천도법어』(2009). 서울: 광륜출판사.
______. 1990.11.28.「○○○ 49재 천도법어」.『영가천도법어』(2009). 서울: 광륜출판사.
______. 1991.6.2.「안심입명」. ≪마음의 고향≫, 제1집 2호, 19~33쪽. 무주선원. https://mujuseonwon.tistory.com/5745723(검색일: 2023.9.12).
______. 1991.8.24.「우란분절(백중) 법어」. ≪광륜≫, 제19호(2006년 가을). 무주선원. https://mujuseonwon.tistory.com/7820944(검색일: 2023.9.12).
______. 1991.8.4.「고향 가는 길」. ≪마음의 고향≫, 제1집 1호, 5~18쪽. 무주선원. https://mujuseonwon.tistory.com/5745692(검색일: 2023.9.12).
______. 1991.11.20.「진여불성」. ≪마음의 고향≫, 제2집 1호, 34~48쪽. 무주선원. https://mujuseonwon.tistory.com/5798784(검색일: 2023.9.12).
______. 1991.11.22.「참선의 요체」. ≪마음의 고향≫, 제3집 1호, 64~83쪽. 무주선원. https://mujuseonwon.tistory.com/5855625(검색일: 2023.9.12).
______. 1991.12.6.「타성일편」. ≪마음의 고향≫, 제3집 2호, 84~102쪽. 무주선원. https://mujuseonwon.tistory.com/5911966(검색일: 2023.9.12).
______. 1992.「머리말」.『약사경』. 서울: 금륜출판사.
______. 1992.「우주의 본질과 형량 머리말」. 청화 엮음.『금강심론』(2009). 서울: 광륜출판사.
______. 1992.「일러두기」.『약사경』.
______. 1992.1.4.「일일시호일」. ≪마음의 고향≫, 제4집 1호, 103~116쪽. 무주선원. https://mujuseonwon.tistory.com/5960245(검색일: 2023.9.12).
______. 1992.2.18.「불성광명」. ≪마음의 고향≫, 제2집 2호, 49~63쪽. 무주선원. https://mujuseonwon.tistory.com/5820467(검색일: 2023.9.12).

______. 1992.3.「태안사 금강선원 특별법회 법문」. 청화벽산문도회 엮음. 『원통불법의 요체』(2009). 서울: 광륜출판사.
______. 1992.3.1.「일승삼보」. ≪마음의 고향≫, 제25집 2호. 무주선원. https://mujuseonwon.tistory.com/7822568(검색일: 2023.9.12).
______. 1992.3.1.「일승삼보」. 『청화 스님의 불교핵심교리 설법』(2018). 서울: 상상출판.
______. 1992.4.19.「참선의 바른길」. ≪마음의 고향≫, 제20집, 646~663쪽. 무주선원. https://mujuseonwon.tistory.com/7820832(검색일: 2023.9.12).
______. 1992.6.15.「김형근 미주현대불교 편집인에게 보내는 편지」. 사진 파일.
______. 1992.8.30.「반야와 정견」. ≪마음의 고향≫, 제4집 2호, 117~128쪽. 무주선원. https://mujuseonwon.tistory.com/5995544(검색일: 2023.9.12).
______. 1992.9.5.「일여평등」. ≪마음의 고향≫, 제4집 3호, 129~144쪽. 무주선원. https://mujuseonwon.tistory.com/6049539(검색일: 2023.9.12).
______. 1992.9.6.「피안의 길」. ≪마음의 고향≫, 제5집 1호, 145~164쪽. 무주선원. https://mujuseonwon.tistory.com/6410431(검색일: 2023.9.12).
______. 1992.9.8.「현대불교와 참선」. ≪금강륜≫, 제31호.
______. 1992.9.8.「현대불교와 참선」. ≪마음의 고향≫, 제5집 2호, 165~184쪽. 무주선원. https://mujuseonwon.tistory.com/6460164(검색일: 2023.9.12).
______. 1992.10.24.〈한마음 한 걸음: 하나가 되는 것〉. 뉴욕 방송. 음성 파일.
______. 1992.10.25.「≪미주현대불교≫ 창간 3주년 초청 법문」. 음성 파일.
______. 1992.10.25.「뉴욕 원각사 국제 보살수계 법회 법문」. 영상 파일.
______. 1992.10.28.「동체대비」. ≪마음의 고향≫, 제7집 2호, 237~238쪽. 무주선원. https://mujuseonwon.tistory.com/6796186(검색일: 2023.9.12).
______. 1992.10.28.「부처님의 가르침은 생명의 원리」. ≪미주현대불교≫, 제32호.
______. 1993.2.5.「하이랜드 스프링 금강선원 동안거 해제 법문」. 음성 파일.
______. 1993.3.7.「태안사 정기법회 법문」. 음성 파일.
______. 1993.5.23.「광명금강보계」. ≪마음의 고향≫, 제9집 1호, 281~304쪽. 무주선원. https://mujuseonwon.tistory.com/7021043(검색일: 2023.9.12).
______. 1993.7.28.「일대사인연」. ≪마음의 고향≫, 제10집 1호, 319~333쪽. 무주선원. https://mujuseonwon.tistory.com/7163427(검색일: 2023.9.12).
______. 1993.8.15.「불성광명과 빛고을」. ≪마음의 고향≫, 제11집 1호, 353~371쪽. 무

주선원. https://mujuseonwon.tistory.com/7428511(검색일: 2023.9.12).
______. 1993.9.5.「진여연기」. ≪마음의 고향≫, 제12집 1호, 380~398쪽. 무주선원. https:// mujuseonwon.tistory.com/7635253(검색일: 2023.9.12).
______. 1993.10.「우주는 영원한 생명의 빛」. ≪마음의 고향≫, 제27집. 무주선원. https://mujuseonwon.tistory.com/7823225(검색일: 2023.9.12).
______. 1993.10.24.「우주는 하나의 생명체이다」. ≪마음의 고향≫, 제12집 3호, 407~413쪽. 무주선원. https://mujuseonwon.tistory.com/7751346(검색일: 2023.9.12).
______. 1993.10.3.「만법귀일」. ≪마음의 고향≫, 제12집 2호, 399~406쪽. 무주선원. https://mujuseonwon.tistory.com/7712600(검색일: 2023.9.12).
______. 1993.11.12.「영가천도법문」. ≪마음의 고향≫, 제11집 2호, 372~379쪽. 무주선원. https://mujuseonwon.tistory.com/7519979(검색일: 2023.9.12).
______. 1993.11.28.「카멀 삼보사 동안거 결제 법어」. 음성 파일.
______. 1995.2.27.「부사의 해탈법문」. ≪마음의 고향≫, 제15집 1호, 462~474쪽. 무주선원. https://mujuseonwon.tistory.com/7820710(검색일: 2023.9.12).
______. 1995.5.28.「광주금륜회 합동 영가천도법회 법문: 일체존재는 한 생명체」. ≪금강륜≫, 제20호.
______. 1998.4.12.「우주의 본성은 진여불성」. ≪금강륜≫, 제21호.
______. 1998.4.5.「로스앤젤레스 금강선원 삼년결사 회향법회 법문」. 음성 파일.
______. 1998.5.「광주금륜회 불자교화 대법회 법문」. 음성 파일.
______. 1998.5.18.「가평 반야사 증명법회 법문」. 음성 파일.
______. 1998.11.15.「성륜사 순선안심법회 법문 1~3」. ≪금강륜≫, 제71~73호.
______. 1999.4.11.「광주 능인불교회관 개원법회 법문: 안심법문 1」. 무주선원 블로그. https://mujuseouwon.tistory.com/7824655(검색일: 2023.9.30).
______. 1999.4.11.「광주 능인불교회관 개원법회 법문: 안심법문 2」. 무주선원. https://mujuseouwon.tistory.com/7824655(검색일: 2023.9.30).
______. 1999.10.18.「가평 반야사 법회 법문: 부처님의 가르침은 무엇인가」. ≪금강륜≫, 제75호.
______. 1999.10.31.「진주 초청대법회 법문」. 음성 파일.
______. 2000.2.「서귀포 소참 법문」. 한글 파일.
______. 2000.3.5.「성륜사 정기법회 법문: 상락아정」. ≪금강륜≫, 제53호.

______. 2000.4.1.「창원 성주사 법회 법문: 진여연기」. ≪금강륜≫, 제55호.
______. 2000.5.24.「MBC TV 특강: 무지무명을 밝히는 성자의 지혜」. ≪금강륜≫, 제84호.
______. 2000.6.4.「성륜사 정기법회 법문: 심즉시불」. ≪금강륜≫, 제59호.
______. 2000.6.6.「벽산당 금타 대화상 탑비명」. 성륜사.
______. 2000.7.2.「성륜사 정기법회 법문: 염불참선」. ≪금강륜≫, 제74호.
______. 2000.8.6.「성륜사 정기법회 법문」. ≪금강륜≫, 제60호.
______. 2000.10.1.「성륜사 정기법회 법문: 염불선과 진여불성」. ≪금강륜≫, 제33호.
______. 2000.10.15. 금타 대화상 탑비봉안 회향법회 법문. 한글 파일.
______. 2000.11.4.「동산 반야회 창립 18주기 법문」. ≪금강륜≫, 제16호.
______. 2000.11.10~2001.2.7.「육조단경 소참법문」. 무주선원. https://mujuseouwon.tistory.com/7825190(검색일: 2023.9.30).
______. 2001.3.「제주 자성원 법문: 하나의 도리를 떠나지 않고 공부해야」. 한글 파일.
______. 2001.3.4.「성륜사 정기법회 법문: 불이일원론」. ≪금강륜≫, 제38호.
______. 2001.4.5.「삼풍백화점 천도법어」. 벽산문도회 엮음.『영가천도법어』(2009). 서울: 광륜출판사.
______. 2001.5.8.「성륜사 하안거 결제법회 법문: 이왕이수」. ≪금강륜≫, 제63호.
______. 2001.7.1.「성륜사 정기법회 법문-귀의일체삼신불」. ≪금강륜≫, 제22호.
______. 2001.7.23.「동산 반야회관 육바라밀 대법회」. ≪금강륜≫, 제19호.
______. 2001.8.5.「성륜사 우람분절 보살계수계식 법문: 금강보계」. ≪금강륜≫, 제77호.
______. 2001.9.16.「함평 용천사 꽃무릇축제 법문」. ≪금강륜≫, 제14호.
______. 2001.9.2.「성륜사 정기법회 법문: 일체중생 실유불성」. ≪금강륜≫, 제18호.
______. 2001.10.29.「해인사 천도법어」. 벽산문도회 엮음.『영가천도법어』(2009). 서울: 광륜출판사.
______. 2001.10.7.「성륜사 사천왕 조성 회향법회 법문」. ≪금강륜≫, 제12호.
______. 2001.11.29.「성륜사 동안거 결제 법문」. 한글 파일.
______. 2001.11.4.「성륜사 정기법회 법문」. ≪금강륜≫, 제13호.
______. 2001.12.2.「성륜사 부산신도 친견 법문」. ≪금강륜≫, 제?호.
______. 2002.3.7.「금타대화상 열반재일 법문」. ≪금강륜≫, 제10호.

_____. 2002.4.7.「성륜사 정기법회 법문」. ≪금강륜≫, 제8호.
_____. 2002.5.5.「광륜사 개원법회 법문」. ≪금강륜≫, 제28호.
_____. 2002.8.23.「성륜사 하안거 해제 법문」. ≪금강륜≫, 제6호.
_____. 2002.8.4.「성륜사 보살계 수계식 법문」. ≪금강륜≫, 제29호.
_____. 2002.9.10.「불교TV 무상사 건립 봉은사 대법회 법문」. ≪금강륜≫, 제67호.
_____. 2002.10.27.「『금강심론』 특별대법회 법문」. ≪금강륜≫, 제7호 및 제9호.
_____. 2003.2.15.「성륜사 동안거 해제 법문」. ≪금강륜≫, 제80호.
_____. 2003.2.24.「금타대화상 열반재일 법문」. ≪금강륜≫, 제54호.
_____. 2003.3.16.「광륜사 정기법회 법문」. ≪금강륜≫, 제35호.
_____. 2003.4.13.「강릉 성원사 유치원 개원법회 법문」. ≪금강륜≫, 제36호.
_____. 2003.4.20.「광륜사 정기법회 법문」. ≪금강륜≫, 제34호.
_____. 2003.4.22.「불교TV 무상사 개원식 초청법회 법문」. ≪금강륜≫, 제4호.
_____. 2003.4.6.「광륜사 정기법회 법문」. ≪금강륜≫, 제5호.
_____. 2003.5.4.「성륜사 정기법회 법문」. ≪금강륜≫, 제3호.
_____. 2003.6.15.「광륜사 보살수계식 법문」. ≪금강륜≫, 제79호.
청화스님문도회 엮음. 2004.「청화 큰스님 행장」.『마음, 부처가 사는 나라』. 서울: 도서출판 이른아침.
청화큰스님어록간행위원회 엮음. 2002.『진리의 길』(제1권). 광주: 사회문화원.
최동순. 2012.「원통불법의 기반으로서 도신의 염불선: 청화 스님의 '순선', '안심', '일상', '일행' 삼매 고찰」. ≪정토학연구≫, 제18호, 99~132쪽.
최석환. 1997.11.「인물 연구: 성륜사 조실 청화 선사」. ≪불교춘추≫, 제8호, 10~23쪽.
최영창. 2002.5.17. "청화 스님 "집착 버리고 '참다운 나' 찾으면 해탈". ≪문화일보≫, 18면.
최유심. 1988.10.31. "연기도리를 깨달으라!" ≪주간불교≫; 청화. 1985/2008. 벽산문도회 엮음.『정통선의 향훈』. 서울: 광륜출판사.
최하림. 1989.6.30. "참마음세계 오면 사회악 시라져". ≪전남일보≫; 청화. 1985/2008. 벽산문도회 엮음.『정통선의 향훈』. 서울: 광륜출판사.
≪한국불교신문≫. 2019.8.22. "새로운 태고종을 향한 빛과 그림자: ③ 어제와 오늘, 그리고 내일". http://www.kbulgyonews.com/news/articleView.html?idxno=31586(검색일: 2023.9.30).
한태식. 2012.「순선시대의 염불선에 대한 몇 가지 문제」. ≪정토학연구≫, 제18호,

9~54쪽.
황금연. 2019.9. 「무주청화의 선오후수와 돈점론에 관한 연구」. ≪불교학보≫, 제88호, 111~145쪽.
KBS. 2003.12.3. 취재팀이 작성한 연보. 한글 파일.
_____. 2004.5.26. 〈그대 고향에 이르렀는가〉. 부처님 오신 날 특집 다큐멘터리.

Bianconi, E. et al. 2013. "An estimation of the number of cells in the human body." *Annals of Human Biology*, Vol.40, No.6, pp.463~471. DOI: 10.3109/03014460.2013.807878.

인터뷰

강행원 화가 및 작가. 2022년 11월 전화 인터뷰, 2023년 2월 인터뷰.
남지심 소설가. 2022년 11월 인터뷰.
무상 금청선원 주지. 2022년 9월 인터뷰.
박선자 청화사상연구회 회장. 2022년 11월 전화 인터뷰(3회).
배광식 서울대 명예교수. 2022년 9월 인터뷰.
용타 동사섭 행복마을 이사장. 2022년 9월 인터뷰.
정해숙 전 전교조 위원장. 2022년 11월 전화 인터뷰.

찾아보기

지은이

김용출

논픽션 작가 및 기자.
2003년 논픽션 『최옥란 평전』과 2006년 『독일 아리랑』을 발표하며 본격적으로 활동을 시작했다. 이후 『독서경영』(공저, 2006), 『비선 권력』(공저, 2017), 『3·1 운동』(공저, 2019) 등을 집필했다. 1997년 입사한 이래 세계일보에서 기자로 일하고 있다. 1969년 장흥 출생.

청화 전기
위대한 스승

지은이 **김용출**
펴낸이 **김종수**
펴낸곳 **한울엠플러스(주)**
편집책임 **최진희**

초판 1쇄 인쇄 2023년 10월 30일
초판 1쇄 발행 2023년 11월 10일

주소 10881 경기도 파주시 광인사길 153 한울시소빌딩 3층
전화 031-955-0655
팩스 031-955-0656
홈페이지 www.hanulmplus.kr
등록번호 제406-2015-000143호

Printed in Korea.
ISBN 978-89-460-8281-6 03220

* 책값은 겉표지에 표시되어 있습니다.